Rechnungswesen und Unternehmensüberwachung

Reihe herausgegeben von

Hans-Joachim Böcking, Frankfurt, Deutschland

Michael Hommel, Frankfurt, Deutschland

Jens Wüstemann, Mannheim, Deutschland

Die Schriftenreihe präsentiert Ergebnisse der betriebswirtschaftlichen Forschung zu den Themengebieten Financial Accounting, Business Reporting, Business Audit, Business Valuation und Corporate Governance. Die Beiträge dieser Reihe verfolgen das Ziel, Vorgaben der Gesetzgebung, der nationalen und internationalen Standardsetter sowie Empfehlungen der Wirtschaftspraxis mittels des Instrumentariums der betriebswirtschaftlichen Theorie zu beschreiben, zu analysieren und insbesondere vor dem Hintergrund der Anforderungen des Kapitalmarktes weiterzuentwickeln.

Michael Knoblauch

Grundsätze ordnungsmäßiger Aktivierung in der Handelsbilanz und in der Steuerbilanz

Springer Gabler

Michael Knoblauch
Weinheim, Deutschland

ISSN 2627-6380 ISSN 2627-6399 (electronic)
Rechnungswesen und Unternehmensüberwachung
ISBN 978-3-658-43948-4 ISBN 978-3-658-43949-1 (eBook)
https://doi.org/10.1007/978-3-658-43949-1

Die Deutsche Nationalbibliothek verzeichnet diese Publikation in der Deutschen Nationalbibliografie; detaillierte bibliografische Daten sind im Internet über http://dnb.d-nb.de abrufbar.

Planung/Lektorat: Marija Kojic
Springer Gabler ist ein Imprint der eingetragenen Gesellschaft Springer Fachmedien Wiesbaden GmbH und ist ein Teil von Springer Nature.
Die Anschrift der Gesellschaft ist: Abraham-Lincoln-Str. 46, 65189 Wiesbaden, Germany

Das Papier dieses Produkts ist recyclebar.

Vorwort

Die vorliegende Arbeit entstand während meiner Tätigkeit als wissenschaftlicher Mitarbeiter am Lehrstuhl für ABWL und Wirtschaftsprüfung von Herrn Professor Dr. Jens Wüstemann an der Universität Mannheim und wurde im Frühjahrssemester 2023 von der Fakultät für Betriebswirtschaftslehre der Universität Mannheim in leicht veränderter Form unter dem Titel „Bilanztheorie und bilanzieller Vermögensbegriff" als Dissertation angenommen.

Da für das Gelingen meines Promotionsvorhabens die vielfältige Unterstützung zahlreicher Personen entscheidend war, möchte ich an dieser Stelle gerne Danke sagen.

Zu größtem Dank bin ich meinem hoch geschätzten Doktorvater, Herrn Professor Dr. Jens Wüstemann, verpflichtet: Für das Privileg, an seinem Lehrstuhl zu arbeiten und meine Dissertation zu verfassen, für den vielfältigen Rat in persönlicher und fachlicher Hinsicht, die gewährten Freiheitsgrade sowie die umfangreichen Möglichkeiten, die er mir während und nach der Promotion eröffnet hat. Herrn Professor Dr. Dr. hc. Ulrich Schreiber möchte ich für die Übernahme des Zweitgutachtens und die Mitwirkung in der Prüfungskommission herzlich danken. Darüber hinaus haben die Kollegen aus der Area Accounting & Taxation, insbesondere Silke Frankl, Johannes Hausmann, Frederik Kohl, Dr. Marcel Rost, Dr. Amaraa-Daniel Zogbayar meine Promotionszeit in ganz unterschiedlicher Weise geprägt und sie zu einer äußerst bereichernden Erfahrung gemacht. Dafür möchte ich ihnen danken.

Die Unterstützung durch mein privates Umfeld war insbesondere in der Endphase der Promotion, aber auch in der Vorbereitung auf die Steuerberaterprüfung und das Wirtschaftsprüferexamen sowie für deren erfolgreichen Abschluss unerlässlich. Dafür möchte ich danken!

Drittes Kapitel:
Die Zurechnung von Vermögensgegenständen

Abkürzungsverzeichnis

a.A. .... anderer Auffassung
a.a.O. .... am angegebenen Ort
ABl. .... Amtsblatt
Abs. .... Absatz
Abt. .... Abteilung
ADS .... Adler/ Düring/ Schmaltz (Bilanzkommentar)
AfA .... Absetzung für Abnutzung
AG .... Die Aktiengesellschaft (Zeitschrift)
AIR .... Arbeitskreis „Immaterielle Werte im Rechnungswesen"
AKBR .... Arbeitskreis Bilanzrecht der Hochschullehrer Rechtswissenschaft
Anm. .... Anmerkung
AO .... Abgabenordnung
Art. .... Artikel
Aufl. .... Auflage
BB .... Betriebs-Berater (Zeitschrift)
BBK .... NWB Rechnungswesen – BBK (Zeitschrift)
BC .... Zeitschrift für Bilanzierung, Rechnungswesen und Controlling
Bd. .... Band
BeckRS .... Rechtsprechungsdatenbank in beck-online
BFH .... Bundesfinanzhof
BFH/NV .... Sammlung nicht veröffentlichter Entscheidungen des BFH
BFuP .... Betriebswirtschaftliche Forschung und Praxis (Zeitschrift)
BGB .... Bürgerliches Gesetzbuch
BGBl. .... Bundesgesetzesblatt
BGH .... Bundesgerichtshof
BilMoG .... Bilanzrechtsmodernisierungsgesetz
BMF .... Bundesministerium der Finanzen
bspw. .... Beispielsweise
BStBl. .... Bundessteuerblatt
BT-Drs .... Drucksache des Deutschen Bundestags
BVerfG .... Bundesverfassungsgericht
BVerfGE .... Entscheidungssammlung des Bundesverfassungsgerichts
bzgl. .... bezüglich
bzw. .... beziehungsweise
CCCTB .... Common Consolidated Corporate Tax Base
DB .... Der Betrieb (Zeitschrift)
DFB .... Deutscher Fußball-Bund
Diesbzgl. .... Diesbezüglich
DK .... Der Konzern (Zeitschrift)
Dr. .... Doktor
DRS .... Deutscher Rechnungslegungsstandard
DStjG .... Deutsche Steuerjuristische Gesellschaft (Tagungsbände)
DStR .... Deutsches Steuerrecht (Zeitschrift)
DStRK .... Deutsches Steuerrecht kurzgefasst (Zeitschrift)
DStZ .... Deutsche Steuer-Zeitung
EAR .... European Accounting Review (Zeitschrift)
EBJS .... Ebenroth/Boujong/Joost/Strohn (Bilanzkommentar)
EFG .... Sammlung der Entscheidungen der Finanzgerichte
EG .... Europäische Gemeinschaft

EL .... Ergänzungslieferung
EPS .... Entwurf eines IDW PS
ERS.................... Entwurf eines IDW RS HFA
EStB .... Der Ertrag-Steuer-Berater (Zeitschrift)
EStG .... Einkommensteuergesetz
et al. .... et alii (und andere)
EU...................... Europäische Union
EuGH................. Europäischer Gerichtshof
EUzW .... Europäische Zeitschrift für Wirtschaftsrecht
F&E .... Forschung und Entwicklung
f. .... folgende
FA...................... FinanzArchiv (Zeitschrift)
ff. .... folgende [Seiten]
FG...................... Finanzgericht
FGO .... Finanzgerichtsordnung
FR .... Finanz-Rundschau (Zeitschrift)
FS .... Festschrift
gem. .... gemäß
GG .... Grundgesetz
GmbH .... Gesellschaft mit beschränkter Haftung
GoB .... Grundsätze ordnungsmäßiger Bilanzierung (Buchführung)
GrS .... Großer Senat
GRUR................ Gewerblicher Rechtsschutz und Urheberrecht (Zeitschrift)
GS...................... Gedächtnisschrift
GWG .... Geringwertige Wirtschaftsgüter
HdJ .... Handbuch des Jahresabschlusses
HFA................... Hauptfachausschuss des IDW
HGB .... Handelsgesetzbuch
HHR .... Herrmann Heuer Raupach (EStG-Kommentar)
HHSp................. Hübschmann Hepp Spitaler (AO-Kommentar)
hrsg. v. .... herausgegeben von
Hs. .... Halbsatz
HuRB................. Handwörterbuch unbestimmter Rechtsbegriffe im Bilanzrecht des HGB
i.d.F.................... in der Fassung
i.R. .... im Rahmen
i.S. (d.) .... im Sinne (des/der)
i.V.m.................. in Verbindung mit
IAS .... International Accounting Standard
IDW................... Institut der Wirtschaftsprüfer e.V.
IDW-FN .... Fachnachrichten des IDW
IFA .... Immobilienwirtschaftlicher Fachausschuss des IDW
IFRS .... International Financial Reporting Standard
insbes................. insbesondere
JbFfStR.............. Jahrbuch der Fachanwälte für Steuerrecht
JbfW .... Jahrbuch für Wirtschaftsprüfung, interne Revision und Unternehmensberatung
Jg. .... Jahrgang
jM .... juris - Die Monatszeitschrift
JZ....................... JuristenZeitung (Zeitschrift)
Kap. .... Kapitel
KoR .... Zeitschrift für internationale und kapitalmarktorientierte Rechnungslegung

LMedienG .... Landesmediengesetz
m.w.N. .... mit weiteren Nachweisen
n.F. .... neue Fassung
Nr. .... Nummer
NZG .... Neue Zeitschrift für Gesellschaftsrecht
OFD .... Oberfinanzdirektion
OK .... Online-Kommentar
PiR .... Praxis der internationalen Rechnungslegung (Zeitschrift)
Prof. .... Professor
PS .... Prüfungsstandard
RdF .... Recht der Finanzinstrumente (Zeitschrift)
RefE .... Referentenentwurf
RegE .... Regierungsentwurf
RFH .... Reichsfinanzhof
RH .... Rechnungslegungshinweis
RL .... Richtlinie
Rn. .... Randnummer
RS .... Stellungnahme zur Rechnungslegung
RsprEinhG .... Gesetz zur Wahrung der Einheitlichkeit der Rechtsprechung der obersten Gerichtshöfe des Bundes
RStBl. .... Reichssteuerblatt
Rz. .... Randziffer
S. .... Satz/ Seite
sog. .... sogenannte/-s/-en/-er
StB .... Die Steuerberatung (Zeitschrift)
StbJb .... Steuerberater-Jahrbuch
StbkongR .... Steuerberaterkongress-Report
StBp .... Die steuerliche Betriebsprüfung (Zeitschrift)
StuB .... Unternehmensteuern und Bilanzen (Zeitschrift)
StuW .... Steuer und Wirtschaft (Zeitschrift)
StVj .... Steuerliche Vierteljahresschrift
u.a. .... unter anderem/ und andernorts
Ubg .... Die Unternehmensbesteuerung (Zeitschrift)
Urt. .... Urteil
v.a. .... vor allem
Verw. .... Verweis
vgl. .... vergleiche
WM .... Wertpapier-Mitteilungen (Zeitschrift)
WPg .... Die Wirtschaftsprüfung (Zeitschrift)
z.B. .... zum Beispiel
ZBB .... Zeitschrift für Bankrecht und Bankwirtschaft
ZfB .... Zeitschrift für Betriebswirtschaft
ZfbF .... Schmalenbachs Zeitschrift für betriebswirtschaftliche Forschung
ZfhF .... Zeitschrift für handelswissenschaftliche Forschung
ZGR .... Zeitschrift für Unternehmens- und Gesellschaftsrecht
ZHR .... Zeitschrift für das gesamte Handelsrecht und Wirtschaftsrecht
ZIP .... Zeitschrift für Wirtschaftsrecht
z.T. .... zum Teil

Problemstellung

Das Bilanzrecht[1] sorgt nicht nur für die Abbildung wirtschaftlicher Sachverhalte, sondern schafft Anreize zu deren Gestaltung.[2] Zudem ermöglicht erst diese Abbildung die Lösung von Prinzipal-Agent-Problemen,[3] bspw. durch das Anstreben von Informationseffizienz.[4] Dadurch ergibt sich die Notwendigkeit, auszutarieren, inwieweit Sachverhalte in ihrer wirtschaftlichen Substanz, d.h. in wirtschaftlicher Betrachtungsweise,[5] zu betrachten sind und wann objektivierungsbedingte Grenzen zu ziehen sind.[6]

Für Problemformulierungen des Rechnungswesens ist charakteristisch, dass neben der Entwicklung ökonomischer Theorie insbesondere die Dringlichkeit der Lösung

---

1 Vgl. zu möglichen Anreizwirkungen des Bilanzrechts *Wüstemann, Jens*: Institutionenökonomik und internationale Rechnungslegungsordnungen, Tübingen 2002, hier S. 118f; mit Blick auf das Einkommensteuerrecht vgl. *Schreiber, Ulrich*: Das Steuerrecht der Unternehmen aus ökonomischer Sicht, in: Eigenständigkeit des Steuerrechts, S. 213–243, hier S. 214. Diese Arbeit befasst sich anhand verschiedener Vertiefungen intensiv mit dem Verhältnis von Handels- und Steuerbilanzrecht aus systematischer Sicht.

2 Vgl. *Ballwieser, Wolfgang*: Bilanzrecht zwischen Wettbewerb und Regulierung, München 2005, hier S. 8; vgl. dazu auch *Ordelheide, Dieter*: Kapital und Gewinn, in: Zeitaspekte in betriebswirtschaftlicher Theorie und Praxis, S. 21–41, hier S. 24.

3 Vgl. insbes. *Hommel, Michael*: Bilanzierung immaterieller Anlagewerte, Stuttgart 1998, hier S. 18-36; grundlegend zu Agency-Problemen vgl. *Akerlof, George A.*: The Market for "Lemons": Quality Uncertainty and the Market Mechanism, in: The Quarterly Journal of Economics, 84. Jg. (1970), S. 488–500.

4 Vgl. zu Formen der Informationseffizienz von Kapitalmärkten insbes. *Fama, Eugene*: Efficient Capital Markets: A Review of Theory and Empirical Work, in: The Journal of Finance, 25. Jg. (1970), S. 383–417; Informationsasymmetrien bei der Würdigung der Kriterien bilanzrechtlicher Vermögensgegenstände greift z.B. auf *Hommel, Michael*: Internationale Bilanzrechtskonzeptionen und immaterielle Vermögensgegenstände, in: ZfbF, 49. Jg. (1997), S. 345–369, hier S. 349f; zur normativen Bedeutung des Abbaus von Informationsasymmetrien durch das Bilanzrecht vgl. *Kübler, Friedrich*: Institutioneller Gläubigerschutz oder Kapitalmarkttransparenz?, in: ZHR, 159. Jg. (1995), S. 550–566, hier S. 563f; *Schneider, Dieter*: Kapitalmarkteffizienz durch Jahresabschlußreform?, Göttingen 1981, hier S. 20f; *Böcking, Hans-Joachim*: Zum Verhältnis von Rechnungslegung und Kapitalmarkt, in: Rechnungslegung und Steuern international, S. 17–53, hier S. 23–26.

5 Vgl. zur Bedeutung der wirtschaftlichen Betrachtungsweise insbes. *Beisse, Heinrich*: Die wirtschaftliche Betrachtungsweise bei der Auslegung der Steuergesetze in der neueren deutschen Rechtsprechung, in: StuW, 58. Jg. (1981), S. 1–14; *Moxter, Adolf*: Zur wirtschaftlichen Betrachtungsweise im Bilanzrecht, in: StuW, 66. Jg. (1989), S. 232–241; *Florstedt, Tim* et al.: Wirtschaftliche Betrachtungsweise und europäische Bilanzsteuerrechtsordnung, in: StuW, 92. Jg. (2015), S. 374–385; *Breidert, Ulrike/Moxter, Adolf*: Zur Bedeutung wirtschaftlicher Betrachtungsweise in jüngeren höchstrichterlichen Bilanzrechtsentscheidungen, in: WPg, 60. Jg. (2007), S. 912–919; *Euler, Roland*: Zur wirtschaftlichen Betrachtungsweise bei Wirtschaftsgütern des immateriellen Anlagevermögens, in: FS Ballwieser, S. 143–157; *Eibelshäuser, Manfred*: Wirtschaftliche Betrachtungsweise im Steuerrecht, in: DStR, 40. Jg. (2002), S. 1426–1432; zur wirtschaftlichen Betrachtungsweise in der Rechtsprechung vgl. z.B. Beschluss des BVerfG vom 14. Januar 1969 *1 BvR 136/62*, in: BStBl. II 1969, S. 389–392, hier S. 391.

6 Vgl. zur notwendigen Objektivierung insbes. *Moxter, Adolf*: Betriebswirtschaftliche Gewinnermittlung, Tübingen 1982, hier z.B. S. 221; *Wüstemann, Jens*: Institutionenökonomik und internationale Rechnungslegungsordnungen, a.a.O., hier insbes. S. 61–63; *Baetge, Jörg*: Möglichkeiten der Objektivierung des Jahreserfolges, Düsseldorf 1970; *Fladung, Hans-Dieter*: Das Vorsichts- und Objektivierungsprinzip im deutschen Bilanzrecht, Wiesbaden 2000.

M. Knoblauch, *Grundsätze ordnungsmäßiger Aktivierung in der Handelsbilanz und in der Steuerbilanz*, Rechnungswesen und Unternehmensüberwachung,
https://doi.org/10.1007/978-3-658-43949-1_1

praktischer Probleme im Vordergrund steht.[7] Diese Arbeit zielt darauf ab, einen einheitlichen Beurteilungsmaßstab[8] bei der Identifikation und der subjektiven Zurechnung von bilanziellem Vermögen zu entwickeln, um einen übergreifenden Problemzugriff zu ermöglichen. Daher werden im Sinne einer formallogischen Deduktion allgemeine Grundsätze entwickelt und diese am Beispiel einiger bislang nicht befriedigend gelöster sowie aktueller Probleme konkretisiert. Das Spannungsfeld zwischen wirtschaftlicher Betrachtungsweise und Objektivierung[9] tritt dabei bei einer Vielzahl von Sachverhalten besonders deutlich zutage, was sich nicht zuletzt im konfligierenden Verhältnis vollständiger und hinreichend objektivierter Bilanzierung niederschlägt.[10]

Die Befassung mit den Grundsätzen ordnungsmäßiger Bilanzierung[11] und deren Auslegung[12] ist in vielerlei Hinsicht nach wie vor bedeutsam: Die Kontroverse, ob Gläubigerschutz bilanzgestützt oder in erster Linie rein informationell erfolgen sollte,[13] ist bei der Vermögensermittlung besonders relevant und hat in der jüngeren Vergangenheit auch vor dem Hintergrund internationaler Tendenzen – beispielhaft sind die nach

---

7 Vgl. *Ballwieser, Wolfgang*: Das Rechnungswesen im Lichte ökonomischer Theorie, in: Betriebswirtschaftslehre und ökonomische Theorie, S. 97–124, hier S. 98.

8 Dazu wird - im Lichte der aktuellen Entwicklungen z.B. in der Rechtsprechung - insbes. die Aktivseite eingehend untersucht, vgl. übergeordnet insbes. *Euler, Roland*: Das System der Grundsätze ordnungsmäßiger Bilanzierung, Stuttgart 1996; vgl. auch *Moxter, Adolf*: Die Grundsätze ordnungsmäßiger Bilanzierung und der Stand der Bilanztheorie, in: ZfbF, 18. Jg. (1966), S. 28–59.

9 Vgl. zum Wechselspiel von wirtschaftlicher Betrachtung und zivilrechtlicher Objektivierung etwa bei der Vermögenszurechnung *Hommel, Michael*: Vermögenszurechnung und Ertragsrealisation nach HGB und IFRS, in: FS Ballwieser, S. 347–364, hier S. 352; vgl. zum Verhältnis von Substanz und Form *Wüstemann, Jens/Wüstemann, Sonja*: Substance and Form, Universität Mannheim/ Goethe-Universität Frankfurt am Main 2011; vgl. auch *Böcking, Hans-Joachim*: Betriebswirtschaftslehre und wirtschaftliche Betrachtungsweise im Bilanzrecht, in: FS Beisse, S. 85–103, hier S. 88; zu Grenzen zivilrechtlicher Objektivierung und der resultierenden „Relativität der Rechtsbegriffe“ in der Rechtsprechung vgl. Beschluss des BVerfG vom 27. Dezember 1991 *2 BvR 72/90*, in: BStBl. II 1992, S. 212–216, hier S. 213f.

10 Vgl. zum Problem z.B. *Moxter, Adolf*: Betriebswirtschaftliche Gewinnermittlung, a.a.O., hier S. 159-163.

11 In dieser Arbeit werden die Begriffe „Grundsätze ordnungsmäßiger Bilanzierung“ und „Grundsätze ordnungsmäßiger Buchführung“ (GoB) synonym verwendet.

12 Vgl. grundlegend zur Gewinnung und Auslegung von GoB *Beisse, Heinrich*: Rechtsfragen der Gewinnung von GoB, in: BFuP, 42. Jg. (1990), S. 499–513.

13 Zur bilanzgestützten Kapitalerhaltung vgl. *Hennrichs, Joachim*: Bilanzgestützte Kapitalerhaltung HGB-Jahresabschluß und Maßgeblichkeitsprinzip, in: StuW, 82. Jg. (2005), S. 256–264; vgl. zu informationellem Gläubigerschutz *Kübler, Friedrich*: Vorsichtsprinzip versus Kapitalmarktinformation, in: FS Budde, S. 361–375, hier S. 370; allgemein zur Bedeutung des Gläubigerschutzes im deutschen Bilanzrecht vgl. *Beisse, Heinrich*: Gläubigerschutz, in: FS Beusch, S. 77–97; zur Frage, inwieweit die Gewinnermittlungsvorschriften im geltenden Bilanzrecht auch Informationen vermitteln können vgl. *Wüstemann, Jens*: Generally Accepted Accounting Principles, Berlin 1999, hier S. 157.

wie vor umstrittenen Auswirkungen des BilMoG auf die übergeordneten Rechnungslegungszwecke sowie auf den Vermögensgegenstandsbegriff und die Frage nach der Zulässigkeit komponentenweiser Abschreibung zu nennen –[14] weiterhin eine hohe Bedeutung.

Das den Gewinn an den Umsatz bindende Realisationsprinzip erfordert Ausgabenübertragungen auf spätere Perioden mittels Aktivierung, welche allerdings nur objektiviert erfolgen kann:[15] Die Abgrenzung von werthaltigen Beiträgen zum Effektivvermögen des Kaufmanns von sog. Non-Valeurs[16] ist dabei aus Gläubigerschutzgesichtspunkten unerlässlich und wirft zwangsläufig die Frage nach der Reichweite des bilanziellen Vermögensbegriffs auf. Diese Frage beinhaltet unter anderem die Auseinandersetzung mit immateriellen Vermögenswerten und ist vor dem Hintergrund von Objektivierungserwägungen weiterhin aus systematischer Sicht relevant.[17]

Nach wie vor nicht vollständig gelöst ist auch die Bestimmung des Beginns des bilanzrechtlich verstandenen Herstellungsprozesses, die wesentlich ist für die Frage, wie

---

14 Zu den Auswirkungen des BilMoG vgl. insbes. *Wüstemann, Jens/Wüstemann, Sonja*: Das System der Grundsätze ordnungsmäßiger Buchführung nach dem Bilanzrechtsmodernisierungsgesetz, in: FS Krawitz, S. 751–780; vgl. auch *Hennrichs, Joachim*: GoB im Spannungsfeld von BilMoG und IFRS, in: WPg, 64. Jg. (2011), S. 861–871; in diesem Zusammenhang wird auch das Verhältnis von Handels- und Steuerbilanzrecht weiterhin im Schrifttum kritisch gewürdigt, vgl. etwa *Weber-Grellet, Heinrich*: Fortschreitende Emanzipation des Steuerrechts, in: StuW, 93. Jg. (2016), S. 226–239; bereits *Weber-Grellet, Heinrich*: Europäisiertes Steuerrecht?, in: StuW, 72. Jg. (1995), S. 336–351; zur Auswirkung von Internationalisierungstendenzen auf die GoB vgl. insbes. *Beisse, Heinrich*: Die paradigmatischen GoB, in: FS Müller, S. 731–753; zum Einfluss der IFRS bei der Auslegung handelsrechtlicher GoB vgl. *Moxter, Adolf*: IFRS als Auslegungshilfe für handelsrechtliche GoB?, in: WPg, 62. Jg. (2009), S. 7–12; zu Auslegungsfragen generell vgl. auch *Canaris, Claus-Wilhelm*: Das Rangverhältnis der 'klassischen' Auslegungskriterien, in: FS Medicus, S. 25–61.

15 Vgl. *Moxter, Adolf*: Periodengerechte Gewinnermittlung und Bilanz im Rechtssinne, in: FS Döllerer, S. 447–458, hier S. 449f; Urt. des BFH vom 29. November 1973 *IV R 181/71*, in: BStBl. II 1974, S. 202–205, hier S. 204.

16 Vgl. *Moxter, Adolf*: Entwicklung der Theorie der handels- und steuerrechtlichen Gewinnermittlung, in: ZfbF Sonderheft, 45. Jg. (1993), S. 61–84, hier S. 83; *Reuleaux, Susanne*: Immaterielle Wirtschaftsgüter, Wiesbaden 1987, hier S. 31; wenngleich die Untersuchung von *Tiedchen* zu einem gänzlich anderen Ergebnis kommt als diese Arbeit, dient der dort vorgeschlagene Ansatz nicht zuletzt der Abgrenzung von Non-Valeurs *Tiedchen, Susanne*: Der Vermögensgegenstand im Handelsbilanzrecht, Köln 1991, hier z.B. S. 82.

17 Von immateriellen Anlagewerten als „ewige Sorgenkinder des Bilanzrechts" spricht daher *Moxter, Adolf*: Immaterielle Anlagewerte im neuen Bilanzrecht, in: BB, 34. Jg. (1979), S. 1102–1109, hier S. 1102; beachte insbes. das zweite Kapitel in *Hommel, Michael*: Bilanzierung immaterieller Anlagewerte, a.a.O; vgl. zum bilanziellen Ansatz von Immaterialvermögen auch *Keitz, Isabel von*: Immaterielle Güter in der internationalen Rechnungslegung, Düsseldorf 1997, hier z.B. S. 17–32.

weit bilanzrechtliches Vermögen überhaupt gehen kann.[18] Zuletzt bietet sich eine Auseinandersetzung mit Ansätzen komponentenweiser Bilanzierung und/oder Folgebewertung an, um einerseits die relevante Ausgangsbasis für die Auslegung handelsrechtlicher GoB[19] in Erinnerung zu rufen und andererseits die Reichweite des bilanziellen Vermögensbegriffs aus einer zusätzlichen Perspektive zu beleuchten.

Die Reichweite des bilanziellen Vermögensbegriffs kann jedoch auch personell verstanden werden: Bei Cum/Ex-Gestaltungen etwa geht es im Kern gerade um die intersubjektive Zurechnung von bilanziellem Vermögen.[20] Die Vertiefung der Zurechnungsfrage in Cum/Ex-Gestaltungen ermöglicht wie kaum eine andere Fallgruppe, das Verhältnis von ökonomisch verstandener Substanz und zivilrechtlicher Form näher zu beleuchten.[21]

Darüber hinaus eignet sich die Konkretisierung des bilanziellen Vermögensbegriffs – sowohl in sachlicher Hinsicht als auch in Zurechnungsfragen – in besonderem Maße, um das Verhältnis von Handelsbilanzrecht und Steuerbilanzrecht auszutarieren.[22]

---

[18] Vgl. zum Problem bereits *Mathiak, Walter*: Anschaffungs- und Herstellungskosten, in: DStjG, 7. Tagungsbd. (1984), S. 97–139.

[19] Vgl. zur Auslegung von GoB insbes. *Döllerer, Georg*: Grundsätze ordnungsmäßiger Bilanzierung, deren Entstehung und Ermittlung, in: BB, 14. Jg. (1959), S. 1217–1221, hier S. 1220; *Moxter, Adolf*: Die handelsrechtlichen Grundsätze ordnungsmäßiger Buchführung und das neue Bilanzrecht, in: ZGR, 9. Jg. (1980), S. 254–276, hier S. 274; *Kämpfer, Georg*: Deduktive Normengewinnung im Bilanzrecht, Frankfurt am Main 1984, hier insbes. S. 296–307; *Beisse, Heinrich*: Grundsatzfragen der Auslegung des neuen Bilanzrechts, in: BB, 45. Jg. (1990), S. 2007–2012, hier S. 2011f.

[20] Vgl. insbes. *Spengel, Christoph/Eisgruber, Thomas*: Die nicht vorhandene Gesetzeslücke bei Cum/Ex-Geschäften, in: DStR, 53. Jg. (2015), S. 785–801; vgl. auch *Brandis, Peter*: Sog. cum/ex-Geschäfte, in: FS Gosch, S. 37–46, hier z.B. S. 40f.

[21] Vgl. zum Verhältnis wirtschaftlich verstandener Substanz und rechtlicher Form *Wüstemann, Jens/Wüstemann, Sonja*: Substance and Form, a.a.O., hier z.B. S. 8f; *Florstedt, Tim* et al.: Wirtschaftliche Betrachtungsweise und europäische Bilanzsteuerrechtsordnung, a.a.O., hier S. 384; *Fischer, Peter*: Substanz und Form, in: StuW, 72. Jg. (1995), S. 87–97, hier S. 89; *Lindermann, Florian*: Normbehauptung im Steuerrecht durch das europäische Missbrauchsverbot, Berlin 2019, hier S. 248; besonders mit Blick auf die Vermögenszuordnung vgl. *Oldenburger, Iris*: Die Bilanzierung von Pensionsgeschäften nach HGB, US-GAAP und IAS, Wiesbaden 2000, hier S. 10.

[22] Vgl. zum Verhältnis von Handels- und Steuerbilanz bspw. *Weber-Grellet, Heinrich*: Fortschreitende Emanzipation des Steuerrechts, a.a.O., hier S. 236; *Schulze-Osterloh, Joachim*: Handelsbilanz und steuerrechtliche Gewinnermittlung, in: StuW, 68. Jg. (1991), S. 284–296, hier S. 285f; *Hennrichs, Joachim*: Der steuerrechtliche sog. Maßgeblichkeitsgrundsatz gem. § 5 EStG, in: StuW, 76. Jg. (1999), S. 138–153, hier S. 148; Beschluss des BFH vom 3. Februar 1969 *GrS 2/68*, in: BStBl. II 1969, S. 291–294, hier S. 293; *Schneider, Dieter*: Sieben Thesen zum Verhältnis von Handels- und Steuerbilanz, in: DB, 23. Jg. (1970), 1697-1705, hier S. 1700; Beschluss des BFH vom 7. August 2000 *GrS 2/99*, in: BStBl. II 2000, S. 633–638, hier S. 637f; dass die Frage nach dem Verhältnis von Handels- und Steuerbilanz nach wie vor relevant ist, zeigt auch die jüngere Rechtsprechung des Bundesfinanzhofs, z.B. Urt. des BFH vom 14. Juni 2016 *IX R 15/15*, in: BStBl. II 2016, S. 996–999, hier S. 998.

Es ergibt sich folgender Gang der Untersuchung: Zunächst wird im *ersten Kapitel* auf der Grundlage der Auseinandersetzung mit den Zwecken von Handels- und Steuerbilanz und der Frage nach einer möglichen grundsätzlichen Zweckkongruenz untersucht, ob der handelsrechtliche Begriff des Vermögensgegenstands dem des steuerrechtlichen Wirtschaftsguts entspricht. In diesem Zusammenhang wird die Reichweite des Maßgeblichkeitsprinzips – auch im Lichte zahlreicher Durchbrechungen in der jüngeren Vergangenheit –[23] gewürdigt.

Anschließend an eine konzeptionelle Untersuchung des Spannungsfelds zwischen wirtschaftlicher Betrachtungsweise und Objektivierung werden im *zweiten Kapitel* die Grundsätze des bilanzrechtlichen Vermögensbegriffs logisch abgeleitet. Die Grundsätze der Bilanzierung greifbarer und selbstständig bewertbarer wirtschaftlicher Vermögensvorteile werden beispielhaft vertieft und insbesondere anhand der jüngeren Rechtsprechung eingehend beleuchtet. Daraufhin werden ausgewählte Aspekte kritisch gewürdigt, die systematisch die Reichweite des Vermögensgegenstandsbegriffs de lege lata aufzeigen sollen. In diesem Zusammenhang wird die Behandlung von immateriellen Vermögenswerten im geltenden Bilanzrecht untersucht, der Zeitraum der Herstellung konkretisiert und gewürdigt, ob sich eine komponentenweise Bilanzierung bzw. Abschreibung widerspruchsfrei in das geltende Bilanzrecht einfügen lässt.

Im *dritten Kapitel* werden die Grundsätze wirtschaftlicher Vermögenszurechnung abgeleitet und deren Verhältnis zu geltenden Gewinnrealisierungsgrundsätzen untersucht. Die Reichweite der Grundsätze wirtschaftlicher Vermögenszurechnung wird insbesondere am Beispiel von Cum/Ex-Gestaltungen[24] gewürdigt.

Die Arbeit schließt mit einer thesenförmigen Zusammenfassung.

---

[23] Vgl. insbes. *Hennrichs, Joachim*: GoB im Spannungsfeld von BilMoG und IFRS, a.a.O; *Wüstemann, Jens/Wüstemann, Sonja*: Das System der Grundsätze ordnungsmäßiger Buchführung nach dem Bilanzrechtsmodernisierungsgesetz, a.a.O; kritisch zum Maßgeblichkeitsgrundsatz vgl. *Schneider, Dieter*: Ein Jahrhundert Unmaßgeblichkeit des Maßgeblichkeitsgrundsatzes, in: FS Krawitz, S. 705–721.

[24] Nicht näher in dieser Arbeit beleuchtet wird eine steuerstrafrechtliche Würdigung der Cum/Ex-Gestaltungen. Vgl. dazu *Westermann, Benjamin*: Zivilrechtliche Folgen steuerlicher Rechtsirrtümer bei Cum-/Ex-Geschäften, Berlin 2018, hier S. 105–126; *Nickel, Manuel*: Die steuerstrafrechtliche Bewertung von Cum/Ex-Geschäften, Wiesbaden 2021, hier S. 231–387; ebenfalls nicht gesondert beleuchtet werden Detailfragen verwandter Gestaltungen wie etwa von Cum/Cum-Geschäften. Vgl. zur Behandlung von Cum/Cum-Geschäften *Spengel, Christoph*: Steuerrechtliche Behandlung von Cum/Cum-Geschäften, in: DB, 73. Jg. (2020), S. 1919–1927.

Erstes Kapitel:

Methodische Grundlagen zur Auslegung des handels- und steuerbilanzrechtlichen Vermögensbegriffs

I. Einheitliche Grundsätze ordnungsmäßiger Bilanzierung in Handels- und Steuerbilanzrecht

1. Rechnungslegungszwecke im System handelsrechtlicher GoB

a) Systemcharakter der handelsrechtlichen GoB

Der handelsrechtliche Jahresabschluss ist gemäß § 243 Abs. 1 HGB nach den Grundsätzen ordnungsmäßiger Buchführung aufzustellen. Diese sind als offenes System[25] „sich wechselseitig ergänzender und beschränkender Grundsätze"[26] zu charakterisieren, mithin als „paradigmatisches System von Rechtsprinzipien, Folgeprinzipien und rechtlichen Einzelnormen"[27].

Die GoB sind als „unbestimmter Rechtsbegriff"[28] entsprechend der rechtswissenschaftlichen Methodenlehre[29] teleologisch – in wirtschaftlicher Betrachtungsweise[30] – auszulegen und zu ermitteln.[31] Durch die Generalverweisung des § 243 Abs. 1 HGB ist das System der GoB in das kodifizierte Handelsbilanzrecht inkorporiert.[32] GoB sind

---

25 Vgl. *Beisse, Heinrich*: Zum Verhältnis von Bilanzrecht und Betriebswirtschaftslehre, in: StuW, 61. Jg. (1984), S. 1–14, hier S. 2.

26 *Moxter, Adolf*: Die Helmrich-Konzeption des deutschen Bilanzrichtlinien-Gesetzes, in: FS Helmrich, S. 709–719, hier S. 710.

27 *Beisse, Heinrich*: Wandlungen der Grundsätze ordnungsmäßiger Bilanzierung, in: GS Knobbe-Keuk, S. 385–409, hier S. 408; vgl. auch *Euler, Roland*: Bilanzrechtstheorie und internationale Rechnungslegung, in: FS Beisse, S. 171–188, hier S. 174f.

28 *Wüstemann, Jens*: Generally Accepted Accounting Principles, a.a.O., hier S. 93; Beschluss des BVerfG vom 31. Mai 2011 *1 BvR 857/07*, in: BVerfGE 129, S. 1–37, hier S. 16.

29 Vgl. *Larenz, Karl/Canaris, Claus-Wilhelm*: Methodenlehre der Rechtswissenschaft, Berlin 1995, hier S. 141-159; *Plaumann, Sabine*: Auslegungshierarchie des HGB, Wiesbaden 2013, hier S. 39–46; *Canaris, Claus-Wilhelm*: Das Rangverhältnis der 'klassischen' Auslegungskriterien, a.a.O., hier S. 34.

30 Vgl. *Beisse, Heinrich*: Zum Verhältnis von Bilanzrecht und Betriebswirtschaftslehre, a.a.O., hier S. 12; *Wüstemann, Jens/Wüstemann, Sonja*: Das System der Grundsätze ordnungsmäßiger Buchführung nach dem Bilanzrechtsmodernisierungsgesetz, a.a.O., hier S. 755; *Eibelshäuser, Manfred*: Wirtschaftliche Betrachtungsweise im Steuerrecht, a.a.O., hier S.1426f.

31 Vgl. *Wüstemann, Jens*: Institutionenökonomik und internationale Rechnungslegungsordnungen, a.a.O., hier S. 17; *Moxter, Adolf*: Erosion von Georg Döllerers Bilanzrechtskonzeption beim BFH?, in: DStR, 41. Jg. (2003), S. 1586–1590, hier S. 1588; *Döllerer, Georg*: Gedanken zur 'Bilanz im Rechtssinne', in: JbFfStr, 30. Jg. (1979/80), S. 195–205, hier S. 201.

32 Vgl. *Beisse, Heinrich*: Zehn Jahre "True and fair view", in: FS Clemm, S. 27–58, hier S. 33.

M. Knoblauch, *Grundsätze ordnungsmäßiger Aktivierung in der Handelsbilanz und in der Steuerbilanz*, Rechnungswesen und Unternehmensüberwachung,
https://doi.org/10.1007/978-3-658-43949-1_2

Rechtsnormen,[33] die neben geschriebenen Normen auch (ungeschriebenes) Richterrecht[34] umfassen. Das Realisationsprinzip und das Imparitätsprinzip konkretisieren als Fundamentalprinzipien[35] das allgemeine Vorsichtsprinzip, das als „Leitprinzip"[36] der dem Jahresabschluss immanenten Schutzfunktion[37] und als „Rechtsauslegungsprinzip"[38] das System der handelsrechtlichen GoB prägt. Folgeprinzipien sind unmittelbar aus den Fundamentalprinzipien abzuleiten bzw. ergeben sich unter Berücksichtigung von Sinn und Zweck einer umsatzbezogenen und verlustantizipierenden Gewinnermittlung.[39]

Das von diesen Vorsichts- sowie von Objektivierungsprinzipien[40] geprägte hierarchische System[41] der handelsrechtlichen GoB ist daher „lückenlos"[42]; jede bilanzrechtliche Frage ist aus diesem System heraus zu lösen.[43]

---

33 Vgl. *Wüstemann, Jens*: Generally Accepted Accounting Principles, a.a.O., hier S. 93; *Döllerer, Georg*: Grundsätze ordnungsmäßiger Bilanzierung, deren Entstehung und Ermittlung, a.a.O., hier S. 1218; *Hennrichs, Joachim*: GoB im Spannungsfeld von BilMoG und IFRS, a.a.O., hier S. 862.

34 Vgl. *Beisse, Heinrich*: Normqualität und Normstruktur von Bilanzvorschriften und Standards, in: BB, 54. Jg. (1999), S. 2180–2186, hier S. 2183.

35 Vgl. *Moxter, Adolf*: Zum Sinn und Zweck des handelsrechtlichen Jahresabschlusses nach neuem Recht, in: FS Goerdeler, S. 361–374, hier S. 365.

36 *Beisse, Heinrich*: Gläubigerschutz, a.a.O., hier S. 83.

37 Vgl. *Ballwieser, Wolfgang*: Bilanzrecht zwischen Wettbewerb und Regulierung, a.a.O., hier S. 14.

38 *Berndt, Thomas*: Grundsätze ordnungsmäßiger passiver Rechnungsabgrenzung, Wiesbaden 1998, hier S. 42.

39 Vgl. *Moxter, Adolf*: Zum Sinn und Zweck des handelsrechtlichen Jahresabschlusses nach neuem Recht, a.a.O., hier S. 366.

40 Vgl. *ders.*: Zum Verhältnis von Handelsbilanz und Steuerbilanz, in: BB, 52. Jg. (1997), S. 195–199, hier S. 197.

41 Vgl. *Beisse, Heinrich*: Die Krise des deutschen Bilanzrechts und die Zukunft des Maßgeblichkeitsgrundsatzes, in: Deutsches Bilanzrecht, S. 1–31, hier S. 4; *Euler, Roland*: Das System der Grundsätze ordnungsmäßiger Bilanzierung, a.a.O., hier S. 1; eine Hierarchie zumindest teilweise verneinend *Müller, Welf*: Zur Rangordnung der in § 252 Abs. 1 Nr. 1-6 HGB kodifizierten allgemeinen Bewertungsgrundsätze, in: FS Goerdeler, S. 397–410, hier S. 410.

42 *Beisse, Heinrich*: Rechtsfragen der Gewinnung von GoB, a.a.O., hier S. 499.

43 Vgl. *ders.*: Zehn Jahre "True and fair view", a.a.O., hier S. 55.

b) *Ausschüttungsbemessung und Informationsvermittlung*

aa) Gläubigerschutzgeprägte Gewinnanspruchs-GoB

Das Gefüge von Fundamentalprinzipien ist wertend durch Folgeprinzipien und Einzelnormen zu konkretisieren;[44] hierbei zielt das Bilanzrechtssystem auch auf einen Ausgleich divergierender Interessen ab.[45] Diese Ausgleichsfunktion trägt zusammen mit einer hohen Gewichtung von Objektivierungsprinzipien dazu bei, dass dem Bilanzrecht eine „Streitvermeidungsfunktion"[46] zugesprochen werden kann. Übergeordnete Grundsätze im System der handelsrechtlichen GoB können konfligieren, woraus im Rahmen der Ermittlung von GoB eine Wertungsnotwendigkeit hinsichtlich der Gewichtung divergierender Schutzinteressen folgt:[47] Die Dominanz von Gläubigerschutzgedanken und Vorsichtsprinzip[48] für die Gewinnanspruchsermittlung resultiert aus gesetzgeberischen Wertungsentscheidungen,[49] welche auf den Primärzweck der vorsichtigen Ermittlung eines als Gewinn entziehbaren Betrags deuten.[50]

Neben dem Schutz der Gläubiger vor überhöhten Ausschüttungen wird die Schutzfunktion des Bilanzrechts auch dadurch erfüllt, dass Gewinnansprüche zur Vermeidung von Gewinnverkürzungen konkretisiert werden.[51] Diese Gewinnanspruchs-GoB[52] konkretisieren über das Realisationsprinzip und das Imparitätsprinzip den

---

44 Vgl. *Wüstemann, Jens*: Generally Accepted Accounting Principles, a.a.O., hier S. 156; *Baetge, Jörg*: Grundsätze ordnungsmäßiger Buchführung, in: DB Beilage Nr. 26, 39. Jg. (1986), S. 1–15, hier S. 5.

45 Vgl. *Moxter, Adolf*: Von den überkommenen betriebswirtschaftlichen Bilanztheorien zur modernen Bilanzrechtstheorie, in: FS Ballwieser, S. 507–519, hier S. 513f; *Ballwieser, Wolfgang*: Ein neuer Ansatz zur Theorie des externen Rechnungswesens?, in: ZfbF, 47. Jg. (1995), S. 726–734, hier S. 730.

46 *Wüstemann, Jens/Koch, Christopher*: Zinseffekte und Kostensteigerungen in der Rückstellungsbewertung nach BilMoG, in: BB, 65. Jg. (2010), S. 1075–1078, hier S. 1078.

47 Vgl. *Moxter, Adolf*: Grundsätze ordnungsgemäßer Rechnungslegung, Düsseldorf 2003, hier S. 9.

48 Vgl. *Beisse, Heinrich*: Gläubigerschutz, a.a.O., hier S. 78.

49 Vgl. *Moxter, Adolf*: Grundwertungen in Bilanzrechtsordnungen, in: FS Beisse, S. 347–361, hier S. 353; zur Wertungsabhängigkeit des Steuerrechts vgl. bspw. *Wagner, Franz*: Neutralität und Gleichmäßigkeit als ökonomische und rechtliche Kriterien steuerlicher Normkritik, in: StuW, 69. Jg. (1992), S. 2–13, hier S. 7f.

50 Vgl. *Moxter, Adolf*: Entziehbarer Gewinn?, in: FS Clemm, S. 213–241, hier S. 235.

51 Vgl. *ders.*: Grundwertungen in Bilanzrechtsordnungen, a.a.O., hier S. 348.

52 Vgl. m.w.N. *Wüstemann, Jens* et al.: Gewinnrealisierung, in: HdJ, Abt. IV/1 (2019), hier Rz. 1.

ausschüttbaren Gewinn als umsatzabhängige und verlustantizipierende Änderung des Fortführungsvermögens.[53]

Das grundlegende Vermögensermittlungsprinzip wird dabei durch Gewinnermittlungsprinzipien ergänzt und teilweise überlagert,[54] um der vorrangigen[55] Bilanzfunktion der Gewinnanspruchsermittlung[56] gerecht zu werden: Im Rahmen des vorherrschenden ausschüttungsstatischen Bilanzverständnisses[57] werden im Sinne des Realisationsprinzips nur Reinvermögensmehrungen in „disponibler Form“[58] erfasst; die ausschüttungsstatische Handelsbilanz differenziert insofern im Grundsatz nicht zwischen erzieltem und entziehbarem Gewinn.[59]

bb) Informations-GoB und Abkopplungsthese

Der weit zu verstehende Generalverweis des § 243 Abs. 1 HGB umfasst neben geschriebenen und ungeschriebenen Gewinnermittlungsnormen auch die für alle Kaufleute geltenden Informationsnormen.[60] Folglich verdrängt die Ausschüttungsbemessungsfunktion den Zweck der Informationsvermittlung nicht grundsätzlich; vielmehr ist „im Konfliktfall der Ausschüttungsbemessungsfunktion der Vorrang

---

53 Vgl. *Moxter, Adolf*: Das System der handelsrechtlichen Grundsätze ordnungsmäßiger Bilanzierung, in: FS Wysocki, S. 17–28, hier S. 23f; *Euler, Roland*: Das System der Grundsätze ordnungsmäßiger Bilanzierung, a.a.O., hier S. 4.

54 Vgl. *Euler, Roland*: Steuerbilanzielle Konsequenzen der internationalisierten Rechnungslegung, in: StuW, 75. Jg. (1998), S. 15–24, hier S. 18.

55 Für eine Gleichrangigkeit von Ausschüttungsbemessungs- und Informationsfunktion plädieren dagegen etwa *Baetge, Jörg* et al.: Auswirkungen des BilMoG auf die Zwecke des handelsrechtlichen Jahresabschlusses, in: WPg, 62. Jg. (2009), S. 1211–1222, hier S. 1213.

56 Vgl. *Wüstemann, Jens*: Institutionenökonomik und internationale Rechnungslegungsordnungen, a.a.O., hier S. 18f; *Euler, Roland*: Grundsätze ordnungsmäßiger Gewinnrealisierung, Düsseldorf 1989, hier S. 63-65.

57 Vgl. *Moxter, Adolf*: Entwicklung der Theorie der handels- und steuerrechtlichen Gewinnermittlung, a.a.O., hier S. 78; *Hommel, Michael/Berndt, Thomas*: Das Realisationsprinzip, in: BB, 64. Jg. (2009), S. 2190–2194, hier S. 2191.

58 *Beisse, Heinrich*: Gewinnrealisierung, in: Gewinnrealisierung im Steuerrecht, S. 13–43, hier S. 20.

59 Vgl. *Moxter, Adolf*: Entwicklung der Theorie der handels- und steuerrechtlichen Gewinnermittlung, a.a.O., hier S. 77f; zur Regelung von Ausschüttungssperren vgl. m.w.N. *Grottel, Bernd/Huber, Frank*: § 268 HGB, in: Beck'scher Bilanzkommentar, hier Rn. 68-71.

60 Vgl. *Berndt, Thomas*: Grundsätze ordnungsmäßiger passiver Rechnungsabgrenzung, a.a.O., hier S. 19; *Wüstemann, Jens*: Institutionenökonomik und internationale Rechnungslegungsordnungen, a.a.O., hier S. 17.

einzuräumen“[61]; etwaige Informationsverzerrungen sind im Sinne der Abkopplungsthese[62] durch weiterführende Angaben im Anhang zu heilen.[63]

Die Stellung der Informations-GoB[64] wurde nicht zuletzt durch das BilMoG durch den Gesetzgeber gestärkt,[65] gleichwohl verbunden mit dessen wertender Entscheidung, am „tradierten System des bilanzgestützten Kapitalschutzes“[66], mithin am Vorrang der Ausschüttungsbemessungsfunktion, festzuhalten.[67]

61 *Wüstemann, Jens/Wüstemann, Sonja*: Das System der Grundsätze ordnungsmäßiger Buchführung nach dem Bilanzrechtsmodernisierungsgesetz, a.a.O., hier S. 758; zu den Schwächen des Jahresabschlusses als Informationsinstrument vgl. *Ballwieser, Wolfgang*: Zum Nutzen handelsrechtlicher Rechnungslegung, in: FS Clemm, S. 1–25, hier S. 24.

62 Vgl. *Moxter, Adolf*: Der Jahresabschluß im Widerstreit der Interessen, in: Der Jahresabschluß im Widerstreit der Interessen, S. 11–20, hier S. 19; m.w.N. *Ballwieser, Wolfgang*: Fragwürdige Bilanzen, in: DB, 71. Jg. (2018), S. 1–8, hier S. 4; nicht uneingeschränkt zustimmend *Weber-Grellet, Heinrich*: Bilanzrecht im Lichte, Bilanzsteuerrecht im Schatten des EuGH, in: BB, 51. Jg. (1996), S. 2089–2092, hier S. 2090.

63 Statt vieler *Siegel, Theodor*: Mangelnde Ernsthaftigkeit des Gläubigerschutzes als offene Flanke der deutschen Rechnungslegungsvorschriften, in: FS Baetge, S. 117–149, hier S. 135.

64 Vgl. zum Begriff *Ballwieser, Wolfgang*: Informations-GoB, in: KoR, 2. Jg. (2002), S. 115–121; *Moxter, Adolf/Engel-Ciric, Dejan*: Grundsätze ordnungsgemäßer Bilanzierung, Düsseldorf 2019, hier S. 28f; *Moxter, Adolf*: Grundsätze ordnungsgemäßer Rechnungslegung, a.a.O., hier S. 223–229; vgl. auch *ders.*: Fundamentalgrundsätze ordnungsmäßiger Rechenschaft, in: FS Leffson, S. 87–100.

65 Vgl. *Hennrichs, Joachim*: GoB im Spannungsfeld von BilMoG und IFRS, a.a.O., hier S. 863; vgl. auch BT-Drs 16/10067 vom 30.07.2008, hier S. 35.

66 *Hennrichs, Joachim*: Bilanzrechtsmodernisierung, in: FS K. Schmidt, S. 581–599, hier S. 586.

67 Vgl. BT-Drs 16/10067 vom 30.07.2008, hier S. 34;
Wüstemann, Jens/Wüstemann, Sonja: Das System der Grundsätze ordnungsmäßiger Buchführung nach dem Bilanzrechtsmodernisierungsgesetz, a.a.O., hier S. 758.

c) *Schuldendeckungskontrolle als gläubigerschutzbedingter Rechnungslegungszweck*

Inwieweit aus dem gläubigerschutzgeprägten Normengefüge der Rechnungslegungszweck der Ermittlung der Schuldendeckungsfähigkeit folgt, ist im Schrifttum nicht unumstritten;[68] gleichwohl ist die Gewichtung dieses denkbaren Bilanzzwecks[69] grundlegend für weiterführende Überlegungen zur Reichweite des Vermögensgegenstandsbegriffs.[70]

Unstreitig erscheint, dass eine Bilanz im Rechtssinne[71] zumindest Anhaltspunkte für die Beurteilung der Schuldendeckungsfähigkeit bieten kann.[72] Die bilanziellen Vermögensermittlungsprinzipien vermögen – bei gegebener Fortführungsprämisse – eine Schuldendeckungsfunktion allerdings nur in einem allgemeinen Sinne zu erfüllen.[73] Eine Bilanzierung nur des zum sog. Schuldendeckungspotential gehörenden Vermögens im Sinne einer Zerschlagungskonzeption ist nicht mit § 252 Abs. 1 Nr. 2 HGB vereinbar;[74] eine umfassende Approximation des Effektivvermögens lässt sich „anhand des vereinfacht und objektiviert ermittelten Bilanzvermögens nicht erreichen".[75] Die Betonung der Ermittlung des Schuldendeckungspotentials als Rechnungslegungszweck in Teilen des Schrifttums[76] ist vor dem Hintergrund des übergeordneten

---

68 Zur Schuldendeckungsfähigkeit als grundlegendes Merkmal des Vermögensgegenstandsbegriffs vgl. etwa m.w.N. *Kahle, Holger/Günter, Simone*: Vermögensgegenstand und Wirtschaftsgut, in: Steuerliche Gewinnermittlung nach dem Bilanzrechtsmodernisierungsgesetz, S. 69–101, hier S. 70; ebenfalls ein hohes Gewicht beimessend *Baetge, Jörg* et al.: Bilanzen, Düsseldorf 2019, hier S. 160.

69 Vgl. grundlegend *Moxter, Adolf*: Bilanzlehre: Einführung in die Bilanztheorie (Bd. 1), Wiesbaden 1984, hier S. 86–92.

70 Vgl. *Kußmaul, Heinz*: Ertragsteuerliche Bedeutung des Begriffs ‚Wirtschaftsgut', in: FS Wöhe, S. 253–276, hier S. 257f; *Tiedchen, Susanne*: Der Vermögensgegenstand im Handelsbilanzrecht, a.a.O., hier S. 9f; *Hommel, Michael*: Internationale Bilanzrechtskonzeptionen und immaterielle Vermögensgegenstände, a.a.O., hier S. 355; *Groh, Manfred*: Zur Bilanztheorie des BFH, in: StbJb, 31. Jg. (1979/80), S. 121–139, hier S. 130.

71 Vgl. *Döllerer, Georg*: Gedanken zur 'Bilanz im Rechtssinne', a.a.O., hier z.B. S. 198.

72 Vgl. *Moxter, Adolf*: Bilanzlehre: Einführung in die Bilanztheorie (Bd. 1), a.a.O., hier S. 88.

73 Vgl. *Hommel, Michael*: Bilanzierung immaterieller Anlagewerte, a.a.O., hier S. 47; *Euler, Roland*: Das System der Grundsätze ordnungsmäßiger Bilanzierung, a.a.O., hier S. 133.

74 Vgl. *Hennrichs, Joachim*: Der steuerrechtliche sog. Maßgeblichkeitsgrundsatz gem. § 5 EStG, a.a.O., hier m.w.N. S. 147; zur resultierenden Entobjektivierung bei (theoretischer) Vereinbarkeit von zerschlagungsstatischer Bilanzierung und Fortführungsprinzip vgl. *Euler, Roland*: Das System der Grundsätze ordnungsmäßiger Bilanzierung, a.a.O., hier S. 35f.

75 *Hommel, Michael*: Bilanzierung immaterieller Anlagewerte, a.a.O., hier m.w.N. S. 43f (Zitat); so auch *Moxter, Adolf*: Vermögenslage gem. § 264, in: HuRB, S. 346–351, hier S. 348.

76 Vgl. etwa *Tiedchen, Susanne*: Der Vermögensgegenstand im Handelsbilanzrecht, a.a.O., hier S. 52–59; *Ley, Ursula*: Der Begriff 'Wirtschaftsgut' und seine Bedeutung für die Aktivierung, Bergisch Gladbach 1987, hier S. 134.

Gläubigerschutzgedankens im deutschen Bilanzrecht nachvollziehbar; gleichwohl kann der Schuldendeckungskontrolle nur eine dem vorrangigen Bilanzzweck der Ausschüttungsbemessung nachgelagerte Bedeutung zukommen:[77] Die subsidiäre Rolle ergibt sich aus den engen Grenzen der (Fortführungs-)Bilanz im Rechtssinne bei der Ermittlung des Schuldendeckungspotentials.[78]

---

[77] Vgl. *Wüstemann, Jens*: Generally Accepted Accounting Principles, a.a.O., hier S. 158; *Breidert, Ulrike*: Grundsätze ordnungsmäßiger Abschreibungen auf abnutzbare Anlagegegenstände, Düsseldorf 1994, hier S. 5.

[78] Vgl. grundlegend zu den Grenzen der Schuldendeckungskontrolle in der Fortführungsbilanz *Moxter, Adolf*: Bilanzlehre: Einführung in die Bilanztheorie (Bd. 1), a.a.O., hier S. 151; vgl. dazu zudem bspw. *Breidert, Ulrike*: Grundsätze ordnungsmäßiger Abschreibungen auf abnutzbare Anlagegegenstände, a.a.O., hier S. 3–5.

2. Gewinnbegriff in Handels- und Steuerbilanz

a) *Maßgeblichkeit handelsrechtlicher GoB für die steuerliche Gewinnermittlung*

aa) Grundsätzliche Bilanzzweckidentität

aaa) Fiskus als stiller Teilhaber

Überlegungen zur Reichweite des Vermögensgegenstandsbegriffs[79] bedingen – im Lichte der Rechtsprechung des Bundesfinanzhofs –[80] eine Auseinandersetzung mit dem Maßgeblichkeitsprinzip sowie mit den Zwecksetzungen von Handels- und Steuerbilanz.[81] Über § 5 Abs. 1 S. 1 EStG nimmt das Steuerbilanzrecht Bezug auf die handelsrechtlichen GoB.[82] Aus diesem Verweis kann jedoch nicht gefolgert werden, dass die Handelsbilanz[83] bzw. der konkrete Handelsbilanzansatz maßgebend für die Steuerbilanz sind;[84] vielmehr ordnet die Verweisung die Maßgeblichkeit des Systems handelsrechtlicher GoB an.[85] Das Maßgeblichkeitsrecht als formelles Steuerrecht bewirkt eine „weitgehende inhaltliche Kongruenz von Prinzipien und Einzelnormen",[86] denn die so ins Steuerbilanzrecht eingeführten GoB stellen Handelsbilanzrecht dar.[87]

---

79 Vgl. dazu ausführlich die Untersuchung in Kap. 2.

80 Vgl. insbes. Beschluss des BFH vom 7. August 2000 *GrS 2/99*, a.a.O., hier S. 635; Beschluss des BFH vom 2. März 1970 *GrS 1/69*, in: BStBl. II 1970, S. 382–383, hier S. 383.

81 Vgl. *Ballwieser, Wolfgang*: Möglichkeiten und Grenzen der Erstellung einer Einheitsbilanz, in: FS Spindler, S. 577–594, hier S. 579–581; *Euler, Roland*: Steuerbilanzielle Konsequenzen der internationalisierten Rechnungslegung, a.a.O., hier S. 23; vgl. auch grundlegend *Döllerer, Georg*: Die Rechtsprechung des Bundesfinanzhofs und die Wirtschaftsprüfung, in: Wirtschaftsprüfung heute, S. 185–193, hier S. 186.

82 Vgl. *Beisse, Heinrich*: Die Krise des deutschen Bilanzrechts und die Zukunft des Maßgeblichkeitsgrundsatzes, a.a.O., hier S. 3; *Weber-Grellet* geht i.S. der sog. Inkorporationsthese darüber hinaus davon aus, dass die GoB nach deren „Inkorporation" steuerrechtlich eigenständig auszulegen seien, vgl. *Weber-Grellet, Heinrich*: Steuerbilanzrecht, München 1996, hier S. 70. Dieser Aspekt wird in Kap. 1, I. 2. b) dieser Arbeit weiter aufgegriffen.

83 So aber z.B. *Roser, Frank*: Verbindlichkeitsrückstellungen dem Grunde und der Höhe nach, in: WPg, 68. Jg. (2015), S. 693–705, hier S. 694f.

84 Vgl. *Weber-Grellet, Heinrich*: Anmerkungen zum BFH-Urt. vom 20.11.2019 XI R 46/16, in: FR, 102. Jg. (2020), S. 310–315, hier S. 314; *Ballwieser, Wolfgang*: Ist das Maßgeblichkeitsprinzip überholt?, in: BFuP, 42. Jg. (1990), S. 477–498, hier S. 478.

85 Vgl. *Beisse, Heinrich*: Die Krise des deutschen Bilanzrechts und die Zukunft des Maßgeblichkeitsgrundsatzes, a.a.O., hier S. 26; *Böcking, Hans-Joachim*: Bilanzrechtstheorie und Verzinslichkeit, Wiesbaden 1988, hier S. 133.

86 *Beisse, Heinrich*: Zum neuen Bild des Bilanzrechtssystems, in: FS Moxter, S. 3–31, hier S. 10.

87 Vgl. *Söffing, Günter*: Für und Wider den Maßgeblichkeitsgrundsatz, in: FS Budde, S. 637–673, hier S.642; *Groh, Manfred*: Der Kampf um das Maßgeblichkeitsprinzip, in: FS Börner, S. 177–196, hier S. 179.

Im Schrifttum wird der Maßgeblichkeitsgrundsatz – z.T. auch im Lichte der Überlegungen zu einer einheitlichen körperschaftsteuerlichen Bemessungsgrundlage in der EU[88] – kontrovers diskutiert;[89] nicht zuletzt in jüngeren Beiträgen[90] erfolgt eine kritische Analyse: Das Argument, dass mit der Maßgeblichkeit handelsrechtlicher GoB für die steuerliche Gewinnermittlung eine Vereinfachung im Sinne einer (weitgehenden) Einheitsbilanz einhergehe,[91] habe deutlich an Überzeugungskraft verloren.[92]

Dieser Einwand ist angesichts zahlreicher Abweichungen von Handels- und Steuerbilanz – nicht zuletzt im Lichte des BilMoG –[93] durchaus berechtigt. Gleichwohl gilt es zu berücksichtigen, dass die Geltung der GoB im Steuerbilanzrecht eine „grundlegende Wertungsentscheidung des Gesetzgebers" darstellt, der Grundsatz mithin eine weitgehende Einheitlichkeit der Wertungen in Handels- und Steuerbilanzrecht sichern soll.[94] In diesem Zusammenhang wird die von *Döllerer* geprägte Teilhaberthese[95]

---

88 Vgl. *Mayr, Gunter*: Zukunftskonzepte der Einkünfteermittlung, in: DStjG, 34. Tagungsbd. (2011), S. 327–352, hier S. 351; *Czakert, Ernst*: Ansatz der CCCTB working group zur Harmonisierung der Steuerbemessungsgrundlage in Europa, in: BFuP, 60. Jg. (2008), S. 433–448, hier S. 438; zur Würdigung der entsprechenden Richtlinienvorschläge vgl. *Evers, Maria Theresia* et al.: Gemeinsame Körperschaftsteuer-Bemessungsgrundlage in der EU, in: StuW, 92. Jg. (2015), S. 359–373; *Spengel, Christoph/Stutzenberger, Kathrin*: Wiederauflage des GKB-Richtlinienentwurfs, in: StuW, 96. Jg. (2019), S. 267–279; *Schanz, Deborah/Schanz, Sebastian*: Zur Unmaßgeblichkeit der Maßgeblichkeit, in: FS Wagner, S. L1–L31, hier S. L14; *Hennrichs, Joachim*: Einfluss der Europäisierung und Internationalisierung auf das Bilanzsteuerrecht, in: FS BFH, S. 1411–1431, hier S. 1428f.

89 Vgl. zur im Schrifttum kontrovers geführten Debatte m.w.N. insbes. *Kahle, Holger*: Das Maßgeblichkeitsprinzip des § 5 Abs. 1 EStG, in: HdJ, Abt. VII/1 (2019, 2. Bearbeitung 2022), hier Rz. 256–306; zu Argumenten für und gegen das Maßgeblichkeitsprinzip vgl. auch *Ballwieser, Wolfgang*: Steuerliche Gewinnermittlung, in: FS Schreiber, S. 103–116; *Söffing, Günter*: Für und Wider den Maßgeblichkeitsgrundsatz, a.a.O., hier S. 650–667.

90 Vgl. bspw. *Scheffler, Wolfram*: Steuerliche Gewinnermittlung als Two-Book-System, in: FS Schreiber, S. 117–134; vgl. auch *Weber-Grellet, Heinrich*: Fortschreitende Emanzipation des Steuerrechts, a.a.O; *Prinz, Ulrich*: Entwicklungen und aktuelle Tendenzen bei der Maßgeblichkeit, in: StuB, 21. Jg. (2019), S. 1–8.

91 Vgl. zum Vereinfachungsaspekt bspw. *Beisse, Heinrich*: Maßgeblichkeit der Handelsbilanz für die Steuerbilanz, in: Jahrbuch für Betriebswirte, 9. Jg. (1984), S. 245–251, hier S. 247; vgl. auch *Moxter, Adolf*: Zum Verhältnis von Handelsbilanz und Steuerbilanz, a.a.O., hier S. 195.

92 Vgl. *Schulze-Osterloh, Joachim*: Handels- und Steuerbilanz, in: ZGR, 29. Jg. (2000), S. 594–603, hier S. 600; *Scheffler, Wolfram*: Steuerliche Gewinnermittlung als Two-Book-System, a.a.O., hier S. 124.

93 Vgl. *Hennrichs, Joachim*: Neufassung der Maßgeblichkeit gemäß § 5 Abs. 1 EStG nach dem BilMoG, in: Ubg, 2. Jg. (2009), S. 533–543, hier S. 541f.

94 Vgl. *Beisse, Heinrich*: Die Krise des deutschen Bilanzrechts und die Zukunft des Maßgeblichkeitsgrundsatzes, a.a.O., hier S. 25f (Zitat S. 26).

95 Grundlegend *Döllerer, Georg*: Maßgeblichkeit in Gefahr, in: BB, 26. Jg. (1971), S. 1333–1335, hier S. 1334; zustimmend u.a. *Moxter, Adolf*: Zum Verhältnis von Handelsbilanz und Steuerbilanz, a.a.O., hier S. 195; *Ballwieser, Wolfgang*: Steuerliche Gewinnermittlung, a.a.O., hier S. 112; *Groh, Manfred*: Der Kampf um das Maßgeblichkeitsprinzip, a.a.O., hier S. 184f.

kontrovers diskutiert und teilweise abgelehnt.[96] Der Fiskus wird dabei als „stiller Teilhaber des Unternehmens“[97] gesehen, weshalb grundsätzlich keine andere Ausgangsgröße für die Bemessung fiskalischer Ansprüche resultieren könne als die der Gesellschafter. Dieser Grundgedanke einer Begrenzung der fiskalischen Gewinnansprüche auf den rechtssicher ermittelten Reinvermögenszugang folgt der Maxime der Gewinnquellenerhaltung.[98]

Die Wirkung der Schutzfunktion des Systems handelsrechtlicher GoB vor fiskalischen Eingriffen im Ertragsteuerrecht wird im Lichte zunehmender Durchbrechungen des Maßgeblichkeitsgrundsatzes zu Recht als eingeschränkt beurteilt.[99] Dies steht gleichwohl der aus der Teilhaberthese abgeleiteten grundsätzlichen Zweckkongruenz handels- und steuerrechtlicher Gewinnermittlung nicht zwingend entgegen: Eine Durchbrechung der gesetzgeberischen Grundentscheidung, die Bemessung der steuerlichen Leistungsfähigkeit am Maßstab der handelsrechtlichen GoB zu orientieren, bedarf der Rechtfertigung, hat sich also an ihrer Eignung als Leistungsfähigkeitsindikator messen zu lassen oder ist durch andere Zielsetzungen zu begründen.[100]

In diesem Zusammenhang gilt es zu analysieren, inwieweit die im Schrifttum nachvollziehbar kritisch angeführten Durchbrechungen im Sinne steuerlicher Einzelregelungen das Maßgeblichkeitsprinzip infrage stellen können. *Ballwieser* systematisiert

---

[96] Vgl. *Hennrichs, Joachim*: Der steuerrechtliche sog. Maßgeblichkeitsgrundsatz gem. § 5 EStG, a.a.O., hier S. 144; *Scheffler, Wolfram*: Steuerliche Gewinnermittlung als Two-Book-System, a.a.O., hier S. 126; *Wagner, Franz*: Aufgabe der Maßgeblichkeit bei einer Internationalisierung der Rechnungslegung?, in: DB, 51. Jg. (1998), S. 2073–2077, hier S. 2074f; zumindest kritisch *Freidank, Carl-Christian/Velte, Patrick*: Quo vadis Maßgeblichkeit?, in: StuW, 87. Jg. (2010), S. 185–194, hier S. 187.

[97] *Döllerer, Georg*: Steuerbilanz und Beutesymbol, in: BB, 43. Jg. (1988), S. 238–241, hier S. 238; zum Begriff des Fiskus als Teilhaber bereits *Kahl, Joachim*: Macht und Markt, Berlin 1956, hier S. 86.

[98] Vgl. *Moxter, Adolf*: Maßgeblichkeitsprinzip am Ende?, in: BB, 55. Jg. (2000), Erste Seite; *Weber-Grellet, Heinrich*: Adolf Moxter, das Bilanzsteuerrecht und der Bundesfinanzhof, in: BB, 74. Jg. (2019), S. 2411–2415, hier S. 2413f.

[99] Vgl. *Kahle, Holger*: Das Maßgeblichkeitsprinzip des § 5 Abs. 1 EStG, a.a.O., hier Rn. 292; *Prinz, Ulrich*: Entwicklungen und aktuelle Tendenzen bei der Maßgeblichkeit, a.a.O., hier S. 1; auch das BVerfG nimmt Gründe der Praktikabilität als Rechtfertigung des Maßgeblichkeitsprinzips an, vgl. Beschluss des BVerfG vom 12. Mai 2009 *2 BvL 1/00*, in: BStBl. II 2009, S. 685–692, hier S. 689; *Weber-Grellet, Heinrich*: Maßgeblichkeitsgrundsatz in Gefahr?, in: DB, 50. Jg. (1997), S. 385–391, hier S. 385f; *Hennrichs, Joachim*: Neuere Entwicklungen im Bilanzrecht, in: NZG, 20. Jg. (2017), S. 618–621, hier S. 620.

[100] Vgl. *Anzinger, Heribert/Schleiter, Isabelle*: Die Ausübung steuerlicher Wahlrechte nach dem BilMoG, in: DStR, 48. Jg. (2010), S. 395–399, hier S. 397.

diese Abweichungen, die aus Normierungen zur Gleichbehandlung und Nachprüfbarkeit sowie aus fiskalpolitischen oder anreizintendierenden Motiven resultieren.[101] Die vom „Steuergesetzgeber“ ausgehenden und sachlich begründeten Durchbrechungen stellen damit den Grundsatz der Maßgeblichkeit handelsrechtlicher GoB für die steuerliche Gewinnermittlung nicht generell infrage; vielmehr gilt es zu berücksichtigen, dass der Gesetzgeber auch im Zuge des BilMoG am Maßgeblichkeitsgrundsatz festgehalten hat.[102] Die objektivierte und vorsichtige Gewinnermittlung der Bilanz im Rechtssinne dient dabei der Bemessung der Leistungsfähigkeit; im Grundsatz kann ein handelsrechtlich nicht entziehbarer Betrag also nicht zugleich als besteuerungsfähig angesehen werden, da dies eine „spezifisch steuerrechtliche Leistungsfähigkeit“ voraussetzte.[103]

Der grundsätzlichen Besteuerung nur handelsrechtlich entziehbarer Beträge steht gleichwohl nicht entgegen, fiskalisch den „vollen Gewinn“[104] zu beanspruchen, welcher sich bei Nichtanerkennung bestimmter handelsrechtlicher Wahlrechte ergibt.[105] Diese originär steuerlichen Wertungen begrenzen – neben sich in steuerlichen Spezialnormen spiegelnden z.T. steuerfremden Wertungen – die Geltung des Maßgeblichkeitsprinzips.[106] Gleichwohl basiert das Prinzip auf dem Gedanken einer interessenausgleichenden[107] Ausschüttungsregelung, aufgrund derer Staat und Gesellschafter ihren Gewinnanteil als eine „gleichartig konzipierte[.] Abschlagszahlung auf den

---

101 Vgl. *Ballwieser, Wolfgang*: Steuerliche Gewinnermittlung, a.a.O., hier S. 110f.

102 Vgl. *Günkel, Manfred*: Die Maßgeblichkeit nach der Bilanzrechtsreform (BilMoG), in: FS Herzig, S. 509–516, hier S. 511f.

103 Vgl. in diesem Zusammenhang v.a. *Moxter, Adolf*: Einschränkung der Rückstellungsbilanzierung durch das Haushaltsbegleitgesetz 1983?, in: BB, 37. Jg. (1982), S. 2084–2087, hier S. 2086; *Döllerer, Georg*: Handelsbilanz ist gleich Steuerbilanz, in: Der Jahresabschluß im Widerstreit der Interessen, S. 158–177, hier S. 172 (Zitat); vgl. auch *Strobl, Elisabeth*: Plädoyer für das handelsrechtliche Vorsichtsprinzip in der Steuerbilanz, in: StbJb, 46. Jg. (1994/95), S. 77–96, hier S. 84f.

104 Beschluss des BFH vom 3. Februar 1969 *GrS 2/68*, a.a.O., hier S. 293.

105 Vgl. Schreiben des BMF vom 12. März 2010 *IV C 6 - S 2133/09/10001*, in: BStBl. I 2010, S. 239–242; *Beisse, Heinrich*: Gläubigerschutz, a.a.O., hier S. 88; *Döllerer, Georg*: Handelsrechtliche Entscheidungen des Bundesfinanzhofs, in: FS Klein, S. 699–714, hier S. 701.

106 Vgl. *Euler, Roland*: Steuerbilanzielle Konsequenzen der internationalisierten Rechnungslegung, a.a.O., hier S. 19.

107 Vgl. *Ballwieser, Wolfgang*: Ein neuer Ansatz zur Theorie des externen Rechnungswesens?, a.a.O., hier S. 730f; *Raupach, Arndt*: Das Steuerrecht als unerwünschte Rechtsquelle der Handelsbilanz, in: FS Moxter, S. 101–124, hier S. 124.

Totalgewinn"[108] beanspruchen können. Der Teilhaberthese kann damit eine „moderierende Wirkung"[109] zugeschrieben werden.

bbb) Realisationsprinzip und Imparitätsprinzip in Handels- und Steuerbilanz

Die Teilhaberthese, welche über eine grundsätzliche Zweckkongruenz von Handels- und Steuerbilanz zugleich die Geltung der Fundamentalprinzipien des Systems handelsrechtlicher GoB in der Steuerbilanz begründet, stößt in der Literatur auch deshalb auf Widerspruch, weil die Informationsvermittlung an Kapitalgeber und der Schutz der Gläubiger nicht unmittelbar der Bemessung steuerlicher Leistungsfähigkeit dienen.[110] Die Argumentation über die insoweit nicht maßgebliche Informationsfunktion ist einleuchtend, steht aber einer grundsätzlichen Zweckkongruenz nicht zwangsläufig entgegen: Die Informationsvermittlung ist im Konfliktfall der Gewinnanspruchsbemessung unterzuordnen, resultierende Defizite werden im Sinne der Abkopplungsthese außerhalb der Gewinnermittlung geheilt.[111]

Die Argumentation, Gläubigerschutzerwägungen stünden nicht mit der Ermittlung steuerlicher Leistungsfähigkeit im Einklang, ist dagegen näher zu beleuchten. Vorsichts-, Realisations- und Imparitätsprinzip sind wichtige – zugleich den Bilanzansatz regelnde – Periodisierungsprinzipien,[112] gewährleisten so eine vorsichtige, objektivierte Vermögensermittlung „zum Zwecke der Bestimmung eines Vermögenszuwachses, der, auch steuerlich gesehen, unbedenklich ausgeschüttet werden kann".[113]

Da mitunter die Auffassung vertreten wird, die Bilanzierungsprinzipien müssten sich den Grundsätzen der Leistungsfähigkeit und Gleichmäßigkeit unterordnen,[114] ist zu untersuchen, ob zwischen diesen und Realisations- bzw. Imparitätsprinzip ein

---

108 *Euler, Roland*: Steuerbilanzielle Konsequenzen der internationalisierten Rechnungslegung, a.a.O., hier S. 23.

109 *Marx, Franz Jürgen*: Teilhaberthese als Leitbild zur Neukonzeption der steuerrechtlichen Gewinnermittlung nach Inkrafttreten des BilMoG, in: BB, 66. Jg. (2011), S. 1003–1006, hier S. 1006.

110 Vgl. *Schreiber, Ulrich*: Gewinnermittlung und Besteuerung der Einkommen, in: StuW, 79. Jg. (2002), S. 105–115, hier S. 106–109; zur Irrelevanz der Informationsfunktion für die steuerliche Leistungsfähigkeit *Schneider, Dieter*: Betriebswirtschaftslehre, Band 2, München 1997, hier S. 306.

111 Vgl. Nachweise in Kap. 1, I. 1.b).

112 Vgl. *Ballwieser, Wolfgang*: Steuerliche Gewinnermittlung, a.a.O , hier S. 109.

113 *Moxter, Adolf*: Bilanzlehre: Einführung in die Bilanztheorie (Bd. 1), a.a.O., hier S. 159 (auch Zitat).

114 Vgl. *Weber-Grellet, Heinrich*: Adolf Moxter und die Bilanzrechtsprechung, in: BB, 49. Jg. (1994), S. 30–33, hier S. 30f.

systematischer Widerspruch besteht. Zunächst ist festzustellen, dass ein im Sinne einer Schuldendeckungskontrolle interpretierter Gläubigerschutz hinter der Gewinnanspruchsbemessung zurücktritt.[115] Eine im Schrifttum als im Widerspruch zum Leistungsfähigkeitsprinzip stehend angeführte Zweckpluralität[116] im System handelsrechtlicher GoB ist aufgrund dessen Interessenausgleichsfunktion[117] zwar durchaus angelegt, wird jedoch hierarchisch im Sinne einer primären Ausschüttungsbemessungsfunktion gelöst.[118] Folglich verbleibt im Kern die Frage, inwieweit sich die handelsrechtlichen Fundamentalprinzipien für die Bemessung wirtschaftlicher Leistungsfähigkeit eignen. Das Realisationsprinzip als Konkretisierung des Markteinkommensprinzips bildet einen zuverlässigen Indikator wirtschaftlicher Leistungsfähigkeit, da es an das am Markt erzielte Entgelt anknüpft.[119]

Ferner wirkt das Realisationsprinzip als „Risikobewältigungsregel“ objektivierend, klärt es etwa ab, wann Gewinnansprüche geltend gemacht werden können.[120] Das ausschüttungsstatisch verstandene Imparitätsprinzip dient als Gewinnermittlungsprinzip dazu, Verluste zu antizipieren, mithin künftige Geschäfte verlustfrei bilanziell abzuwickeln.[121] Eine asymmetrische Erfassung von Gewinnen und Verlusten „hält […] [den] Kriterien der Steuergerechtigkeit stand“, vermag auch im Sinne der Messung wirtschaftlicher Leistungsfähigkeit zu überzeugen, da ein „mit Unwägbarkeiten behafteter Vermögenszuwachs […] kein sicherer Indikator steuerlicher Leistungsfähigkeit“ darstellt.[122]

115 Vgl. Nachweise Kap. 1, I. 1.c).

116 Vgl. *Pezzer, Heinz-Jürgen*: Bilanzierungsprinzipien als sachgerechte Maßstäbe der Besteuerung, in: DStjG, 14. Tagungsbd., (1991), S. 3–28, hier S. 17.

117 Vgl. *Moxter, Adolf*: Von den überkommenen betriebswirtschaftlichen Bilanztheorien zur modernen Bilanzrechtstheorie, a.a.O., hier S. 514.

118 Vgl. Nachweise Kap. 1, I. 1.b).

119 Vgl. *Pezzer, Heinz-Jürgen*: Bilanzierungsprinzipien als sachgerechte Maßstäbe der Besteuerung, a.a.O., hier S. 22f. Sondertatbestände, z.B. der Betriebsaufgabe, werden nachfolgend vernachlässigt.

120 Vgl. *Ballwieser, Wolfgang*: Ein neuer Ansatz zur Theorie des externen Rechnungswesens?, a.a.O., hier S. 731 (auch Zitat); zum Realisationsprinzip als Objektivierungsprinzip *Moxter, Adolf*: Bilanzlehre: Einführung in die Bilanztheorie (Bd. 1), a.a.O., hier S. 114.

121 Vgl. *Wüstemann, Jens*: Funktionale Interpretation des Imparitätsprinzips, in: ZfbF, 47. Jg. (1995), S. 1029–1043, hier S. 1032.

122 Vgl. *Pezzer, Heinz-Jürgen*: Bilanzierungsprinzipien als sachgerechte Maßstäbe der Besteuerung, a.a.O., hier S. 24 (auch beide Zitate). Bemerkenswert erscheint, dass *Pezzer* überzeugend Realisations- und Imparitätsprinzip in der Steuerbilanz begründet, gleichwohl einer grundsätzlichen Zweckkongruenz von Handels- und Steuerbilanz nicht zustimmt (vgl. z.B. S. 17).

Die resultierende Gewinnkonzeption führt zu einer im Grundsatz einheitlichen, zugleich objektivierungsbedingt verzerrten, wirtschaftlichen Leistungsfähigkeit in Handels- und Steuerbilanz.[123] Die Feststellung dieser grundsätzlichen Zweckkongruenz wird nicht zuletzt dadurch unterstützt, dass Überlegungen zu einer eigenständig kodifizierten steuerlichen Gewinnermittlung im Schrifttum regelmäßig auf der Grundlage der Fundamentalprinzipien handelsrechtlicher GoB basieren.[124]

ccc) Objektivierungsbestrebung als verbindendes Element

Die in Handels- und Steuerbilanzrecht grundsätzlich einheitliche vorsichtig-objektivierte Ermittlung des als Gewinn entziehbaren Betrags stellt den „prägende[n] Sinn und Zweck der Bilanz im Rechtssinne“ dar.[125] Das bilanzrechtliche Objektivierungsgebot kann dabei wirtschaftliche Bilanzinhalte zurückdrängen:[126] Das Streben nach einer objektiven, mithin „von den Interessen der beteiligten Verfahrenssubjekte unabhängigen Gewinnermittlung“ verbindet dabei kraft des Maßgeblichkeitsprinzips Handels- und Steuerbilanzrecht.[127]

Schön rechtfertigt die Bindung der steuerlichen Gewinnermittlung an handelsrechtliche GoB – neben der Bezugnahme auf die Teilhaberthese – mit ebendiesen Objektivierungsbestrebungen sowie mit der „Vorherigkeit des Zivilrechts“,[128] durch welche das Handelsbilanzrecht eine tatbestandliche Verbindung zwischen zivilrechtlichem Sachverhalt und steuerlicher Rechtsfolge darstelle.[129]

---

123 Vgl. *Mellwig, Winfried*: Bilanzrechtsprechung und Betriebswirtschaftslehre, in: BB, 38. Jg. (1983), S. 1613–1620, hier S. 1617; *Moxter, Adolf*: Zum Verhältnis von rechtlichen und betriebswirtschaftlichen Gewinnkonzeptionen, in: FS Gümbel, S. 217–225, hier S. 224.

124 Vgl. etwa *Prinz, Ulrich*: Entwicklungen und aktuelle Tendenzen bei der Maßgeblichkeit, a.a.O., hier S. 7f; *Hennrichs, Joachim*: Maßgeblichkeitsgrundsatz oder eigenständige Prinzipien für die Steuerbilanz?, in: DStjG, 24. Tagungsbd., (2001), S. 301–328, hier S. 328; *Hennrichs, Joachim*: Bilanzgestützte Kapitalerhaltung HGB-Jahresabschluß und Maßgeblichkeitsprinzip, a.a.O., hier S. 264.

125 Vgl. *Moxter, Adolf*: Heinrich Beisse 65 Jahre, in: StVj, 4. Jg. (1992), S. 187–189, hier S. 188 (auch Zitat).

126 Vgl. *ders.*: Über Bilanztheorien, in: FS Baetge (2007), S. 405–417, hier S. 416.

127 Vgl. *Schön, Wolfgang*: Die Steuerbilanz zwischen Handelsrecht und Grundgesetz, in: StuW, 72. Jg. (1995), S. 366–377, hier S. 376 (auch Zitat).

128 Zum Begriff vgl. *Kirchhof, Paul*: Steuerumgehung und Auslegungsmethoden, in: StuW, 60. Jg. (1983), S. 173–183, hier S. 181.

129 Vgl. *Schön, Wolfgang*: Die Steuerbilanz zwischen Handelsrecht und Grundgesetz, a.a.O., hier S. 375 und S. 377.

In diesem Sinne kann der Maßgeblichkeitsgrundsatz auch zu einer erhöhten „steuergesetzlichen Anpassungsflexibilität“ auf moderne Wirtschaftsphänomene beitragen.[130] Das Maßgeblichkeitsprinzip ist nicht zuletzt deshalb auch im Lichte der Einheitlichkeit der Rechtsordnung zu würdigen:[131] Das gefestigte Normengerüst[132] spiegelt im Grundsatz gleiche Wertungen in Handels- und Steuerbilanzrecht.[133]

bb) Einkommensteuerliche „Sachgesetzlichkeiten“ bei der phasenkongruenten Dividendenvereinnahmung

Entgegen der ständigen Rechtsprechung des BGH[134] und der Auffassung des EuGH[135] verneint der Bundesfinanzhof in jüngerer Rechtsprechung grundsätzlich eine phasengleiche Vereinnahmung unter den von BGH und EuGH konkretisierten Voraussetzungen, weil der Dividendenanspruch erst durch einen rechtskräftigen Gewinnverwendungsbeschluss der Tochtergesellschaft entstehe.[136]

Der Bundesfinanzhof beruft sich dabei – eventuell auch im Lichte einer möglichen Pflicht zur Vorlage an den EuGH[137] – wenig überzeugend auf „unterschiedliche Sachgesetzlichkeiten“[138] in Handels- und Steuerbilanzrecht:[139] Eine phasengleiche

---

130 Vgl. *Prinz, Ulrich*: Entwicklungen und aktuelle Tendenzen bei der Maßgeblichkeit, a.a.O., hier S. 2 (auch Zitat).

131 Vgl. *Söffing, Günter*: Für und Wider den Maßgeblichkeitsgrundsatz, a.a.O., hier S. 659; a.A. und die Einheitlichkeit der Rechtsordnung nicht als stichhaltiges Argument für den Maßgeblichkeitsgrundsatz betrachtend *Schneider, Dieter*: Ein Jahrhundert Unmaßgeblichkeit des Maßgeblichkeitsgrundsatzes, a.a.O., hier S. 714; zunächst ähnlich, jedoch wohl nur mit Blick auf induktiv ermittelte GoB, vgl. *Jacobs, Otto H.*: Das Bilanzierungsproblem in der Ertragsteuerbilanz, Stuttgart 1971, hier S. 41.

132 Vgl. *Moxter, Adolf/Engel-Ciric, Dejan*: Erosion des bilanzrechtlichen Vorsichtsprinzips?, in: BB, 69. Jg. (2014), S. 489–492, hier S. 489.

133 Vgl. *Euler, Roland*: Steuerbilanzielle Konsequenzen der internationalisierten Rechnungslegung, a.a.O., hier S. 15.

134 Vgl. Beschluss des BGH vom 21. Juli 1994 *II ZR 82/93*, in: DB, 47. Jg. (1994), S. 1868–1869; vgl. auch *Wüstemann, Jens* et al.: Gewinnrealisierung, a.a.O., hier Rz. 91.

135 Vgl. sog. Tomberger-Urt. des EuGH vom 27. Juni 1996 *C-234/94*, in: BB, 49. Jg. (1996), S. 1492.

136 Vgl. Urt. des BFH vom 26. November 1998 *IV R 52/96*, in: BStBl. II 1999, S. 547–551, hier S. 548; Urt. des BFH vom 7. Februar 2007 *I R 15/06*, in: BStBl. II 2008, S. 340–344, hier S. 342; damit abw. von älterer Rechtspr., vgl. bspw. Urt. des BFH vom 8. März 1989 *X R 9/86*, in: BStBl. II 1989, S. 714–718.

137 Vgl. *Hennrichs, Joachim*: Einfluss der Europäisierung und Internationalisierung auf das Bilanzsteuerrecht, a.a.O., hier S. 1417f.

138 Beschluss des BFH vom 7. August 2000 *GrS 2/99*, a.a.O., hier S. 638.

139 Vgl. kritisch *Moxter, Adolf*: Phasengleiche Dividendenaktivierung, in: DB, 53. Jg. (2000), S. 2333–2336; *Hoffmann, Wolf-Dieter*: Von der phasengleichen Dividendenvereinnahmung zu den Grundsätzen ordnungsmäßiger steuerlicher Bilanzierung, in: DStR, 38. Jg. (2000), S. 1809–1816; a.A. *Wassermeyer, Franz*: Auswirkungen der neueren Entscheidungen des Großen Senats zum Bilanzsteuerrecht, in: DB, 54. Jg. (2001), S. 1053–1057.

Vereinnahmung ließe sich nur mit vorrangigen Gläubigerschutzinteressen und der daraus resultierenden extensiven Auslegung der Wertaufhellungskonzeption im Handelsbilanzrecht rechtfertigen.[140] Die formalrechtliche Sicht des Bundesfinanzhofs ist nicht mit einer wirtschaftlichen Betrachtungsweise zu vereinen, eröffnet zudem erhebliche Gestaltungsmöglichkeiten.[141]

Das durch die objektive Wertaufhellungskonzeption[142] geprägte Abschlussstichtagsprinzip konkretisiert das Gebot periodengerechter Gewinnermittlung.[143] Im Sinne einer imparitätischen Objektivierung sind Erkenntnisse (nur) zu berücksichtigen, wenn die dadurch konkretisierten Gewinne bereits am Bilanzstichtag so gut wie sicher waren.[144] Mangels Vorliegen einer steuerrechtlichen Spezialnorm vermag die Sichtweise des Bundesfinanzhofs in Anbetracht der gesetzgeberischen Wertung, die einkommensteuerliche Gewinnermittlung an die handelsrechtlichen GoB zu knüpfen, nicht zu überzeugen.[145] Eine systematische Divergenz zwischen Handels- und Steuerbilanzrecht hinsichtlich des Realisationszeitpunkts,[146] mithin der Entstehung des Dividendenanspruchs als Vermögensgegenstand bzw. Wirtschaftsgut, ist insofern nicht ersichtlich.[147]

---

140 Bzgl. der vom BFH im Beschluss vom 7.8.2000 GrS 2/99 vorgebrachten Argumente entsprechend kritisch *Moxter, Adolf*: Phasengleiche Dividendenaktivierung, a.a.O., hier S. 2336.

141 Vgl. *Wüstemann, Jens*: Anmerkungen zum BFH-Urt. I R 50/95 vom 20.12.2000, in: BB, 56. Jg. (2001), S. 875–877, hier S. 877.

142 Zu Wertaufhellungskonzeptionen vgl. *Hommel, Michael/Berndt, Thomas*: Wertaufhellung und funktionales Abschlussstichtagsprinzip, in: DStR, 38. Jg. (2000), S. 1745–1752; *Moxter, Adolf*: Zur phasengleichen Aktivierung von Gewinnansprüchen einer Muttergesellschaft, in: GS Knobbe-Keuk, S. 487–498.

143 Vgl. *Moxter, Adolf*: Phasengleiche Dividendenaktivierung, a.a.O., hier S. 2334.

144 Vgl. zur imparitätischen Objektivierung *Hommel, Michael/Berndt, Thomas*: Wertaufhellung und funktionales Abschlussstichtagsprinzip, a.a.O., hier S. 1746.

145 Vgl. *Beisse, Heinrich*: Die paradigmatischen GoB, a.a.O., hier S. 750; *Wüstemann, Jens/Wüstemann, Sonja*: Rechnungslegungsgrundsätze, in: Bilanzierung case by case, S. 19–45, hier S. 32.

146 Einen Überblick zu Literaturmeinungen bzgl. des Realisationszeitpunkts bietet *Back, Christian*: Richtlinienkonforme Interpretation des Handelsbilanzrechts, Frankfurt am Main 1999, hier S. 177–182.

147 Vgl. *Moxter, Adolf*: Phasengleiche Dividendenaktivierung, a.a.O., hier S. 2336; *Hoffmann, Wolf-Dieter*: Von der phasengleichen Dividendenvereinnahmung zu den Grundsätzen ordnungsmäßiger steuerlicher Bilanzierung, a.a.O., hier S. 1812; *Schubert, Wolfgang/Waubke, Patrick*: § 266 HGB, in: Beck'scher Bilanzkommentar, hier Rn. 121; auch *Schulze-Osterloh* hält fest, dass der BFH bei Entscheidungen über steuerbilanzrechtliche Fragen Handelsrecht interpretiere *Schulze-Osterloh, Joachim*: Phasengleiche Aktivierung von Dividendenansprüchen, in: ZGR, 30. Jg (2001), S. 497–513, hier S. 513.

cc) Zur Problematik handels- und steuerbilanzrechtlicher Wahlrechte

aaa) Handelsrechtliche Wahlrechte und Besteuerung der Leistungsfähigkeit

Im Schrifttum werden Einwendungen gegenüber dem Maßgeblichkeitsprinzip nicht zuletzt durch den im Rahmen des BilMoG kodifizierten steuerrechtlichen Wahlrechtsvorbehalt begründet, der zu einer zunehmend eigenständigen Entwicklung von Handels- und Steuerbilanz geführt habe und zudem nicht im Einklang mit der Teilhaberthese stehe, da dieser als Instrument der Ausschüttungsoptimierung genutzt werden könne.[148] Diese Auffassung ist konsistent mit der überwiegend im Schrifttum vorzufindenden Auslegung des § 5 Abs. 1 S. 1 Hs. 2 EStG als einen sich auf sämtliche einkommensteuerlich normierte Wahlrechte beziehenden Vorbehalt.[149]

Demgegenüber wird teilweise für eine enge Auslegung dieses Wahlrechtsvorbehalts plädiert.[150] Grundlage ist eine Differenzierung zwischen verschiedenen Typen von Wahlrechten:[151] Während die GoB-fremden Steuervergünstigungswahlrechte unbestritten dem Wahlrechtsvorbehalt des § 5 Abs. 1 S. 1 Hs. 2 EStG unterliegen,[152] unterfallen in dieser Argumentation GoB-konforme Wahlrechte[153] nicht dem Wahlrechtsvorbehalt.[154]

---

[148] Vgl. *Prinz, Ulrich*: Entwicklungen und aktuelle Tendenzen bei der Maßgeblichkeit, a.a.O., hier S. 1; *Kahle, Holger*: Das Maßgeblichkeitsprinzip des § 5 Abs. 1 EStG, a.a.O., hier Rz. 275.

[149] Vgl. *Kulosa, Egmont*: § 6 EStG, in: Schmidt EStG, hier Rz. 361; *Scheffler, Wolfram*: Neuinterpretation des Maßgeblichkeitsprinzips, in: StuB, 12. Jg. (2010), S. 295–301, hier S. 299; *Prinz, Ulrich*: Entwicklungsperspektiven im Bilanzsteuerrecht, in: DB, 69. Jg. (2016), S. 9–15, hier S. 9f.

[150] Vgl. *Hennrichs, Joachim*: Neufassung der Maßgeblichkeit gemäß § 5 Abs. 1 EStG nach dem BilMoG, a.a.O., hier S. 543; *Anzinger, Heribert/Schleiter, Isabelle*: Die Ausübung steuerlicher Wahlrechte nach dem BilMoG, a.a.O., hier S. 398f; *AKBR, Köln*: Zur Maßgeblichkeit der Handelsbilanz für die steuerliche Gewinnermittlung gem. § 5 Abs. 1 EStG i.d.F. durch das BilMoG, in: DB, 62. Jg. (2009), S. 2570–2573, hier S. 2572.

[151] Vgl. umfassend *Siegel, Theodor*: Wahlrecht, in: HuRB, S. 417–427; auch *Pöschke, Moritz*: Wahlrechte und "Ermessensspielräume" im Bilanzrecht und die Business Judgement Rule, in: ZGR, 47. Jg. (2018), S. 647–687.

[152] Vgl. *Hennrichs, Joachim*: Neufassung der Maßgeblichkeit gemäß § 5 Abs. 1 EStG nach dem BilMoG, a.a.O., hier S. 537f.

[153] Zur kontrovers diskutierten Frage, ob handelsrechtliche GoB Wahlrechte erlauben vgl. ablehnend *Ballwieser, Wolfgang*: Ist das Maßgeblichkeitsprinzip überholt?, a.a.O., hier S. 485; *Weber-Grellet, Heinrich*: Handelsrechtliche Bewertungswahlrechte in der Steuerbilanz, in: StbJb, 46. Jg. (1994/95), S. 97–130, hier S. 129; zustimmend hingegen *Clemm, Hermann*: GoB in Handels- und Steuerrecht in der Diskussion, in: BFuP, 42. Jg. (1990), S. 546–560, hier S. 547; *Beisse, Heinrich*: Zum neuen Bild des Bilanzrechtssystems, a.a.O., hier S. 25f und S. 29.

[154] Vgl. *Hennrichs, Joachim*: Neufassung der Maßgeblichkeit gemäß § 5 Abs. 1 EStG nach dem BilMoG, a.a.O., hier S. 537; *Förster, Guido/Schmidtmann, Dirk*: Steuerliche Gewinnermittlung nach dem BilMoG, in: BB, 64. Jg. (2009), S. 1342–1346, hier S. 1343.

Insbesondere eine Teilwertabschreibung im Sinne des § 6 Abs. 1 Nr. 1 S. 2 bzw. Nr. 2 S. 2 EStG ist insofern entgegen dem jeweiligen Wortlaut in der Steuerbilanz nach handelsrechtlichen GoB zwingend vorzunehmen.[155] Dies wird schlüssig mit der Wirkung der materiellen Maßgeblichkeit begründet: Die Durchbrechung der entsprechenden gesetzgeberischen Grundentscheidung, die Ermittlung der steuerlichen Leistungsfähigkeit an den handelsrechtlichen GoB zu orientieren, bedürfe der Rechtfertigung durch verfolgte Lenkungszwecke oder der Erkenntnis, dass andere als handelsrechtliche Maßstäbe der Messung steuerlicher Leistungsfähigkeit besser dienten.[156] Ein „mit […] Zweifeln behafteter Vermögenszuwachs ist kein sicherer Indikator steuerlicher Leistungsfähigkeit"[157]; mithin ist die Reichweite des Wahlrechtsvorbehalts insbesondere mit Blick auf eine Teilwertabschreibung eng auszulegen.

bbb) Grundsätzliche Übereinstimmung von Teilwert und beizulegendem Wert

Als Ausfluss des Vorsichtsprinzips in seiner Ausprägung als Imparitätsprinzip[158] dient die Bewertung zum niedrigeren beizulegenden Wert bzw. zum niedrigeren Teilwert in Handels- bzw. Steuerbilanz der Verlustantizipation.[159] Die Bewertung von Wirtschaftsgütern zum Teilwert dient somit im Sinne einer funktionalen Interpretation des Imparitätsprinzips[160] den gleichen Zwecken[161] wie handelsrechtlich die Bewertung von Vermögensgegenständen zum beizulegenden Wert im Sinne des § 253 HGB,

---

155 Vgl. *Hennrichs, Joachim*: Bilanzrechtsmodernisierungsgesetz und Besteuerung, in: StbJb, 61. Jg. (2009/10), S. 261–290, hier S. 272, Unterschiede zwischen Handels- und Steuerbilanz können insbes. im Umlaufvermögen aufgrund der einkommensteuerlichen Anforderung einer „voraussichtlich dauernden Wertminderung" resultieren; der Gesetzgeber geht allerdings im BilMoG RegE nicht von einem von der handelsbilanziellen Beurteilung unabhängigen Wahlrecht in der Steuerbilanz aus, vgl. BT-Drs 16/10067 vom 30.07.2008, hier S. 124.

156 Vgl. *Anzinger, Heribert/Schleiter, Isabelle*: Die Ausübung steuerlicher Wahlrechte nach dem BilMoG, a.a.O., hier S. 397f.

157 *Pezzer, Heinz-Jürgen*: Bilanzierungsprinzipien als sachgerechte Maßstäbe der Besteuerung, a.a.O., hier S. 24.

158 Vgl. *Hommel, Michael/Berndt, Thomas*: Voraussichtlich dauernde Wertminderung bei der Teilwertabschreibung und Abschlussstichtagsprinzip, in: FR, 82. Jg. (2000), S. 1305–1314, hier S. 1306; *Moxter, Adolf*: Bilanzlehre: Einführung in das neue Bilanzrecht (Bd. 2), Wiesbaden 1986, hier S. 57; *ders.*: Beschränkung der gesetzlichen Verlustantizipation auf die Wertverhältnisse des Abschlußstichtags?, in: FS Rose, S. 165–174, S. 170f.

159 Vgl. *Moxter, Adolf*: Künftige Verluste in der Handels- und Steuerbilanz, in: DStR, 36. Jg. (1998), S. 509–515, hier S. 511f.

160 Vgl. *Wüstemann, Jens*: Funktionale Interpretation des Imparitätsprinzips, a.a.O., hier S. 1037f.

161 Vgl. *Moxter, Adolf*: Zur Klärung der Teilwertkonzeption, in: FS Klein, S. 827–839, hier S. 831f.

mithin der objektivierten Erfassung künftiger negativer Erfolgsbeiträge.[162] Sowohl im Schrifttum[163] als auch mitunter in der Rechtsprechung findet sich hingegen auch die Ansicht, bei der Teilwertkonzeption handele sich es um eine einkommensteuerrechtliche Spezialvorschrift,[164] die bereits konzeptionell nicht mit dem handelsrechtlichen beizulegenden Wert übereinstimme.[165] Dies ist nicht zuletzt auf ein wörtliches Verständnis der Erwerberformel, mithin auf einen als Vermögenswertanteil verstandenen Teilwert, zurückzuführen.[166] Eine Bewertung mit dem Ziel der Approximation von Effektivvermögen ist nicht konsistent mit dem primären Zweck einer vom Realisationsprinzip dominierten Bilanz.[167]

Die ebenso häufig im Schrifttum vertretene Ansicht der grundsätzlichen Übereinstimmung von Teilwert und beizulegendem Wert wird auf unterschiedlichen Ebenen begründet: Einerseits wird der Teilwert in teleologischer Auslegung des Wortlauts der Teilwertvorschrift in § 6 Abs. 1 Nr. 1 S. 3 EStG nicht effektivvermögensabhängig als Anteil eines einzelnen Wirtschaftsguts am fiktiven Gesamtkaufpreis verstanden; vielmehr berücksichtige der Wertmaßstab lediglich, dass das zu bewertende Wirtschaftsgut Teil einer wirtschaftlichen Einheit sei.[168]

---

162 Vgl. *Baetge, Jörg/Brockmeyer, Klaus*: Voraussichtlich dauernde Wertminderung, in: HuRB, S. 377–386, hier S. 378f.

163 Vgl. bspw. *Schulze-Osterloh, Joachim*: Die Maßgeblichkeit der Handelsbilanz für die Steuerbilanz, ihre Umkehrung und das Bilanzrichtlinien-Gesetz, in: FR, 68. Jg. (1986), S. 545–554, hier S. 548f; *Weber-Grellet, Heinrich*: Steuerbilanzrecht, a.a.O., hier S. 246; *Thiel, Jochen*: Bilanzrecht, Heidelberg 2005, hier S. 219.

164 Vgl. Urt. des BFH vom 30. November 1988 *I R 114/84*, in: BStBl. II 1990, S. 117–119, hier S. 118; Urt. des BFH vom 24. Januar 1990 *I R 157/85, I R 145/86*, in: BStBl. II 1990, S. 639–643, hier S. 641; hingegen mit stärkerer Orientierung an den GoB vgl. Urt. des BFH vom 27. November 1974 *I R 123/73*, in: BStBl. II 1975, S. 294–295, hier S. 295; Urt. des BFH vom 13. Oktober 1976 *I R 79/74*, in: BStBl. II 1977, S. 540–543, hier S. 541f.

165 Vgl. *Schulze-Osterloh, Joachim*: Handelsbilanz und steuerrechtliche Gewinnermittlung, a.a.O., hier S. 291; *Lange, Christian*: 75 Jahre Teilwert, Berlin 2011, hier S. 247; *Euler, Walter*: Gemeiner Wert und Teilwert, in: DStjG, 7. Tagungsbd., (1984), S. 155–168, hier S. 162; *Groh, Manfred*: Künftige Verluste in Handels- und Steuerbilanz, zugleich ein Beitrag zur Teilwertdiskussion, in: StuW, 53. Jg. (1976), S. 32–42, hier S. 33.

166 Vgl. *Maaßen, Kurt*: Der Teilwert im Steuerrecht, Köln 1968, hier S. 30; kritisch zu dieser Teilwertkonzeption vgl. *Moxter, Adolf*: Zur Klärung der Teilwertkonzeption, a.a.O., hier S. 829f.

167 Vgl. *Wüstemann, Jens*: Funktionale Interpretation des Imparitätsprinzips, a.a.O., hier S. 1030-1032.

168 Vgl. *Siepe, Günter*: Darf ein ertragsteuerlicher Teilwertansatz den handelsrechtlich gebotenen Wertansatz überschreiten?, in: FS Forster, S. 607–624, hier S. 614; *Moxter, Adolf*: Künftige Verluste in der Handels- und Steuerbilanz, a.a.O., hier S. 511; *Doralt, Werner*: Der Teilwert als Anwendungsfall des Going-Concern-Prinzips, in: DStjG, 7. Tagungsbd., (1984), S. 141–153, hier S. 142; *Döllerer, Georg*: Die Grenzen des Imparitätsprinzips, in: StbJb, 29. Jg. (1977/78), S. 129–152, hier S. 136; *Rief-Drewes, Fabian*: Der Teilwert, Berlin 2004, hier S. 46f; bereits *Zitzlaff, Franz*: Zur Entstehung des Teilwertbegriffs, in: StuW, 20. Jg. (1941), S. 193–196, hier S. 194.

Nach dieser Sichtweise wird § 6 Abs. 1 Nr. 1 S. 3 EStG als „in vollem Einklang mit den für die Bewertung von Vermögensgegenständen maßgeblichen GoB“[169] gesehen. Andererseits begründet *Euler*[170] – ebenso in funktionaler Auslegung – die grundsätzliche Übereinstimmung von Teilwert und beizulegendem Wert damit, dass der Bewertungsvorbehalt des § 5 Abs. 6 EStG nicht gelte: Die Identität der primären Bilanzzwecke spreche daher für eine „restriktive Auslegung des Bewertungsvorbehalts, mithin für eine imparitätsprinzipkonforme, an der Antizipation drohender Aufwandsüberschüsse orientierte[n]“ Teilwertkonzeption.[171] Im Ergebnis erscheinen aufgrund der auch mit Blick auf die durch das Imparitätsprinzip geprägte Abwertung von Vermögensgegenständen gegebene Zweckkongruenz unterschiedliche Abwertungsmaßstäbe in Handels- und Steuerbilanz nicht geboten;[172] vielmehr besteht das Erfordernis zur Verlustantizipation nach handelsrechtlichen GoB für die Gewinnanspruchs- und die Steueranspruchsbemessung gleichermaßen.[173]

Entsprechend der Teilwertkonzeption ist auch der niedrigere beizulegende Wert unternehmensspezifisch[174] zu verstehen; einerseits zum Zwecke der zutreffenden Erfassung von Vermögensminderungen, andererseits auch, um das Verhältnis des Kaufmannsvermögens im Sinne des § 242 Abs. 1 S. 1 HGB darzustellen.[175]

Auch wenn die aus einer funktionalen Auslegung folgende grundsätzliche Übereinstimmung von Teilwert und beizulegendem Wert konzeptionell nicht unumstritten ist, so besteht gleichwohl eine weitgehende Einigkeit darüber, dass Teilwert und

---

169 *Siepe, Günter*: Darf ein ertragsteuerlicher Teilwertansatz den handelsrechtlich gebotenen Wertansatz überschreiten?, a.a.O., hier S. 615.

170 Vgl. *Euler, Roland*: Zur Verlustantizipation mittels des niedrigeren beizulegenden Wertes und des Teilwertes, in: ZfbF, 43. Jg. (1991), S. 191–212, hier S. 209f.

171 Vgl. ebenda, hier S. 191; vgl. zu diesem Aspekt bereits *Koch, Helmut*: Zur Problematik des Teilwertes, in: ZfhF, 12. Jg. (1960), S. 319–353, hier S. 338.

172 Vgl. *Moxter, Adolf/Engel-Ciric, Dejan*: Grundsätze ordnungsgemäßer Bilanzierung, a.a.O., hier S. 177.

173 Vgl. *Mellwig, Winfried*: Für ein bilanzzweckadäquates Teilwertverständnis, in: FS Moxter, S. 1069–1088, hier S. 1085; *Weindel, Marc*: Grundsätze ordnungsmäßiger Verlustabschreibungen, Wiesbaden 2008, hier S. 3; *Arnold, Arnd*: Die Zukunft des Verhältnisses von Handelsbilanz und steuerlicher Gewinnermittlung, in: StuW, 82. Jg. (2005), S. 148–157, hier S. 155 und S. 157.

174 Vgl. *Schubert, Wolfgang/Andrejewski, Kai*: § 253 HGB, in: Beck'scher Bilanzkommentar, hier Rn. 313; *Gabert-Pipersberg, Isabel*: § 6 EStG, in: HHR EStG, hier Anm. 424; dass der Teilwert grds. nicht als Bandbreite verschiedener Werte zu verstehen ist, stellt der BFH klar, vgl. Urt. des BFH vom 16. Dezember 2015 *IV R 18/12*, in: BStBl. II 2016, S. 346–351, hier S. 350f.

175 Vgl. *Moxter, Adolf/Engel-Ciric, Dejan*: Grundsätze ordnungsgemäßer Bilanzierung, a.a.O., hier S. 163 und S. 177.

beizulegender Wert regelmäßig übereinstimmen werden.[176] Die Teilwertvermutungen des Bundesfinanzhofs[177] sind auch für die handelsbilanzielle Beurteilung von Bedeutung, da sie sich als grundsätzlich mit der Konzeption aufwandsüberschussfreier Bewertung vereinbar[178] zeigen und auch, weil sie als praktische Lösung[179] im Spannungsfeld zwischen Objektivierung und wirtschaftlicher Betrachtungsweise bedeutsam sind.

176 Vgl. *Döllerer, Georg*: Zur Klausel „Handelsbilanz ist gleich Steuerbilanz“ in Gesellschaftsverträgen von Personenhandelsgesellschaften, in: FS Kellermann, S. 51–66, hier S. 59; *Schubert, Wolfgang/Andrejewski, Kai*: § 253 HGB, in: Beck'scher Bilanzkommentar, hier Rn. 311; *Schildbach, Thomas*: Niedriger Zeitwert versus Teilwert und das Verhältnis von Handels- und Steuerbilanz, in: StbJb, 42. Jg. (1990/91), S. 31–50, hier S. 42; z.T. werden Unterschiede bzgl. des Rekurses auf fiktive Umsatzakte am Markt gesehen *Leplow, Claas*: Das Wertaufholungsgebot in der Handels- und Steuerbilanz, Köln 2002, hier S. 136.

177 Vgl. ausführlich *Gabert-Pipersberg, Isabel*: § 6 EStG, in: HHR EStG, hier Anm. 445-452; mit umfassenden Verweisen auf die BFH-Rechtsprechung vgl. *Kußmaul, Heinz/Meyering, Stephan*: Der Teilwert, in: StB, 50. Jg. (2007), S. 462–467, hier S. 465.

178 Vgl. *Euler, Roland*: Zur Verlustantizipation mittels des niedrigeren beizulegenden Wertes und des Teilwertes, a.a.O., hier S. 210; kritisch bzgl. der Orientierung an Wiederbeschaffungskosten *Moxter, Adolf*: Funktionales Teilwertverständnis, in: FS Loitlsberger, S. 473–481, hier S. 480; ebenso insbes. bzgl. des Anlagevermögens *Wüstemann, Jens*: Funktionale Interpretation des Imparitätsprinzips, a.a.O., hier S. 1038; die Orientierung an den Wiederbeschaffungskosten findet ihre Grenze bei zum Absatz bestimmten Waren, wo auch der BFH den voraussichtlichen Veräußerungserlös berücksichtigt, vgl. Urt. des BFH vom 7. September 2005 *VIII R 1/03*, in: DStR, 43. Jg. (2005), S. 1975–1982, hier S. 1976; zu Saisonwaren vgl. Urt. des BFH vom 13. März 1964 *IV 236/63 S*, in: BStBl. III 1964, S. 426–429, hier S. 427; kritisch zur Begründung des BFH bei sog. Verlustprodukten vgl. *Breidert, Ulrike*: Keine Teilwertabschreibung bei so genannten Verlustprodukten?, in: BB, 56. Jg. (2001), S. 979–984.

179 Vgl. *Brenner, Dieter*: Teilwertabschreibungen auf Finanzanlagen, in: StbJb, 43. Jg. (1991/92), S. 99–111, hier S. 105.

b) *Auslegung handelsrechtlicher GoB durch die höchstrichterliche Rechtsprechung*

aa) Rechtsnormcharakter handelsrechtlicher GoB und das Maßgeblichkeitsprinzip

Handelsrechtliche GoB sind Rechtsnormen,[180] deren Gewinnung mithin Rechtsfindung ist.[181] Erst der Rechtsnormcharakter ermöglicht den Verweis des Einkommensteuerrechts auf die GoB:[182] Das Verständnis der GoB als Rechtsnormen mit öffentlich-rechtlichem Charakter gewährleistet die für das Maßgeblichkeitsprinzip vorausgesetzte Rechtssicherheit.[183] GoB im Sinne fachtechnisch verstandener Normen könnten nicht mit dem Maßgeblichkeitsprinzip im Einklang stehen, das sich nur auf objektivierungsgeprägte und somit Rechtssicherheit gewährleistende GoB beziehen kann.[184] Die Rechtsnormqualität handelsrechtlicher GoB schließt deren Revisibilität mit ein.[185] Aus dem einkommensteuerrechtlichen Verweis über den Maßgeblichkeitsgrundsatz folgt letztlich auch, dass Steuergerichte „bei der Auslegung handelsrechtlicher GoB steuerrechtliche Erwägungen unberücksichtigt zu lassen“ [186] haben.

---

[180] Vgl. *Döllerer, Georg*: Grundsätze ordnungsmäßiger Bilanzierung, deren Entstehung und Ermittlung, a.a.O., hier S. 1218; *Beisse, Heinrich*: Rechtsfragen der Gewinnung von GoB, a.a.O., hier S. 499; *Hennrichs, Joachim*: GoB im Spannungsfeld von BilMoG und IFRS, a.a.O., hier S. 862; *Wüstemann, Jens*: Generally Accepted Accounting Principles, a.a.O., hier S. 93.

[181] Vgl. *Moxter, Adolf*: Grundsätze ordnungsmäßiger Buchführung, in FS RFH/BFH, S. 533–544, hier S. 534; *Beisse, Heinrich*: Die Generalnorm des neuen Bilanzrechts, in: FS Döllerer, S. 25–44, hier S. 40.

[182] Vgl. *Schreiber, Ulrich*: Gewinnermittlung und Besteuerung der Einkommen, a.a O., hier S. 107; *Kahle, Holger*: Maßgeblichkeitsgrundsatz auf Basis der IAS?, in: WPg, 55. Jg. (2002), S. 178–188, hier S. 186; *Moxter, Adolf*: Missverständnisse um das Maßgeblichkeitsprinzip, in: DStZ, 88. Jg. (2000), S. 157–161, hier S. 161.

[183] Vgl. *Müller, Welf*: Der Jahresabschluß im Spannungsfeld zwischen öffentlichem Recht und Gesellschaftsrecht, in: FS Moxter, S. 75–99, hier S. 84f; *Euler, Roland*: Paradigmenwechsel im handelsrechtlichen Einzelabschluss, in: BB, 57. Jg. (2002), S. 875–880, hier S. 875; *Beisse, Heinrich*: Handelsbilanzrecht in der Rechtsprechung des Bundesfinanzhofs, in: BB, 35. Jg. (1980), S. 637–646, hier S. 643; *Kahle, Holger*: Europarechtliche Einflüsse auf den Maßgeblichkeitsgrundsatz, in: StuW, 78. Jg. (2001), S. 126–136, hier S. 135; vgl. zur Diskussion auch *Icking, Jan*: Die Rechtsnatur des Handelsbilanzrechts, Berlin 2000, hier S. 458f.

[184] Vgl. *Moxter, Adolf*: Missverständnisse um das Maßgeblichkeitsprinzip, a.a.O., hier S. 158.

[185] Vgl. *Wüstemann, Jens*: Generally Accepted Accounting Principles, a.a.O., hier S. 93; *Beisse, Heinrich*: Rechtsfragen der Gewinnung von GoB, a.a.O., hier S. 504; *Döllerer, Georg*: Grundsätze ordnungsmäßiger Bilanzierung, deren Entstehung und Ermittlung, a.a.O., hier S 1218; explizit auch die höchstrichterliche Rechtsprechung, vgl. z.B. Beschluss des BFH vom 31. Januar 2013 *GrS 1/10*, in: BStBl. II 2013, S. 317–324, hier S. 322.

[186] *Mathiak, Walter*: GoB in Handels- und Steuerrecht in der Diskussion, in: BFuP, 42. Jg. (1990), S. 546–560, hier S. 552; ähnlich *Groh, Manfred*: Bilanzrecht vor dem EuGH, in: DStR, 34. Jg. (1996), S. 1206–1211, hier S. 1209; a.A. *Schildbach, Thomas*: Maßgeblichkeit, in: BB, 44. Jg. (1989), S. 1443–1453, hier S. 1448.

bb) Die Rolle der Kaufmannsübung und berufsständischer Verlautbarungen im Lichte des Rechtsnormcharakters handelsrechtlicher GoB

Die Auslegung handelsrechtlicher GoB erfolgt deduktiv,[187] Rechnungslegungsinhalte sind im Sinne der teleologischen Auslegungsmethode wertend auf den Normzweck hin zu konkretisieren.[188] Die Grenze der Auslegung ist demnach grundsätzlich der noch mögliche Wortsinn einer Norm.[189] Eine induktive Normermittlung ist nicht mit dem Rechtsnormcharakter der GoB vereinbar:[190] Die Auslegung und Konkretisierung von GoB obliegt dem Gesetzgeber bzw. ersatzweise der höchstrichterlichen Rechtsprechung.[191] Die Orientierung an der tatsächlichen Kaufmannsübung ist insofern für die rechtsschöpferische Gestaltung von GoB unmaßgeblich.[192] Im Schrifttum wird die Bedeutung der Kaufmannsübung als Erkenntnisquelle zwar zu Recht hervorgehoben,[193] aus ihr ist gleichwohl nicht auf die Möglichkeit einer stillschweigenden Weiterentwicklung der GoB durch die kaufmännische Praxis zu schließen.[194] Eine induktive GoB-Ermittlung würde bereits dem öffentlich-rechtlichen und einen Interessensausgleich intendierenden Charakter des Handelsbilanzrechts zuwiderlaufen.[195] Der im Schrifttum vertretenen These, GoB seien im Sinne einer induktive und deduktive

---

187 Vgl. Beschluss des BFH vom 3. Februar 1969 *GrS 2/68*, a.a.O., hier S. 292; *Döllerer, Georg*: Grundsätze ordnungsmäßiger Bilanzierung, deren Entstehung und Ermittlung, a.a.O., hier S. 1220; *Moxter, Adolf*: Der Jahresabschluß im Widerstreit der Interessen, a.a.O., hier S. 13f; *Leffson, Ulrich*: Die Grundsätze ordnungsmäßiger Buchführung, Düsseldorf 1987, hier S. 40f i.V.m. S. 59; *Schneider, Dieter*: Die Evolution zum ausschüttbaren Periodengewinn als bedingte spontane Ordnung, in: FS Ballwieser, S. 745–760, hier S. 757.

188 Vgl. *Wüstemann, Jens/Wüstemann, Sonja*: Rechnungslegungsgrundsätze, a.a.O., hier S. 26; *Moxter, Adolf*: Rechnungslegungsmythen, in: BB, 55. Jg. (2000), S. 2143–2149, hier S. 2148; *Beisse, Heinrich*: Maßgeblichkeit der Handelsbilanz für die Steuerbilanz, a.a.O., hier S. 12; *Larenz, Karl/Canaris, Claus-Wilhelm*: Methodenlehre der Rechtswissenschaft, a.a.O., hier S. 153–159.

189 Vgl. Urt. des BFH vom 9. Februar 1972 *I R 205/66*, in: BStBl. II 1972, S. 455–485, hier S. 457; dazu *Pfeiffer, Thomas*: Begriffsbestimmung und Bilanzierungsfähigkeit des immateriellen Wirtschaftsgutes, in: StuW, 61. Jg. (1984), S. 326–339, hier S. 327.

190 Vgl. *Schulze-Osterloh, Joachim*: Rechtsgrundlagen des Jahres- und des Konzernabschlusses (Abt. I/1), in: HdJ, Abt. I/1 (2016), hier Rz. 14; grundlegend Urt. des BFH vom 31. Mai 1967 *I 208/63*, in: BStBl. III, S. 607–609, hier S. 609.

191 Vgl. *Beisse, Heinrich*: Rechtsfragen der Gewinnung von GoB, a.a.O., hier S. 504f; *Wüstemann, Jens/Wüstemann, Sonja*: Rechnungslegungsgrundsätze, a.a.O., hier S. 27.

192 Vgl. *Moxter, Adolf*: Die Grundsätze ordnungsmäßiger Bilanzierung und der Stand der Bilanztheorie, a.a.O., hier S. 29.

193 Vgl. bspw. *Hennrichs, Joachim/Pöschke, Moritz*: Fortentwicklung der GoB vor dem Hintergrund von BilMoG und IFRS, in: Bilanzpolitik und Bilanzanalyse nach neuem Recht, S. 47–64, hier S. 51; vgl. auch Urt. des BFH vom 31. Mai 1967 *I 208/63*, a.a.O., hier S. 609.

194 Die auf die aktuelle Kaufmannspraxis bezugnehmende Begründung des Gesetzgebers i.R. des BilMoG ist insofern missverständlich: Vgl. BT-Drs 16/10067 vom 30.07.2008, hier S. 52.

195 Vgl. *Schulte, Muriel*: Systemdenken im deutschen und französischen Handelsrecht, Wiesbaden 2010, hier S. 78; *Beisse, Heinrich*: Wandlungen der Grundsätze ordnungsmäßiger Bilanzierung, a.a.O., hier S. 403; *Euler, Roland*: Grundsätze ordnungsmäßiger Gewinnrealisierung, a.a.O., hier S. 41f.

Elemente kombinierenden Methode zu ermitteln,[196] kann nicht vorbehaltlos zugestimmt werden:[197] Empirische Erkenntnisse zur Kaufmannspraxis können ebenso wie theoretische Erkenntnisse der Betriebswirtschaftslehre i.R. der Rechtsanwendung von Bedeutung sein.[198]

Gleichwohl ist daraus nicht zu schließen, dass etwa aus berufsständischen Verlautbarungen ein „selbständige[r] juristische[r] Entstehungsgrund"[199] für GoB resultieren könnte;[200] private Institutionen können nur Fachnormen, nicht jedoch öffentlich-rechtliche GoB hervorbringen.[201]

cc) Internationale Rechnungslegungsstandards als Erkenntnisquelle des Rechtsvergleichs

aaa) Eingeschränkte normative Reichweite als Folge der Zweckdivergenz

Auch wenn das Handelsbilanzrecht im Zuge des BilMoG punktuell an die IFRS angenähert wurde, mithin etwa die Aktivierung selbst geschaffener immaterieller Vermögensgegenstände erlaubt,[202] wurde die These, die IFRS könnten nunmehr als „Auslegungsgrundlage"[203] dienen, zu Recht zurückgewiesen.[204]

Eine veränderte Deduktionsbasis ist nicht anzunehmen, nicht zuletzt weil der Gesetzgeber im Zuge des BilMoG die primäre Ausschüttungsbemessungsfunktion

196 Vgl. *Justenhoven, Petra/Usinger, Rainer*: § 243 HGB, in: Beck'scher Bilanzkommentar, hier Rz. 17f; *Müller, Welf*: Internationale Rechnungslegungsgrundsätze als Rechtsquellen besonderer Art und ihre Auslegung, in: FS Haarmann, S. 741–761, hier S. 753f.

197 Kritisch auch *Moxter, Adolf/Engel-Ciric, Dejan*: Grundsätze ordnungsgemäßer Bilanzierung, a.a.O., hier S. 23f.

198 Vgl. *Hennrichs, Joachim/Pöschke, Moritz*: Fortentwicklung der GoB vor dem Hintergrund von BilMoG und IFRS, a.a.O., hier S. 50f; vgl. auch *Baetge, Jörg*: Grundsätze ordnungsmäßiger Buchführung, a.a.O., hier S. 3f.

199 *Döllerer, Georg*: Grundsätze ordnungsmäßiger Bilanzierung, deren Entstehung und Ermittlung, a.a.O., hier S. 1219.

200 Vgl. *Wüstemann, Jens/Wüstemann, Sonja*: Betriebswirtschaftliche Bilanzrechtsforschung und Grundsätze ordnungsmäßiger Gewinnrealisierung für Werkverträge, in: ZfB, 79. Jg. (2009), S. 31–58, hier S. 37f.

201 Vgl. *Beisse, Heinrich*: Die paradigmatischen GoB, a.a.O., hier S. 748.

202 Vgl. *Hennrichs, Joachim*: GoB im Spannungsfeld von BilMoG und IFRS, a.a.O., hier S. 861.

203 So etwa *Köster, Oliver*: Niederstwerttest und Bewertungseinheiten beim Anlagevermögen im Entwurf des BilMoG, in: WPg, 60. Jg. (2007), S. 2971–2975, hier S. 2791f.

204 Vgl. *Moxter, Adolf*: IFRS als Auslegungshilfe für handelsrechtliche GoB?, a.a.O.

ausdrücklich bestätigt hat.[205] Dadurch tritt auch das Fortbestehen der grundlegenden Zweckdivergenz handelsrechtlicher GoB und der monofunktional auf Informationsvermittlung gerichteten IFRS[206] deutlich zutage; entsprechend erscheint es bereits aus methodischer Sicht problematisch, die IFRS als Auslegungshilfe für Gewinnanspruchs-GoB heranzuziehen.[207] Dies schließt indes nicht aus, sie als „Erkenntnisquelle des Rechtsvergleichs"[208] zu berücksichtigen; eine Ausstrahlungswirkung der IFRS kann daher nur im Einzelfall und nur „kraft der Argumente"[209] infrage kommen.

bbb) Systematische Würdigung der Eignung der IFRS als Erkenntnisquelle anhand von Fallgruppen

Hennrichs[210] differenziert anhand von Fallgruppen, inwieweit die IFRS als Erkenntnisquelle bei der Auslegung handelsrechtlicher GoB in Betracht kommen können: Während Fälle einer direkten Anknüpfung des HGB an die IFRS die Informationsvermittlung im Anhang und damit nicht die Gewinnanspruchs-GoB betreffen, sind letztere in einzelnen Fällen von einer vom Gesetzgeber intendierten Annäherung an die IFRS tangiert. Eine solche gedachte Annäherung wird bspw. im Fall der Herstellungskosten selbstgeschaffener immaterieller Vermögensgegenstände im Sinne des § 255 Abs. 2 HGB angenommen.[211] Liegt hier eine rechtsvergleichende Betrachtung nahe, ist gleichwohl zu bedenken, dass eine intendierte Annäherung einerseits nicht als eine dynamische Anlehnung an die IFRS verstanden werden kann, andererseits auch deren Reichweite kritisch und vor dem Hintergrund handelsbilanzieller Schutzzwecke zu beleuchten ist.[212] Liegt ein Fall bewusster Abweichung des Handelsbilanzrechts von den

---

205 Vgl. *Wüstemann, Jens/Wüstemann, Sonja*: Das System der Grundsätze ordnungsmäßiger Buchführung nach dem Bilanzrechtsmodernisierungsgesetz, a.a.O., hier S. 758; vgl. zudem BT-Drs 16/10067 vom 30.07.2008, hier S. 34.

206 Vgl. *Dehmel, Inga* et al.: Conceptual Framework for Financial Reporting 2018 auf dem Prüfstand, in: BB, 73. Jg. (2018), S. 1706–1710, hier S. 1706.

207 Vgl. *Moxter, Adolf*: IFRS als Auslegungshilfe für handelsrechtliche GoB?, a.a.O., hier S. 10.

208 *Hennrichs, Joachim*: GoB im Spannungsfeld von BilMoG und IFRS, a.a.O., hier S. 866.

209 *Ders.*: Zur normativen Reichweite der IFRS, in: NZG, 8. Jg. (2005), S. 783–787, hier S. 787.

210 Vgl. insbes. *ders.*: GoB im Spannungsfeld von BilMoG und IFRS, a.a.O., hier S. 867–870; vgl. bereits *Hennrichs, Joachim/Pöschke, Moritz*: Die Bedeutung der IFRS für die Auslegung und Anwendung des (Konzern-)Bilanzrechts nach BilMoG, in: DK, 7. Jg. (2009), S. 532–540.

211 Vgl. *Hennrichs, Joachim*: GoB im Spannungsfeld von BilMoG und IFRS, a.a.O., hier S. 867.

212 Vgl. ebenda, hier S. 867; vgl. *Herzig, Norbert*: IAS/IFRS und steuerliche Gewinnermittlung, in: WPg, 58. Jg. (2005), S. 211–235; *Stibi, Bernd/Fuchs, Markus*: Zur Umsetzung der HGB-Modernisierung durch das BilMoG, in: DB Beilage Nr. 5, 62. Jg. (2009), S. 9–15.

IFRS vor, etwa bei der Vermögenszurechnung i.R. von Leasinggestaltungen,[213] so scheidet eine interpretatorische Anlehnung an die IFRS aus.[214]

Ist eine Subsumption unter eine der vorgenannten Fallgruppen nicht möglich, erscheint eine rechtsvergleichende Betrachtung erwägenswert, sofern sich die zugrundeliegende Regelung der IFRS zumindest im Grundsatz in das Zweckgefüge handelsrechtlicher GoB einflechten lässt: Während dies mit Blick auf die sog. percentage-of-completion-Methode problematisch sein dürfte,[215] erscheint eine erhellende rechtsvergleichende Betrachtung hinsichtlich des sog. Komponentenansatzes im Lichte des Prinzips periodengerechter Gewinnermittlung und auch mit Blick auf das bilanzrechtliche Vorsichtsprinzip in systematischer Sicht zumindest nicht grundsätzlich ausgeschlossen.[216]

dd) Auslegung handelsrechtlicher GoB im Rahmen der Vorfragenkompetenz des Bundesfinanzhofs

Da die handelsrechtlichen GoB aufgrund des Verweises in § 5 Abs. 1 EStG grundsätzlich maßgeblich für die steuerliche Gewinnermittlung sind, entscheidet – neben dem BGH[217] – regelmäßig der Bundesfinanzhof im Rahmen seiner „Vorfragenkompetenz" über handelsrechtliche Fragen.[218] Aufgrund der gebotenen Einheitlichkeit der

213 Vgl. BT-Drs 16/10067 vom 30.07.2008, hier S. 47. Es wird ausdrücklich hervorgehoben, an den von der Rechtsprechung des BFH entwickelten – nicht mit den IFRS übereinstimmenden – Zurechnungskritieren festzuhalten. Dass die von der höchstrichterlichen Rechtsprechung entwickelten Kriterien eine bloße „Arbeitshilfe für die Praxis" (auch S. 47) sein sollen, ist jedoch zumindest missverständlich.

214 Vgl. *Hennrichs, Joachim/Pöschke, Moritz*: Die Bedeutung der IFRS für die Auslegung und Anwendung des (Konzern-)Bilanzrechts nach BilMoG, a.a.O., hier S. 538.

215 Vgl. *Wüstemann, Jens/Wüstemann, Sonja*: Betriebswirtschaftliche Bilanzrechtsforschung und Grundsätze ordnungsmäßiger Gewinnrealisierung für Werkverträge, a.a.O., hier S. 39f; *Hennrichs, Joachim*: GoB im Spannungsfeld von BilMoG und IFRS, a.a.O., hier S. 869; insoweit eindeutig auch BT-Drs 16/10067 vom 30.07.2008, hier S. 38; a.A. *Herold, Christian*: Vermeidung des Earnings Management der Umsatzerlöse, Wiesbaden 2006, hier S. 141.

216 Vgl. *Hommel, Michael/Rößler, Bettina*: Komponentenansatz des IDW RH HFA 1.016, in: BB, 64. Jg. (2009), S. 2526–2530. Vgl. ausführlich zum Komponentenansatz in dieser Arbeit Kap. 2, II. 3.

217 Einen Überblick über die Bilanzrechtsprechung der Zivilgerichte bietet *Münzinger, Rudolf*: Bilanzrechtsprechung der Zivil- und Strafgerichte, Wiesbaden 1987.

218 Vgl. *Wüstemann, Jens/Wüstemann, Sonja*: Das System der Grundsätze ordnungsmäßiger Buchführung nach dem Bilanzrechtsmodernisierungsgesetz, a.a.O., hier S. 755; *Döllerer, Georg*: Handelsrechtliche Entscheidungen des Bundesfinanzhofs, a.a.O., hier S. 700.

Rechtsprechung der obersten Gerichtshöfe[219] sind auch Rechtsnormen in unterschiedlichen Rechtsgebieten einheitlich auszulegen.[220]

Da aufgrund des Maßgeblichkeitsgrundsatzes überwiegend Steuergerichte präjudiziell über GoB zu befinden haben,[221] nimmt der Bundesfinanzhof unmittelbar Einfluss auf das Handelsbilanzrecht.[222]

Dabei bleibt die Gewinnung von GoB eine „rein handelsrechtliche Aufgabe“[223]; die GoB bleiben trotz der Inbezugnahme für einkommensteuerliche Zwecke ihrer Rechtsqualität nach Handelsbilanzrecht,[224] denn der Bundesfinanzhof trifft insofern eine handelsrechtliche Entscheidung über eine handelsrechtliche Vorfrage.[225] Die relativierende Auffassung, Entscheidungen des Bundesfinanzhofs seien neben berufsständischen Verlautbarungen „bei der Interpretation […] der Rechnungslegungsnormen zu würdigen“,[226] verkennt insofern dessen Kompetenz zur Auslegung handelsrechtlicher GoB.

ee) Bedeutung steuerlicher Spezialgesetze und Schreiben der Finanzverwaltung für die Auslegung handelsrechtlicher GoB

aaa) Systematische Überlegungen zur Rechtsfigur des anschaffungsnahen Herstellungsaufwands

Im Schrifttum wird die Rechtsfigur des anschaffungsnahen Herstellungsaufwands mehrheitlich als eine das Maßgeblichkeitsprinzips durchbrechende originär

---

219 Vgl. *ders.*: Die Rechtsprechung des Bundesfinanzhofs und die Wirtschaftsprüfung, in: Wirtschaftsprüfung heute, S. 185–193, hier S. 191; *Beisse, Heinrich*: Handelsbilanzrecht in der Rechtsprechung des Bundesfinanzhofs, a.a.O., hier S. 645.

220 Vgl. *Wüstemann, Jens/Wüstemann, Sonja*: Das System der Grundsätze ordnungsmäßiger Buchführung nach dem Bilanzrechtsmodernisierungsgesetz, a.a.O., hier S. 755, mit Verweis auf Art. 95 Abs. 3 GG i.V.m. § 2 Abs. 1 RsprEinhG.

221 Vgl. *Beisse, Heinrich*: Rechtsfragen der Gewinnung von GoB, a.a.O., hier S. 504.

222 Vgl. *Euler, Roland*: Paradigmenwechsel im handelsrechtlichen Einzelabschluss, a.a.O., hier S. 876; *Döllerer, Georg*: Handelsrechtliche Entscheidungen des Bundesfinanzhofs, a.a.O., hier S. 700f.

223 *Beisse, Heinrich*: Zum Verhältnis von Bilanzrecht und Betriebswirtschaftslehre, a.a.O., hier S. 5.

224 Vgl. *Hennrichs, Joachim*: Der steuerrechtliche sog. Maßgeblichkeitsgrundsatz gem. § 5 EStG, a.a.O., hier S. 144; *Crezelius, Georg*: Maßgeblichkeitsgrundsatz in Liquidation?, in: DB, 47. Jg. (1994), S. 689–691, hier S. 690f.

225 Vgl. *Döllerer, Georg*: Handelsrechtliche Entscheidungen des Bundesfinanzhofs, a.a.O., hier S. 701.

226 Vgl. IDW PS 201 n.F., Tz. 9 (auch Zitat).

steuerrechtliche Bewertungsregel gesehen.[227] Dies ist angesichts der Normierung in § 6 Abs. 1 Nr. 1a EStG als Bewertungsvorschrift im Sinne des § 5 Abs. 6 EStG durchaus naheliegend. In systematischer Sicht spricht dafür nicht zuletzt die Auslegung des Bundesfinanzhofs, der in jüngerer Rechtsprechung betont, es handele sich um eine „einkommensteuerrechtliche Sonderregelung".[228] Dies steht der Annahme eines „typisierten handelsrechtlichen GoB"[229] jedoch nicht zwangsläufig entgegen.[230]

Die Überlegung, dass der Erwerb eines renovierten Gebäudes nicht anders behandelt werden könne als der Erwerb eines überholungsbedürftigen Gebäudes, das der Erwerber anschließend renoviert,[231] ist in wirtschaftlicher Betrachtungsweise überzeugend. Allein auf im Verhältnis zum Anschaffungspreis hohe Instandhaltungs- und Modernisierungsaufwendungen kann eine Aktivierung gleichwohl nicht zu stützen sein, fehlte so etwa eine eindeutige Abgrenzbarkeit zu sog. Generalüberholungen.[232] Während es der Annahme eines typisierten handelsrechtlichen GoB nicht entgegensteht, dass sich der Bundesfinanzhof auf § 6 Abs. 1 Nr. 1a EStG als einkommensteuerrechtliche lex specialis beruft, ist gleichwohl die Reichweite der Rechtsfigur des anschaffungsnahen Herstellungsaufwands im Handelsbilanzrecht nicht notwendigerweise deckungsgleich.

---

227 Vgl. *Schubert, Wolfgang/Hutzler, Alexander*: § 255 HGB, in: Beck'scher Bilanzkommentar, hier Rn. 333f; *Kahle, Holger/Heinstein, Ralf*: Die Bewertung von Grundstücken in der Steuerbilanz (Teil I), in: DStZ, 95. Jg. (2007), S. 93–102; *Schießl, Harald*: Neues zu den anschaffungsnahen Herstellungskosten i.S. des § 6 Abs. 1 Nr. 1a EStG, in: StuB, 18. Jg. (2016), S. 719–731, hier S. 723; *Wendt, Michael*: Anschaffungsnahe Herstellungskosten, in: FS Spindler, S. 879–895; *Stobbe, Thomas*: § 6 EStG, in: HHR EStG, hier Anm. 481.

228 Urt. des BFH vom 14. Juni 2016 *IX R 25/14*, in: BStBl. II 2016, S. 992–996, hier S. 995; so auch Urt. des BFH vom 14. Juni 2016 *IX R 15/15*, a.a.O., hier S. 998; Urt. des BFH vom 14. Juni 2016 *IX R 22/15*, in: BStBl. II 2016, S. 999–1003, hier S. 1002.

229 *Moxter, Adolf/Engel-Ciric, Dejan*: Grundsätze ordnungsgemäßer Bilanzierung, a.a.O., hier S. 129.

230 Kein zwingendes Auseinanderfallen zwischen Handels- und Steuerbilanz sieht diesbezüglich (wenngleich ohne nähere Erläuterung) auch *Hoffmann, Wolf-Dieter*: Anmerkungen zur BFH-Entscheidung vom 14. Juni 2016 - IX R 25/14, in: DStR, 54. Jg. (2016), S. 2269–2274, hier S. 2274; *Hoffmann, Wolf-Dieter*: Anschaffungsnahe Herstellungskosten, in: StuB, 18. Jg. (2016), S. 801–802, hier S. 802. Auch gem. IDW RS IFA 1, Tz. 15 werden im Verhältnis zum Kaufpreis hohe Aufwendugen in engem zeitlichen Zusammenhang mit der Anschaffung als Indiz für Herstellungsaufwendungen betrachtet.

231 Vgl. Urt. des BFH vom 25. Oktober 1955 *I 176/54 U*, in: BStBl. III 1955, S. 388–389, hier S. 389; Urt. des RFH vom 9. Dezember 1943 *IV 21/43*, in: RStBl. 1944, S. 163–164, hier S. 164; ausführlich Urt. des BFH vom 12. September 2001 *IX R 39/97*, in: BStBl. II 2003, S. 569–574, hier S. 573; für einen Überblick über die Rechtspr. zum anschaffungsnahen Aufwand vgl. *Carlé, Dieter*: Der anschaffungsnahe Aufwand, in: FS Korn, S. 41–62; den wirtschaftlichen Zusammenhang mit der Anschaffung betont *Obermeier, Arnold*: Thesen zum anschaffungsnahen Aufwand, in: DStR, 28. Jg. (1990), S. 409–411, hier S. 409.

232 So zutr. Urt. des BFH vom 12. September 2001 *IX R 39/97*, a.a.O., hier S. 573, auch in Abgrenzung zur Sanierung „in Raten" (S. 569).

Die einkommensteuerrechtliche Normierung hat aufgrund des Maßgeblichkeitsgrundsatzes im Kern klarstellenden Charakter. Die extensive Wortauslegung des Bundesfinanzhofs in jüngerer (fortentwickelter) Rechtsprechung,[233] welche etwa auch bei auf einer Vielzahl unabhängig gefasster Entschlüsse basierenden sukzessiven[234] Renovierungen innerhalb eines Dreijahreszeitraums anschaffungsnahen Herstellungsaufwand annimmt, stellt indes keinen typisierten handelsrechtlichen GoB klar.[235]

Die wirtschaftliche Betrachtungsweise, welche den Erwerb mit anschließender Renovierung dem Erwerb des bereits renovierten Gebäudes gleichstellt, findet insoweit ihre Grenze und kann nicht die Aktivierung unabhängig voneinander getätigter Erhaltungsaufwendungen nur aufgrund der zeitlichen Anschaffungsnähe rechtfertigen. Kommt eine atomisierende Betrachtung einzelner Arbeiten innerhalb einer einheitlichen Modernisierungsmaßnahme nicht in Betracht, da sie gerade dem Sinn einer Typisierung zuwiderliefe,[236] so ist gleichwohl eine Notwendigkeit im Sinne einer wirtschaftlich betrachtet einheitlichen,[237] ggf. mehrere einzelne Baumaßnahmen umfassenden Instandsetzungsmaßnahme erforderlich. Die im Steuerbilanzrecht normierten zeitlichen und wertmäßigen Grenzen stehen dabei aus Objektivierungserwägungen mit dem System handelsrechtlicher GoB im Einklang; die Rechtsfigur des anschaffungsnahen Herstellungsaufwands als „typisierter handelsrechtlicher GoB"[238] ist dabei aus Gründen der Vereinfachung und Objektivierung bedeutsam,[239] da sie die Abgrenzung zwischen

---

233 Eine einheitlich zu würdigende Instandsetzungs- und Modernisierungsmaßnahme noch voraussetzend etwa Urt. des BFH vom 25. August 2009 *IX R 20/08*, in: BStBl. II 2010, S. 125–127, hier S. 127; unter Berufung auf die Auslegung des Wortlauts des § 6 Abs. 1 Nr. 1a EStG wird dies in jüngerer Rechtsprechung nicht mehr gefordert, vgl. etwa Urt. des BFH vom 14. Juni 2016 *IX R 25/14*, a.a.O., hier S. 994f.

234 Abzugrenzen ist insoweit von einer sog. Sanierung „in Raten", da diese originäre Herstellungsaufwendungen verkörpert, vgl. dazu bspw. *Wendt, Michael*: Anschaffungsnahe Herstellungskosten, a.a.O., hier S. 889.

235 Einen Überblick über die jüngste Rechtsprechung des Bundesfinanzhofs zum anschaffungsnahen Herstellungsaufwand bietet *Schießl, Harald*: Neues zu den anschaffungsnahen Herstellungskosten i.S. des § 6 Abs. 1 Nr. 1a EStG, a.a.O., hier S. 723f.

236 So auch Urt. des BFH vom 25. August 2009 *IX R 20/08*, a.a.O., hier S. 127.

237 Die Einheitlichkeit ist hier nicht zwingend i.S. eines „Gesamtplans" zu verstehen, vielmehr müssen einzelne Baumaßnahmen wirtschaftlich als Teil einer einheitlichen Instandsetzungsmaßnahme interpretierbar sein. Bzgl. der steuerbilanziellen Behandlung a.A. *Schießl, Harald*: Neues zu den anschaffungsnahen Herstellungskosten i.S. des § 6 Abs. 1 Nr. 1a EStG, a.a.O., hier S. 728.

238 *Moxter, Adolf/Engel-Ciric, Dejan*: Grundsätze ordnungsgemäßer Bilanzierung, a.a.O., hier S. 129.

239 Vgl. Begründung BT-Drs 15/1562 vom 23.09.2003, hier S. 32; so auch *Hoffmann, Wolf-Dieter*: Anschaffungsnahe Herstellungskosten, a.a.O., hier S. 801; hinsichtlich eines möglichen

originärem Herstellungsaufwand und Erhaltungsaufwand in zeitlicher Anschaffungsnähe typisierend regelt.

Dies gewährleistet eine erfolgsneutrale Vermögensumschichtung in Fällen anschaffungsnaher Instandsetzungsmaßnahmen, in denen sich die wirtschaftliche Substanz im Kern nicht von einem mit den – um die vom Verkäufer getragenen Aufwendungen – erhöhten Anschaffungskosten zu aktivierenden Kaufvorgang unterscheidet.

Die extensive Wortauslegung des § 6 Abs. 1 Nr. 1a EStG in jüngerer Rechtsprechung des Bundesfinanzhofs ist hingegen handelsbilanzrechtlich nicht überzeugend, da sie die wirtschaftliche Betrachtungsweise zu weit zurückdrängt. Die Einschätzung, die einkommensteuerliche Normierung diene ausschließlich dem Fiskalinteresse,[240] verkennt hingegen ebenfalls die zwar typisierende, jedoch auch im Sinne einer wirtschaftlichen Betrachtungsweise ausgerichtete grundsätzliche Wirkung der Rechtsfigur der anschaffungsnahen Herstellungskosten.

bbb) Bedeutung der Leasingerlasse für die handelsrechtliche Vermögenszurechnung

Während entsprechend der Überlegungen zum anschaffungsnahen Herstellungsaufwand steuergesetzliche Normierungen nicht grundsätzlich auf die Auslegung von GoB ausstrahlen können, wird für die handelsbilanzielle Vermögenszurechnung dennoch regelmäßig auf die Leasingerlasse der Finanzverwaltung Bezug genommen.[241] Aus der prinzipienorientierten Regelung in § 246 Abs. 1 S. 2 HGB folgt eine Konkretisierungsnotwendigkeit:[242] Da dabei eine interpretatorische Anlehnung an die IFRS ausscheidet,[243] erscheint eine Orientierung an den Leasingerlassen naheliegend, zumal diese auch ergangene höchstrichterliche Rechtsprechung reflektieren.

Vereinfachungseffekts a.A. *Söffing, Günter*: Der anschaffungsnahe Aufwand, in: DB, 57. Jg. (2004), S. 946–948.

240 So *Lohr, Sebastian*: Anschaffungsnaher Aufwand, Hamburg 2005, hier S. 47.

241 Vgl. z.B. *Justenhoven, Petra/Meyer, Henning*: § 246 HGB, in: Beck'scher Bilanzkommentar, hier Rn. 59.

242 Vgl. *Hennrichs, Joachim/Pöschke, Moritz*: Die Bedeutung der IFRS für die Auslegung und Anwendung des (Konzern-)Bilanzrechts nach BilMoG, a.a.O., hier S. 535.

243 Vgl. Kap. 1, I., 2. b) cc).

Geht die Bedeutung der Leasingerlasse insofern zwar über eine „Arbeitshilfe für die Praxis“[244] hinaus, so ist einschränkend deren teilweise enge Orientierung an § 39 AO festzustellen:[245] Einerseits überstrahlt bereits die handelsbilanzielle Vermögenszugehörigkeit einkommensteuerrechtlich als lex specialis über den Maßgeblichkeitsgrundsatz die Zurechnungsnorm des § 39 AO,[246] andererseits entsprechen die Leasingerlasse im Einzelfall nicht zwangsläufig handelsrechtlichen GoB. Im Fall von formalen Ausschließungsrechten, etwa im Sinne von Andienungsrechten des Leasinggebers, folgen weder die Leasingerlasse noch die bei diesen Sachverhalten formalrechtlich geprägte Rechtsprechung des Bundesfinanzhofs[247] der gebotenen wirtschaftlichen Betrachtungsweise. Die handelsbilanzielle Orientierung an den (nicht bindenden) Leasingerlassen muss also dort Grenzen finden, wo diese der wirtschaftlichen Betrachtungsweise im Bilanzrecht zuwiderlaufen.

ff) Bedeutung der Rechtsprechung des EuGH für die Auslegung handelsrechtlicher GoB

In Fragen des Handelsbilanzrechts der Kapitalgesellschaften ist eine richtlinienkonforme Auslegung maßgeblich;[248] durch den Grundsatz des „true and fair view“ werden

---

[244] BT-Drs 16/10067 vom 30.07.2008, hier S. 47; vgl. dazu auch *Wüstemann, Jens/Wüstemann, Sonja*: Maßgeblichkeit der handelsbilanziellen wirtschaftlichen Zurechnung für die Steuerbilanz, in: BB, 67. Jg. (2012), S. 3127–3128, hier S. 3127.

[245] Vgl. *Stobbe, Thomas*: Ist der Maßgeblichkeitsgrundsatz bei der Zurechnung des wirtschaftlichen Eigentums anwendbar?, in: BB, 45. Jg. (1990), S. 518–525, hier S. 520 und 522.

[246] Vgl. *Crezelius, Georg*: Das Handelsbilanzrecht in der Rechtsprechung des Bundesfinanzhofs, in: ZGR, 16. Jg. (1987), S. 1–45, hier S. 15; *Herzig, Norbert*: Modernisierung des Bilanzrechts und Besteuerung, in: DB, 61. Jg. (2008), S. 1–10, hier S. 5.

[247] Vgl. z.B. Urt. des BFH vom 13. Oktober 2016 *IV R 33/13*, in: BStBl. III 2018, S. 81–86; Schreiben des BMF vom 22. Dezember 1975 *IV B 2 - S 2170 - 161/75*, in: DB, 29. Jg. (1976), S. 172–173, hier S. 172.

[248] Vgl. *Hennrichs, Joachim*: Die Bedeutung der EG-Bilanzrichtlinie für das deutsche Handelsbilanzrecht, in: ZGR, 26. Jg. (1997), S. 66–88, hier S. 70; *Schulze-Osterloh, Joachim*: Handels- und Steuerbilanz, a.a.O., hier S. 601; vgl. weiterführend zum gemeinschaftsrechtlichen Einfluss auf das Bilanzrecht *Fresl, Karlo*: Die Europäisierung des deutschen Bilanzrechts, Wiesbaden 2000; *Najderek, Anne*: Harmonisierung des europäischen Bilanzrechts, Wiesbaden 2009; *Bärenz, Christian*: Zum Einfluss des Gemeinschaftsrechts auf das Steuerbilanzrecht, Berlin 2004.

insbesondere Regelungen zur Informationsvermittlung geprägt,[249] die sich im Sinne der Abkopplungsthese überwiegend auf den Anhang auswirken.[250]

Der rechtsformspezifische[251] Grundsatz des § 264 Abs. 2 HGB stellt keinen GoB dar; die für alle Kaufleute geltenden Bilanzierungsvorschriften unterliegen als solche nicht der richtlinienkonformen Auslegung.[252] Entsprechend dieser von *Beisse* geprägten Normspaltungsthese wirkt die Rechtsprechung des EuGH insofern materiell nicht auf die steuerliche Gewinnermittlung.[253] Rechtsformunabhängig stellen die IFRS keine generelle Auslegungshilfe dar, sind also auch für Kapitalgesellschaften nicht grundsätzlich in Ermangelung von Detailregeln bei der richtlinienkonformen Auslegung heranzuziehen; [254] etwas anderes ergibt sich auch nicht aus der Rechtsprechung des EuGH.[255]

---

[249] Vgl. *Moxter, Adolf*: Zum Umfang der Entscheidungskompetenz des Europäischen Gerichtshof im Bilanzrecht, in: BB, 50. Jg. (1995), S. 1463–1466, hier S. 1463f. Moxter verneint dabei die Zuständigkeit des EuGH auch für das Handelsbilanzrecht der Kapitalgesellschaften, soweit Fragen der Gewinnermittlung betreffend; diesbzgl. a.A. *Hennrichs, Joachim*: Die Bedeutung der EG-Bilanzrichtlinie für das deutsche Handelsbilanzrecht, a.a.O., hier S. 71; ebenfalls a.A. *Weber-Grellet, Heinrich*: Europäisiertes Steuerrecht?, a.a.O., hier S. 350; zu den Grenzen des „true and far view“ als „overriding principle“ vgl. *Ordelheide, Dieter*: True and fair view, in: EAR, 2. Jg. (1993), S. 81–90, hier S. 87f.

[250] Vgl. *Beisse, Heinrich*: "True and fair view" in der Steuerbilanz?, in: DStZ, 86. Jg. (1998), S. 310–317, hier S. 317; *ders.*: Die Generalnorm des neuen Bilanzrechts und ihre steuerrechtliche Bedeutung, in: Handelsbilanz und Steuerbilanz, S. 15–31, hier S. 30; kritisch *Kleindiek, Detlef*: Geschäftsleitertätigkeit und Geschäftsleitungskontrolle, in: ZGR, 27. Jg. (1998), S. 466–489, hier S.475f und S. 479; zur Bedeutung der Gewinnermittlungsvorschriften im Lichte des EuGH-Urt. "Tomberger" vgl. *Hennrichs, Joachim*: Die Bedeutung der EG-Bilanzrichtlinie für das deutsche Handelsbilanzrecht, a.a.O., hier S. 71f.

[251] Zur Rechtsformunabhängigkeit der GoB vgl. *Ballwieser, Wolfgang*: Zur Frage der Rechtsform-, Konzern- und Branchenunabhängigkeit der Grundsätze ordnungsmäßiger Buchführung, in: FS Budde, S. 43–66, hier S. 48f; rechtsformspezifische Regelungen nicht von § 5 Abs. 1 EStG erfasst sieht *Stobbe, Thomas*: Die Verknüpfung handels- und steuerrechtlicher Rechnungslegung, Berlin 1991, hier S. 80f; in einer Rezension zur Abhandlung Stobbes a.A. *Döllerer, Georg*: Rezensionsabhandlung, in: ZHR, 157. Jg. (1993), S. 349–354, hier S. 351.

[252] Vgl. *Beisse, Heinrich*: Grundsatzfragen der Auslegung des neuen Bilanzrechts, a.a.O., hier S. 2012; so auch *Helmrich, Herbert*: Gesetzgeberische Grundsatzentscheidungen beim Bilanzrichtlinien-Gesetz, in: FS Döllerer, S. 219–224, hier S. 223.

[253] Vgl. *Beisse, Heinrich*: "True and fair view" in der Steuerbilanz?, a.a.O., hier S. 315; im Ergebnis ähnlich *Weber-Grellet, Heinrich*: Bilanzrecht im Lichte, Bilanzsteuerrecht im Schatten des EuGH, a.a.O., hier S. 2091; *Fresl, Karlo*: Die Europäisierung des deutschen Bilanzrechts, a.a.O., hier S. 80; siehe auch *Ahmann, Karin-Renate*: Die Bilanzrichtlinie und die steuerliche Gewinnermittlung, in: FS L. Schmidt, S. 269–289, hier S. 288; a.A. *Plaumann, Sabine*: Auslegungshierarchie des HGB, a.a.O., hier S. 171; zumindest eine faktische Einwirkungsmöglichkeit des EuGH auf das Steuerbilanzrecht sieht *Schulze-Osterloh, Joachim*: Handels- und Steuerbilanz, a.a.O., hier S. 603; eine Bindung an europäisches Recht sieht auch *Schreiber, Ulrich*: Hat das Maßgeblichkeitsprinzip noch eine Zukunft?, in: FS Beisse, S. 491–509, hier S. 506.

[254] So aber Urt. des FG Hamburg vom 23. November 2003 *III 1/01*, in: BB, 59. Jg. (2004), S. 1220.

[255] Der EuGH spricht in der Rechtssache "BIAO" lediglich davon, dass die IAS "gegebenenfalls" heranzuziehen sind, Urt. des EuGH vom 7. Januar 2003 *C-306/99*, in: BStBl. II 2004, S. 144–155,

II. Grundsatz der inhaltlichen Übereinstimmung des handelsrechtlichen Vermögensgegenstands mit dem steuerrechtlichen Wirtschaftsgut

1. Reichweite des Maßgeblichkeitsprinzips bei der Auslegung des Vermögensbegriffs in der Rechtsprechung des Bundesfinanzhofs

a) Systematisierung der BFH-Rechtsprechung und Implikationen für die GoB-konforme Auslegung des Vermögensbegriffs

aa) Entscheidungen des Bundesfinanzhofs bei Vorliegen einer steuerlichen Spezialnorm am Beispiel des anschaffungsnahen Herstellungsaufwands

Der Bundesfinanzhof legt aufgrund des Maßgeblichkeitsprinzips regelmäßig im Rahmen seiner sog. Vorfragenkompetenz[256] handelsrechtliche GoB aus. Entscheidungen des Bundesfinanzhofs über rein steuergesetzliche Normen berühren daher die Auslegung des handelsrechtlichen Vermögensgegenstandsbegriffs grundsätzlich nicht.[257] So sind etwa einkommensteuerliche Regelungen zur Übertragung stiller Reserven im Sinne des § 6b EStG ohne Bedeutung für den handelsrechtlichen Ansatz eines Vermögensgegenstands. Gleichwohl ist zu bedenken, dass eine Normierung im EStG auch einen nicht kodifizierten GoB klarstellen oder ggf. ergänzen kann: Anschaffungsnahe Herstellungskosten stellen grundsätzlich einen typisierten GoB dar.[258]

Legt der Bundesfinanzhof den Begriff der anschaffungsnahen Herstellungskosten im Sinne des § 6 Abs. 1 Nr. 1a EStG aus, so betont er allerdings in jüngerer Rechtsprechung zu Recht, dass er auf die Auslegung einer „einkommensteuerliche[n] Sonderregelung“[259] abzielt: Es ist bereits fraglich, ob die extensive Wortauslegung in der jüngsten Rechtsprechung dem Sinn und Zweck der einkommensteuerlichen Norm

---

hier S. 155; so auch *Hennrichs, Joachim*: Zur normativen Reichweite der IFRS, a.a.O., hier S. 784f; a.A. und eine Ausstrahlung der IFRS auch für die Steuerbilanz bejahend *Scheffler, Wolfram*: Europäisierung des Bilanzsteuerrechts, in: StuB, 6. Jg. (2004), S. 776–781, hier S. 778.

256 Vgl. ausführlich *Döllerer, Georg*: Handelsrechtliche Entscheidungen des Bundesfinanzhofs, a.a.O., hier ab S. 701.

257 So auch *Hennrichs, Joachim*: Rückstellungen und andere GoB zwischen IDW (HFA) und BFH, Düsseldorf, 34. Vortrags- und Diskussionsveranstaltung der Düsseldorfer Vereinigung für Steuerrecht e.V. 5.12.2018, hier Folie 24.

258 Vgl. *Moxter, Adolf/Engel-Ciric, Dejan*: Grundsätze ordnungsgemäßer Bilanzierung, a.a.O., hier S. 129; den anschaffungsnahen Aufwand ebenfalls unter handelsrechtliche Herstellungskosten subsumierend *Moxter, Adolf*: Bilanzrechtsprechung, Tübingen 2007, hier S. 217f.

259 Urt. des BFH vom 14. Juni 2016 *IX R 25/14*, a.a.O., hier S. 995; so auch Urt. des BFH vom 14. Juni 2016 *IX R 15/15*, a.a.O., hier S. 998; Urt. des BFH vom 14. Juni 2016 *IX R 22/15*, a.a.O., hier S. 1002.

entspricht;[260] unabhängig davon entfernt sie sich zu weit von der handelsrechtlich gebotenen wirtschaftlichen Betrachtungsweise.[261] Der Auffassung des Bundesfinanzhofs, dass er in seinen jüngeren Entscheidungen zum anschaffungsnahen Herstellungsaufwand keine handelsrechtlichen GoB ausgelegt habe, ist zumindest insoweit zuzustimmen. Dem Grunde nach ist die Rechtsfigur des anschaffungsnahen Aufwands als nicht kodifizierter, typisierender handelsrechtlicher GoB allerdings als Ausdruck der wirtschaftlichen Betrachtungsweise handelsbilanziell weiterhin bedeutsam.

bb) Entscheidungen des Bundesfinanzhofs bei Vorliegen korrespondierender handels- und steuerrechtlicher Normen am Beispiel aktiver Rechnungsabgrenzungsposten

Die Grundsätze der Bilanzierung aktiver Rechnungsabgrenzungsposten, die eine „bilanzrechtliche[.] Figur eigener Art" darstellen, sind GoB.[262] Der Grundsatz der Vorsicht steht auch im Rahmen der aktiven Rechnungsabgrenzung der Aktivierung von Non-Valeurs entgegen.[263] Daher ist der Begriff des aktiven Rechnungsabgrenzungspostens, insbesondere mit Blick auf das Kriterium der „bestimmten Zeit", restriktiv auszulegen.[264]

Während über die grundsätzliche inhaltliche Übereinstimmung von § 5 Abs. 5 S. 1 Nr. 1 EStG und § 250 Abs. 1 HGB im Schrifttum weitgehend Einigkeit besteht,[265] stellt sich die Frage, inwieweit der Bundesfinanzhof bei der Auslegung der

[260] Vgl. zu Überlegungen zur Auslegung der Reichweite des § 6 Abs. 1 Nr. 1a EStG anhand von Sinn und Zweck der Norm *Günther, Karl-Heinz*: Anmerkungen zur Entscheidung des FG Düsseldorf vom 21.1.2016 11 K 4274/13 E, in: EStB, 28. Jg. (2016), S. 232–233, hier S. 233.

[261] Vgl. Kap. 1, I. 2. b) ee) aaa).

[262] Vgl. *Beisse, Heinrich*: Wandlungen der Rechnungsabgrenzung, in: FS Budde, S. 67–85, hier S. 74 und S. 78 (Zitat); zum Verhältnis der GoB und der Rechnungsabgrenzung in der Steuerbilanz vgl. m.w.N. *Schiefelbein, Anna Katharina*: Transitorische Rechnungsabgrenzung nach Handels-/Steuerbilanz und IAS/IFRS, Münster 2016, hier S. 85–104.

[263] Vgl. *Döllerer, Georg*: Die Bedeutung des Begriffes „Wirtschaftsgut" bei der aktiven Rechnungsabgrenzung, in: BB, 20. Jg. (1965), S. 326–329, hier S. 328.

[264] Vgl. *Hommel, Michael*: Bilanzierung immaterieller Anlagewerte, a.a.O., hier S. 37; *Beisse, Heinrich*: Tendenzen in der Rechtsprechung des Bundesfinanzhofs zum Bilanzrecht, in: DStR, 18. Jg. (1980), S. 243–252, hier S. 247; zur statischen Interpretation der Rechnungsabgrenzungsposten vgl. *ders.*: Zum neuen Bild des Bilanzrechtssystems, in: FS Moxter, S. 3–31, hier S. 18.

[265] Vgl. *Hartung, Werner*: Rechnungsabgrenzungsposten und richtlinienkonforme Auslegung, in: FS Moxter, S. 213–225, hier S. 215; *Coenenberg, Alexandra*: Die bilanzielle Behandlung von Handy-Subventionen bei Mobilfunkunternehmen, Wiesbaden 2007, hier S. 217; *Marx, Franz Jürgen/Löffler, Christoph*: Die „bestimmte Zeit" als Voraussetzung für handels- und steuerrechtliche Rechnungsabgrenzungsposten, in: DB, 68. Jg. (2015), S. 2765–2769, hier S. 2765; zumindest eine weitgehende inhaltliche Übereinstimmung sehen *Schubert, Wolfgang/Waubke, Patrick*: § 250 HGB, in: Beck'scher Bilanzkommentar, hier Rn. 2–5.

einkommensteuerlichen Vorschrift handelsrechtliche GoB konkretisiert. *Hennrichs* sieht bei der Auslegung steuerrechtlicher Vorschriften mit korrespondierender Normierung im HGB, mithin sowohl mit Blick auf Fragen der Rechnungsabgrenzung als auch der Vermögenszurechnung[266] ein „erhebliches argumentatives Gewicht“, zugleich aber „keine unmittelbare Relevanz“ [267] der Rechtsprechung des Bundesfinanzhofs für das Handelsbilanzrecht. Diese Auffassung der eigenständigen steuerlichen Auslegung der im EStG normierten Regelungen zu Rechnungsabgrenzungsposten wurde in dessen jüngerer Rechtsprechung auch ausdrücklich vom Bundesfinanzhof geteilt: Eine eigenständige einkommensteuerliche Auslegung sei auch dann geboten, wenn die steuerrechtliche Vorschrift im Handelsrecht eine Entsprechung finde.[268] Die Grundsätze aktiver Rechnungsabgrenzungsposten sind allerdings Ausfluss der Fundamentalprinzipien handelsrechtlicher GoB: Das bilanzrechtliche Vorsichtsprinzip sowie daraus folgende Objektivierungserfordernisse schließen so den Ansatz bloßer Verrechnungsposten im Sinne einer dynamischen Bilanzlehre aus.[269]

Aus den übereinstimmenden Ansatzkriterien aktiver Rechnungsabgrenzungsposten nach Wortlaut und Wortsinn[270] folgt, dass § 5 Abs. 5 S. 1 Nr. 1 EStG auch in Übereinstimmung mit § 250 Abs. 1 HGB auszulegen ist.[271] Da vor dem Hintergrund des Maßgeblichkeitsprinzips „keine zwei Varianten der GoB“[272] existieren, stellt die

---

266 Diese Einschätzung mit Blick auf die Zurechnungskonzeptionen nach handelsrechtlichen GoB bzw. nach § 39 AO ist aufgrund deren regelmäßiger Übereinstimmung nachvollziehbar. Da in Grenzfällen gleichwohl keine Deckungsgleichheit der Normen besteht, wird die Frage nach dem Verhältnis von § 246 Abs. 1 S. 2 HGB und § 39 Abs. 2 AO unter Kap. 1, II. 1. b) gesondert aufgegriffen, dort auch m.w.N. zur Frage nach der Kongruenz der Zurechnungsnormen.

267 *Hennrichs, Joachim*: Rückstellungen und andere GoB zwischen IDW (HFA) und BFH, a.a.O., hier Folie 24 (beide Zitate); bzgl. § 39 AO hier weniger entschieden *ders.*: Einfluss der Europäisierung und Internationalisierung auf das Bilanzsteuerrecht, in: FS BFH, S. 1411–1431, hier S. 1413.

268 Vgl. Beschluss des BFH vom 31. Januar 2013 *GrS 1/10*, a.a.O., hier S. 323.

269 Vgl. *Moxter, Adolf*: Grundsätze ordnungsgemäßer Rechnungslegung, a.a.O., hier S. 89f; *Beisse, Heinrich*: Wandlungen der Rechnungsabgrenzung, a.a.O., hier S. 79; das Objektivierungserfordernis bei der aktiven Rechnungsangrenzung (in einem anderen Kontext) betont *Herzig, Norbert*: Rechnungsabgrenzungsposten und die Lehre vom Mindestzeitraum, in: BB, 48. Jg. (1993), S. 465–470, hier S. 467.

270 Vgl. *Hartung, Werner*: Rechnungsabgrenzungsposten und richtlinienkonforme Auslegung, a.a.O., hier S. 215.

271 Vgl. *Beisse, Heinrich*: Wandlungen der Rechnungsabgrenzung, a.a.O., hier S. 80.

272 *Hoffmann, Wolf-Dieter*: Gibt es eine Maßgeblichkeit?, in: StuB, 17. Jg. (2015), S. 649–650, hier S. 649; *Clemm, Hermann*: GoB in Handels- und Steuerrecht in der Diskussion, a.a.O., hier S. 552 in selbiger Diskussion (a.a.O.) übereinstimmend auch Mathiak.

Auseinandersetzung des Bundesfinanzhofs mit aktiven Rechnungsabgrenzungsposten grundsätzlich[273] zugleich eine Auseinandersetzung mit handelsrechtlichen GoB dar.

Die nicht unumstrittene[274] Entscheidung des Bundesfinanzhofs zur aktiven Rechnungsabgrenzung bei subventionierten Kaufverträgen in Verbindung mit einem zeitraumbezogenen Mobilfunkdienstleistungsvertrag[275] trägt dabei dem Prinzip wirtschaftlicher Betrachtungsweise Rechnung und entfaltet – entgegen der Auffassung des IDW[276] – unmittelbare Wirkung für das Handelsbilanzrecht.

cc) Entscheidungen des Bundesfinanzhofs unter Rückgriff auf handelsrechtliche GoB

aaa) Anschaffungs- und Herstellungskostenbegriff

Das Erfolgsneutralitätsprinzip erfordert als Konsequenz des Realisationsprinzips eine erfolgsneutrale Behandlung des Anschaffungs- bzw. Herstellungsvorgangs als Vermögensumschichtung bis zum Umsatzzeitpunkt.[277]

Als Folge des Maßgeblichkeitsprinzips sowie der grundsätzlichen Zweckkongruenz[278] von Handels- und Steuerbilanz legt der Bundesfinanzhof mangels Vorliegen einer einkommensteuerlichen Spezialnorm bei Entscheidungen über den Anschaffungs- bzw. Herstellungskostenbegriff handelsrechtliche GoB aus:[279] Da der Bundesfinanzhof bei

273 Überlegungen zur aktiven Rechnungsabgrenzung für als Aufwand berücksichtigte Zölle, Verbrauchsteuern bzw. Umsatzsteuer i.S. des § 5 Abs. 5 S. 2 EStG seien hier vernachlässigt.

274 Anderer Auffassung als der BFH sind z.B. *Hennrichs, Joachim*: Kapitel 9: Steuerrechtliche Gewinnermittlung (Bilanzsteuerrecht), in: Tipke/ Lang Steuerrecht, hier Rz. 9.205; *Coenenberg, Alexandra*: Die bilanzielle Behandlung von Handy-Subventionen bei Mobilfunkunternehmen, a.a.O., hier S. 180; *Schulze-Osterloh, Joachim*: Rechnungsabgrenzung bei Handy-Subventionen, in: BB, 68. Jg. (2013), S. 2097–2099, hier S. 2099; der Auffassung des BFH zustimmend *Weber-Grellet, Heinrich*: Rechnungsabgrenzung bei Handy-Subventionen, in: FR, 95. Jg. (2013), S. 851–854, hier S. 854; grds. wohl ebenfalls zustimmend, aber auf die i.S. des Vorsichtsprinzips im jeweiligen Einzelfall zwingend notwendige greifbare Werthaltigkeit verweisend *Moxter, Adolf/Engel-Ciric, Dejan*: Grundsätze ordnungsgemäßer Bilanzierung, a.a.O., hier S. 71.

275 Vgl. Urt. des BFH vom 15. Mai 2013 *I R 77/08*, in: BStBl. II 2013, S. 730–732.

276 Vgl. IDW EPS 201, Tz. 9, wonach die Rechtsprechung des BFH nur „zu berücksichtigen" sei, soweit sie Aussagen zur handelsrechtlichen Rechnungslegung enthalte, was im Schrifttum bei der Auslegung von § 5 Abs. 5 S. 1 EStG nicht unumstritten ist. Der resultierenden Relativierung der Relevanz der Konkretisierungen des BFH für die Handelsbilanz ist nicht zuzustimmen.

277 Vgl. *Moxter, Adolf*: Grundsätze ordnungsgemäßer Rechnungslegung, a.a.O., hier S. 147 und S. 171.

278 Vgl. hierzu insbes. Kap. 1, I. 2. a) aa) aaa) und bbb).

279 Vgl. statt vieler *Hennrichs, Joachim*: Kapitel 9: Steuerrechtliche Gewinnermittlung (Bilanzsteuerrecht), in: Tipke/ Lang Steuerrecht, hier Rz. 9.230–9.232.

der Entscheidung steuerbilanzrechtlicher Fragen insoweit Handelsbilanzrecht interpretiert,[280] resultiert eine grundsätzliche Identität des Anschaffungskosten- bzw. Herstellungskostenbegriffs in Handels- und Steuerbilanz. Aus dem Wortlaut des § 255 HGB folgt ein finaler Anschaffungskostenbegriff.[281] Für die Zuordnung von Aufwendungen zu den Herstellungskosten ist die „Zweckrichtung der Aufwendungen als finales Element"[282] entsprechend maßgebend.[283]

bbb) Einheitlicher Nutzungs- und Funktionszusammenhang

Die Begriffe des Vermögensgegenstands bzw. des Wirtschaftsguts werden neben dem Realisationsprinzip und dem Prinzip wirtschaftlicher Betrachtungsweise insbesondere durch das Prinzip der Einzelbewertung geprägt.[284] Als Folge der den Begriffen immanenten Objektivierungsgedanken[285] konkretisiert die höchstrichterliche Rechtsprechung das Einzelbewertungsprinzip durch das Prinzip des einheitlichen Nutzungs- und Funktionszusammenhangs[286], welches neben dem Ansatz des Vermögensgegenstands zugleich auch die Abschreibungseinheit determiniert.[287]

---

280 Vgl. *Beisse, Heinrich*: Grundsatzfragen der Auslegung des neuen Bilanzrechts, a.a.O., hier S. 2011; *Schulze-Osterloh, Joachim*: Phasengleiche Aktivierung von Dividendenansprüchen, a.a.O., hier S. 513; vgl. dazu in der jüngeren Rechtsprechung z.B. Urt. des BFH vom 14. April 2011 *IV R 8/10*, in: BStBl. II 2011, S. 709–715, hier S. 711; Urt. des BFH vom 20. Juli 2010 *IX R 4/10*, in: BStBl. II 2011, S. 35–37, hier S. 36.

281 Vgl. *Kulosa, Egmont*: § 6 EStG, in: Schmidt EStG, hier Rz. 33; dieses finale Element wurde bereits vor Kodifizierung des § 255 HGB in der Rechtsprechung betont, vgl. Urt. des BFH vom 13. Oktober 1983 *IV R 160/78*, in: BStBl. II 1984, S. 101–105, hier S. 102f.

282 Urt. des BFH vom 13. Oktober 1983 *IV R 160/78*, in: BStBl. II 1984, S. 101–105, hier S. 102f; vgl. auch Urt. des BFH vom 22. April 1980 *VIII R 149/75*, in: BStBl. II 1980, S. 441–447, hier S. 444; *Döllerer, Georg*: Zur Problematik der Anschaffungs- und Herstellungskosten, in: JbFfStr, 27. Jg. (1976/77), S. 196–212, hier S. 202.

283 Vgl. *Moxter, Adolf*: Bilanzrechtsprechung, a.a.O., hier S. 209.

284 Vgl. *Weber-Grellet, Heinrich*: Steuerbilanzrecht, a.a.O., hier S. 90f.

285 Vgl. *Mellwig, Winfried*: Bilanzrechtsprechung und Betriebswirtschaftslehre, a.a.O., hier S. 1613 und 1619; dieser Objektivierungsgedanke spiegelt sich bspw. auch im sog. Redaktionskostenurteil Urt. des BFH vom 18. Juni 1975 *I R 24/73*, in: BStBl. II 1975, S. 809–811, hier S. 811.

286 Vgl. *Hommel, Michael/Rößler, Bettina*: Komponentenansatz des IDW RH HFA 1.016, a.a.O., hier S. 2529; vgl. zum Nutzungs- und Funktionszusammenhang auch Beschluss des BFH vom 26. November 1973 *GrS 5/71*, in: BStBl. II 1974, S. 132–137; Urt. des BFH vom 12. Januar 1983 *I R 70/79*, in: BStBl. II 1983, S. 223–224; Urt. des BFH vom 9. August 2001 *III R 30/00*, in: BStBl. II 2001, S. 842–844; Urt. des BFH vom 22. September 2005 *IX R 26/04*, in: BStBl. II 2006, S. 169–171; Urt. des BFH vom 5. Juni 2008 *IV R 67/05*, in: BStBl. II 2008, S. 960–965.

287 Vgl. Beschluss des BFH vom 22. August 1966 *GrS 2/66*, in: BStBl. III 1966, S. 672–675, hier S. 674.

Die im Schrifttum kontrovers[288] diskutierte Frage nach der handelsrechtlichen Zulässigkeit eines sog. Komponentenansatzes hat der Bundesfinanzhof zumindest nicht ausdrücklich adressiert: Eine Aufteilung in weitere Komponenten könne zumindest für die steuerliche Gewinnermittlung den maßgeblichen Nutzungs- und Funktionszusammenhang nicht ersetzen.[289] Da der Bundesfinanzhof in dieser Entscheidung zur Frage nach der selbstständigen Wirtschaftsguteigenschaft von Windkraftanlagen in einem Windpark weiterhin von einer Identität des Vermögens- und Wirtschaftsgutsbegriffs ausgeht,[290] liegt der Einschätzung zwangsläufig eine (gebotene) Auslegung handelsrechtlicher GoB zugrunde.

Entsprechend wird im Schrifttum mitunter gefolgert, der sog. Komponentenansatz sei kein GoB.[291] Mit Blick auf den Komponentenansatz des IAS 16 erscheint diese Auffassung aufgrund dessen mit der geltenden statischen Bilanzauffassung nicht vereinbaren Objektivierungsdefizite unmittelbar überzeugend.[292] Da der auf eine periodengerechte Gewinnermittlung abzielende Komponentenansatz des IDW[293] das Realisationsprinzip stärkt, zugleich aber mit einer „vorsichtigen, objektivierten und umsatzgebundenen Gewinnermittlung kompatibel"[294] zu sein scheint, kann aus der Position des Bundesfinanzhofs zumindest nicht unmittelbar auf eine Inkompatibilität des

[288] Den Komponentenansatz des IAS 16 als zulässig erachtend z.B. *Mujkanovic, Robin/Raatz, Pascal*: Der Component Approach nach IAS 16 im HGB-Abschluss?, in: KoR, 8. Jg. (2008), S. 245–250; zumindest den Ansatz des IDW als zulässig erachtend *Husemann, Walter*: Abschreibung eines Vermögensgegenstands entsprechend der Nutzungsdauer wesentlicher Komponenten, in: WPg, 63. Jg. (2010), S. 507–513; auch *Moxter, Adolf/Engel-Ciric, Dejan*: Grundsätze ordnungsgemäßer Bilanzierung, a.a.O., hier S. 170f; ablehnend dagegen z.B. *Hennrichs, Joachim*: Kapitel 9: Steuerrechtliche Gewinnermittlung (Bilanzsteuerrecht), in: Tipke/ Lang Steuerrecht, hier Rz. 9.300.

[289] Vgl. Urt. des BFH vom 14. April 2011 *IV R 46/09*, in: BStBl. II 2011, S. 696–701, hier S. 698; a.A. als der BFH und die Zulässigkeit des Komponentenansatzes des IDW auch für die Steuerbilanz bejahend *Willeke, Clemens*: Komponentenweise planmäßige Abschreibung von Sachanlagen in der Handelsbilanz, in: StuB, 11. Jg. (2009), S. 679–680, hier S. 680.

[290] Vgl. Urt. des BFH vom 14. April 2011 *IV R 46/09*, a.a.O., hier S. 697; in einem anderen jüngeren Urt. stellt der BFH lediglich eine „weitgehend[e]" Übereinstimmung von Vermögensgegenstand und Wirtschaftsgut fest, vgl. Urt. des BFH vom 5. Juni 2008 *IV R 67/05*, a.a.O., hier S. 962.

[291] So etwa *Hennrichs, Joachim*: Kapitel 9: Steuerrechtliche Gewinnermittlung (Bilanzsteuerrecht), in: Tipke/ Lang Steuerrecht, hier Rz. 300.

[292] Vgl. *Hommel, Michael/Rößler, Bettina*: Komponentenansatz des IDW RH HFA 1.016, a.a.O., hier S. 2528f; im Ergebnis so auch *Schubert, Wolfgang/Andrejewski, Kai*: § 253 HGB, in: Beck'scher Bilanzkommentar, hier Rn. 278.

[293] Vgl. IDW RS HFA 1.016, nachfolgend z.T. als Komponentenansatz des/ i.S. des IDW bezeichnet.

[294] *Hommel, Michael/Rößler, Bettina*: Komponentenansatz des IDW RH HFA 1.016, a.a.O., hier S. 2528.

Komponentenansatzes im Sinne des IDW mit dem System handelsrechtlicher GoB geschlossen werden.[295]

[295] Dieser erste Befund auf der Grundlage von Überlegungen zur Auslegung handelsrechtlicher GoB wird in Kap. 2, II. 3. insbes. mit Blick auf ein mögliches „Abschreibungschaos" und die z.T. von einer dynamischen Bilanzlehre geprägten Argumente im Schrifttum tiefergehend untersucht.

b) *Systematische Maßgeblichkeit der Vermögenszurechnung nach handelsrechtlichen GoB für die Steuerbilanz*

Das Verhältnis von § 5 Abs. 1 EStG und § 39 Abs. 2 Nr. 1 AO wird in der Literatur kontrovers diskutiert: Zum Teil wird bereits für die handelsbilanzielle Zurechnung eine Geltung von § 39 Abs. 2 Nr. 1 AO als „bilanzielle[s] Gewohnheitsrecht“[296] vertreten. Weiterhin wird im Schrifttum mitunter § 39 AO als steuerbilanzrechtliche lex specialis aufgefasst.[297]

Demgegenüber steht die Sichtweise, dass nicht nur handels-, sondern auch steuerbilanzrechtlich § 246 Abs. 1 S. 2 HGB als kodifizierter handelsrechtlicher GoB aufgrund des Maßgeblichkeitsprinzips auch in der Steuerbilanz gegenüber § 39 Abs. 2 AO vorrangig ist.[298] Dafür spricht auch die Einordnung des Bundesfinanzhofs,[299] welcher in der Folge jedoch nicht durchgängig konsistent argumentiert und so insbesondere in jüngerer Rechtsprechung anstelle der Formel „Substanz und Ertrag vollständig und auf Dauer“[300] als Konkretisierung wirtschaftlicher Vermögenszurechnung nach handelsrechtlichen GoB teilweise auch die § 39 AO zugrundeliegende „*Seeliger*-Formel“[301]

---

[296] *Beisse, Heinrich*: Handelsbilanzrecht in der Rechtsprechung des Bundesfinanzhofs, a.a.O., hier S. 640; vgl. auch *Beisse, Heinrich*: Tendenzen in der Rechtsprechung des Bundesfinanzhofs zum Bilanzrecht, a.a.O., hier S. 248.

[297] Vgl. *Prinz, Ulrich/Keller, Bernd*: Neue Grundsatzentscheidung des BFH zu sale-and-lease-back-Geschäften, in: StuB, 19. Jg. (2017), S. 211–217, hier S. 215f; *Wendt, Michael*: Wirtschaftliches Eigentum an Leasinggegenständen im Rahmen von Sale-and-lease-back Gestaltungen, in: FR, 99. Jg. (2017), S. 527–531, hier S. 531; *Mayer, Stefan*: Wirtschaftliches Eigentum in der Steuerbilanz, in: WPg, 56. Jg. (2003), S. 925–937, hier S. 934; *Prinz, Ulrich*: Aktuelle Fälle des Bilanzsteuerrechts, in: StbJb, 69. Jg. (2017/18), S. 381–414, hier S. 392; wohl auch *Hennrichs, Joachim*: Kapitel 9: Steuerrechtliche Gewinnermittlung (Bilanzsteuerrecht), in: Tipke/ Lang Steuerrecht, hier Rz. 9.145; *Weber-Grellet* spricht von einer „eigenständige[n] strechtl Zurechnungsnorm“, hält jedoch abw. von früheren Versionen der Kommentierung (z.B. 35. Aufl., 2016; § 5, Rz. 151) auch die Vorrangigkeit des § 246 Abs. 1 S. 2 HGB als GoB für vertretbar, vgl. *Weber-Grellet, Heinrich*: § 5 EStG, in: Schmidt EStG, hier Rz. 151f.

[298] Vgl. *Drüen, Klaus-Dieter*: § 39 AO, in: Tipke/Kruse, AO/FGO, hier Rz. 11; *Crezelius, Georg*: Das Handelsbilanzrecht in der Rechtsprechung des Bundesfinanzhofs, a.a.O., hier S. 20f; *Wüstemann, Jens* et al.: Grundsätze wirtschaftlicher Vermögenszurechnung bei Leasinggeschäften im Lichte der neueren Rechtsprechung, in: BB, 72. Jg. (2017), S. 1963–1967, hier S. 1964; *Lorenz, Karsten*: Wirtschaftliche Vermögenszugehörigkeit im Bilanzrecht, Düsseldorf 2002, S. 95.

[299] Vgl. Urt. des BFH vom 30. Mai 1984 *I R 146/81*, in: BStBl. II 1984, S. 825–828, hier S. 825; Urt. des BFH vom 18. November 1970 *I 133/65*, in: BStBl. II 1971, S. 133–137, hier S. 134f.

[300] Vgl. grundlegend *Döllerer, Georg*: Leasing, in: BB, 26. Jg. (1971), S. 535–540, hier S. S. 536; direkt auf die Döllerer-Formel bezugnehmend Urt. des BFH vom 30. Mai 1984 *I R 146/81*, a.a.O., hier S. 827; zur Argumentation über § 5 EStG i.v.M. § 242 Abs. 1 HGB vgl. Urt. des BFH vom 15. Oktober 1996 *VIII R 44/94*, in: BStBl. II 1997, S. 533–535, hier S. 534.

[301] Vgl. grundlegend *Seeliger, Gerhard*: Der Begriff des wirtschaftlichen Eigentums im Steuerrecht, Stuttgart 1962, hier S. 89; *Seeliger, Gerhard*: Wirtschaftliches Eigentum und steuerliche Zurechnung, in: DStR, 1. Jg. (1963), S. 645–648, hier S. 646; vgl. zur Orientierung am Wortlaut

anzuwenden pflegt. Nicht zuletzt die fehlende einheitliche Rechtsprechung des Bundesfinanzhofs spricht daher gegen eine gewohnheitsrechtliche Geltung des wirtschaftlichen Eigentums in der Handelsbilanz.[302] Für die handelsbilanzielle Zurechnung kann insofern von einer „systematische[n] Irrelevanz“[303] des § 39 AO gesprochen werden; die mitunter vertretene Auffassung, die Zuordnungskriterien des § 39 Abs. 2 Nr. 1 AO seien im Wege der Auslegung in § 246 Abs. 1 S. 2 HGB „hineinzulesen“[304] mag mit Blick auf den regelmäßigen Gleichklang der Normen zwar nachvollziehbar erscheinen, ist in systematischer Sicht jedoch nicht überzeugend. Ob die steuerbilanzielle Zurechnung gemäß § 5 EStG anhand handelsrechtlicher GoB oder gemäß § 39 AO erfolgt, hängt wiederum entscheidend davon ab, welche der beiden Vorschriften als vorrangige Spezialnorm eingestuft wird.[305]

Eine Hierarchiebildung ist daher bedeutsam, da zwar beide Normen regelmäßig, jedoch nicht zwingend übereinstimmen:[306] Aufgrund der Spezialität des § 5 EStG als einkommensteuerliche Gewinnermittlungsvorschrift ergibt sich auch steuerbilanziell ein grundsätzlicher Vorrang der wirtschaftlichen Vermögenszurechnung nach handelsrechtlichen GoB gegenüber dem wirtschaftlichen Eigentum im Sinne der Abgabenordnung.[307]

von § 39 AO etwa Urt. des BFH vom 9. März 2016 *X R 46/14*, in: BStBl. II 2016, S. 976–984; vgl. auch Urt. des BFH vom 18. August 2015 *I R 88/13*, in: BStBl. II 2016, S. 961–964, hier S. 963.

302 Vgl. *Wüstemann, Jens/Wüstemann, Sonja*: Maßgeblichkeit der handelsbilanziellen wirtschaftlichen Zurechnung für die Steuerbilanz, a.a.O., hier S. 3128.

303 *Koch, Simone*: Bilanzierung von Nutzungsrechten nach GoB und IFRS, Düsseldorf 2011, hier S. 68.

304 Vgl. *Prinz, Ulrich/Keller, Bernd*: Neue Grundsatzentscheidung des BFH zu sale-and-lease-back-Geschäften, a.a.O., hier S. 215f (auch Zitat).

305 Vgl. *Stobbe, Thomas*: Ist der Maßgeblichkeitsgrundsatz bei der Zurechnung des wirtschaftlichen Eigentums anwendbar?, a.a.O., hier S. 518.

306 Vgl. *Knobbe-Keuk, Brigitte*: Bilanz- und Unternehmenssteuerrecht, Köln 1993, hier S. 73; *Wüstemann, Jens/Wüstemann, Sonja*: Maßgeblichkeit der handelsbilanziellen wirtschaftlichen Zurechnung für die Steuerbilanz, a.a.O., hier S. 3128.

307 Vgl. *Drüen, Klaus-Dieter*: § 39 AO, in: Tipke/Kruse, AO/FGO, hier Rz. 11; *Knobbe-Keuk, Brigitte*: Bilanz- und Unternehmenssteuerrecht, a.a.O., hier S. 76.

c) *Zur GoB-Konformität faktischer Rückwirkungen der Steuerbilanz auf die Handelsbilanz*

In der handelsrechtlichen Kommentierung wird die Anwendung der einkommensteuerlichen Vorschriften zur Sofortabschreibung bzw. zur Bildung von Sammelposten bei geringwertigen Wirtschaftsgütern (§ 6 Abs. 2 bzw. § 6 Abs. 2a EStG) vielfach als handelsbilanziell ebenfalls zulässig erachtet.[308] Als Begründung werden regelmäßig die Grundsätze der Wesentlichkeit bzw. der Wirtschaftlichkeit angeführt.[309] Allerdings greift der Wesentlichkeitsgrundsatz erst bei Ausweis- und Erläuterungsvorschriften und vermag somit grundsätzlich keine Unterlassung von Aktivierung oder Passivierung zu rechtfertigen.[310]

Eine Übertragung einkommensteuerlicher Spezialnormen kann zudem nicht in Betracht kommen, wenn und soweit ein Konflikt mit den Fundamentalprinzipien handelsrechtlicher GoB resultierte.[311] Ein Wahlrecht zur Sofortabschreibung geringwertiger Vermögensgegenstände erscheint aus pragmatischen Gesichtspunkten wie der Vereinfachung bzw. dem Gleichklang mit der Steuerbilanz vertretbar, ist zugleich auch mit Vorsichtserwägungen in Einklang zu bringen.[312] Trotz des verbleibenden Spannungsverhältnisses mit dem Realisationsprinzip wird das Wahlrecht zur Sofortabschreibung daher in der Handelsbilanz zu Recht als zulässig erachtet.[313]

---

308 Vgl. *Schubert, Wolfgang/Andrejewski, Kai*: § 253 HGB, in: Beck'scher Bilanzkommentar, hier Rn. 276; *IDW, HFA*: 248. Sitzung des HFA: Behandlung geringwertiger Wirtschaftsgüter, in: IDW Life o. Jg. (2017), S. 848, hier S. 848; *Prinz, Ulrich*: Aktuelle Fälle des Bilanzsteuerrechts, a.a.O., hier S. 387; nur die Anwedung der Poolanschreibung in der Handelsbilanz ablehnend *Schlotter, Carsten*: § 253 HGB, in: Münchener Kommentar zum Bilanzrecht, hier Rn. 205.

309 Vgl. *Ortmann-Babel, Martina/Bolik, Andreas*: Lösungen für Praxisprobleme mit dem Sammelposten für geringwertige Wirtschaftsgüter, in: BB, 63. Jg. (2008), S. 1217–1221, hier S. 1218; *IDW, HFA*: 208. Sitzung des HFA: Behandlung geringwertiger Wirtschaftsgüter, in: IDW-FN o. Jg. (2007), S. 505–506; vgl. zur Diskussion um die Wesentlichkeit bei der aktiven Rechnungsabgrenzung *Prinz, Ulrich*: Rechnungsabgrenzungsposten und Wesentlichkeit, in: StuB, 22. Jg. (2020), S. 619–621, hier S. 620f.

310 Vgl. *Ballwieser, Wolfgang*: Informations-GoB, a.a.O., hier S. 118; insofern ist auch das steuerliche Wahlrecht zu einer einjährigen Nutzungsdauer digitaler Wirtschaftsgüter, das zumindest in einzelnen Punkten eine vergleichbare Diskussion ausgelöst hat, nicht im grundsätzlichen Einklang mit den handelsrechtlichen GoB, vgl. zum einkommensteuerlichen Wahlrecht *Jüttner, Uwe*: Neue Sofort-Afa für digitale Wirtschaftsgüter, in: BC, 44. Jg. (2021), S. 180–188, hier S. 185.

311 Ähnlich argumentiert auch *Plaumann, Sabine*: Auslegungshierarchie des HGB, a.a.O., hier S. 68f.

312 Vgl. *Kulosa, Egmont*: § 6 EStG, in: Schmidt EStG, hier Rz. 665; *Wagner, Johann/Staats, Wendelin*: Die Behandlung geringwertiger Wirtschaftsgüter im Handels-, Steuer- und Investitionszulagenrecht nach dem Unternehmensteuerreformgesetz 2008, in: DB, 60. Jg. (2007), S. 2395–2398, hier S. 2396f.

313 Eine Vereinbarkeit mit Gewinnermittlungs-GoB sieht auch *Ballwieser, Wolfgang*: Informations-GoB, a.a.O., hier S. 118.

Die bereits einkommensteuerrechtlich nicht unumstrittene[314] Möglichkeit einer Poolabschreibung vermag allerdings keine faktische Rückwirkung auf die Handelsbilanz zu erzeugen. Die aus der Regierungsbegründung hervorgehende Intention, die Bildung eines Sammelpostens sollte sich zu einem GoB entwickeln,[315] mithin handelsrechtlich zulässig sein,[316] kann die erforderliche Vereinbarkeit mit den Zwecken des Systems handelsrechtlicher GoB nicht überlagern. Aufgrund divergierender durchschnittlicher betriebsgewöhnlicher Nutzungsdauern steht eine pauschale Poolabschreibung weder mit dem Vorsichtsprinzip noch mit einer periodengerechten Gewinnermittlung systematisch im Einklang;[317] die Durchbrechung des Einzelbewertungsgrundsatzes[318] ist somit bilanztheoretisch nicht zu begründen. Auch bei einer für die Vermögens-, Finanz- und Ertragslage untergeordneten Bedeutung ist somit die Anwendung des § 6 Abs. 2a EStG in der Handelsbilanz nicht zu rechtfertigen.[319]

Eine Anlehnung an die AfA-Tabellen bei der Bemessung der Nutzungsdauer von Anlagegegenständen lässt sich systematisch ebenfalls nicht rechtfertigen; gleichwohl können die allgemeine Erfahrungswerte spiegelnden AfA-Tabellen auch für die Handelsbilanz eine sinnvolle Orientierungshilfe darstellen.[320] Ein Abweichen von diesen Erfahrungswerten kann allerdings im Einzelfall, nicht zuletzt mit Blick auf das Vorsichtsprinzip, zwingend geboten sein.[321]

---

314 Vgl. z.B. *Wengerofsky, Timmy*: Geringwertige Wirtschaftsgüter de lege ferenda, in: DStR, 53. Jg. (2015), S. 2744–2749, hier S. 2747f; *Voß, Oliver*: Unternehmensteuerreform 2008, in: FR, 89. Jg. (2007), S. 1149–1156, hier S. 1156.

315 Vgl. BT-Drs 344/08 vom 23.05.2008, hier S. 80.

316 Vgl. BT-Drs 16/5491 vom 24.05.2007, hier S. 14.

317 Vgl. *Rade, Katja/Kropp, Matthias*: Jahrgangsbezogener Sammelposten und Poolabschreibung des § 6 Abs. 2a EStG, in: WPg, 61. Jg. (2008), S. 13–22, hier S. 22; *Plaumann, Sabine*: Auslegungshierarchie des HGB, a.a.O., hier S. 69f; *Mujkanovic, Robin*: Geringwertige Wirtschaftsgüter nach HGB und IFRS vor dem Hintergrund der Unternehmensteuerreform 2008 und des BilMoG-E, in: StuB, 10. Jg. (2008), S. 25–29, hier S. 27.

318 Zum Zweck des Einzelbewertungsprinzips vgl. *Moxter, Adolf*: Grundsätze ordnungsgemäßer Rechnungslegung, a.a.O., hier S. 23–31.

319 Zu Zweifeln an der Zulässigkeit der Poolabschreibung in der Handelsbilanz vgl. auch *Kulosa, Egmont*: § 6 EStG, in: Schmidt EStG, hier m.w.N. Rz. 679; *Wengerofsky, Timmy*: Neuregelung bei den geringwertigen Wirtschaftsgütern, in: StuB, 19. Jg. (2017), S. 369–374, hier S. 371f; *Conrad, Michael*: GWG, in: DStR, 46. Jg. (2008), S. 710–711, hier S. 711; *Rade, Katja/Kropp, Matthias*: Jahrgangsbezogener Sammelposten und Poolabschreibung des § 6 Abs. 2a EStG, a.a.O., hier S. 22.

320 Vgl. *Moxter, Adolf/Engel-Ciric, Dejan*: Grundsätze ordnungsgemäßer Bilanzierung, a.a.O., hier S. 158; *Schubert, Wolfgang/Andrejewski, Kai*: § 253 HGB, in: Beck'scher Bilanzkommentar, hier Rn. 231.

321 Vgl. *Moxter, Adolf/Engel-Ciric, Dejan*: Grundsätze ordnungsgemäßer Bilanzierung, a.a.O., hier S. 158.

2. Inhaltliche Übereinstimmung von Vermögensgegenstand und Wirtschaftsgut

a) Inhaltliche Übereinstimmung als Konsequenz des einheitlichen Gewinnbegriffs

aa) Der Vermögensgegenstandsbegriff in der Rechtsprechung des Bundesfinanzhofs

Nach Ansicht des Bundesfinanzhofs sind die Begriffe des Vermögensgegenstands und des Wirtschaftsguts im Grundsatz deckungsgleich:[322] Der Bundesfinanzhof begründet dies schlüssig damit, dass der Ansatz eines Wirtschaftsguts voraussetze, dass es auch nach handelsrechtlichen GoB auszuweisen sei; daher „stimmen die Begriffe ‚Vermögensgegenstand‘ und ‚Wirtschaftsgut‘ inhaltlich überein“.[323] Neben dieser ausdrücklichen oder impliziten Gleichsetzung[324] in ständiger Rechtsprechung stellt der Bundesfinanzhof in einem jüngeren Urteil lediglich fest, dass der Begriff des Wirtschaftsguts mit dem handelsrechtlichen Begriff des Vermögensgegenstands „weitgehend übereinstimmt“.[325] Dies entspricht der vielfach im Schrifttum vertretenen Auffassung, die gleichwohl – entgegen der Ansicht des Bundesfinanzhofs[326] – die steuerrechtlichen Aktivierungskriterien als über den Vermögensgegenstandsbegriff hinausgehend interpretiert.[327]

---

322 Zur Übersicht vgl. auch *Kahle, Holger*: Das Maßgeblichkeitsprinzip des § 5 Abs. 1 EStG, a.a.O., hier Rz. 43.

323 Vgl. Beschluss des BFH vom 7. August 2000 *GrS 2/99*, a.a.O., hier S. 635 (auch Zitat); ähnlich bereits Beschluss des BFH vom 2. März 1970 *GrS 1/69*, a.a.O., hier S. 383; Beschluss des BFH vom 26. Oktober 1987 *GrS 2/86*, in: BStBl. II 1988, S. 348–358, hier S. 352; in jüngerer Rechtspr., vgl. Urt. des BFH vom 19. Oktober 2006 *III R 6/05*, in: BStBl. II 2007, S. 301–304, hier S. 302; auch Urt. des FG Baden-Württemberg vom 3. Mai 2017 *4 K 173/14*, in: BB, 72. Jg. (2017), S. 2416–2418, hier S. 2417.

324 Vgl. bspw.Urt. des BFH vom 14. April 2011 *IV R 46/09*, a.a.O., hier S. 697.

325 Urt. des BFH vom 5. Juni 2008 *IV R 67/05*, a.a.O., hier S. 962.

326 So stellt der BFH fest, dass für das Vorliegen eines Wirtschaftsguts handelsrechtliche GoB maßgebend sind, der steuerrechtliche Betriff des Wirtschaftsguts daher nicht weitergehen dürfe als der handelsrechtliche Begriff des Vermögensgegenstands, vgl. Urt. des BFH vom 26. Februar 1975 *I R 72/73*, in: BStBl. II 1976, S. 13–16, hier S. 14; so auch *Moxter, Adolf*: Bilanzrechtsprechung, a.a.O., hier S. 8.

327 Vgl. bspw. *Kahle, Holger*: Das Maßgeblichkeitsprinzip des § 5 Abs. 1 EStG, a.a.O., hier Rz. 43; *Tiedchen, Susanne*: Der Vermögensgegenstand im Handelsbilanzrecht, a.a.O., hier S. 44; die vom BFH vertretene „Lehre des Wirtschaftsguts“ als mit dem Realisationsprinzip unvereinbar erachtet *Schneider, Dieter*: Aktienrechtlicher Gewinn und ausschüttungsfähiger Betrag, in: WPg, 24. Jg. (1971), S. 607–617, hier S. 608.

Allerdings grenzt der Bundesfinanzhof selbst in Urteilen, in denen er bei der Prüfung des Wirtschaftsgutsbegriffs explizit das im Schrifttum häufig dem Vermögensgegenstandsbegriff zugeordnete Kriterium der selbstständigen Verkehrsfähigkeit[328] ablehnt,[329] die Begriffe Vermögensgegenstand und Wirtschaftsgut weder ausdrücklich noch implizit voneinander ab. Vielmehr hat der Bundesfinanzhof durch seine Rechtsprechung dem Wirtschaftsgutsbegriff gerade durch die Auslegung handelsrechtlicher GoB Konturen verschafft.[330]

bb) Einkommensteuerrechtliche „Sachgesetzlichkeiten" und die Auslegung des Vermögensgegenstandsbegriffs

Die aus den voranstehenden Überlegungen folgende Übereinstimmung von Vermögensgegenstand und Wirtschaftsgut wird im Schrifttum zwar vielfach geteilt[331] jedoch auch ebenfalls häufig abgelehnt.[332]

Die zum Teil mit Blick auf die Behandlung des derivativen Geschäfts- oder Firmenwerts identifizierten Divergenzen erscheinen aufgrund des Aktivierungsgebots in § 246 Abs. 1 S. 4 HGB zumindest in praktischer Sicht vernachlässigbar.[333] Als mögliche Erklärung für das weite Verständnis des Wirtschaftsgutsbegriffs in der Rechtsprechung wird die Auslegung des Bundesfinanzhofs nach originär steuerrechtlichen Gesichtspunkten angeführt.[334]

---

[328] Statt vieler und m.w.N. vgl. *Schubert, Wolfgang/Huber, Frank*: § 247 HGB, in: Beck'scher Bilanzkommentar, hier Rn. 291.

[329] Vgl. Urt. des BFH vom 9. August 2011 *VIII R 13/08*, in: BStBl. II 2011, S. 875–878, hier S. 876.

[330] Vgl. dazu ausführlich und m.w.N. Kap. 2, I.

[331] Vgl. bspw. *Döllerer, Georg*: Die Rechtsprechung des Bundesfinanzhofs und die Wirtschaftsprüfung, a.a.O., hier S. 186; *Wüstemann, Jens/Wüstemann, Sonja*: Das System der Grundsätze ordnungsmäßiger Buchführung nach dem Bilanzrechtsmodernisierungsgesetz, a.a.O., hier S. 761; *Beisse, Heinrich*: Tendenzen in der Rechtsprechung des Bundesfinanzhofs zum Bilanzrecht, a.a.O., hier S. 245; *Ley, Ursula*: Der Begriff 'Wirtschaftsgut' und seine Bedeutung für die Aktivierung, a.a.O., hier S. 162.

[332] Vgl. bspw. *Kahle, Holger*: Das Maßgeblichkeitsprinzip des § 5 Abs. 1 EStG, a.a.O., hier Rz. 43; *Hennrichs, Joachim*: Der steuerrechtliche sog. Maßgeblichkeitsgrundsatz gem. § 5 EStG, a.a.O., hier S. 147f; *Weber-Grellet, Heinrich*: Steuerbilanzrecht, a.a.O., hier S. 91.

[333] Auf die Problematik bzgl. des Geschäfts- oder Firmenwerts hinweisend *Ballwieser, Wolfgang*: Ist das Maßgeblichkeitsprinzip überholt?, a.a.O., hier S. 486. Aufgrund der Normierung unter § 246 Abs. 1 S. 4 HGB erscheint dieses Problem mittlerweile zumindest in praktischer Sicht vernachlässigbar. Vgl. auch Ausführungen unter Kap. 1, II. 2. b) bb).

[334] Vgl. *Hennrichs, Joachim*: Der steuerrechtliche sog. Maßgeblichkeitsgrundsatz gem. § 5 EStG, a.a.O., hier S. 147f; *Costede, Jürgen*: Die Aktivierung von Wirtschaftsgütern im Einkommensteuerrecht, in: StuW, 72. Jg. (1995), S. 115–123, hier S. 115f; *Wassermeyer, Franz*: Auswirkungen der neueren Entscheidungen des Großen Senats zum Bilanzsteuerrecht, a.a.O., hier S. 1053f.

Dies verkennt jedoch die Grundlage der Verweisung in § 5 Abs. 1 S. 1 EStG, da gerade handelsrechtliche GoB, mithin Handelsbilanzrecht zu interpretieren sind.[335] Daher kann weder die Bestrebung, einen über den im Sinne der Ausschüttungsbemessungsfunktion entziehbaren Betrag hinausgehenden „vollen Gewinn“[336] zu erfassen, noch die Identifikation einkommensteuerrechtlicher „Sachgesetzlichkeiten“[337] bei der Interpretation handelsrechtlicher GoB einen über den Vermögensgegenstandsbegriff hinausgehenden Wirtschaftsgutsbegriff rechtfertigen.

335 So auch *Schulze-Osterloh, Joachim*: Handels- und Steuerbilanz, a.a.O., hier S. 598.
336 Urt. des BFH vom 2. April 1980 *I R 75/76*, in: BStBl. II 1980, S. 702–705, hier S. 703.
337 Vgl. Beschluss des BFH vom 7. August 2000 *GrS 2/99*, a.a.O., hier S. 638.

b) Konsistenz der Übereinstimmung mit der primären Ausschüttungsbemessungsfunktion

aa) Einheitlicher Gewinnbegriff als Folge der Teilhaberthese

Döllerers Teilhaberthese[338] ist nicht nur als Rechtfertigung für den Maßgeblichkeitsgrundsatz zu verstehen; da sie einen im Grundsatz einheitlichen Gewinnbegriff in Handels- und Steuerbilanz impliziert, prägt sie auch die Auslegung des bilanzrechtlichen Vermögensbegriffs: Die Gewinnanspruchs-GoB zielen insoweit im Sinne einer Reinvermögenszugangskonzeption auf eine Grenzziehung zwischen zu erhaltender Gewinnquelle und ausschüttbarem Gewinn ab,[339] was sich in den Fundamentalprinzipien handelsrechtlicher GoB konkretisiert.[340]

Diese Fundamentalprinzipien eignen sich für die steuerrechtliche Gewinnermittlung,[341] lassen sich mithin auch verfassungsrechtlich „durch die auf Objektivierung angelegte gleichmäßige Besteuerung […], das Übermaßverbot […] und den Grundsatz der Unternehmensschonung“[342] begründen.[343]

Gegen die Bedeutung der Teilhaberthese wird regelmäßig deren Vernachlässigung der Gleichmäßigkeit mit Blick auf den Dualismus der Einkunftsarten[344] ins Feld geführt. Weiterhin stehe eine aus den Durchbrechungen des Maßgeblichkeitsgrundsatzes im Zuge des BilMoG resultierende Stellung des Fiskus als bevorrechtigter Teilhaber[345] der These *Döllerers* entgegen. Gleichwohl sind sowohl der Dualismus der Einkünfte[346]

---

338 Vgl. Nachweise Kap. 1, I. 2. a) aa) aaa).

339 Vgl. *Moxter, Adolf*: Missverständnisse um das Maßgeblichkeitsprinzip, a.a.O., hier S. 160; zur Reinvermögenszugangskonzeption *Schanz, Georg*: Der Einkommensbegriff und die Einkommensteuergesetze, in: FA, 13. Jg. (1896), S. 1–87.

340 Vgl. m.w.N. *Kahle, Holger*: Das Maßgeblichkeitsprinzip des § 5 Abs. 1 EStG, a.a.O., hier Rz. 270f.

341 Vgl. *Pezzer, Heinz-Jürgen*: Bilanzierungsprinzipien als sachgerechte Maßstäbe der Besteuerung, a.a.O., hier S. 25f.

342 *Kahle, Holger*: Das Maßgeblichkeitsprinzip des § 5 Abs. 1 EStG, a.a.O., hier Rz. 271.

343 Vgl. *Hennrichs, Joachim*: Maßgeblichkeitsgrundsatz oder eigenständige Prinzipien für die Steuerbilanz?, a.a.O., hier S. 308f; *Richter, Heiner* et al.: § 5 EStG, in: HHR EStG, hier Anm. 50-52.

344 Vgl. *Wagner, Franz*: Welche Kriterien sollten die Neuordnung der steuerlichen Gewinnermittlung bestimmen?, in: BB, 57. Jg. (2002), S. 1885–1892, hier S. 1887; zum Dualismus der Einkuftsarten vgl. auch *Bode, Walter*: Gewinn, in: FS Kirchhof, S. 1873–1882.

345 Vgl. *Freidank, Carl-Christian/Velte, Patrick*: Quo vadis Maßgeblichkeit?, a.a.O., hier S. 187; *Günter, Simone*: Fortentwicklung des Handels- und Steuerbilanzrechts, Lohmar 2012, hier S. 186.

346 Vgl. zum Dualismus der Einkunftsarten „als historisch gewachsene Grundentscheidung“ (Rn. 64) Beschluss des BVerfG vom 7. Juli 2010 *2 BvR 748/05, 753/05, 1738/05*, in: BVerfGE 127, S. 61–87.

als auch das Maßgeblichkeitsprinzip als grundlegende gesetzgeberische Wertungsentscheidungen zu verstehen.[347]

Der grundsätzlichen Identität des Gewinnbegriffs im Sinne des Maßgeblichkeitsprinzips stehen in systematischer Sicht weder einzelne, teilweise aus fiskalischem Interesse normierte Durchbrechungen, noch in einzelnen Urteilen des Bundesfinanzhofs postulierte steuerrechtliche Eigengesetzlichkeiten[348] entgegen.

Durch den systemkonform von Vorsichts-, Realisations- und Imparitätsprinzip geprägten einheitlichen Gewinnbegriff[349] gewinnt auch der Vermögensbegriff Konturen. Der im Sinne der Teilhaberthese und durch den Gesetzgeber bestätigte[350] dominierende handelsbilanzrechtliche Zweck der Ausschüttungsbemessung kann insofern die im Schrifttum mitunter vertretenen Auslegungen des Vermögensbegriffs im Lichte der Informationsvermittlung und der Schuldendeckungskontrolle[351] zumindest in systematischer Sicht nicht stützen.

bb) Schuldendeckungskontrolle als nachgelagerter Bilanzzweck bei der Ermittlung des bilanzrechtlichen Fortführungsvermögens

Wenngleich der Wortlaut des § 242 Abs. 1 S. 1 HGB darauf hinzudeuten scheint, dass die Bilanz der Schuldendeckungskontrolle diene,[352] kann eine zerschlagungsorientierte Sicht mit grundlegenden Prinzipien im System handelsrechtlicher GoB nicht in Einklang gebracht werden:[353] Da die Ermittlung der Schuldendeckungsfähigkeit einen der Gewinnanspruchsbemessung nachgelagerten Bilanzzweck darstellt, den die Bilanz im Rechtssinne nur in sehr allgemeiner Weise zu erfüllen vermag, ist die Schuldendeckungsfähigkeit als konstituierendes Merkmal des Vermögensgegenstandsbegriffs nicht aus den Schutzzwecken handelsrechtlicher GoB ableitbar.[354]

---

347 Vgl. m.w.N. Kap. 1, I. 2. a) aa) aaa).

348 Vgl. insbes. zur phasenkongruenten Dividendenvereinnahmung m.w.N. Kap. 1, I. 2. a) bb).

349 Vgl. so etwa zum Festhalten an den Fundamentalprinzipien auch im Falle eines eigenständigen Steuerbilanzrechts *Hennrichs, Joachim*: Maßgeblichkeitsgrundsatz oder eigenständige Prinzipien für die Steuerbilanz?, a.a.O., hier S. 328.

350 Vgl. m.w.N. Kap. 1, I. 1. b) bb).

351 Vgl. etwa *Baetge, Jörg* et al.: Bilanzen, a.a.O., hier S. 160f.

352 Vgl. *Lorenz, Karsten*: Wirtschaftliche Vermögenszugehörigkeit im Bilanzrecht, a.a.O., hier S. 11.

353 Vgl. *Euler, Roland*: Das System der Grundsätze ordnungsmäßiger Bilanzierung, a.a.O., hier S. 45f.

354 Vgl. *Hommel, Michael*: Bilanzierung immaterieller Anlagewerte, a.a.O., hier S. 40f. *Moxter, Adolf*: Ulrich Leffson und die Bilanzrechtsprechung, in: WPg, 39. Jg. (1986), S. 173–177, hier S. 175f;

Diese systematische Betrachtung wird letztlich auch durch pragmatische Überlegungen unterstützt: Folgte man den im Schrifttum vielfach vertretenen, mit Verweis auf die Schuldendeckungsfähigkeit dem Grunde nach engeren handelsbilanziellen Aktivierungsvoraussetzungen,[355] so verbliebe die Behandlung des derivativen Geschäfts- oder Firmenwerts als wesentlicher denkbarer Unterschied zwischen Vermögensgegenstand und Wirtschaftsgut.[356]

Der derivative Geschäfts- oder Firmenwert gilt allerdings – es mag hier zunächst dahinstehen, ob klarstellend oder konstitutiv normiert – gemäß § 246 Abs. 1 S. 4 HGB als Vermögensgegenstand. Dass der Gesetzgeber in der Begründung zum BilMoG auf die Einzelverwertbarkeit verweist,[357] ist in erster Linie als Abgrenzung zur asset-Konzeption der IFRS zu verstehen.[358] Die Intention einer Aufwertung der Ermittlung der Schuldendeckungsfähigkeit als wesentliche Bilanzaufgabe ist indes nicht erkennbar: Die Ermittlung eines ausschüttungsfähigen Betrags[359] wurde als primäre Aufgabe handelsrechtlicher GoB bestätigt, die Informationsfunktion innerhalb der bestehenden Fundamentalgrundsätze stärker gewichtet.[360] Da folglich weder eine Änderung der Zwecksetzung handelsrechtlicher GoB noch eine des Vermögensgegenstandsbegriffs

Breidert, Ulrike: Grundsätze ordnungsmäßiger Abschreibungen auf abnutzbare Anlagegegenstände, a.a.O., hier S. 5.

355 Vgl. *Kahle, Holger*: Das Maßgeblichkeitsprinzip des § 5 Abs. 1 EStG, a.a.O., hier Rz. 43; *Kahle, Holger/Günter, Simone*: Vermögensgegenstand und Wirtschaftsgut, a.a.O., hier S. 78; *Baetge, Jörg* et al.: Bilanzen, a.a.O., hier S. 161f; *Baetge, Jörg*: Grundsätze ordnungsmäßiger Buchführung, a.a.O., hier S. 12; *Pfeiffer, Thomas*: Begriffsbestimmung und Bilanzierungsfähigkeit des immateriellen Wirtschaftsgutes, a.a.O., hier S. 339; *Tiedchen, Susanne*: Der Vermögensgegenstand im Handelsbilanzrecht, a.a.O., hier S. 58f.

356 Vgl. *Schubert, Wolfgang/Huber, Frank*: § 247 HGB, in: Beck'scher Bilanzkommentar, hier Rn. 291; teilweise wird eine Divergenz auch bei Belieferungsrechten und entgeltlich erworbenen Wettbewerbsverboten gesehen, vgl. *Kahle, Holger*: Das Maßgeblichkeitsprinzip des § 5 Abs. 1 EStG, a.a.O., hier Rz. 43; insbes. bei (nicht einzelverwertbaren) Konzessionen wird regelmäßig die Eigenschaft als Vermögensgegenstand bejaht, vgl. m.w.N. *Baetge, Jörg* et al.: Bilanzen, a.a.O., hier S. 162.

357 Vgl. BT-Drs 16/10067 vom 30.07.2008, hier S. 50.

358 Vgl. *Hennrichs, Joachim*: § 246 HGB, in: Münchener Kommentar zum Bilanzrecht, hier Rn. 27.

359 Vgl. statt vieler *Moxter, Adolf*: Zum Sinn und Zweck des handelsrechtlichen Jahresabschlusses nach neuem Recht, a.a.O., hier S. 368.

360 Vgl. *Wüstemann, Jens/Wüstemann, Sonja*: Das System der Grundsätze ordnungsmäßiger Buchführung nach dem Bilanzrechtsmodernisierungsgesetz, a.a.O., hier S. 759; *Backes, Matthias*: Grundsätze ordnungsmäßiger Sicherungsbilanzierung nach IFRS und HGB, Wiesbaden 2019, hier S. 151; a.A. und Bestätigung einer Gleichrangigkeit durch das BilMoG annehmend *Becker, Roberto*: Die Entwicklung von Grundsätzen ordnungsmäßiger Prognosebildung auf Basis der GoB, Wiesbaden 2018, hier S. 12.

intendiert waren,[361] kann das Fortführungsvermögen im Sinne des § 252 Abs. 1 Nr. 2 HGB nicht systemkonform als Schuldendeckungspotential gestaltet sein.

[361] Vgl. *Wüstemann, Jens/Wüstemann, Sonja*: Das System der Grundsätze ordnungsmäßiger Buchführung nach dem Bilanzrechtsmodernisierungsgesetz, a.a.O., hier S. 761f m. Verw. auf BT-Drs. 16/10067, S. 1 u. 50.

III. Vermögensbegriff im Spannungsfeld zwischen wirtschaftlicher Betrachtungsweise und Objektivierungserfordernissen

1. Konkurrenz der wirtschaftlichen Betrachtungsweise und der Objektivierungsnotwendigkeit auf der Aktivseite der Bilanz

a) Die wirtschaftliche Betrachtungsweise als teleologische Auslegungsmethode

Der Grundsatz der Abbildung der ökonomischen Substanz eines Sachverhalts[362] ist im System der GoB als Ausfluss einer als Spielart der teleologischen Auslegung[363] verstandenen wirtschaftlichen Betrachtungsweise „konstitutiv für das gesamte Bilanzrecht“[364]. Die wirtschaftliche Betrachtungsweise ist folglich als juristische Interpretationsmethode für die Erkenntnis von Rechtsnormen sowie für die Beurteilung von Sachverhalten, auf welche diese Normen anzuwenden sind, zu verstehen.[365] Sie kann als „antiformalrechtliche Betrachtungsweise“[366], gleichwohl im geltenden statischen Bilanzverständnis nicht als unkontrollierte, rein betriebswirtschaftliche Betrachtungsweise[367] angesehen werden.

Während eine wohlverstandene wirtschaftliche Betrachtungsweise daher nicht als rechtsfremde Betrachtungsweise zu verstehen ist,[368] hat sich die Auslegung gleichwohl an wirtschaftlichen Normzwecken und Norminhalten, nicht allein an zivilrechtlichen Kategorien, zu orientieren.[369] Im Dienste der Rechtssicherheit und

---

362 Vgl. *Florstedt, Tim* et al.: Wirtschaftliche Betrachtungsweise und europäische Bilanzsteuerrechtsordnung, a.a.O., hier S. 381; *Backes, Matthias*: Grundsätze ordnungsmäßiger Sicherungsbilanzierung nach IFRS und HGB, a.a.O., hier S. 7.

363 Vgl. *Döllerer, Georg*: Gedanken zur 'Bilanz im Rechtssinne', a.a.O., hier S. 201f; *Beisse, Heinrich*: Die wirtschaftliche Betrachtungsweise bei der Auslegung der Steuergesetze in der neueren deutschen Rechtsprechung, a.a.O., hier S. 3; *Moxter, Adolf*: Zur wirtschaftlichen Betrachtungsweise im Bilanzrecht, a.a.O., hier S. 232; *Böcking, Hans-Joachim*: Betriebswirtschaftslehre und wirtschaftliche Betrachtungsweise im Bilanzrecht, a.a.O., hier S. 87; *Wallis, Hugo von*: Die wirtschaftliche Betrachtungsweise im Steuerrecht, in: FS Bühler, S. 249–278, hier S. 253.

364 Vgl. *Euler, Roland*: Das System der Grundsätze ordnungsmäßiger Bilanzierung, a.a.O., hier S. 117.

365 Vgl. *Beisse, Heinrich*: Die wirtschaftliche Betrachtungsweise bei der Auslegung der Steuergesetze in der neueren deutschen Rechtsprechung, a.a.O., hier S. 1.

366 *Böcking, Hans-Joachim*: Verbindlichkeitsbilanzierung, Wiesbaden 1994, hier S. 31.

367 Vgl. *Breidert, Ulrike/Moxter, Adolf*: Zur Bedeutung wirtschaftlicher Betrachtungsweise in jüngeren höchstrichterlichen Bilanzrechtsentscheidungen, a.a.O., hier S. 913; ähnlich *Crezelius, Georg*: Methodisches zur Rechtsprechung des I. Senats des Bundesfinanzhofs, in: FS Gosch, S. 47–56, hier S. 50.

368 Vgl. *Groh, Manfred*: Die wirtschaftliche Betrachtungsweise im rechtlichen Sinne, in: StuW, 66. Jg. (1989), S. 227–231, hier S. 231.

369 Vgl. *Moxter, Adolf*: Entwicklung der Theorie der handels- und steuerrechtlichen Gewinnermittlung, a.a.O., hier S. 78f.

Rechtsklarheit ergibt sich die Notwendigkeit einer Mindestobjektivierung:[370] Die gebotene wirtschaftliche Betrachtungsweise wird insofern flankiert durch Objektivierungserfordernisse zur Verringerung subjektiver Wertungen.[371] Darüber hinaus trägt auch das Prinzip wirtschaftlicher Betrachtungsweise selbst wesentlich zur Wahrung der Konsistenz des prinzipienbasierten Systems der GoB, mithin zur Rechtssicherheit bei, indem es durch die Erfassung des wirtschaftlichen Gehalts eines Sachverhalts die bewusste Normumgehung erschwert.[372]

---

[370] Vgl. *ders.*: Periodengerechte Gewinnermittlung und Bilanz im Rechtssinne, a.a.O., hier S. 450; *Breidert, Ulrike/Moxter, Adolf*: Zur Bedeutung wirtschaftlicher Betrachtungsweise in jüngeren höchstrichterlichen Bilanzrechtsentscheidungen, a.a.O., hier S. 912f.

[371] Vgl. *Baetge, Jörg*: Möglichkeiten der Objektivierung des Jahreserfolges, a.a.O., hier S. 174.

[372] Vgl. *Moxter, Adolf*: Zur wirtschaftlichen Betrachtungsweise im Bilanzrecht, a.a.O , hier S. 240; zu Erscheinungsformen der Gesetzesumgehung sowie zu Grenzen der Missbrauchsverhinderung durch Normauslegung vgl. *Lindermann, Florian*: Normbehauptung im Steuerrecht durch das europäische Missbrauchsverbot, a.a.O., hier S. 26 und S. 44–57.

b) Objektivierungserfordernisse als Ausfluss notwendiger Rechtssicherheit

aa) Intersubjektive Nachprüfbarkeit von Wertungen

Da ein Rechnungslegungssystem nicht frei von Wertungen sein kann,[373] kommt dem Prinzip der Objektivierung in seiner Ausprägung als intersubjektive Nachprüfbarkeit eine besondere Bedeutung zu.[374] Eine konsistente Normanwendung erfordert in diesem Sinne eine intersubjektive Nachprüfbarkeit getroffener Ermessensentscheidungen des Rechnungslegungsanwenders.[375]

Ein Rechnungslegungssystem erfordert daher widerspruchsfreie Wertungen, um Bilanzierungsproblemen in teleologischer Auslegung konsistente[376] und zweckgerechte Lösungen zuführen zu können.[377] Der erforderliche Grad intersubjektiver Nachprüfbarkeit ist dabei in Relation zum zugrundeliegenden Bilanzzweck zu spezifizieren:[378] Vor dem Hintergrund der Bedeutung der Rechenschafts- und Ausschüttungsbemessungsfunktion ist der Nachprüfbarkeit als Ausprägung des Objektivierungsprinzips ein hohes Gewicht beizumessen.[379] Objektivierung erfordert dabei „eine Verrechtlichung der Bilanz“[380] und schränkt insoweit eine grundsätzlich gebotene wirtschaftliche Betrachtungsweise insbesondere dann ein, wenn diese zu breite Ermessensspielräume eröffnet.[381] Erst die Synthese einer formaljuristischen und einer betriebswirtschaftlichen

---

373 Vgl. *Berndt, Thomas*: Wahrheits- und Fairnesskonzeptionen in der Rechnungslegung 2005, hier S. 204 und S. 208f; *Moxter, Adolf*: Grundwertungen in Bilanzrechtsordnungen, a.a.O., hier S. 353.

374 Vgl. *Backes, Matthias*: Grundsätze ordnungsmäßiger Sicherungsbilanzierung nach IFRS und HGB, a.a.O., hier S .13f.

375 Vgl. *Schober, Christoph*: Grundsätze ordnungsmäßiger Eigenkapitalbilanzierung nach GoB und IFRS, Wiesbaden 2020, hier S. 11; zur Auslegung als "schöpferische Leistung des verstehenden Subjekts" vgl. *Larenz, Karl/Canaris, Claus-Wilhelm*: Methodenlehre der Rechtswissenschaft, a.a.O., hier S. 188; *Schroth, Ulrich*: Hermeneutik, Norminterpretation und richterliche Normanwendung, in: Einführung der Rechtsphilosophie und Rechtstheorie der Gegenwart, S. 270–297, hier S. 286.

376 Zur Bedeutung der erforderlichen Konsistenz vgl. *Wüstemann, Jens/Wüstemann, Sonja*: Why Consistency of Accounting Standards Matters, in: Abacus, 46. Jg. (2010), S. 1–27, hier S. 7f.

377 Vgl. *Schober, Christoph*: Grundsätze ordnungsmäßiger Eigenkapitalbilanzierung nach GoB und IFRS, a.a.O., hier S. 12.

378 Vgl. *Backes, Matthias*: Grundsätze ordnungsmäßiger Sicherungsbilanzierung nach IFRS und HGB, a.a.O., hier S. 14.

379 Vgl. *Lorson, Peter/Gattung, Andreas*: Die Forderung nach einer 'faithful representation', in: KoR, 8. Jg. (2008), S. 556–565, hier S. 561.

380 *Moxter, Adolf*: Zum Verhältnis von Handelsbilanz und Steuerbilanz, a.a.O., hier S. 198.

381 Vgl. *Böcking, Hans-Joachim*: Verbindlichkeitsbilanzierung, a.a.O., hier S. 12; *Moxter, Adolf*: Zum Verhältnis von Handelsbilanz und Steuerbilanz, a.a.O., hier S. 198.

Betrachtungsweise „ermöglicht die bilanzzweckadäquate Strukturierung“ eines Sachverhalts.[382]

bb) Vergegenständlichung als materielle Ausprägung des Objektivierungsprinzips

Das übergeordnete Gläubigerschutzprinzip wird durch die Ausschaltung subjektiver Willkür, mithin durch Objektivierung, konkretisiert.[383] Diese ist dabei nicht ausschließlich im Sinne einer Nachprüfbarkeit zu verstehen,[384] sondern auch in materiellem Sinne als „Vergegenständlichung“[385] zu interpretieren. Eine so verstandene Objektivierung sichert die Schutzfunktionen gesetzlicher Bilanzierungsnormen,[386] bildet gleichwohl keine absolute Restriktion des Bilanzinhalts; vielmehr bedarf es wertungsabhängig einer „Gewichtung von Bilanzaufgaben und Objektivierungsrestriktionen“.[387]

Auf der Aktivseite der Bilanz verbleiben insoweit zwar Prognosespielräume,[388] im Sinne einer imparitätischen Objektivierung[389] bedarf es für die Aktivierung eines Vermögensgegenstands gleichwohl einer ausgeprägten Greifbarkeit.[390]

[382] Vgl. *Hommel, Michael*: Grundsätze ordnungsmäßiger Bilanzierung für Dauerschuldverhältnisse, Wiesbaden 1992, hier S. 102 (auch Zitat).

[383] Vgl. *Beisse, Heinrich*: Gläubigerschutz, a.a.O., hier S. 83.

[384] Vgl. *Backes, Matthias*: Grundsätze ordnungsmäßiger Sicherungsbilanzierung nach IFRS und HGB, a.a.O., hier S. 14.

[385] *Beisse, Heinrich*: Gläubigerschutz, a.a.O., hier S. 83.

[386] Vgl. *Moxter, Adolf/Engel-Ciric, Dejan*: Grundsätze ordnungsgemäßer Bilanzierung, a.a.O., hier S. 31; *Ballwieser, Wolfgang*: Grenzen des Vergleichs von Rechnungslegungssystemen, in: FS Kropff, S. 371–391, hier S. 376.

[387] Vgl. *Moxter, Adolf*: Grundsätze ordnungsgemäßer Rechnungslegung, a.a.O., hier S. 16 (auch Zitat).

[388] Vgl. *Hennrichs, Joachim*: Prognosen im Bilanzrecht, in: AG, 51. Jg. (2006), S. 698–706, hier S. 699.

[389] Vgl. *Moxter, Adolf*: Selbständige Bewertbarkeit als Aktivierungsvoraussetzung, in: BB, 42. Jg. (1987), S. 1846–1851, hier S. 1846; *Hommel, Michael/Berndt, Thomas*: Wertaufhellung und funktionales Abschlussstichtagsprinzip, a.a.O., hier S. 1746.

[390] Vgl. *Moxter, Adolf*: Selbständige Bewertbarkeit als Aktivierungsvoraussetzung, a.a.O., hier S. 1847; *Sessar, Christopher*: Grundsätze ordnungsmäßiger Gewinnrealisierung im deutschen Bilanzrecht, Düsseldorf 2007, hier S. 212.

2. Verhältnis von Substanz und Form bei der systemkonformen Vermögenszurechnung

a) *Objektivierungserfordernis durch das Zivilrecht zugunsten bilanzieller Schutzzwecke*

Das System handelsrechtlicher GoB als Ausprägung des Gläubigerschutzes dient dem Prinzip der Rechtssicherheit:[391] Die Bilanz im Rechtssinne zielt auf einen angemessenen Ausgleich zwischen wirtschaftlichem Bilanzinhalt und Objektivierungserfordernissen ab. [392] Objektivierung mithilfe einer Bilanz im Rechtssinne[393] erfolgt dabei auch durch zivilrechtliche Kategorien[394] und sichert so die Schutzfunktionen der Bilanz.[395] Eine so verstandene Objektivierung durch Orientierung an der zugrundeliegenden Zivilrechtsstruktur bewirkt eine Ermessensbeschränkung:[396] Im Objektivierungsprinzip konfligiert damit das Bestreben nach Rechtssicherheit und das Bedürfnis nach einer am Einzelfall ausgerichteten Bilanzierung.[397]

Dabei sind gleichwohl die engen Grenzen einer entobjektivierten Gewinnermittlung bei der sinnvollen ökonomischen Abbildung der Unternehmensentwicklung zu berücksichtigen.[398] Fallen bürgerlich-rechtliche und wirtschaftliche Vermögenszugehörigkeit zwar regelmäßig zusammen, so entscheiden im Konfliktfall wirtschaftliche

---

391 Vgl. *Beisse, Heinrich*: Gläubigerschutz, a.a.O., hier S. 78.

392 Vgl. *Moxter, Adolf*: Über Bilanztheorien, a.a.O., hier S. 412.

393 Vgl. *Döllerer, Georg*: Gedanken zur 'Bilanz im Rechtssinne', a.a.O., hier S. 198f; *Mellwig, Winfried*: Bilanzrechtsprechung und Betriebswirtschaftslehre, a.a.O., hier S. 1614; *Moxter, Adolf*: Erosion von Georg Döllerers Bilanzrechtskonzeption beim BFH?, a.a.O., hier S. 1587; *Hommel, Michael* et al.: Adolf Moxter und die Grundsätze ordnungsgemäßer Rechnungslegung, in: WPg Sonderheft, 57. Jg. (2004), S. 84–98, hier S. 91.

394 Vgl. *Wüstemann, Jens/Wüstemann, Sonja*: Betriebswirtschaftliche Bilanzrechtsforschung und Grundsätze ordnungsmäßiger Gewinnrealisierung für Werkverträge, a.a.O., hier S. 35; *Wüstemann, Jens* et al.: Gewinnrealisierung, a.a.O., hier Rz. 11–22.

395 Vgl. *Moxter, Adolf/Engel-Ciric, Dejan*: Grundsätze ordnungsgemäßer Bilanzierung, a.a.O., hier S. 31; vgl. auch *Baetge, Jörg*: Grundsätze ordnungsmäßiger Buchführung, a.a.O., hier S.8.

396 Vgl. *Wüstemann, Jens*: Generally Accepted Accounting Principles, a.a.O., hier S. 165; *Baetge, Jörg/Ballwieser, Wolfgang*: Probleme einer rationalen Bilanzpolitik, in: BFuP, 30. Jg. (1978), S. 511–530, hier S. 513f.

397 Vgl. *Böcking, Hans-Joachim*: Verbindlichkeitsbilanzierung, a.a.O., hier S. 12; zum Zielkonflikt vgl. auch *Kuhner, Christoph*: Das Spannungsverhältnis zwischen Einzelfallgerechtigkeit und Willkürfreiheit, in: BFuP, 53. Jg. (2001), S. 523–542, hier S. 528–530.

398 Vgl. *Wüstemann, Jens*: Generally Accepted Accounting Principles, a.a.O., hier S. 165; *Moxter, Adolf*: Standort Deutschland, in: FS Heigl, S. 31–41, hier S. 38; *Ballwieser, Wolfgang*: Chancen und Gefahren einer Übernahme amerikanischer Rechnungslegung, in: FS Beisse, S. 25–43, hier S. 32f.

Kriterien.[399] Diese wirtschaftlichen Gesichtspunkte sind dabei allerdings im Regelfall wesentlich durch die jeweilige schuldrechtliche Grundlage geprägt.[400]

---

[399] Vgl. *Weber-Grellet, Heinrich*: Steuerbilanzrecht, a.a.O., hier S. 185.

[400] Vgl. *Döllerer, Georg*: Zur Bilanzierung des schwebenden Vertrags, in: BB, 29. Jg. (1974), S. 1541–1548, hier S. 1542.

b) *Vorherigkeit des Zivilrechts und Interdependenzen von Form und Substanz*

Eine gewisse Formorientierung einer wirtschaftlichen Betrachtungsweise ist bereits konzeptionell durch das Fehlen einer „unabhängigen ökonomischen Substanz“ erforderlich:[401] Erst durch die Analyse der zugrundeliegenden rechtlichen Rahmenbedingungen vermag die ökonomische Substanz deutlich zutage zu treten;[402] ökonomische Risiken hängen maßgeblich von rechtlichen Rahmenbedingungen ab.[403] Während die juristische Deutung zivilrechtlicher Fragen bereits die wirtschaftliche Realität eines Sachverhalts zu beachten hat,[404] so entspricht im Bilanzrecht eine „Vorherigkeit der Anwendung des Zivilrechts“[405] der wechselseitigen Abhängigkeit von Form und Substanz[406].

Im Ergebnis kommt dem Zivilrecht zwar keine vorrangige[407] Stellung, jedoch eine wichtige Indikatorfunktion[408] bei der Bilanzierung zu. Bei der Zurechnung von Vermögensgegenständen wird die Vorherigkeit des Zivilrechts, mithin dessen Indikatorfunktion, offenkundig: Vermögensgegenstände sind grundsätzlich dem zivilrechtlichen Eigentümer zuzurechnen. Das zivilrechtliche Eigentum vermag gleichwohl die ökonomische Substanz nicht zu verdrängen; folgerichtig normiert § 246 Abs. 1 S. 2 HGB eine im Einzelfall abweichende, wirtschaftliche Vermögenszurechnung, um das ökonomische Gehalt eines Sachverhalts bei der Zurechnung von

---

401 Vgl. m.w.N. *Backes, Matthias*: Grundsätze ordnungsmäßiger Sicherungsbilanzierung nach IFRS und HGB, a.a.O., hier S. 8f (auch Zitat).

402 Vgl. *Eibelshäuser, Manfred*: Wirtschaftliche Betrachtungsweise im Steuerrecht, a.a.O., hier S. 1431; *Sessar, Christopher*: Grundsätze ordnungsmäßiger Gewinnrealisierung im deutschen Bilanzrecht, a.a.O., hier S. 40.

403 Vgl. *Lüdenbach, Norbert*: Wirtschaftliche Betrachtungsweise, in: StuB, 21. Jg. (2019), S. 15–21, hier S. 19.

404 Vgl. *Groh, Manfred*: Die wirtschaftliche Betrachtungsweise im rechtlichen Sinne, a.a.O., hier S. 228f.

405 *Kirchhof, Paul*: Steuerumgehung und Auslegungsmethoden, a.a.O., hier S. 181; vgl. auch *ders.*: Verfassungsrechtliche Maßstäbe für die Auslegung von Steuergesetzen, in: FS RFH/BFH, S. 285–302, hier S. 297.

406 Zum Verhältnis von Substanz und Form vgl. *Wüstemann, Jens/Wüstemann, Sonja*: Substance and Form, a.a.O.

407 Der BFH vertrat teilweise jedoch die Auffassung eines "Primat[s] des Zivilrechts", vgl. Urt. des BFH vom 12. Juli 1967 *I 204/64*, in: BStBl. III 1967, S. 781–782, hier S. 782; a.A. *Döllerer, Georg*: Das Verhältnis des Steuerrechts zum Zivilrecht in der Rechtsprechung des Bundesfinanzhofs, in: FS RFH/BFH, S. 497–517, hier S. 517 Döllerer arbeitet dabei auch heraus, dass in einer Vielzahl von Entscheidungen des BFH zu Recht nicht von einem „Primat des Zivilrechts“ gesprochen werden kann.

408 Vgl. *Hommel, Michael*: Vermögenszurechnung und Ertragsrealisation nach HGB und IFRS, a.a.O., hier S. 362; ähnlich auch *Euler, Roland*: Zur wirtschaftlichen Betrachtungsweise bei Wirtschaftsgütern des immateriellen Anlagevermögens, a.a.O., hier S. 145.

Vermögensgegenständen adäquat abzubilden.[409] Das Prinzip wirtschaftlicher Vermögenszurechnung ist damit als Folgeprinzip der teleologischen, wirtschaftlichen Betrachtungsweise zu verstehen.[410]

[409] Vgl. *Clemm, Hermann*: Wirtschaftliche versus formalrechtliche Betrachtung im Steuer- und Bilanzrecht, in: FS Klein, S. 715–736, hier S. 732f; *Moxter, Adolf/Engel-Ciric, Dejan*: Grundsätze ordnungsgemäßer Bilanzierung, a.a.O., hier S. 60f; *Lorenz, Karsten*: Wirtschaftliche Vermögenszugehörigkeit im Bilanzrecht, a.a.O., hier S. 26.

[410] Vgl. *Naumann, Klaus-Peter* et al.: Bewertungsprinzipien für die Rechnungslegung nach HGB, Bilanzsteuerrecht und IFRS, in: HdJ, Abt. I/7 (2013), hier Rz. 84f; *Florstedt, Tim* et al.: Wirtschaftliche Betrachtungsweise und europäische Bilanzsteuerrechtsordnung, a.a.O., hier S. 381; vgl. auch *Clemm, Hermann*: Grenzen der zivilrechtlichen Betrachtungsweise für das Bilanzrecht, in: StbJb, 31. Jg. (1979/80), S. 173–194.

Zweites Kapitel:

Der Vermögensbegriff im deutschen Bilanzrecht

I. Deduktion der Grundsätze des bilanzrechtlichen Vermögensgegenstandsbegriffs

1. Grundsatz der Bilanzierung wirtschaftlicher Vermögensvorteile

a) Vermögensermittlung in wirtschaftlicher Betrachtungsweise

Die Interpretation des bilanzrechtlichen Vermögensbegriffs ist geprägt durch die als Erscheinungsform der teleologischen Auslegung verstandene wirtschaftliche Betrachtungsweise.[411]

Das Primärziel der Bilanz im Rechtssinne erfordert für die Auslegung des bilanzrechtlichen Vermögensbegriffs eine „antiformalrechtliche Betrachtungsweise“[412], welche im statischen Bilanzverständnis weder als rein betriebswirtschaftliche, noch als rechtsfremde Betrachtungsweise angelegt ist:[413] Die so verstandene wirtschaftliche Betrachtungsweise ermöglicht die bilanzielle Abbildung der wirtschaftlichen Substanz eines Sachverhalts unter Berücksichtigung der zugrundeliegenden Zivilrechtsstruktur,[414] kann zugleich jedoch auch ein Korrektiv für formalrechtliche Gestaltungen darstellen[415] und so zur Wahrung der Konsistenz des prinzipienbasierten Systems der GoB beitragen.[416]

---

411 Vgl. *Hommel, Michael*: Bilanzierung immaterieller Anlagewerte, a.a.O., hier S. 52; *Euler, Roland*: Das System der Grundsätze ordnungsmäßiger Bilanzierung, a.a.O., hier S. 116f; *Kronner, Markus*: GoB für immaterielle Anlagewerte und Tauschgeschäfte, Düsseldorf 1995, hier S. 13. Zu weiteren Nachweisen vgl. Kap. 1, III. 1. a).

412 *Böcking, Hans-Joachim*: Verbindlichkeitsbilanzierung, a.a.O., hier S. 31; vgl. auch *Hommel, Michael*: Bilanzierung immaterieller Anlagewerte, a.a.O., hier S. 52.

413 Vgl. *Groh, Manfred*: Die wirtschaftliche Betrachtungsweise im rechtlichen Sinne, a.a.O., hier S. 231; *Schneider, Dieter*: Kritische Anmerkungen zur Bilanzauffassung des Bundesfinanzhofs, in: StbJb, 33. Jg. (1981/82), S. 176–194, hier S. 193; *Breidert, Ulrike/Moxter, Adolf*: Zur Bedeutung wirtschaftlicher Betrachtungsweise in jüngeren höchstrichterlichen Bilanzrechtsentscheidungen, a.a.O., hier S. 913.

414 Vgl. *Wüstemann, Jens* et al.: Gewinnrealisierung, a.a.O., hier insbes. Rz. 15–36; *Sessar, Christopher*: Grundsätze ordnungsmäßiger Gewinnrealisierung im deutschen Bilanzrecht, a.a.O., hier S. 335.

415 Vgl. *Florstedt, Tim* et al.: Wirtschaftliche Betrachtungsweise und europäische Bilanzsteuerrechtsordnung, a.a.O., hier S. 381; vgl. zur Abgrenzung typisierender und wirtschaftlicher Betrachtungsweise *Weber-Grellet, Heinrich*: Der Typus des Typus, in: FS Beisse, S. 551–569, hier S. 567.

416 Vgl. *Moxter, Adolf*: Zur wirtschaftlichen Betrachtungsweise im Bilanzrecht, a.a.O., hier S. 240; *Canaris, Claus-Wilhelm*: Systemdenken und Systembegriff in der Jurisprudenz, Berlin 1983, hier

M. Knoblauch, *Grundsätze ordnungsmäßiger Aktivierung in der Handelsbilanz und in der Steuerbilanz*, Rechnungswesen und Unternehmensüberwachung,
https://doi.org/10.1007/978-3-658-43949-1_3

Bereits der Begriff des Wirtschaftsgutes deutet auf eine wirtschaftliche Verknüpfung zum Betrieb hin[417] und indiziert, dass bei der Ermittlung des bilanzrechtlichen Vermögens auf die unternehmensindividuelle ökonomische Substanz zu rekurrieren ist.[418]

Das Vorliegen eines Vermögensgegenstands setzt folglich das Vorhandensein eines wirtschaftlich ausnutbaren Vermögensvorteils[419] voraus. In wirtschaftlicher Betrachtungsweise ist das Vermögenswertprinzip grundsätzlich weit zu verstehen:[420] Entscheidendes Kriterium ist das Vorliegen eines wirtschaftlichen Vorteils in Form von Einnahmepotentialen bzw. im Sinne eines positiven Ertragswertbeitrags.[421] Dies resultiert aus dem Realisationsprinzip, aus welchem sich eine erfolgsneutrale Behandlung von Anschaffungs- und Herstellungsvorgängen ergibt.[422]

Das Vorliegen von Sachen oder Rechten im bürgerlich-rechtlichen Sinne ist für die Erfüllung dieses Vermögenswertprinzips weder notwendig noch hinreichend.[423] Daraus folgt, dass wertlose Gegenstände kein bilanzrechtliches Vermögen verkörpern; ein

---

S. 97–100; *Wüstemann, Jens/Wüstemann, Sonja*: Why Consistency of Accounting Standards Matters, a.a.O., hier S. 7.

417 Vgl. *Reuleaux, Susanne*: Immaterielle Wirtschaftsgüter, a.a.O., hier S. 22; *May, Erich*: Das Wirtschaftsgut, Wiesbaden 1970, hier S. 26. Zur grundsätzlichen Übereinstimmung der Begriffe Vermögensgegenstand und Wirtschaftsgut vgl. m.w.N. Kap. 1, E. 2.

418 Vgl. *Knobbe-Keuk, Brigitte*: Die Bilanzierung unentgeltlich erworbener Vermögensgegenstände in Handels- und Steuerbilanz, in: StuW, 55. Jg. (1978), S. 226–231, hier S. 227; *Pfeiffer, Thomas*: Begriffsbestimmung und Bilanzierungsfähigkeit des immateriellen Wirtschaftsgutes, a.a.O., hier S. 335; a.A. *Tiedchen, Susanne*: Der Vermögensgegenstand im Handelsbilanzrecht, a.a.O., hier S. 66.

419 Vgl. z.B. Urt. des BFH vom 28. Januar 1954 *IV 255/53 U*, in: BStBl. III 1954, S. 109–111, hier S. 110; Urt. des BFH vom 9. Juli 1986 *I R 218/82*, in: BStBl. II 1987, S. 14–16, hier S .14; Urt. des BFH vom 23. Juni 1978 *III R 22/76*, in: BStBl. II 1978, S. 521–523, hier S. 522.

420 Dass der bilanzrechtliche Vermögensbegriff in wirtschaftlicher Betrachtungsweise (weit) auszulegen ist und entsprechend auch sonstige wirtschaftliche Vorteile und konkrete Möglichkeiten umfasst, stellt der BFH in zahlreichen Urteilen klar; vgl. Urt. des BFH vom 12. März 2020 *IV R 9/17*, in: BStBl. II 2021, S. 226–232, hier S. 229; Urt. des BFH vom 26. November 2014 *X R 20/12*, in: BStBl. II 2015, S. 325–329, hier S. 327; Urt. des BFH vom 29. November 2012 *IV R 47/09*, in: BStBl. II 2013, S. 324–328, hier S. 327.

421 Vgl. *Euler, Roland*: Das System der Grundsätze ordnungsmäßiger Bilanzierung, a.a.O., hier S. 145; *Ballwieser, Wolfgang*: Sind mit der neuen Generalklausel zur Rechnungslegung auch neue Prüfungspflichten verbunden?, in: BB, 40. Jg. (1985), S. 1034–1043, hier S. 1042; *Moxter, Adolf*: Betriebswirtschaftliche Gewinnermittlung, a.a.O., hier S. 92f.

422 Vgl. Urt. des BFH vom 22. Mai 2019 *XI R 44/17*, in: BStBl. II 2020, S. 44–48, hier S. 46; *Moxter, Adolf*: Periodengerechte Gewinnermittlung und Bilanz im Rechtssinne, a.a.O., hier S. 449.

423 Vgl. Urt. des BFH vom 29. November 2012 *IV R 47/09*, a.a.O., hier S. 327; *Moxter, Adolf*: Immaterielle Vermögensgegenstände des Anlagevermögens, in: HuRB, S. 246–250, hier S. 246f; zur Abgrenzung vom Zivilrecht bereits *Rehm, Hermann*: Die Bilanzen der Aktiengesellschaften und Gesellschaften m.b.H., München 1914, hier S. 2; a.A. *Tiedchen, Susanne*: Der Vermögensgegenstand im Handelsbilanzrecht, a.a.O., hier S. 7f.

Wert ist dem Begriff des Vermögensgegenstands immanent.[424] Weder eine aufgrund der Zahlungsunfähigkeit des Schuldners wertlose noch eine zivilrechtlich verjährte Forderung (sofern der Schuldner nicht trotzdem zahlungsbereit ist) können daher aktiviert werden.[425]

Das als Ausprägung der wirtschaftlichen Betrachtungsweise verstandene Vermögenswertprinzip ermöglicht durch das Abstellen auf einen wirtschaftlichen Nutzen einen weiten Kreis potenzieller Vermögensgegenstände.[426]

Aufgrund seiner „allgemeinen Formulierung"[427] bedarf das Vermögenswertprinzip einer Konkretisierung.[428] Zu Recht weist *Duhr*[429] darauf hin, dass die konkretisierenden Unterprinzipien der Erwerberfiktion[430] und des unternehmensspezifischen Nutzens aufgrund ihrer jeweils unterschiedlichen Perspektive konfligieren können. Dies ist jedoch nicht als objektivierungsbedingte Einschränkung des Vermögenswertprinzips zu verstehen,[431] gewinnt dieses doch durch die konkretisierenden Unterprinzipien erst Konturen: Ein unternehmensspezifischer Vermögensvorteil wird zumindest insoweit

---

424 Vgl. *Knapp, Lotte*: Was darf der Kaufmann als seine Vermögensgegenstände bilanzieren?, in: DB, 24. Jg. (1971), S. 1121–1129, hier S. 1123.

425 Zur Zurückdrängung des Zivilrechts zugunsten einer wirtschaftlichen Betrachtungsweise vgl. Urt. des BFH vom 6. Dezember 1978 *I R 35/78*, in: BStBl. II 1979, S. 262–263, hier S. 263; Urt. des BFH vom 23. Mai 1984 *I R 266/81*, in: BStBl. II 1984, S. 723–726, hier S. 725; *Hommel, Michael*: Bilanzierung immaterieller Anlagewerte, a.a.O., hier S. 55.

426 Vgl. *Müller-Dahl, Frank*: Betriebswirtschaftliche Probleme der handels- und steuerrechtlichen Bilanzierungsfähigkeit, Berlin 1979, hier S. 81; *Jacobs, Otto H.*: Das Bilanzierungsproblem in der Ertragsteuerbilanz, a.a.O., hier S. 80; *Hommel, Michael*: Internationale Bilanzrechtskonzeptionen und immaterielle Vermögensgegenstände, a.a.O., hier S. 352f; a.A. bzgl. des Kriteriums des wirtschaftlichen Nutzens *Schneider, Dieter*: Gewinnermittlung und steuerliche Gerechtigkeit, in: ZfbF, 23. Jg. (1971), S. 352–394, hier S. 377.

427 *Hommel, Michael*: Bilanzierung immaterieller Anlagewerte, a.a.O., hier S. 64.

428 Zur Notwendigkeit der Konkretisierung übergeordneter Prinzipien vgl. *Schneider, Dieter*: Rechtsfindung durch Deduktion von Grundsätzen ordnungsmäßiger Buchführung aus gesetzlichen Jahresabschlußzwecken?, in: StuW, 60. Jg. (1983), S. 141–160, hier S. 142–144; zur Notwendigkeit der Konkretisierung des Vermögenswertprinzips vgl. *Duhr, Andreas*: Grundsätze ordnungsmäßiger Geschäftswertbilanzierung, Düsseldorf 2006, hier S. 67f; *Eibelshäuser, Manfred*: Immaterielle Anlagewerte in der höchstrichterlichen Finanzrechtsprechung, Wiesbaden 1983, hier S. 103.

429 Vgl. *Duhr, Andreas*: Grundsätze ordnungsmäßiger Geschäftswertbilanzierung, a.a.O., hier S. 67f.

430 Zur Kritik an der Konkretisierung durch die Erwerberfiktion vgl. *Schneider, Dieter*: Rechtsfindung durch Deduktion von Grundsätzen ordnungsmäßiger Buchführung aus gesetzlichen Jahresabschlußzwecken?, a.a.O., hier S. 142.

431 Vgl. *Duhr, Andreas*: Grundsätze ordnungsmäßiger Geschäftswertbilanzierung, a.a.O., hier S. 68; vgl. auch *Müller, Jana* et al.: Aktivierung immaterieller Vermögensgegenstände des Anlagevermögens, in: Bilanzierung case by case, S. 47–72, hier S. 48.

objektiviert,[432] als dass dieser Vorteil auch aus Perspektive eines fiktiven Erwerbers des gesamten Betriebs vorliegen muss. Aufgrund der Auslegungsbedürftigkeit der einzelnen Kriterien[433] sind die durch die Rechtsprechung geprägten Unterprinzipien anhand geeigneter Fallgruppen zu untersuchen, um dem bilanzrechtlichen Vermögensbegriff Konturen zu verleihen.[434]

432 Vgl. *Hommel, Michael*: Bilanzierung immaterieller Anlagewerte, a.a.O., hier S. 54f; zum Teilwert *Mellwig, Winfried*: Für ein bilanzzweckadäquates Teilwertverständnis, a.a.O., hier S. 1080.

433 Im Schrifttum wird daher teilweise konstatiert, dass die „einzelnen Wirtschaftsgutkriterien […] in hohem Maß unbestimmt und auslegungsbedürftig" sind, vgl. *Eibelshäuser, Manfred*: Immaterielle Anlagewerte in der höchstrichterlichen Finanzrechtsprechung, a.a.O., hier S. 67.

434 Vgl. zur entsprechenden Analyse der Rechtsprechung insbes. Kap. 2, I. 1.c); 2.b) sowie 3.c).

b) *Prospektiver Vermögensbegriff in der statischen Bilanz*

Im Schrifttum wird teilweise die Bedeutung eines prospektiv interpretierten wirtschaftlichen Nutzens als Vermögensgegenstandskriterium verkannt;[435] die Interpretation des Vermögensgegenstands im Sinne eines auf künftige Erträge gerichteten Nutzenpotentials wird in diesem Zusammenhang mitunter als charakteristisch für eine dynamische Bilanzauffassung eingestuft.[436]

Allerdings zeigt *Hommel* überzeugend, dass der Zukunftsbezug als solcher kein entscheidendes Abgrenzungskriterium zwischen statisch und dynamisch geprägten Bilanzen darstellt,[437] sich diese vielmehr im Grad der Objektivierung unterscheiden.[438] Die statisch geprägte Objektivierung erfolgt insbesondere durch die weiteren Vermögensgegenstandskriterien der Greifbarkeit und der selbstständigen Bewertbarkeit. Die Vermögenskomponente von nicht umsatzinduzierten, sondern künftige Umsätze alimentierenden Ausgaben, liegt zudem gerade in den dadurch geschaffenen (künftigen) Einnahmepotentialen.[439]

Das Vermögenswertprinzip ist vor diesem Hintergrund als zentrales Prinzip der wirtschaftlichen Betrachtungsweise zu verstehen, welches durch die Absicherung eines künftigen Beitrags zum Unternehmenserfolgs auch im Einklang mit Gläubigerschutzerwägungen steht.[440] Sowohl die von der Rechtsprechung entwickelten Konkretisierungen des Vermögenswertprinzips als auch die für den Begriff des Vermögensgegenstands konstitutiven Kriterien der Greifbarkeit und der selbstständigen Bewertbarkeit lassen eine – unter Berücksichtigung der gebotenen wirtschaftlichen

[435] Vgl. etwa *Ley, Ursula*: Der Begriff 'Wirtschaftsgut' und seine Bedeutung für die Aktivierung, a.a.O., hier S. 97f und S. 103f.

[436] Vgl. *Lutz, Günter*: Der Vermögensgegenstand, in: Neuorientierung der Rechenschaftslegung, S. 81–100, hier S. 86; *Lang, Joachim*: Die Bemessungsgrundlage der Einkommensteuer, Köln 1988, hier S. 401f; mit Bezug zum Begriff des Wirtschaftsguts auch *Mindermann, Torsten*: Quo vadis Vermögensgegenstand?, in: FS Franz, S. 169–181, hier S. 175.

[437] Vgl. *Hommel, Michael*: Bilanzierung immaterieller Anlagewerte, a.a.O., hier S. 58.

[438] Vgl. *Groh, Manfred*: Vor der dynamischen Wende im Bilanzsteuerrecht?, in: BB, 44. Jg. (1989), S. 1586–1588, hier S. 1587.

[439] Vgl. *Moxter, Adolf*: Zur wirtschaftlichen Betrachtungsweise im Bilanzrecht, a.a.O., hier S. 234; *Burkhardt, Dietrich*: Grundsätze ordnungsmäßiger Bilanzierung für Fremdwährungsgeschäfte, Düsseldorf 1988, hier S. 34; *Janke, Madeleine*: Periodisierung, Objektivierung und Vorsicht bei Vermögensgegenständen und Schulden, in: StuW, 71. Jg. (1994), S. 214–231, hier S. 216f.

[440] Vgl. *Ordelheide, Dieter*: Kaufmännischer Periodengewinn als ökonomischer Gewinn, in: FS Busse von Colbe, S. 275–302, hier S. 293f; m.w.N. *Hommel, Michael*: Bilanzierung immaterieller Anlagewerte, a.a.O., hier S. 57f.

Betrachtungsweise – an Objektivierungsprinzipien orientierte Abgrenzung von Vermögensgegenständen deutlich zutage treten.[441]

Dynamische Verrechnungsposten können nicht als Beitrag zum Effektivvermögen gedeutet werden.[442] Entsprechend ist im Sinne eines ausschüttungsstatischen Vermögensbegriffs[443] nicht auf Aufwendungen, sondern auf das für die Aufwendungen Erlangte abzustellen.[444] Die statische Prägung des geltenden Rechts spiegelt sich insbesondere darin, dass die Erfordernisse der Rechtssicherheit und Rechtsklarheit durch gewichtige Objektivierungsprinzipien betont werden.[445]

---

441 Vgl. *Moxter, Adolf*: Über Bilanztheorien, a.a.O., hier S. 412f; *Hommel, Michael*: Internationale Bilanzrechtskonzeptionen und immaterielle Vermögensgegenstände, a.a.O., hier S. 352f; *Dahlke, Andreas/Kahle, Holger*: CCCTB, in: FS Caesar, S. 229–254, hier S. 233.

442 Die Handelsbilanz ist daher keine dynamische Bilanz, vgl. *Schmalenbach, Eugen*: Dynamische Bilanz, Köln 1962, hier S. 51f; zur Abgrenzung deutlich *Moxter, Adolf*: Entwicklung der Theorie der handels- und steuerrechtlichen Gewinnermittlung, a.a.O., hier S. 77; *Euler, Roland*: Das System der Grundsätze ordnungsmäßiger Bilanzierung, a.a.O., hier S. 111.

443 Vgl. dazu m.w.N. *Hommel, Michael*: Internationale Bilanzrechtskonzeptionen und immaterielle Vermögensgegenstände, a.a.O., hier S. 348.

444 Vgl. Urt. des BFH vom 29. April 1965 *IV 403/62 U*, in: BStBl. III 1965, S. 414–416, hier S. 415; *Leykum, Klaus-Dietrich*: Wirtschaftsgut und dynamische Bilanzauffassung in der Steuerbilanz, in: ZfhF, 15. Jg. (1963), S. 397–413, hier S. 410; zur Rechtspr. des RFH vgl. *Eibelshäuser, Manfred*: Immaterielle Anlagewerte in der höchstrichterlichen Finanzrechtsprechung, a.a.O., hier S. 100f; insoweit bereits *Simon, Herman Veit*: Die Bilanzen der Aktiengesellschaften, Berlin 1910, hier S. 363.

445 Vgl. *Moxter, Adolf*: Das "matching principle", in: FS Havermann, S. 487–504, hier S. 502f.

c) *Konkretisierungen des Vermögenswertprinzips*

aa) Unternehmensspezifischer Nutzen

Die prospektive Ausrichtung des Vermögenswertprinzips setzt einen wirtschaftlichen Nutzen für den bilanzierenden Kaufmann voraus.[446] Die Beurteilung des unternehmensspezifischen Nutzens kann gleichwohl nicht als subjektive Einschätzung des Kaufmanns verstanden werden; vielmehr setzt die Aktivierung einen nachprüfbaren unternehmensspezifischen Nutzen voraus.[447]

Die Möglichkeit Dritter, Nettoeinnahmepotentiale aus dem Vermögenswert ziehen zu können, kann den unternehmensspezifischen Nutzen im Sinne einer betriebsexternen Verwertungsmöglichkeit zwar regelmäßig objektivieren, ist jedoch keine notwendige Voraussetzung; entsprechend können insbesondere Spezialmaschinen und Spezialsoftware die Vermögenswerteigenschaft erfüllen.[448] Demgegenüber kann eine rechtlich bestehende und unbestrittene Forderung im Einzelfall die Vermögenswerteigenschaft verlieren, wenn für das bilanzierende Unternehmen ein faktischer Zwang besteht, auf die Geltendmachung dieser Forderung zu verzichten.[449]

bb) Prinzip des fiktiven Erwerbs

aaa) Funktion des Erwerberfiktionsprinzips

Die Rechtsprechung stellt zur Objektivierung des Zugangs eines vermögenswerten Vorteils auf das Vorliegen einer feststellbaren und abgrenzbaren Ausgabe[450] ab und

---

[446] Vgl. *Knobbe-Keuk, Brigitte*: Die Bilanzierung unentgeltlich erworbener Vermögensgegenstände in Handels- und Steuerbilanz, a.a.O., hier S. 227; *Hommel, Michael*: Bilanzierung immaterieller Anlagewerte, a.a.O., hier S. 59; a.A. *Tiedchen, Susanne*: Der Vermögensgegenstand im Handelsbilanzrecht, a.a.O., hier S. 66; *Maaßen, Kurt*: Das Wirtschaftsgut, in: StB, 23. Jg. (1972), S. 61–68, hier S. 65. Maaßen setzt einen betriebsexternen Wert voraus. Diese Sichtweise könnte bereits bestimmte Spezialmaschinen von der Aktivierung ausschließen.

[447] Missverständlich insofern *Reuleaux, Susanne*: Immaterielle Wirtschaftsgüter, a.a.O., hier S. 23; kritisch zur Argumentation von *Reuleaux* vgl. *Hommel, Michael*: Bilanzierung immaterieller Anlagewerte, a.a.O., hier S. 59; vgl. auch *Rößler, Bettina*: Abgrenzung und Bewertung von Vermögensgegenständen, Wiesbaden 2012, hier S. 29.

[448] Vgl. *Hommel, Michael*: Bilanzierung immaterieller Anlagewerte, a.a.O., hier S. 59f; *May, Erich*: Das Wirtschaftsgut, a.a.O., hier S. 51f.

[449] Vgl. dazu m.w.N. *Hommel, Michael*: Bilanzierung immaterieller Anlagewerte, a.a.O., hier S. 60; vgl. ebenfalls m.w.N. *Eibelshäuser, Manfred*: Immaterielle Anlagewerte in der höchstrichterlichen Finanzrechtsprechung, a.a.O., hier S. 241.

[450] Vgl. *Hommel, Michael*: Bilanzierung immaterieller Anlagewerte, a.a.O., hier S. 64 und S. 219f.

orientiert sich am Prinzip des fiktiven Erwerbs:[451] Es wird festgestellt, ob ein hypothetischer Erwerber des gesamten Unternehmens die Ausgabe unter Fortführungsannahme bei der Kaufpreisbemessung besonders vergüten würde.[452] Damit erfüllt das Erwerberfiktionsprinzip die Funktion, das Prinzip des unternehmensspezifischen Nutzens insoweit zu objektivieren, dass auch ein fiktiver Erwerber des gesamten Unternehmens das betrachtete Vermögensobjekt vergüten müsste. Die Figur des fiktiven Erwerbers knüpft an den Wortlaut der Teilwertvorschrift des § 6 Abs. 1 Nr. 1 S. 3 EStG an und kann insoweit als „Ausdruck des Bemühens um Objektivierung der Wertzumessung" verstanden werden.[453]

Der Objektivierungsfunktion des Erwerberfiktionsprinzips sind jedoch enge Grenzen gesetzt, was sich auch in der im Schrifttum vorgebrachten Kritik spiegelt, dass sich lediglich eine Verlagerung des subjektiven Ermessens vom Kaufmann auf die Rechtsprechung vollziehe.[454] Unter Berücksichtigung der Vermögensgegenstandskriterien der Greifbarkeit und der selbstständigen Bewertbarkeit erscheint es jedoch sachgerecht, auf Ebene des Vermögenswertprinzips lediglich eine Mindestobjektivierung vorzunehmen, welche bloße Verrechnungsposten und Ausgaben ohne Gegenwerte ausschließt.[455] Zur Abgrenzung letzterer bedarf es jedoch insbesondere im Kontext von Abstandszahlungen bzw. von Zahlungen zur Beseitigung von Fehlmaßnahmen einer Konkretisierung durch die Rechtsprechung, welche durch die Ausfüllung unbestimmter Begriffe die Reichweite des bilanzrechtlichen Vermögens entscheidend prägt.[456]

---

451 In jüngerer Rechtsprechung vgl. z.B. Urt. des BFH vom 12. Juni 2019 *X R 20/17*, in: BStBl. II 2020, S. 3–11, hier S. 7; vgl. darüber hinaus z.B. Urt. des BFH vom 17. Februar 1998 *VIII R 28/95*, in: BStBl. II 1998, S. 505–509, hier S. 507; Urt. des BFH vom 14. Oktober 1971 *I R 52/71*, in: BStBl. II 1972, S. 34–35, hier S. 35.

452 Vgl. z.B. Beschluss des BFH vom 2. März 1970 *GrS 1/69*, a.a.O., hier S. 383; Urt. des BFH vom 18. Juni 1975 *I R 24/73*, a.a.O., hier S. 811.

453 Vgl. *Mellwig, Winfried*: Für ein bilanzzweckadäquates Teilwertverständnis, a.a.O., hier S. 1079 (auch Zitat); *Wolf, Sandra*: Bilanzierung von Zuschüssen nach HGB und IFRS, Wiesbaden 2010, hier S. 85.

454 Vgl. *Freericks, Wolfgang*: Bilanzierungsfähigkeit und Bilanzierungspflicht in Handels- und Steuerbilanz, Köln 1976, hier S. 321; *Lang, Joachim*: Die Bemessungsgrundlage der Einkommensteuer, a.a.O., hier S. 406.

455 Vgl. *Duhr, Andreas*: Grundsätze ordnungsmäßiger Geschäftswertbilanzierung, a.a.O., hier S. 67f; *Rößler, Bettina*: Abgrenzung und Bewertung von Vermögensgegenständen, a.a.O., hier S. 29f.

456 Zur Bedeutung der Rechtspr. vgl. *Eibelshäuser, Manfred*: Immaterielle Anlagewerte in der höchstrichterlichen Finanzrechtsprechung, a.a.O., hier S. 27; zu Abfindungszahlungen an ausscheidende Arbeitnehmer m.w.N. *Hommel, Michael*: Bilanzierung immaterieller Anlagewerte,

bbb) Konkretisierung in der jüngeren Rechtsprechung

(i) Wiederbepflanzungsrechte und Sendelizenzen als Beispiele für tatsächliche Zustände und konkrete Möglichkeiten

Der Begriff des Wirtschaftsguts wird in ständiger Rechtsprechung weit gefasst und kann auch „tatsächliche Zustände, konkrete Möglichkeiten und Vorteile für den Betrieb“ umfassen, „deren Erlangung der Kaufmann sich etwas kosten“ lässt.[457] Folgerichtig können auch Wiederbepflanzungsrechte im Weinbau Vermögensgegenstände darstellen: Durch das dem Erzeuger vermittelte Recht, nach Rodung einer zulässig bestockten Rebfläche diese wieder mit Rebstöcken zu bepflanzen, verkörpern die Wiederbepflanzungsrechte im Ergebnis das Recht auf Weinerzeugung, das ein fiktiver Erwerber in einer hypothetischen Transaktion vergüten würde.[458] Die Attribute „konkrete“ Vorteile bzw. „tatsächliche“ Möglichkeiten grenzen den grundsätzlich weiten Vermögenswertbegriff zugleich von einer rein ökonomischen Betrachtung ab.[459]

Überträgt man dieses Verständnis des Vermögenswertprinzips auf Sendelizenzen, welche einem Fernsehsender entsprechende Übertragungskapazitäten zuweisen, so erlangt der Kaufmann durch die Sendelizenz eine exklusive Stellung. Entgegen der im konkreten Verfahren vertretenen Auffassung der Klägerin, welche lediglich eine bloße Geschäftschance ohne konkreten wirtschaftlichen Vorteil annahm, liegt ein vermögenswerter Vorteil vor, den ein gedachter Erwerber vergüten würde; die exklusive Stellung durch die erteilten Übertragungskapazitäten stellt eine konkrete Möglichkeit bzw. einen konkreten Vorteil für den Betrieb dar.[460]

---

a.a.O., hier S. 65–71. Vgl. zur Behandlung von Fehlmaßnahmen in der jüngeren Rechtsprechung Kap. 2, I. 1. c) bb) bbb) (ii).

457 Vgl. Urt. des BFH vom 29. April 1965 *IV 403/62 U*, a.a.O., hier S. 415 (beide Zitate); vergleichbar formuliert der BFH auch in jüngerer (ständiger) Rechtsprechung, vgl. z.B. Urt. des BFH vom 12. März 2020 *IV R 9/17*, a.a.O., hier S. 229; Urt. des BFH vom 19. Oktober 2006 *III R 6/05*, a.a.O., hier S. 302; konsistent damit spricht der BFH auch z.B. der Rezeptur eines Pfanzenschutzmittels die Vermögensgegenstandeigenschaft zu, vgl. Urt. des BFH vom 8. September 2011 *IV R 5/09*, in: BStBl. II 2012, S. 122–127, hier S. 124.

458 Vgl. Urt. des BFH vom 6. Dezember 2017 *VI R 65/15*, in: BStBl. II 2018, S. 353–355, hier S. 354; zu Wiederbepflanzungsrechten als immaterielle Wirtschaftsgüter vgl. auch *Kanzler, Hans-Joachim*: § 55 EStG, in: HHR EStG, hier Rz. 43.

459 Vgl. *Duhr, Andreas*: Grundsätze ordnungsmäßiger Geschäftswertbilanzierung, a.a.O., hier S. 46.

460 Vgl.Urt. des FG Baden-Württemberg vom 3. Mai 2017 *4 K 173/14*, a.a.O., hier S. 2416, vgl. BFH IV R 13/18 (anhängig); vgl. *Weiss, Martin*: Kommentar zum Urt., in: BB, 72. Jg. (2017), S. 2419.

(ii) Befreiung von nachteiligen Verträgen als Beispiel für die Beseitigung von Fehlmaßnahmen

Während auf eine vorzeitige Nutzungsmöglichkeit gerichtete Abstandszahlung an einen Pächter einen wirtschaftlichen Vorteil darstellen kann,[461] verneinte der Bundesfinanzhof einen solchen bei einer Abfindungszahlung zur vorzeitigen Entlassung aus einem Erbbaurechtsvertrag,[462] da durch diese kein wirtschaftlicher Vorteil zugeht, sondern lediglich ein wirtschaftlicher Nachteil beseitigt werde.[463]

In einer jüngeren Entscheidung sah der Bundesfinanzhof eine gezahlte Entschädigung für die vorzeitige Auflösung eines unbefristeten Vertriebsvertrags – im Einklang mit der bisherigen Rechtsprechung – als Zahlung zur Befreiung aus einem Vertrag an, welcher sich als unternehmerische Fehlmaßnahme herausgestellt hat: Der entsprechende Erwerb des Rechteverzichts zur Beseitigung dieser Fehlmaßnahme kann keinen Vermögensgegenstand „Vertriebsrecht" begründen.[464] Während sowohl Abstandszahlungen zur Erlangung eines originären Vorteils als auch Entschädigungen für eine vorzeitige Vertragsauflösung regelmäßig einem ökonomischen Kalkül folgen werden, so ist die Vergangenheitsorientierung fehlmaßnahmenbeseitigender Ausgaben innerhalb des Erwerberfiktionsprinzips zu würdigen: Ein Erwerber würde nach Beseitigung der Maßnahme gerade keinen höheren Preis ansetzen als für den Fall, dass der nachteilige Vertrag nie geschlossen worden wäre.[465]

cc) Längerfristiger Nutzen als nicht notwendige Konkretisierung

aaa) Das Prinzip des längerfristigen Nutzens in der Rechtsprechung

Das Vermögenswertprinzip wurde in der Rechtsprechung[466] häufig durch das Abstellen auf einen längerfristigen und nachhaltigen Nutzen konkretisiert. Für die

---

461 Vgl. Beschluss des BFH vom 2. März 1970 *GrS 1/69*, a.a.O., hier S. 383.

462 Vgl. Urt. des BFH vom 14. Oktober 1971 *I R 52/71*, a.a.O., hier S. 35.

463 Zum Vergleich mit der Rechtsprechung zu Abfindungen an abhängig beschäftigte Arbeitnehmer vgl. *Hommel, Michael*: Bilanzierung immaterieller Anlagewerte, a.a.O., hier S. 67–70; *Lang, Joachim*: Die Bemessungsgrundlage der Einkommensteuer, a.a.O., hier S. 403.

464 Vgl. Urt. des BFH vom 6. September 2018 *IV R 26/16*, in: BB, 74. Jg. (2019), S. 43; zustimmend *Weber-Grellet, Heinrich*: Rechtsprechungsreport zu 2018, in: BB, 74. Jg. (2019), S. 43–50, hier S. 43.

465 Vgl. Urt. des BFH vom 14. Oktober 1971 *I R 52/71*, a.a.O., hier S. 35.

466 Vgl. Urt. des BFH vom 29. April 1965 *IV 403/62 U*, a.a.O., hier S. 415; Urt. des BFH vom 4. März 1976 *IV R 78/72*, in: BStBl. II 1977, S. 380–382, hier S. 381; Urt. des BFH vom 28. Mai 1979 *I R*

Orientierung am Prinzip des längerfristigen Nutzens spricht, dass das Vorliegen eines Stichtagsvermögens im Sinne des Vermögenswertprinzips einen künftigen Ertragswertbeitrag voraussetzt. Zudem könnten das Vorsichtsprinzip und Praktikabilitäts- bzw. Objektivierungserwägungen dafür sprechen, durch das Abstellen auf einen längerfristigen Nutzen das Risiko von Fehlbeurteilungen und damit das Risiko der Aktivierung von Non-Valeurs zu reduzieren.[467]

Nicht zuletzt aufgrund der Auslegungsbedürftigkeit des Merkmals „längerfristig“ erscheint die objektivierende Wirkung jedoch eingeschränkt.[468] Bilanztheoretisch ist das Unterkriterium des längerfristigen Nutzens nicht haltbar;[469] ein Vermögenswert setzt zwar einen künftigen Ertragswertbeitrag voraus, gleichwohl kann es bei der Abbildung des Stichtagsvermögens nicht auf dessen Dauer ankommen.[470]

Der Ausschluss von vorübergehenden Rechtspositionen aus dem Kreis potenzieller Vermögenswerte ist somit systematisch nicht begründbar. Entsprechend folgerichtig stellt auch der Bundesfinanzhof in jüngerer Rechtsprechung klar, dass ein über mehrere Wirtschaftsjahre erstreckender Nutzen kein Definitionsmerkmal des Wirtschaftsgutsbegriffs darstellt.[471]

I/76, in: BStBl. II 1979, S. 734–738, hier S. 737; z.T. wird das Kriterium nicht erwähnt, vgl. z.B. Beschluss des BFH vom 7. August 2000 *GrS 2/99*, a.a.O; eine Objektivierungsfunktion des längerfristigen Nutzens sieht *Stapperfend, Thomas*: Die steuer- und bilanzrechtliche Behandlung von Software, Köln 1991, hier S. 31f.

467 Vgl. *Tolls, Günter*: Vermögensgegenstand oder Wirtschaftsgut als Rechtsbegriffe im künftigen Handelsrecht, Augsburg 1987, hier S. 70; *Janke, Madeleine*: Periodisierung, Objektivierung und Vorsicht bei Vermögensgegenständen und Schulden, a.a.O., hier S. 219; *Reuleaux, Susanne*: Immaterielle Wirtschaftsgüter, a.a.O., hier S. 29; *Freericks, Wolfgang*: Bilanzierungsfähigkeit und Bilanzierungspflicht in Handels- und Steuerbilanz, a.a.O., hier S. 324.

468 Vgl. *Pfeiffer, Thomas*: Begriffsbestimmung und Bilanzierungsfähigkeit des immateriellen Wirtschaftsgutes, a.a.O., hier S. 336; *Eibelshäuser, Manfred*: Immaterielle Anlagewerte in der höchstrichterlichen Finanzrechtsprechung, a.a.O., hier S. 170.

469 Vgl. *Hommel, Michael*: Bilanzierung immaterieller Anlagewerte, a.a.O., hier S. 61; *Janke, Madeleine*: Periodisierung, Objektivierung und Vorsicht bei Vermögensgegenständen und Schulden, a.a.O., hier S. 218f.

470 Vgl. *Ley, Ursula*: Der Begriff 'Wirtschaftsgut' und seine Bedeutung für die Aktivierung, a.a.O., hier S. 103.

471 Vgl. *Nöcker, Gregor*: Steuerbilanzrecht und der BFH, in: StuB, 23. Jg. (2021), S. 150–156, hier S. 153; Urt. des BFH vom 26. November 2014 *X R 20/12*, a.a.O., hier S. 327; bereits zuvor stellte der BFH fest, dass ein mehrjähriger Nutzen nur „in der Regel“ vorliegen müsse vgl. Urt. des BFH vom 9. August 2011 *VIII R 13/08*, a.a.O., hier S. 876.

bbb) Vorübergehende Rechtspositionen als potenzielle Vermögensvorteile

Da die Dauer der Nutzbarkeit eines Vermögensvorteils kein Merkmal des bilanzrechtlichen Vermögensbegriffs darstellt und entsprechend ein mehrjähriger Nutzen nicht notwendig für das Vorliegen eines Wirtschaftsguts ist, schließt das Vermögenswertprinzip nur vorübergehende Rechtspositionen nicht grundsätzlich von der Aktivierung aus: Der Bundesfinanzhof argumentiert daher schlüssig, dass eine einseitig eingeräumte Kaufoption aus einem PKW-Leasingvertrag auch dann zum bilanzierungspflichtigen Kaufmannsvermögen gehören kann, wenn sie keinen mehrjährigen bzw. längerfristigen Nutzenvorteil verkörpert.[472] Über die bejahte Vermögensgegenstandseigenschaft einer kurzfristigen Option hinaus stellt der Bundesfinanzhof generell klar, dass es auf das Kriterium des mehrjährigen Nutzens nicht ankommen kann.[473]

472 Vgl. Urt. des BFH vom 26. November 2014 *X R 20/12*, a.a.O., hier S.327f.

473 Vgl. Urt. des BFH vom 12. März 2020 *IV R 9/17*, a.a.O., hier S. 229; vgl. Leitsatz Urt. des BFH vom 26. November 2014 *X R 20/12*, a.a.O; zustimmend vgl. *Weber-Grellet, Heinrich*: Rechtsprechungsreport zu 2015, in: BB, 71. Jg. (2016), S. 43–50, hier S. 44; *Kleinmanns, Florian*: Kaufoption als entnahmefähiges Wirtschaftsgut, in: BB, 70. Jg. (2015), S. 622–625, hier S. 625.

2. Grundsatz der Bilanzierung greifbarer Vermögenswerte

a) Funktion und Grenzen des Kriteriums der Greifbarkeit

aa) Vergegenständlichung und Trennbarkeit vom Geschäfts- oder Firmenwert

Unter Berücksichtigung der Bedeutung des Gläubigerschutzes und des regelmäßigen Gleichklangs von Objektivierungs- und Vorsichtsprinzip beim Bilanzansatz auf der Aktivseite kann die Bilanz im Rechtssinne – in Abgrenzung zu der dynamischen Bilanzlehre – zunächst als gegenständlich gedachte Vermögensübersicht verstanden werden.[474]

Vor diesem Hintergrund sind auch die Typisierungsvermutungen der älteren Rechtsprechung[475] zu deuten, welche (jeweils widerlegbar) Sachen und Rechte als greifbare und rein wirtschaftliche Güter als nicht greifbare Vermögenswerte vermuteten.[476] Vermögenswerte müssen in diesem Sinne „objektiv werthaltige Position[en]" verkörpern und „als Einzelheit ins Gewicht fallen".[477] Die so verstandene Greifbarkeit ist konstitutiv für den bilanzrechtlichen Vermögensbegriff und intendiert eine Abgrenzbarkeit vom Geschäfts- oder Firmenwert dem Grunde nach.[478] Daraus folgt auch, dass Greifbarkeitstypisierungen nur erste Anhaltspunkte liefern und insbesondere bei rein wirtschaftlichen Vorteilen eine tiefergehende Analyse nicht verdrängen können.[479]

---

474 Vgl. *Beisse, Heinrich*: Zur Bilanzauffassung des Bundesfinanzhofs, in: JbFfStr, 29. Jg. (1978/79), S. 186–196, hier S. 187. Zur Vergegenständlichung als Ausprägung des Objektivierungsprinzips vgl. m.w.N. Kap. 1, III. 1. b) bb).

475 Vgl. m.w.N. *Koch, Simone*: Bilanzierung von Nutzungsrechten nach GoB und IFRS, a.a.O., hier S. 11f; *May, Erich*: Das Wirtschaftsgut, a.a.O., hier S. 48f; *Fladung, Hans-Dieter*: Das Vorsichts- und Objektivierungsprinzip im deutschen Bilanzrecht, a.a.O., hier S. 136f.

476 Vgl. *Kronner, Markus*: GoB für immaterielle Anlagewerte und Tauschgeschäfte, a.a.O., hier S. 14; *Euler, Roland*: Das System der Grundsätze ordnungsmäßiger Bilanzierung, a.a.O., hier S. 144f; *Moxter, Adolf*: Aktivierungsgrenzen bei 'immateriellen Anlagewerten', in: BB, 33. Jg. (1978), S. 821–825, hier S. 824.

477 Urt. des BFH vom 29. November 2012 *IV R 47/09*, a.a.O., hier S. 326 (beide Zitate); vgl. auch Beschluss des BFH vom 16. Februar 1990 *III B 90/88*, in: BStBl. II 1990, S. 794–795, hier S. 795.

478 Vgl. bereits Urt. des RFH vom 21. Oktober 1931 *VI A 2002/29*, in: RStBl. 1932, S. 305–308, hier S. 307; Urt. des BFH vom 18. Juli 1972 *VIII R 16/68*, in: BStBl. II 1972, S. 884–886, hier S. 885; Urt. des BFH vom 18. Juni 1975 *I R 24/73*, a.a.O., hier S. 811; Urt. des BFH vom 28. März 1990 *II R 30/89*, in: BStBl. II 1990, S. 569–570, hier S. 570.

479 Vgl. *Koch, Simone*: Bilanzierung von Nutzungsrechten nach GoB und IFRS, a.a.O., hier S. 12.

bb) Einordnung der Greifbarkeitskonzeption in das System handelsrechtlicher GoB

aaa) Passivische Greifbarkeitskonzeption

Das Greifbarkeitsprinzip zielt darauf ab, intersubjektiv nicht nachprüfbare, sich „ins Unbestimmte zerfließende (positive und negative) Beiträge zum Effektivvermögen von der Bilanzierung auszuschließen".[480] Der Rekurs auf einen gedachten Erwerber des gesamten Unternehmens soll sowohl auf der Aktivseite als auch auf der Passivseite der Bilanz eine erste Objektivierung erreichen und eine Trennbarkeit von positiven oder negativen geschäftswertbeeinflussenden Faktoren ermöglichen.[481] Dies zielt zuvorderst auf die Verhinderung einer willkürlichen Erfolgsermittlung ab und stellt sicher, dass sich Vermögensbelastungen wie auch Vermögensvorteile „nicht ins Allgemeine verflüchtig[en]".[482] Zudem ist das Außenverpflichtungsprinzip als Merkmal der passivischen Greifbarkeit insofern auf die Greifbarkeitskonzeption auf der Aktivseite übertragbar, als es auf eine faktische Unentziehbarkeit rekurriert.[483]

bbb) Bedeutung der Fortführungsannahme für den Bilanzansatz

Der in § 252 Abs. 1 Nr. 2 HGB verankerte Fortführungsgedanke ist als elementarer Ausdruck gesetzlicher Zielvorstellungen zu verstehen, der im Rahmen der geltenden statischen Bilanzkonzeption zu verwirklichen ist und auch den Bilanzansatz prägt: [484]

---

480 *Euler, Roland*: Das System der Grundsätze ordnungsmäßiger Bilanzierung, a.a.O., hier S. 110 (Zitat); vgl. *Baetge, Jörg*: Möglichkeiten der Objektivierung des Jahreserfolges, a.a.O., hier S. 17.

481 Vgl. *Moxter, Adolf*: Zum Passivierungszeitpunkt von Umweltschutzrückstellungen, in: FS Forster, S. 427–437, hier S. 430.

482 Vgl. *Baetge, Jörg*: Zur Frage der Reichweite des Passivierungsgrundsatzes, in: FS Forster, S. 27–44, hier S. 38 (auch Zitat); *Moxter, Adolf/Wesner, Peter*: Gewinnrealisierungsprobleme in der höchstrichterlichen Rechtsprechung, in: FS Müller, S. 649–662, hier S. 659; *Everding, Karl*: Zum Begriff des Wirtschaftsguts und zur Rechnungsabgrenzung, in: StuW, 36. Jg. (1959), S. 170–179, hier S. 171.

483 Vgl. *Böcking, Hans-Joachim*: Verbindlichkeitsbilanzierung, a.a.O., hier S. 107f; *Hommel, Michael*: Internationale Bilanzrechtskonzeptionen und immaterielle Vermögensgegenstände, a.a.O., hier S. 357.

484 Vgl. *Kammann, Evert*: Stichtagsprinzip und zukunftsorientierte Bilanzierung, Köln 1988, hier S. 208–211; *Wölk, Armin*: Die Generalnorm für den Einzelabschluß von Kapitalgesellschaften, Frankfurt am Main 1992, hier S. 127; *Euler, Roland*: Steuerbilanzielle Konsequenzen der internationalisierten Rechnungslegung, a.a.O., hier S. 18.

Eine Abkehr von der Fortführungsprämisse ist als Ausnahme normiert und erfordert eine „völlig neue Beurteilung der Ansatz- und Bewertungsfragen".[485]

Der Bilanzansatz von Vermögensgegenständen ist daher nicht durch eine zerschlagungsorientierte Vermögensermittlung geprägt, vielmehr wird der Vermögensgegenstandsbegriff konzeptionell durch das Fortführungsprinzip definiert.[486] Zu Recht wird im Schrifttum die Bedeutung des Gläubigerschutzes für den Bilanzansatz hervorgehoben;[487] neben dem Grundsatz wirtschaftlicher Vermögenszurechnung spricht jedoch u.a. auch die Konzeption aktiver Rechnungsabgrenzungsposten gegen einen zerschlagungsstatisch geprägten Bilanzansatz.[488]

Die prospektive wirtschaftliche Betrachtungsweise[489] spiegelt sich auch im Begriff der Anschaffungs- und Herstellungskosten, welche zukunftsbezogen als (objektivierter) Betrag gedeutet werden können, welcher mindestens durch künftige Nettoeinnahmen gedeckt ist. [490] Die These, der Grundsatz der Unternehmensfortführung beschränke sich auf die Bewertung eines von einer Zerschlagungskonzeption geprägten Mengengerüsts,[491] kann daher nicht überzeugen; die Wirkung des Fortführungsprinzips auf den Bilanzansatz steht nicht zuletzt im Einklang mit dem Realisationsprinzip.[492]

---

485 Vgl. *Hennrichs, Joachim/Schulze-Osterloh, Joachim*: Das Fortführungsprinzip gemäß § 252 Abs. 1 Nr. 2 HGB im Lichte der EU-Bilanz-Richtlinie, in: DStR, 56. Jg. (2018), S. 1731–1735, hier S. 1732 (auch Zitat).

486 Vgl. *Euler, Roland*: Das System der Grundsätze ordnungsmäßiger Bilanzierung, a.a.O., hier S. 39f; *Tanzer, Michael*: Die Maßgeblichkeit der Handelsbilanz für die Bewertung in der Steuerbilanz, in: DStjG, 7. Tagungsbd., (1984), S. 55–96, hier S. 63f; *Döllerer, Georg*: Gedanken zur 'Bilanz im Rechtssinne', a.a.O., hier S. 199.

487 Vgl. *Baetge, Jörg* et al.: Bilanzen, a.a.O., hier S. 160; zu statischen Merkmalen des Vermögensbegriffs vgl. *Oberbrinkmann, Frank*: Statische und dynamische Interpretation der Handelsbilanz, Düsseldorf 1990, hier S. 301–303.

488 Vgl. *Euler, Roland*: Das System der Grundsätze ordnungsmäßiger Bilanzierung, a.a.O., hier S. 40–44; *Hennrichs, Joachim*: Der steuerrechtliche sog. Maßgeblichkeitsgrundsatz gem. § 5 EStG, a.a.O., hier S. 147f; *Gschwendtner, Hubert*: Mietereinbauten Vermögensgegenstände und Wirtschaftsgüter, in: FS Beisse, S. 215–233, hier S. 225f; *Gruber, Thomas*: Der Bilanzansatz in der neueren BFH-Rechtsprechung, Stuttgart 1991, hier S. 70.

489 Vgl. *Eibelshäuser, Manfred*: Abschreibungen und Realisationsprinzip, in: FS Beisse, S. 153–169, hier S. 157; *Ordelheide, Dieter*: Kaufmännischer Periodengewinn als ökonomischer Gewinn, a.a.O., hier S. 279f.

490 Vgl. *ders.*: Kapital und Gewinn, in: Zeitaspekte in betriebswirtschaftlicher Theorie und Praxis, S. 21–41, hier S. 27; *Eibelshäuser, Manfred*: Abschreibungen und Realisationsprinzip, a.a.O., hier S. 158; stärker retrospektiv *Baetge, Jörg*: Herstellungskosten, in: FS Ludewig, S. 53–84, hier S. 57f.

491 Vgl. *Lutz, Günter*: Der Vermögensgegenstand, a.a.O., hier S. 93. *Lutz* wendet sich – unter Rückgriff auf die Teilhaberthese – gegen die ständige Rechtsprechung des BFH und interpretiert auch Vermögensansatz in der Steuerbilanz zerschlagungsstatisch.

492 Vgl. *Janke, Madeleine*: Periodisierung, Objektivierung und Vorsicht bei Vermögensgegenständen und Schulden, a.a.O., hier S. 229; *Hommel, Michael/Berndt, Thomas*: Das Realisationsprinzip,

Basierend auf der Feststellung, dass aus systematischer Sicht gewichtige Argumente gegen einen zerschlagungsstatischen Bilanzansatz sprechen, ist nun zu untersuchen, wie das Kriterium der Greifbarkeit systemkonform konkretisiert werden kann.

a.a.O., hier S. 2191; *Mellwig, Winfried*: Herstellungskosten und Realisationsprinzip, in: FS Budde, S. 397–418, hier S. 403.

b) Konkretisierung des Greifbarkeitsprinzips

aa) Unmaßgeblichkeit der Einzelveräußerbarkeit und Einzelvollstreckbarkeit

Die dargelegten systematischen Argumente gegen einen rein zerschlagungsorientierten Bilanzansatz sprechen zunächst gegen eine enge Konkretisierung des Greifbarkeitsprinzips im Sinne einer Einzelveräußerbarkeit, welche im Schrifttum entweder als konkrete selbstständige Verkehrsfähigkeit oder – abstrahiert von gesetzlichen oder vertraglichen Veräußerungsbeschränkungen – abstrakte selbstständige Verkehrsfähigkeit verstanden wird.[493]

Diese Sichtweise stützt sich insbesondere auf Gläubigerschutzerwägungen und möchte grundsätzlich nur diejenigen Vermögenswerte erfassen, welche zur Befriedigung von Gläubigeransprüchen im Liquidationsfall dienen können.[494]

Während das Kriterium der Einzelverkehrsfähigkeit begrifflich grundsätzlich sowohl die Einzelbeschaffbarkeit als auch die Einzelveräußerbarkeit umfassen kann,[495] wird im Schrifttum zumeist ausschließlich auf die Einzelveräußerbarkeit abgestellt:

Neben dem generischen Verweis auf den Gläubigerschutz werden in systematischer Sicht das Realisationsprinzip,[496] der Einzelbewertungsgrundsatz[497] sowie Objektivierungswirkungen[498] als wesentliche Rechtfertigung einer Orientierung an der Einzelverkehrsfähigkeit angeführt. Die Argumentation ist nachvollziehbar, da das Abstellen

---

[493] Vgl. *Tolls, Günter*: Vermögensgegenstand oder Wirtschaftsgut als Rechtsbegriffe im künftigen Handelsrecht, a.a.O., hier S. 132f; *Kupsch, Peter*: Sind Zuschüsse und Abstandszahlungen immaterielle Anlagewerte (Wirtschaftsgüter)?, in: WPg, 30. Jg. (1977), S. 663–671, hier S. 664; *Freericks, Wolfgang*: Bilanzierungsfähigkeit und Bilanzierungspflicht in Handels- und Steuerbilanz, a.a.O., hier S. 142f; *Wichmann, Gerd*: Der Vermögensgegenstand als Bilanzierungsobjekt nach dem HGB, in: DB, 41. Jg. (1988), S. 192–194, hier S. 192; *Knapp, Lotte*: Was darf der Kaufmann als seine Vermögensgegenstände bilanzieren?, a.a.O., hier S. 1122; *Gail, Winfried*: Der Begriff des Wirtschaftsgutes und seine aktuelle Bedeutung im Steuerrecht, in: BB, 32. Jg. (1977), S. 135–139, hier S. 137.

[494] Vgl. *Lutz, Günter*: Der Vermögensgegenstand, a.a.O., hier S. 82.

[495] Vgl. *Ballwieser, Wolfgang*: § 246 HGB, in: Münchener Kommentar zum Handelsgesetzbuch, hier Rn. 14.

[496] Vgl. *Schneider, Dieter*: Vermögensgegenstände und Schulden, in: HuRB, S. 335–343, hier S. 340.

[497] Vgl. m.w.N. *Eibelshäuser, Manfred*: Der Bundesfinanzhof und die statische Bilanzauffassung, in: ZfbF, 33. Jg. (1981), S. 56–68, hier S. 66f.

[498] Vgl. *Wichmann, Gerd*: Der Vermögensgegenstand als Bilanzierungsobjekt nach dem HGB, a.a.O., hier S. 192f; *Müller-Dahl, Frank*: Betriebswirtschaftliche Probleme der handels- und steuerrechtlichen Bilanzierungsfähigkeit, a.a.O., hier S. 92.

auf eine eng verstandene Einzelveräußerbarkeit eine objektivierende Wirkung entfaltete, der Vermögensgegenstand insoweit absatzseitig abgegrenzt würde.[499]

Dabei gilt zu berücksichtigen, dass eine systemkonform abgeleitete Greifbarkeitskonzeption zwar einer willkürlichen Erfolgsermittlung entgegentritt, daraus eine zerschlagungsorientierte Einengung des Kreises der Aktiven jedoch nicht abgeleitet werden kann.[500] Eine eng verstandene Einzelveräußerbarkeit wäre zudem nicht mit dem Prinzip wirtschaftlicher Betrachtungsweise vereinbar und würde bereits Vermögenswerten die Aktivierungsfähigkeit absprechen, welche „im Konkursfall mit hinreichender Sicherheit einen Beitrag zur Schuldendeckungsfähigkeit leisten würden".[501]

Insbesondere die teilweise vertretene Auffassung, es komme auf die abstrakte Verkehrsfähigkeit an, mithin auf die Frage, ob ein Vermögenswert „seiner Natur nach" einzelverkehrsfähig sei,[502] kann auch im Lichte des Objektivierungsprinzips nicht überzeugen: So verstanden lässt sich das Kriterium der Einzelverkehrsfähigkeit weder mit der fortführungsorientierten Greifbarkeitskonzeption in Einklang bringen noch können die intendierten Objektivierungswirkungen erreicht werden.[503]

Als Konsequenz der Unschärfen des Kriteriums der Einzelverkehrsfähigkeit wurde im Schrifttum die Notwendigkeit des Rückgriffs auf eine Einzelvollstreckbarkeit abgeleitet: Das von *Tiedchen* vorgeschlagene Kriterium[504] stellt auf eine zwangsweise Verwertungsfähigkeit im Wege der Einzelvollstreckung ab. Dies erscheint zunächst mit Blick auf das bilanzrechtliche Vorsichtsprinzip und auf einen objektivierten Bilanzansatz nachvollziehbar; auch ein Widerspruch zur Fortführungsprämisse entsteht nicht zwangsläufig.[505]

---

499 Vgl. *Rößler, Bettina*: Abgrenzung und Bewertung von Vermögensgegenständen, a.a.O., hier S. 34.
500 Vgl. Kap. 2, I. 2. a) bb) bbb).
501 Vgl. *Hommel, Michael*: Bilanzierung immaterieller Anlagewerte, a.a.O., hier S. 91 (auch Zitat).
502 Vgl. m.w.N. *Mayr, Gunter*: Gewinnrealisierung im Steuerrecht und Handelsrecht, Wien 2001, hier S. 155.
503 Vgl. *Tiedchen, Susanne*: Der Vermögensgegenstand im Handelsbilanzrecht, a.a.O., hier S. 36; *Ballwieser, Wolfgang*: § 246 HGB, in: Münchener Kommentar zum Handelsgesetzbuch, hier Rn. 15; m.w.N. *Hommel, Michael*: Bilanzierung immaterieller Anlagewerte, a.a.O., hier S. 93f; *Janke, Madeleine*: Periodisierung, Objektivierung und Vorsicht bei Vermögensgegenständen und Schulden, a.a.O., hier S. 220.
504 Vgl. *Tiedchen, Susanne*: Der Vermögensgegenstand im Handelsbilanzrecht, a.a.O., hier S. 59.
505 Vgl. *Roß, Norbert*: Gemeinsamkeiten und Unterschiede handels- und steuerrechtlicher Aktivierungskonzeptionen, in: Rechnungslegung und Prüfung, S. 232–253, hier S. 239.

Gleichwohl sprechen gewichtige Gründe gegen die Orientierung an der Einzelvollstreckbarkeit als Vermögensgegenstandskriterium: Im Ergebnis würden die in der Gliederungsvorschrift des § 266 Abs. 2 HGB unter den immateriellen Vermögensgegenständen angeführten „ähnlichen Werte“ mangels Einzelvollstreckbarkeit eine inhaltsleere Position verkörpern.[506] Das Kriterium der Einzelvollsteckbarkeit wird daher zu Recht überwiegend abgelehnt,[507] jedoch z.T. als ergänzendes Kriterium herangezogen.[508]

Ekkenga vertritt die Ansicht, dass sich eine Vermögenszuordnung nach wirtschaftlichen Kriterien verbiete und erwägt anknüpfend an die Überlegungen von *Tiedchen* eine Orientierung an der Verwertungsbefugnis des Konkursverwalters im Insolvenzfall.[509] Eine solche Vermögenskonzeption zielt gläubigerschutzbedingt primär auf die Erhaltung des Schuldendeckungspotentials ab und vermag zugleich eine objektivierende Wirkung zu entfalten. Diese Konzeption ist jedoch weder mit dem Primärzweck der Gewinnanspruchsermittlung noch mit der in § 252 Abs. 1 Nr. 2 HGB normierten Fortführungsannahme in Einklang zu bringen. Darüber hinaus ist zumindest fraglich, ob sich dieses Kriterium widerspruchsfrei aus dem geltenden Insolvenzrecht ableiten ließe.[510]

506 Vgl. *Keitz, Isabel von*: Immaterielle Güter in der internationalen Rechnungslegung, a.a.O., hier S. 27; *Ballwieser, Wolfgang*: § 246 HGB, in: Münchener Kommentar zum Handelsgesetzbuch, hier Rn. 18.

507 Statt vieler *Baetge, Jörg* et al.: Bilanzen, a.a.O., hier S. 162.

508 Vgl. *Keitz, Isabel von*: Immaterielle Güter in der internationalen Rechnungslegung, a.a.O., hier S. 31; *Mindermann, Torsten*: Quo vadis Vermögensgegenstand?, a.a.O., hier S. 172; *Kahle, Holger*: Das Maßgeblichkeitsprinzip des § 5 Abs. 1 EStG, a.a.O., hier Rz. 43; *Kahle, Holger/Günter, Simone*: Vermögensgegenstand und Wirtschaftsgut, a.a.O., hier S. 73.

509 Vgl. *Ekkenga, Jens*: Gibt es 'wirtschaftliches Eigentum' im Handelsbilanzrecht?, in: ZGR, 26. Jg. (1997), S. 262–270, hier S. 269.

510 Vgl. *Keller, Ulrich*: Insolvenzrecht, München 2020, hier Rn. 7 sowie Rn. 19f; kritisch mit Blick auf eine an der „Greifbarkeit im Insolvenzfalle“ orientierten Vermögenskonzeption und m.w.N. *Breidert, Ulrike/Moxter, Adolf*: Zur Bedeutung wirtschaftlicher Betrachtungsweise in jüngeren höchstrichterlichen Bilanzrechtsentscheidungen, a.a.O., hier S. 914.

bb) Bedeutung der Einzelverwertbarkeit

aaa) Funktion als hinreichender Objektivierungsmaßstab

Im Schrifttum wird regelmäßig auf die im Vergleich zur Einzelveräußerbarkeit konzeptionell weiter gefasste Einzelverwertbarkeit als Aktivierungskriterium abgestellt und vorausgesetzt, dass ein Gut durch Veräußerung, Einräumung eines Nutzungsrechts oder durch bedingten Verzicht in Geld transformiert werden kann.[511]

Darüber hinaus wird eine Einzelverwertbarkeit mitunter auch bejaht, wenn das Gut einzelvollstreckbar ist.[512] Die Orientierung an der Einzelverwertbarkeit leitet sich systematisch aus dem Zweck des Gläubigerschutzes ab, aus welchem im Schrifttum wiederum die Schuldendeckungsfähigkeit als „grundlegendes Definitionsmerkmal eines Vermögensgegenstands“[513] abgeleitet wird.

Dafür spricht die zu Recht angeführte Bedeutung des Gläubigerschutzes im Bilanzrecht sowie die Unterordnung der Informationsfunktion unter die Gewinnanspruchsermittlung.[514] Der Betonung des Merkmals der Einzelverwertbarkeit im Schrifttum ist zumindest insoweit zuzustimmen, als dass dieses zur Frage der objektivierten Abgrenzung immaterieller Vermögensvorteile vom Geschäfts- oder Firmenwert subsidiär herangezogen werden kann.[515]

---

511 Vgl. DRS 24.17 i.V.m. 24.20f; *Lamers, Alfons*: Aktivierungsfähigkeit und Aktivierungspflicht, München 1981, hier S. 205–216; *Fabri, Stephan*: Grundsätze ordnungsmäßiger Bilanzierung entgeltlicher Nutzungsverhältnisse, Bergisch Gladbach 1986, hier S. 84; *Niemeyer, Markus*: Bilanzierung und Ausweis von Optionsgeschäften nach Handelsrecht und Steuerrecht, Frankfurt am Main 1990, hier S. 41f; *Nonnenmacher, Rolf*: Bilanzierung von Forschung und Entwicklung, in: DStR, 31. Jg. (1993), S. 1231–1235, hier S. 1234.

512 Vgl. *Keitz, Isabel von*: Immaterielle Güter in der internationalen Rechnungslegung, a.a.O., hier S. 31; *Ollinger, Carina*: Latente Steuern im handelsrechtlichen Einzelabschluss, Berlin 2015, hier S. 209. Zudem sieht DRS 24.18 die Einzelvollstreckbarkeit als Unterfall der Einzelverwertbarkeit an.

513 *Kahle, Holger/Günter, Simone*: Vermögensgegenstand und Wirtschaftsgut, a.a.O., hier S. 70. Ähnlich bereits *ADS*: Kommentierung zu § 246 HGB, Tz. 27f.

514 Vgl. *Baetge, Jörg* et al.: Bilanzen, a.a.O., hier S. 160f; *Kahle, Holger/Günter, Simone*: Vermögensgegenstand und Wirtschaftsgut, a.a.O., hier S. 70; *Mindermann, Torsten*: Quo vadis Vermögensgegenstand?, a.a.O., hier S. 172f.

515 Vgl. Urt. des BFH vom 9. August 2011 *VIII R 13/08*, a.a.O., hier S. 876f; Urt. des BFH vom 19. Oktober 2006 *III R 6/05*, a.a.O., hier S. 303.

Die Einzelverwertbarkeit ist somit regelmäßig hinreichendes, nicht jedoch notwendiges bzw. konstitutives Merkmal des Vermögensgegenstandsbegriffs im geltenden ausschüttungsstatisch geprägten Bilanzrecht.

bbb) Grenzen der Konkretisierung

Gegen die Erhebung der Einzelverwertbarkeit als konstitutives Vermögensgegenstandskriterium spricht in systematischer Sicht jedoch zunächst die Auslegung des Bundesfinanzhofs, der eine grundsätzliche Übereinstimmung von Vermögensgegenstand und Wirtschaftsgut feststellt[516] und sich ausdrücklich gegen eine Orientierung am Merkmal der Einzelveräußerbarkeit ausspricht bzw. zumindest implizit eine primäre Orientierung am Merkmal der Einzelverwertbarkeit ablehnt.[517]

In materieller Sicht spricht insbesondere das Fortführungsprinzip gegen eine zerschlagungsorientierte Interpretation des Handelsbilanzansatzes.[518] Darüber hinaus verbleibt eine konzeptionelle Unschärfe, welche etwa bei der Abgrenzung eines im Rahmen eines Unternehmenskaufs miterworbenen Kundenstamms zutage tritt.[519] Trotz gewichtiger Gründe für eine Betonung des Gläubigerschutzes entspricht im Ergebnis weder eine zerschlagungsstatisch begründete Orientierung an einer Einzelveräußerbarkeit noch eine die Ermittlung des Fortführungsvermögens einengende Orientierung an der Einzelverwertbarkeit dem geltenden ausschüttungsstatischen Bilanzverständnis: Eine Betonung des Bilanzzwecks der Ermittlung des Schuldendeckungspotentials und das daraus abgeleitete Kriterium der Einzelverwertbarkeit würden dazu führen, dass die Reichweite des Vermögensgegenstandbegriffs enger gefasst ist als die des Wirtschaftsgutsbegriffs. *Kahle* spricht daher nicht nur dem derivativen Geschäfts- oder Firmenwert, sondern auch Wettbewerbsverboten und Belieferungsrechten die Vermögensgegenstandseigenschaft ab.[520]

---

516 Vgl. Kap. 1, II. 2. a) aa).

517 Vgl. Urt. des BFH vom 9. August 2011 *VIII R 13/08*, a.a.O.

518 Vgl. *Euler, Roland*: Das System der Grundsätze ordnungsmäßiger Bilanzierung, a.a.O., hier S. 39f.

519 Vgl. *Ballwieser, Wolfgang*: § 246 HGB, in: Münchener Kommentar zum Handelsgesetzbuch, hier Rn. 17; zu einem Auftragsbestand als immaterielles Wirtschaftsgut vgl. Urt. des BFH vom 1. Februar 1989 *VIII R 361/83*, in: BFH/NV 1989, S. 778–779, hier S. 779.

520 Vgl. *Kahle, Holger*: Das Maßgeblichkeitsprinzip des § 5 Abs. 1 EStG, a.a.O., hier Rn. 43; m.w.N. *Kahle, Holger/Günter, Simone*: Vermögensgegenstand und Wirtschaftsgut, a.a.O., hier S. 81f.

Stellt man auf das an den Bilanzzweck der Schuldendeckungskontrolle angelehnte Kriterium der Einzelverwertbarkeit ab, so erscheint dies nachvollziehbar und folgerichtig. Überraschend ist indes, dass im Schrifttum z.T. ebenfalls auf eine selbstständige Verwertbarkeit abgestellt wird, zugleich aber (nicht selbstständig verwertbaren) Wettbewerbsverboten und Belieferungsrechten Vermögensgegenstandseigenschaft zugesprochen wird.[521]

Gelhausen et al. bejahen die Einzelverwertbarkeit im Einzelfall bereits bei ausschließlich interner Nutzbarkeit immaterieller Anlagegüter.[522] Zu Recht wird das Kriterium der Einzelverwertbarkeit im Schrifttum als „auslegungsoffen[.]"[523] bezeichnet: Da im Einzelfall offen bleibt, was als „nach der Verkehrsauffassung einzeln verwertbar"[524] betrachtet wird und eine enge Definition von Einzelverwertbarkeit in der Kommentarliteratur regelmäßig kasuistisch nicht nur um Wettbewerbsverbote oder Vertriebs- oder Belieferungsrechte, sondern selbst um nur intern nutzbare immaterielle Güter erweitert wird,[525] ergibt sich materiell eine weitreichende Übereinstimmung zur durch den Bundesfinanzhof entwickelten Übertragbarkeitskonzeption.

ccc) Einzelverwertbarkeit im Lichte des Bilanzrechtsmodernisierungsgesetzes

Im Zuge des BilMoG hat der Gesetzgeber scheinbar das Kriterium der Einzelverwertbarkeit gestärkt: Bei selbstgeschaffenen immateriellen Werten könne nur vom Vorliegen eines Vermögensgegenstands ausgegangen werden, „wenn das selbst erstellte Gut nach der Verkehrsauffassung einzeln verwertbar"[526] sei. Eine Folge wäre eine erhebliche Einschränkung des Vermögenswertprinzips. Es erscheint naheliegend, dass der

---

521 Vgl. *Schubert, Wolfgang/Huber, Frank*: § 266 HGB, in: Beck'scher Bilanzkommentar, hier Rn. 41; vgl. m.w.N. *Richter, Heiner* et al.: § 5 EStG, in: HHR EStG, hier Rn. 1579.

522 Vgl. *Gelhausen, Hans Friedrich* et al.: Rechnungslegung und Prüfung nach dem Bilanzrechtsmodernisierungsgesetz, Düsseldorf 2009, hier S. 81.

523 *Hommel, Michael/Berndt, Thomas*: Das Realisationsprinzip, a.a.O., hier S. 2192.

524 BT-Drs 16/10067 vom 30.07.2008, hier S. 50.

525 Teilweise zustimmend *Ballwieser, Wolfgang*: § 248 HGB, in: Münchener Kommentar zum Handelsgesetzbuch, hier Rn. 17f; *Gelhausen, Hans Friedrich* et al.: Rechnungslegung und Prüfung nach dem Bilanzrechtsmodernisierungsgesetz, a.a.O., hier S. 81f; *Schubert, Wolfgang/Huber, Frank*: § 266 HGB, in: Beck'scher Bilanzkommentar, hier Rn. 41.

526 BT-Drs 16/10067 vom 30.07.2008, hier S. 50.

Hinweis des Gesetzgebers in der Regierungsbegründung nicht als intendierte Rechtsänderung verstanden werden kann.[527]

Diese Auffassung ist konsistent mit der Klarstellung des Gesetzgebers, dass „die bisherige Interpretation des handelsrechtlichen Vermögensgegenstandsbegriffs ihre Bedeutung“[528] behalte. Zudem sollten ausweislich des Regierungsentwurfes „Eckpfeiler […] wie das System der Grundsätze ordnungsmäßiger Buchführung“ bestehen bleiben.[529] In der Gesamtschau ist daher nicht von einer Aufwertung des Kriteriums der Einzelverwertbarkeit auszugehen, da sich dieses gerade nicht aus dem System der GoB im geltenden Bilanzrecht widerspruchsfrei ableiten ließe.

cc) Angemessenheit einer an der Übertragbarkeit orientierten Greifbarkeitskonzeption und Praktikabilitätserwägungen

aaa) Bilanzzweckkonformität

Die höchstrichterliche Rechtsprechung verlangt, dass der in einem Wirtschaftsgut „verkörperte Vermögenswert zusammen mit dem Unternehmen übertragen werden kann“[530], was einer „konsequenten Umsetzung des gesetzlich verankerten Fortführungsgedankens“ entspricht.[531]

Das Kriterium der Übertragbarkeit mit dem gesamten Unternehmen ist als „Bindeglied zwischen einer wirtschaftlichen und einer objektivierten Betrachtungsweise“ zu

---

527 So auch *Wüstemann, Jens/Wüstemann, Sonja*: Das System der Grundsätze ordnungsmäßiger Buchführung nach dem Bilanzrechtsmodernisierungsgesetz, a.a.O., hier S. 761f; *Hommel, Michael/Berndt, Thomas*: Das Realisationsprinzip, a.a.O., hier S. 2192; *Rößler, Bettina*: Abgrenzung und Bewertung von Vermögensgegenständen, a.a.O., hier S. 32; a.A. *Rade, Katja/Stobbe, Thomas*: Auswirkungen des Bilanzrechtsmodernisierungsgesetzes auf die Bilanzierung von Fußballspielerwerten in der Handelsbilanz, in: DStR, 47. Jg. (2009), S. 1109–1116, hier S. 1112; *Hennrichs, Joachim*: Immaterielle Vermögensgegenstände nach dem Entwurf des Bilanzrechtsmodernisierungsgesetzes (BilMoG), in: DB, 61. Jg. (2008), S. 537–542, hier S. 539.

528 BT-Drs 16/10067 vom 30.07.2008, hier S. 35; *Wüstemann, Jens/Wüstemann, Sonja*: Das System der Grundsätze ordnungsmäßiger Buchführung nach dem Bilanzrechtsmodernisierungsgesetz, a.a.O., hier S. 761f.

529 Vgl. BT-Drs 16/10067 vom 30.07.2008, hier S. 32 (auch Zitat).

530 Urt. des BFH vom 17. Februar 1998 *VIII R 28/95*, a.a.O., hier S. 507; vgl. zudem Urt. des BFH vom 26. Februar 1975 *I R 72/73*, a.a.O., hier S. 13; Urt. des BFH vom 12. März 2020 *IV R 9/17*, a.a.O., hier S. 229.

531 Vgl. *Fladung, Hans-Dieter*: Das Vorsichts- und Objektivierungsprinzip im deutschen Bilanzrecht, a.a.O., hier S. 138 (auch Zitat).

verstehen, indem „unter Betonung des wirtschaftlichen Normzwecks der Bilanz im Rechtssinne einer zu starken Beschränkung der aktivierungsfähigen wirtschaftlichen Vorteile" entgegengetreten wird.[532]

Vor diesem Hintergrund problematisieren Teile der Literatur die mit den Kriterien der Einzelveräußerbarkeit bzw. der Einzelverwertbarkeit verbundene Verzerrung wirtschaftlicher Leistungsfähigkeit sowie deren fehlende Objektivierbarkeit und treten auch deshalb für eine Orientierung an der Übertragbarkeitskonzeption der Rechtsprechung ein.[533] Durch das im Grundsatz übereinstimmende Ziel der Ermittlung eines objektivierten Gewinns auf der Grundlage einer objektivierungsbedingt eingeschränkten Effektivvermögensapproximation besteht kein grundlegender Dissens zwischen handels- und steuerbilanzieller Zielsetzung; die Rechtsprechung des Bundesfinanzhofs konkretisiert daher das Übertragbarkeitsprinzip als eines von mehreren kumulativ zu erfüllenden Vermögensgegenstandskriterien nach handelsrechtlichen GoB.[534]

bbb) Überwindung der im Schrifttum vorherrschenden kasuistischen Lösungsansätze

Die kasuistischen Lösungsansätze im Schrifttum können – trotz materiell durchaus weitreichender Übereinstimmung zur ständigen Rechtsprechung des Bundesfinanzhofs – in systematischer Sicht nicht überzeugen: So wird das Kriterium der Einzelverwertbarkeit nicht nur um einzelvollstreckbare Positionen, sondern auch um einzelne nur mit dem Unternehmen übertragbare bzw. ausschließlich intern nutzbare Vermögenswerte erweitert.[535] Die resultierende Kennzeichnung von Vermögensgegenständen im Sinne von beispielhaften Aufzählungen ist weder bilanztheoretisch überzeugend, noch aus praktischer Sicht erstrebenswert.[536] Die fehlende systematische Fundierung dieser kasuistischen Lösungsansätze darf gleichwohl nicht darüber

532 Vgl. *Hommel, Michael*: Bilanzierung immaterieller Anlagewerte, a.a.O., hier S. 98 (auch Zitate).

533 Vgl. *Beisse, Heinrich*: Handelsbilanzrecht in der Rechtsprechung des Bundesfinanzhofs, a.a.O., hier S. 638f; *Moxter, Adolf*: Selbständige Bewertbarkeit als Aktivierungsvoraussetzung, a.a.O., hier S. 1848; *Gruber, Thomas*: Der Bilanzansatz in der neueren BFH-Rechtsprechung, a.a.O., hier S. 129; *Hommel, Michael*: Bilanzierung immaterieller Anlagewerte, a.a.O., hier S. 98; *Kußmaul, Heinz*: Sind Nutzungsrechte Vermögensgegenstände bzw. Wirtschaftsgüter?, in: BB, 42. Jg. (1987), S. 2053–2065, hier S. 2058f.

534 Vgl. Nachweise Kap. 1, I. 1 c) sowie Kap. 1, I. 2 a) cc).

535 Vgl. *Gelhausen, Hans Friedrich* et al.: Rechnungslegung und Prüfung nach dem Bilanzrechtsmodernisierungsgesetz, a.a.O., hier S. 81.

536 Vgl. *Schneider, Dieter*: Vermögensgegenstände und Schulden, a.a.O., hier S. 336.

hinwegtäuschen, dass das Kriterium der Übertragbarkeit im Ergebnis zumindest implizit weitgehende Unterstützung erfährt.[537] Das Abstellen auf die um diese fallweise erweiterte Einzelverwertbarkeit entspricht damit weitgehend dem vom Bundesfinanzhof herangezogenen Kriterium der Übertragbarkeit.

Als wesentlicher Unterschied zwischen Vermögensgegenstand und Wirtschaftsgut verbleibt somit lediglich der derivative Geschäfts- oder Firmenwert,[538] welcher jedoch (zumindest) per Fiktion im Sinne des § 246 Abs. 1 S. 4 HGB zum Vermögensgegenstand erhoben wird. Daher kann die Kontroverse um das vom Bundesfinanzhof herangezogene Kriterium der Übertragbarkeit durchaus als ein „Scheinproblem" bezeichnet werden, da – von Begrifflichkeiten abstrahiert – materiell eine weitgehende Einigkeit besteht. Neben der systematischen Rechtfertigung des Kriteriums der Übertragbarkeit sprechen daher auch Praktikabilitätserwägungen für eine Überwindung der vorherrschenden kasuistischen Lösungsansätze, aus welchen in materieller Sicht ebenfalls eine grundsätzliche Kongruenz von Vermögensgegenstand und Wirtschaftsgut resultiert.

dd) Übertragbarkeit als notwendige Konkretisierung

aaa) Belieferungsrechte und Wettbewerbsverbote als Beispiele für eine enge Orientierung an den zugrundeliegenden rechtlichen Ansprüchen und Pflichten

Belieferungsrechte und Wettbewerbsverbote sind Beispiele für nicht einzelverwertbare Vermögenswerte, welche mit dem gesamten Unternehmen übertragbare[539] Vermögensgegenstände sein können. Dies erscheint im Sinne einer wirtschaftlichen Betrachtungsweise nicht zuletzt deshalb überzeugend, weil diesen Vorteilen im Rahmen

---

[537] Vgl. *Schubert, Wolfgang/Huber, Frank*: § 266 HGB, in: Beck'scher Bilanzkommentar, hier Rn. 41; *Ballwieser, Wolfgang*: § 246 HGB, in: Münchener Kommentar zum Handelsgesetzbuch, hier Rn. 21f; *Keitz, Isabel von*: Immaterielle Güter in der internationalen Rechnungslegung, a.a.O., hier S. 62f; *Gack, Carina*: Der Komponentenansatz nach dem IDW Rechnungslegungshinweis, Aachen 2016, hier S. 244.

[538] So auch *Fladung, Hans-Dieter*: Das Vorsichts- und Objektivierungsprinzip im deutschen Bilanzrecht, a.a.O., hier S. 137.

[539] Vgl. Urt. des BFH vom 24. März 1983 *IV R 138/80*, in: BStBl. II 1984, S. 233–236, hier S. 235; Urt. des BFH vom 25. Januar 1979 *IV R 21/75*, in: BStBl. II 1979, S. 369–372, hier S. 371; Urt. des BFH vom 26. Februar 1975 *I R 72/73*, a.a.O., hier S. 14.

einer Unternehmensveräußerung regelmäßig ein konkretisierbarer Wert beigemessen wird.[540]

Folgte man der skizzierten und im Schrifttum verbreiteten Orientierung an der Einzelverwertbarkeit (bzw. einer Einzelveräußerbarkeit), so wäre die Vermögensgegenstandseigenschaft zu verneinen. Die Auffassung von *Kahle und Günter*, welche in Belieferungsrechten und Wettbewerbsverboten zwar Wirtschaftsgüter, nicht jedoch Vermögensgegenstände sehen,[541] ist somit schlüssig und widerspruchsfrei aus deren – in dieser Arbeit nicht geteilten – Prämisse hinsichtlich des primären Bilanzzwecks abgeleitet.[542]

Exemplarisch für die Fallgruppe der Belieferungsrechte werden im Schrifttum weder unmittelbar (einzel-)übertragbare noch pfändbare Bierlieferungsrechte aufgegriffen, welche sich eine Brauerei gegen Zuschüsse hat einräumen lassen.[543] Der von der höchstrichterlichen Rechtsprechung zu Recht weit interpretierte Wirtschaftsgutsbegriff verlangt lediglich die Übertragbarkeit zusammen mit dem gesamten Betrieb.[544] Auch in jüngerer Rechtsprechung bejaht der Bundesfinanzhof die Aktivierungsfähigkeit von Milchlieferungsrechten sowie Zuckerrübenlieferrechten.[545]

Die Übertragbarkeit ist ebenfalls bei Wettbewerbsverboten zu bejahen, bei welchen sich ein Unternehmer gegen eine Einmalzahlung dazu verpflichtet, z.B. die Herstellung gewisser Fabrikate für eine bestimmte Zeit einzustellen.[546] Der vertragliche Anspruch auf eine mehrjährige Unterlassung des Wettbewerbs muss dabei als

540 Vgl. *Fabri, Stephan*: Grundsätze ordnungsmäßiger Bilanzierung entgeltlicher Nutzungsverhältnisse, a.a.O., hier S. 37f; *Hommel, Michael*: Bilanzierung immaterieller Anlagewerte, a.a.O., hier S. 92.

541 Vgl. *Kahle, Holger/Günter, Simone*: Vermögensgegenstand und Wirtschaftsgut, a.a.O., hier S. 70f; ähnlich argumentiert in diesem Zusammenhang *Gack, Carina*: Der Komponentenansatz nach dem IDW Rechnungslegungshinweis, a.a.O., hier S. 61.

542 *Kahle und Günter* leiten aus der Bedeutung des Gläubigerschutzes die Schuldendeckungskontrolle als wesentlichen Bilanzzweck sowie die Schuldendeckungsfähigkeit als konstitutives Merkmal des bilanzrechtlichen Vermögensbegriffs ab; zur Würdigung des Bilanzzwecks „Schuldendeckungskontrolle" vgl. Kapital 1, I. 1. c).

543 Vgl. *Hennrichs, Joachim*: Der steuerrechtliche sog. Maßgeblichkeitsgrundsatz gem. § 5 EStG, a.a.O., hier S. 147.

544 Vgl. z.B. Urt. des BFH vom 26. August 1992 *I R 24/91*, in: BStBl. II 1992, S. 977–981, hier S. 978.

545 Vgl. Urt. des BFH vom 10. Juni 2010 *IV R 32/08*, in: BStBl. II 2012, S. 551–553, hier S. 552; Urt. des BFH vom 9. September 2010 *IV R 2/10*, in: BStBl. II 2011, S. 171–176, hier S. 173.

546 Vgl. mit Nachweisen zur Rechtsprechung bereits des RFH *Eibelshäuser, Manfred*: Immaterielle Anlagewerte in der höchstrichterlichen Finanzrechtsprechung, a.a.O., hier S. 59f.

konkretisierter Vorteil künftige Einnahmen alimentieren.[547] Auch bei vergleichbaren Problemstellungen, wie z.B. bei Vertreterrechten, Brennrechten oder Verwendungsrechten von Gussformen leitet der Bundesfinanzhof konsistent eine grundsätzliche Aktivierungsfähigkeit ab.[548]

Erstaunlicherweise verneint das Finanzgericht Schleswig-Holstein[549] die Aktivierungsfähigkeit eines Belieferungsrechtes beim Erwerb eines Presse-Grossisten, welcher ein bestimmtes Gebiet mit Publikationen sämtlicher Verlage in Monopolstellung versorgte, so dass für Zeitschriftenhändler ein faktischer Zwang zum Bezug beim zuständigen Grossisten resultierte. In wirtschaftlicher Betrachtung sind die zugrundeliegenden Lieferbeziehungen zu den Verlagen einem der Abnutzung unterliegenden Kundenstamm vergleichbar. Das Finanzgericht folgert zwar selbst, dass wirtschaftlich betrachtet Belieferungsmöglichkeiten erworben wurden, sieht diese gleichwohl lediglich als Gewinnchancen und entsprechend geschäftswertbildende Faktoren an. Dabei ist zumindest die Begründung des Finanzgerichts insoweit nicht überzeugend, als sie nicht vollumfänglich würdigt, dass die Belieferungsmöglichkeiten gerade eine wesentliche Grundlage der Kaufpreisbemessung darstellten.

bbb) Domain-Namen und Lizenzspielerrechte als Beispiele für eine eng gefasste wirtschaftliche Betrachtungsweise

(i) Analyse rechtlicher Ansprüche und Pflichten

Die Übertragung von Domain-Namen und Lizenzspielerrechten sind im Schrifttum insbesondere vor dem Hintergrund eines möglichen entgeltlichen Erwerbs diskutiert worden;[550] sie sind als exemplarische Sachverhalte jedoch gleichermaßen erhellend

---

547 Vgl. *Euler, Roland*: Das System der Grundsätze ordnungsmäßiger Bilanzierung, a.a.O., hier S. 141; zum regelmäßig unter Objektivierungsgesichtspunkten unproblematischen Nachweis vgl. *Janke, Madeleine*: Periodisierung, Objektivierung und Vorsicht bei Vermögensgegenständen und Schulden, a.a.O., hier S. 220; *Eibelshäuser, Manfred*: Immaterielle Anlagewerte in der höchstrichterlichen Finanzrechtsprechung, a.a.O., hier S. 64.

548 Urt. des BFH vom 1. Juni 1989 *IV R 64/88*, in: BStBl. II 1989, S. 830–831, hier S. 830f; Urt. des BFH vom 18. Januar 1989 *X R 10/87*, in: BStBl. II 1989, S. 549–551, hier S. 550; Urt. des BFH vom 5. März 1965 *III 259/61 S*, in: BStBl. III 1965, S. 276–278, hier S. 277.

549 Vgl. Urt. des FG Schleswig-Holstein vom 26. Juni 2019 *5 K 189/18*, in: BeckRS 2019, Rn. 32 u. 48.

550 Zum Domain-Namen vgl. *Kanzler, Hans-Joachim*: Kommentar zum BFH-Urt. vom 19.10.2006 III R 6/05, in: FR, 89. Jg. (2007), S. 695–698; *Mank, Katharina*: Die Internetdomain als abschreibungsfähiges Wirtschaftsgut, in: DStR, 43. Jg. (2005), S. 1294–1296; *Wübbelsmann, Stephan*: Gedanken zur Diversifikation der Abschreibung einer Domain, in: DStR, 43. Jg. (2005),

für die Frage nach der Gewichtung der wirtschaftlichen Betrachtungsweise bei der Auslegung von Übertragbarkeitskonzeptionen.[551]

Der Inhaber eines Domain-Namens erwirbt an der Domain kein absolutes Recht,[552] ein gewerbliches Schutzrecht liegt mithin – anders als z.B. bei Patent- oder Urheberrechten – nicht vor.[553] Der Domain-Inhaber hat während des im Registrierungsvertrag begründeten Dauerschuldverhältnisses Anspruch auf die Aufrechterhaltung der Eintragung in die Namensserver, woraus eine „faktische Ausschließlichkeitsstellung des Domaininhabers" aus dessen schuldrechtlichen Ansprüchen resultiert.[554] Die zentrale Registrierungsstelle überträgt die Domain an einen vom Kunden benannten Dritten, ist zugleich aber auch berechtigt, einen Registrierungsauftrag abzulehnen.[555]

Eine vergleichbare Konstellation ergibt sich bei der Übertragung von Lizenzspielerrechten, welche eine exklusive Nutzungsmöglichkeit „an dem Spieler" eröffnen.[556] Der abgebende Verein verzichtet auf die Spielerlaubnis, wodurch die Neuerteilung an den aufnehmenden Verein durch den DFB ermöglicht wird.[557]

(ii) Bilanzrechtliche Würdigung in wirtschaftlicher Betrachtungsweise

Unstrittig ist, dass im Domain-Fall und bei Lizenzspielertransfers jeweils zivilrechtlich betrachtet zwei voneinander unabhängige Vorgänge vorliegen. Dies könnte in

---

S. 1659–1664; zu Lizenzspielerrechten vgl. *Euler, Roland*: Das System der Grundsätze ordnungsmäßiger Bilanzierung, a.a.O., hier S. 200f; *Jansen, Rudolf*: Die Aktivierung der Anschaffungskosten der Spielererlaubnis in der Fußball-Bundesliga, in: FS Raupach, S. 247–260; *Marx, Franz Jürgen*: Aktuelle Entwicklungen in der steuerrechtlichen Gewinnermittlung, in: StuB, 14. Jg. (2012), S. 291–296, hier S. 293.

551 Nach engeren Kriterien wie einer formal geprägten Einzelverwertbarkeit oder einer Einzelvollstreckbarkeit wäre die Vermögensgegenstandseigenschaft zu verneinen, vgl. *Breidert, Ulrike/Moxter, Adolf*: Zur Bedeutung wirtschaftlicher Betrachtungsweise in jüngeren höchstrichterlichen Bilanzrechtsentscheidungen, a.a.O., hier S. 914.

552 Vgl. Urt. des BFH vom 19. Oktober 2006 *III R 6/05*, a.a.O., hier S. 302; zum Ausschluss der Abtretung i.S.d. § 398 BGB vgl. *Wübbelsmann, Stephan*: Gedanken zur Diversifikation der Abschreibung einer Domain, a.a.O., hier S. 1659.

553 Vgl. Urt. des BFH vom 19. Oktober 2006 *III R 6/05*, a.a.O., hier S. 302; *Wübbelsmann, Stephan*: Gedanken zur Diversifikation der Abschreibung einer Domain, a.a.O., hier S. 1660.

554 Vgl. Urt. des BFH vom 19. Oktober 2006 *III R 6/05*, a.a.O., hier S. 302 (auch Zitat); *Mank, Katharina*: Die Internetdomain als abschreibungsfähiges Wirtschaftsgut, a.a.O., hier S. 1295.

555 Vgl. Urt. des BFH vom 19. Oktober 2006 *III R 6/05*, a.a.O., hier S. 302f.

556 Vgl. Urt. des BFH vom 14. Dezember 2011 *I R 108/10*, in: BStBl. II 2012, S. 238–243, hier S. 238 (auch Zitat); Urt. des BFH vom 26. August 1992 *I R 24/91*, a.a.O.

557 Vgl. Urt. des BFH vom 14. Dezember 2011 *I R 108/10*, a.a.O; *Marx, Franz Jürgen*: Aktuelle Entwicklungen in der steuerrechtlichen Gewinnermittlung, a.a.O., hier S. 293.

einer engen Sichtweise sowohl gegen einen entgeltlichen Erwerb als auch gegen das Merkmal einer eng gefassten Übertragbarkeit sprechen. Die höchstrichterliche Rechtsprechung sieht gleichwohl in Urteilen zu Lizenzspielertransfers im Sinne eines Quasi-Synallagmas einen wirtschaftlich einheitlichen Vorgang, da Leistung und Gegenleistung zwar nicht synallagmatisch, jedoch so eng verknüpft sind, dass ein vergleichbarer Leistungsaustausch besteht.[558]

In einer formalrechtlichen Sicht erscheint dies zunächst keineswegs zwingend.[559] In wirtschaftlicher Betrachtungsweise vermögen die Argumente des Bundesfinanzhofs jedoch zu überzeugen, da gerade die materielle Verknüpfung der Rechtsakte letztlich wesentlich auf das Zustandekommen bzw. auf das Transaktionsentgelt des einzelnen Rechtsakts wirkt.

Auf der Grundlage eines vergleichbaren Spannungsfelds zwischen formalrechtlicher und wirtschaftlicher Betrachtungsweise ist auch das Domain-Urteil als „gelungenes Beispiel einer sachgerechten wirtschaftlichen (im Sinne einer bilanzrechtlichen) Betrachtungsweise“[560] einzustufen; ein Domain-Name stellt einen nicht abnutzbaren immateriellen Vermögensgegenstand dar.[561]

ccc) Einseitig eingeräumte günstige Kaufoption als Beispiel für eine Betonung der wirtschaftlichen Betrachtungsweise

(i) Analyse rechtlicher Ansprüche und Pflichten

In einer jüngeren Entscheidung hat sich der Bundesfinanzhof bei der Auslegung der Greifbarkeits- bzw. Übertragbarkeitskonzeption erneut mit der Gewichtung der wirtschaftlichen Betrachtungsweise auseinandergesetzt:[562] Ein Leasinggeber hatte seinen Leasingkunden regelmäßig alternativ zur Vertragsverlängerung die Andienung der geleasten PKW angeboten, auch wenn den Kunden zuvor keine vertraglichen

---

[558] Vgl. *Euler, Roland*: Das System der Grundsätze ordnungsmäßiger Bilanzierung, a.a.O., hier S. 202.

[559] Die formalrechtliche Sicht betont z.B. *Jansen, Rudolf*: Die Aktivierung der Anschaffungskosten der Spielererlaubnis in der Fußball-Bundesliga, a.a.O., hier S. 252f.

[560] *Euler, Roland*: Kommentar zum BFH-Urt. vom 19.10.2006 III R 6/05, in: BB, 62. Jg. (2007), S. 769–772, hier S. 772.

[561] So auch *Weber-Grellet, Heinrich*: § 5 EStG, in: Schmidt EStG, hier Rz. 270.

[562] Vgl. Urt. des BFH vom 26. November 2014 *X R 20/12*, a.a.O., hier insbes. S. 325–327.

Kaufoptionen oder vergleichbaren Ansprüche eingeräumt worden war. Die Kaufoption auf den Erwerb der Leasingfahrzeuge wurde zu einem gegenüber dem jeweils aktuellen Verkehrswert reduzierten Preis gewährt.

Eine zentrale Frage im Sachverhalt war, ob die Kaufoptionen als übertragbar anzusehen waren, da nicht nur die Abgrenzung zu höchstpersönlichen Vorteilen strittig war,[563] sondern auch die finalen Kaufverträge nicht zwischen dem Leasingkunden, sondern diesen nahestehenden Personen und dem Leasinggeber geschlossen wurden. Im Sachverhalt lag folglich ein „wirtschaftlich ausnutzbarer Vermögensvorteil“[564] vor, welcher der Leasingnehmerin einseitig eingeräumt wurde; die Realisierung der resultierenden konkreten Möglichkeit war daher nur noch vom Verhalten der Leasingnehmerin abhängig.[565]

(ii) Bilanzrechtliche Würdigung in wirtschaftlicher Betrachtungsweise

Erst die weit verstandene Übertragbarkeit „ermöglicht eine umfassende Berücksichtigung aller vermögenswerten Vorteile“.[566] In der höchstrichterlichen Rechtsprechung wird dem Rekurs auf einen fiktiven Erwerber auch bei der Beurteilung der Greifbarkeit eine bedeutende Rolle zugesprochen[567] und in diesem Zusammenhang auf eine „nachvollziehbare Relation zwischen dem Vorhandensein des immateriellen Wirtschaftsguts und der Höhe des Kaufpreises“[568] abgestellt.

Diese Überlegungen stellt der Bundesfinanzhof in einem jüngeren Urteil zwar (nur) mit Blick auf die Frage der selbstständigen Bewertbarkeit an,[569] seine Argumentation ist jedoch erkennbar geprägt von der Frage der wirtschaftlichen Übertragbarkeit eines

563 Zur Abgrenzung höchstpersönlicher Vorteile vgl. Kap. 2, I. 2. c). Das hier angesprochene Urteil ist gleichwohl auch erhellend für die Frage der Auslegung der Greifbarkeitskonzeption in wirtschaftlicher Betrachtungsweise in der jüngeren Rechtsprechung des Bundesfinanzhofs.

564 Urt. des BFH vom 9. Juli 1986 *I R 218/82*, a.a.O., hier S. 14.

565 Vgl. Urt. des BFH vom 26. November 2014 *X R 20/12*, a.a.O., hier S. 327.

566 Vgl. *Hommel, Michael*: Bilanzierung immaterieller Anlagewerte, a.a.O., hier S. 101 (auch Zitat); *Gruber, Thomas*: Der Bilanzansatz in der neueren BFH-Rechtsprechung, a.a.O., hier S. 129; vgl. auch Urt. des BFH vom 3. August 1993 *VIII R 37/92*, in: BStBl. II 1994, S. 444–449, hier S. 446.

567 Vgl. Urt. des BFH vom 18. Juni 1975 *I R 24/73*, a.a.O., hier S. 811; bereits Urt des BFH vom 28. Januar 1954 *IV 255/53 U*, a.a.O., hier S. 110.

568 Urt. des BFH vom 10. August 1989 *X R 176-177/87*, in: BStBl. II 1990, S. 15–17, hier S. 16.

569 Urt. des BFH vom 26. November 2014 *X R 20/12*, a.a.O., hier S. 327; vgl. auch Urt. des BFH vom 26. April 2018 *III R 5/16*, in: BStBl. II 2018, S. 536–539, hier S. 538.

Vorteils: Zwischen Leasinggeber und finalem Käufer bestand im zugrundeliegenden Sachverhalt weder ein Leasingvertrag, noch wurde eine günstige Kaufoption gegenüber letzterem eingeräumt. Gleichwohl stellt der Bundesfinanzhof zutreffend fest, dass wirtschaftlich betrachtet der Leasingnehmer „die Möglichkeit des vorteilhaften Erwerbs auf einen [...] Dritten übertragen“[570] konnte. Ausreichend sei, dass der Rechtsverkehr – selbst bei Vorliegen zivilrechtlicher Beschränkungen – Wege gefunden hat, die wirtschaftliche Substanz des zugrundeliegenden Vorteils zu übertragen.[571] Der Argumentation ist im Ergebnis zuzustimmen, denn ein fiktiver Erwerber würde den Vorteil gerade deshalb werterhöhend in der Kaufpreisbemessung berücksichtigen, weil dessen wirtschaftliche Substanz zumindest mit dem gesamten Unternehmen übertragen werden könnte.

ddd) Vertragsarztzulassung als Beispiel für eine wohlverstanden weite Auslegung der wirtschaftlichen Betrachtungsweise

(i) Analyse rechtlicher Ansprüche und Pflichten

Die Frage der Reichweite der wirtschaftlichen Betrachtungsweise bei der Auslegung des Vermögensgegenstandsbegriffs spiegelt sich in besonderer Weise in einem – auch im Schrifttum kontrovers[572] diskutierten – Urteil des Bundesfinanzhofs, in welchem zu entscheiden war, ob im Rahmen einer Praxis-Übernahme die Zulassung zum Vertragsarzt ein eigenständiges Wirtschaftsgut verkörpern kann bzw. ob der wirtschaftliche Vorteil aus der Vertragsarztzulassung ein vom Praxiswert trennbarer bilanzrechtlicher Vermögensbestandteil darstellt.[573]

Der Praxiserwerb sowie die Vergabe der Zulassung sind dabei nicht Teil eines einheitlichen Rechtsgeschäfts;[574] rechtlich betrachtet ist insbesondere „die Zulassung als Vertragsarzt [...] von persönlichen Voraussetzungen abhängig, die nicht Gegenstand einer

---

570 Urt. des BFH vom 26. November 2014 *X R 20/12*, a.a.O., hier S. 327.

571 Vgl. Urt. des BFH vom 12. Juni 2019 *X R 20/17*, a.a.O., hier S. 7.

572 Der Argumentation des BFH, welche kein eigenständiges Wirtschaftsgut 'Vertragsarztzulassung' annimmt, zustimmend *Kanzler, Hans-Joachim*: Kommentar zum BFH-Urt. vom 9. August 2011 VIII R 13/08, in: FR, 93. Jg. (2011), S. 1095–1097; wohl ebenso *Weber-Grellet, Heinrich*: § 5 EStG, in: Schmidt EStG, hier Rz. 228; a.A. *Staschewski, Annette*: Kommentar zum BFH-Urt. vom 9. August 2011 VIII R 13/08, in: FR, 93. Jg. (2011), S. 1097–1098.

573 Vgl. Urt. des BFH vom 9. August 2011 *VIII R 13/08*, a.a.O.

574 So auch *Michels, Rolf/Ketteler-Eising, Thomas*: Die Vertragsarztzulassung als praxiswertbildender Faktor, in: DStR, 46. Jg. (2008), S. 314–320, hier S. 316.

Veräußerung sein können"; Nachbesetzungsverfahren und Praxiserwerb sind damit „voneinander unabhängige Rechtsakte".[575] Daher ist zwischen dem öffentlich-rechtlichen Zulassungsverfahren sowie der privatrechtlichen Praxisübernahme zu differenzieren.[576] Die Zulassungsbehörden haben in ersterem in pflichtgemäßem Ermessen über den Nachfolger zu entscheiden, dabei gleichwohl wirtschaftliche Interessen des ausscheidenden Vertragsarztes zu berücksichtigen.[577] Die Zulassung zum Vertragsarzt bezweckt die Kostenvermeidung für das Gesundheitssystem durch Ausschluss einer Überversorgung, nicht etwa den Schutz eines Arztes gegenüber anderen Ärzten, woraus eine Vergleichbarkeit zu Schutzrechten oder Güterfernverkehrskonzessionen zumindest teilweise eingeschränkt wird.[578]

Zugleich ist unstrittig, dass für den Vorteil aus der Zulassung zum Vertragsarzt ein besonderes Entgelt gezahlt wird.[579] Auch weil der Zulassungsausschuss die ökonomischen Interessen des ausscheidenden Arztes nur insoweit zu berücksichtigen hat, als der Kaufpreis den Verkehrswert der Praxis nicht übersteigt, schlussfolgert der Bundesfinanzhof, dass bei einem ausschließlich am Verkehrswert orientierten Kaufpreis der Vorteil „Vertragsarztzulassung" untrennbar im abgegoltenen Praxiswert enthalten ist.[580] Diese Rechtsprechung bestätigt der Bundesfinanzhof in einem jüngeren Urteil auch für Fälle, in denen ein Überpreis in Form eines Zuschlags zum Verkehrswert gezahlt wird.[581]

Damit hat der Bundesfinanzhof erneut nicht die Argumentationslinie betont, dass der mit einer öffentlich-rechtlichen Zulassung verknüpfte wirtschaftliche Vorteil dem Erwerber gerade ermöglicht, in einem regulierten Markt aufzutreten, der eintretende Arzt

---

575 Urt. des BFH vom 9. August 2011 *VIII R 13/08*, a.a.O., hier S. 877 (beide Zitate).

576 Vgl. *Staschewski, Annette*: Vertragsarztzulassung und Besteuerung, Hamburg 2011, hier S. 23.

577 Vgl. *Michels, Rolf/Ketteler-Eising, Thomas*: Die Vertragsarztzulassung als praxiswertbildender Faktor, a.a.O., hier S. 315.

578 Vgl. ebenda, hier S. 317; *Staschewski, Annette*: Vertragsarztzulassung und Besteuerung, a.a.O., hier S.8.

579 Vgl. *OFD, Koblenz*: Verfügung vom 12.12.2005 S 2134a A - St 31 4, in: DStR, 44. Jg. (2006), S. 610; *OFD, Münster*: Verfügung vom 11.02.2009 S 2172 - 152 - St 12 - 33, in: DStR, 47. Jg. (2009), S. 798–800, hier S. 799.

580 Vgl. Urt. des BFH vom 9. August 2011 *VIII R 13/08*, a.a.O., hier S. 877; Urt. des BFH vom 21. Februar 2017 *VIII R 7/14*, in: BStBl. II 2017, S. 689–694, hier S. 692; so auch *Richter, Heiner* et al.: § 5 EStG, in: HHR EStG, hier Rn. 1783.

581 Vgl. Urt. des BFH vom 21. Februar 2017 *VIII R 7/14*, a.a.O., hier S. 689.

sich diese Anschaffung auch „etwas kosten“ lasse und entsprechend bereit ist, ein besonderes Entgelt für die Vertragsarztzulassung zu bezahlen.[582]

(ii) Bilanzrechtliche Würdigung in wirtschaftlicher Betrachtungsweise

Während etwa bei Wettbewerbsverboten divergierende Auffassungen bezüglich des primären Bilanzzwecks die unterschiedlichen Positionen im Schrifttum im Wesentlichen zu begründen vermögen,[583] ist bei der Würdigung von Fallgestaltungen, in denen rechtlich voneinander unabhängige Rechtsakte vorliegen, zusätzlich die Frage entscheidend, wie und inwieweit wirtschaftliche und (formal-)rechtliche Betrachtungsweise im geltenden Bilanzrecht auszutarieren sind. Charakteristisch für die wirtschaftliche Betrachtungsweise ist „das Bestreben, Rechtsfolgen nicht entsprechend einer bloß äußerlichen und formalen Gestaltung, sondern gemäß dem materiellen wirtschaftlichen Gehalt eines Sachverhalts anzuknüpfen“[584].

Entsprechend einer sachgerechten wirtschaftlichen Betrachtungsweise ist der Sachverhalt auf der Grundlage einer Analyse rechtlicher Ansprüche und Pflichten bilanzrechtlich zu würdigen; dabei ist „auf den wirtschaftlichen Gehalt der schuldrechtlichen Vertragsbeziehungen abzustellen“.[585] Besonders offen zutage tritt die Kontroverse um die Reichweite der Abbildung des ökonomischen Gehalts eines Sachverhalts bei der höchstrichterlichen Rechtsprechung zur Übertragbarkeit von Vertragsarztzulassungen.[586] Dabei bildet das „Tarieren der Rahmenprinzipien […] ein Kernproblem bei der Konkretisierung des Bilanzrechts und der Würdigung von Sachverhalten“[587].

---

582 M.w.N. zur Entscheidungen der Finanzgerichte vgl. *Staschewski, Annette*: Vertragsarztzulassung und Besteuerung, a.a.O., hier S. 32f.

583 Vgl. Kap. 2, I. 2. b) dd) aaa).

584 *Cahn, Andreas*: Die wirtschaftliche Betrachtungsweise, in: FS K. Schmidt, S. 157–175, hier S. 158.

585 Vgl. *Euler, Roland*: Kommentar zum BFH-Urt. vom 19.10.2006 III R 6/05, a.a.O., hier S. 772 (auch Zitat); zur Auslegung in wirtschaftlicher Betrachtungsweise vgl. *Söffing, Günter*: Sinn und Widersinn der wirtschaftlichen Betrachtungsweise, in: StVj, 4. Jg. (1992), S. 51–62, hier S. 54f.

586 Vgl. Urt. des BFH vom 9. August 2011 *VIII R 13/08*, a.a.O; Urt. des BFH vom 21. Februar 2017 *VIII R 7/14*, a.a.O; vgl. darüber hinaus Urt. des BFH vom 21. Februar 2017 *VIII R 56/14*, in: BStBl. II 2017, S. 694–698; Urt. des BFH vom 21. Februar 2017 *VIII R 24/16*, in: BFH/NV 2017, S. 899.

587 *Euler, Roland*: Das System der Grundsätze ordnungsmäßiger Bilanzierung, a.a.O., hier S. 116. Dabei ist „tendenziell so viel wirtschaftliche Betrachtungsweise wie möglich und nur so wenig Vorsicht und Objektivierung wie nötig als gesetzesadäquat“ anzusehen (S. 126).

Als Ausgangspunkt für die Analyse der Entscheidung zur Vertragsarztzulassung[588] ist diese zunächst unter Rekurs auf exemplarische Urteile des Bundesfinanzhofs in dessen Rechtsprechung einzuordnen: Beispiele für eine ausgeprägte und systemkonforme Betonung der wirtschaftlichen Betrachtungsweise finden sich in einer Vielzahl von Entscheidungen unmittelbar zum Vermögensbegriff,[589] aber auch beispielsweise im sog. „Apothekerfall"[590].

Zugleich hat der Bundesfinanzhof beispielsweise im Bereich der aktiven Rechnungsabgrenzung bei Darlehensvermittlungsprovisionen[591] objektivierungsbedingt typisiert und damit eine wirtschaftliche Betrachtungsweise – im Einzelfall durchaus begründet – zurückgedrängt.

Eine erteilte Vertragsarztzulassung „beinhaltet für den Begünstigten ein einer Konzession ähnliches Ausschließlichkeitsrecht".[592] Besonders naheliegend ist der Vergleich zu Entscheidungen, in welchen die Rechtsprechung bei formal unabhängigen Rechtsakten in wirtschaftlicher Betrachtungsweise ein Quasi-Synallagma ableitet.[593] Dies spricht zunächst für eine ebenfalls ausgeprägte Betonung der wirtschaftlichen Betrachtungsweise in der Entscheidung zur Vertragsarztzulassung.

Gleichwohl ist zu berücksichtigen, dass eine Analogie zu ökonomisch zumindest teilweise vergleichbaren Sachverhalten zwar einen ersten wichtigen Anhaltspunkt darstellen kann, zugleich jedoch nicht überzeugend als alleinige Argumentationsgrundlage dienen kann, da andernfalls die das GoB-System prägenden

588 Von der öffentlich-rechtlichen Vertragsarztzulassung abzugrenzen ist die privatrechtliche Arztpraxis, vgl. *Staschewski, Annette*: Vertragsarztzulassung und Besteuerung, a.a.O., hier S. 5.

589 Für einen generellen Überblick über Entscheidungen insbes. zu Konzessionen und Lizenzen vgl. *Richter, Heiner* et al.: § 5 EStG, in: HHR EStG, hier Rn. 1783.

590 Vgl. Beschluss des BFH vom 23. Juni 1997 *GrS 2/93*, in: BStBl. II 1997, S. 735–739.

591 Vgl. auch *Löcke, Jürgen*: Steuerliche Aktivierungsgrundsätze und Property-Rights-Theorie, in: StuW, 75. Jg. (1998), S. 124–133, hier S. 130; zu Leistungen an den Kreditnehmer vgl. Urt. des BFH vom 19. Januar 1978 *IV R 153/72*, in: BStBl. II 1978, S. 262–265; bei wirtschaftlich vergleichbaren Darlehensvermittlungsprovisionen zieht der BFH objektivierungsbedingte Grenzen, vgl. Urt. des BFH vom 4. März 1976 *IV R 78/72*, a.a.O.

592 Vgl. *Staschewski, Annette*: Vertragsarztzulassung und Besteuerung, a.a.O., hier S. 56 (auch Zitat). Für weitere Ausführungen und Nachweise zu Konzessionen vgl. Kap. 2, I. 2. c) bb).

593 Vgl. z.B. den sog. Domain-Fall Urt. des BFH vom 19. Oktober 2006 *III R 6/05*, a.a.O; sowie die Rechtsprechung zu Lizenzspielertransfers Urt. des BFH vom 14. Dezember 2011 *I R 108/10*, a.a.O.

Objektivierungsprinzipien[594] zu weit zurückgedrängt werden würden. Folglich ist auf Basis der zugrundeliegenden Zivilrechtsstruktur im Fall der Vertragsarztzulassung zu erörtern, ob in wirtschaftlicher Betrachtungsweise ein eigenständiger Vermögensbestandteil vorliegt: Durch den Zulassungsakt wird die Zulassung eines Arztes auf Grundlage spezifischer Auswahlkriterien ermöglicht, entsprechend wird im Schrifttum hervorgehoben, dass „zwei vollkommen unabhängige Rechtsakte" vorliegen.[595]

Im Nachbesetzungsverfahren sind jedoch auch die wirtschaftlichen Interessen des ausscheidenden Vertragsarztes zu wahren.[596] Wenngleich sich daraus nicht unmittelbar eine wirtschaftliche Verwertungsmöglichkeit der Zulassung ableiten lässt, so ist das schutzwürdige Interesse bis zur Höhe des objektiven Verkehrswerts[597] in der Beurteilung des wirtschaftlichen Gehalts des jeweiligen Sachverhalts zu berücksichtigen. Faktisch wird der Zulassungsausschuss regelmäßig eine Auswahlentscheidung unter denjenigen Bewerbern treffen, mit welchen der bisherige Vertragsarzt auch bereit ist, einen Übernahmevertrag abzuschließen.[598]

Im Schrifttum wird teilweise die Auffassung des Bundesfinanzhofs mit dem Argument gestützt, dass aufgrund der eigenständigen Rechtsakte in der Praxis die Notwendigkeit entstehe, die Veräußerung „zivilrechtlich unter die auflösende Bedingung [zu stellen], dass das Nachbesetzungsverfahren zu Gunsten des Erwerbers abgeschlossen wird"[599]

Die Argumentation stützt jedoch bei Lichte betrachtet gerade nicht die Auffassung des Bundesfinanzhofs, sondern vielmehr die Sichtweise, dass wirtschaftlich betrachtet ein greifbarer, zwar nicht einzeln, jedoch mit dem gesamten Unternehmen veräußerbarer Vermögensvorteil Gegenstand des Praxiserwerbs wird; auf die Frage, ob ein einzeln marktfähiger Vermögensbestandteil vorliegt, kommt es gerade nicht an. Die

[594] Vgl. *Euler, Roland*: Das System der Grundsätze ordnungsmäßiger Bilanzierung, a.a.O., hier S. 60–64; *Baetge, Jörg*: Möglichkeiten der Objektivierung des Jahreserfolges, a.a.O., z.B. S. 174.

[595] Vgl. *Michels, Rolf/Ketteler-Eising, Thomas*: Die Vertragsarztzulassung als praxiswertbildender Faktor, a.a.O., hier S. 316 (auch Zitat); *Weber-Grellet, Heinrich*: § 5 EStG, in: Schmidt EStG, hier Rz. 228.

[596] Vgl. *Staschewski, Annette*: Vertragsarztzulassung und Besteuerung, a.a.O., hier S. 18f.

[597] Vgl. *Michels, Rolf/Ketteler-Eising, Thomas*: Die Vertragsarztzulassung als praxiswertbildender Faktor, a.a.O., hier S. 315.

[598] Vgl. *Staschewski, Annette*: Vertragsarztzulassung und Besteuerung, a.a.O., hier S. 25f.

[599] *Michels, Rolf/Ketteler-Eising, Thomas*: Die Vertragsarztzulassung als praxiswertbildender Faktor, a.a.O., hier S. 316.

Argumentation der Rechtsprechung, dass von der vertraglichen Gestaltung keinerlei Indizienwirkung ausgehen könne,[600] ist vor dem Hintergrund des Objektivierungsgedankens und der Eingrenzung möglicher Sachverhaltsgestaltungen nachvollziehbar, vermag dabei aber in dieser Pauschalität nicht vollständig zu überzeugen.

Im Ergebnis ist der Sichtweise zuzustimmen, dass der Praxiserwerb und die Vergabe der Zulassung zum Vertragsarzt unabhängige Rechtsakte darstellen. Die formalrechtlich zutreffende Argumentation hält gleichwohl einer bilanzrechtlich gebotenen wirtschaftlichen Betrachtungsweise[601] nicht stand: Rein formalrechtliche Bilanzinhalte können im Konflikt mit dem Primärzweck der bilanziellen Vermögensermittlung stehen.[602] Im materiellen Sinne liegt nicht zuletzt aufgrund der erheblichen Kaufpreisrelevanz[603] bzw. der maßgeblichen Bedeutung der Kaufpreisbemessung – welche insoweit auch der Bundesfinanzhof anerkennt[604] – ein wirtschaftlich zusammenhängender Vorgang vor; der Argumentation des Bundesfinanzhofs ist daher nicht zuzustimmen.

Wie auch in einzelnen Fällen, in welchen die Rechtsprechung ein eigenständiges Wirtschaftsgut „Vertragsarztzulassung" anerkennt,[605] ist auch von den diesen Sachverhalten zugrundeliegenden Besonderheiten abstrahiert die potenzielle Vermögensgegenstandseigenschaft einer Zulassung zum Vertragsarzt zu bejahen.

600 So explizit in Urt. des BFH vom 21. Februar 2017 *VIII R 7/14*, a.a.O., hier S. 692.

601 Vgl. *Breidert, Ulrike/Moxter, Adolf*: Zur Bedeutung wirtschaftlicher Betrachtungsweise in jüngeren höchstrichterlichen Bilanzrechtsentscheidungen, a.a.O; *Beisse, Heinrich*: Die wirtschaftliche Betrachtungsweise bei der Auslegung der Steuergesetze in der neueren deutschen Rechtsprechung, a.a.O. Für weitere Nachweise zur Bedeutung der wirtschaftlichen Betrachtungsweise im geltenden Bilanzrecht vgl. Kap. 1, III. 1. a).

602 Vgl. *Moxter, Adolf*: Das "matching principle", a.a.O., hier S. 492.

603 Vgl. *Staschewski, Annette*: Vertragsarztzulassung und Besteuerung, a.a.O., hier S. 29f und S. 108.

604 Vgl. Urt. des BFH vom 21. Februar 2017 *VIII R 7/14*, a.a.O., hier S. 692.

605 Vgl. Urt. des BFH vom 21. Februar 2017 *VIII R 56/14*, a.a.O., hier S. 695. Der BFH bejaht das Vorliegen eines selbstständigen Wirtschaftsguts z.B. dann, wenn eine Zahlung für die Erlangung einer Vertragsarztzulassung geleistet wird, ohne die Praxis des Veräußerers zu übernehmen.

c) *Nichtaktivierung höchstpersönlicher oder im Allgemeingebrauch stehender Vorteile*

aa) Konkretisierung des Übertragbarkeitsprinzips

Eine Grenze findet das Übertragbarkeitsprinzip objektivierungsbedingt bei persönlichen Fähigkeiten und Vorteilen „die in der Person des Bilanzierenden begründet liegen“[606] sowie Rechten, die „unauflöslich an die Person ihres Trägers gebunden“[607] sind. Eine weitere Grenze findet das Übertragbarkeitsprinzip bei in Allgemeingebrauch stehenden Vorteilen: Der Zuschuss zum Bau einer öffentlichen Straße verkörpert daher keinen bilanzierungsfähigen Vermögensvorteil und stellt mithin keine „greifbare Einzelheit“ dar.[608]

In wirtschaftlicher Betrachtungsweise erscheint zunächst wenig zweifelhaft, dass sich ein rational handelnder Kaufmann als Zuschussgeber entsprechende künftige Vermögensvorteile verspricht, also ein wirtschaftlicher Vermögenswert vorliegt, der grundsätzlich bei einem Unternehmensverkauf auch auf einen Erwerber übertragbar wäre.[609] Die vom Bundesfinanzhof vorgenommene Grenzziehung erscheint gleichwohl gerechtfertigt: Weder steht dem Kaufmann ein alleiniges Nutzungsrecht zu, noch kann die Benutzung anderer Verkehrsteilnehmer beeinflusst werden.[610]

Darüber hinaus stützen Vorsichts- und Objektivierungserwägungen die von der höchstrichterlichen Rechtsprechung vorgenommene (Mindest-)Objektivierung des Übertragbarkeitsprinzips: Ein bilanzierungsfähiger Vorteil setzt also voraus, dass dieser neben dem Geschäfts- oder Firmenwert im Rahmen der Übertragung des gesamten Unternehmens auf einen potenziellen Erwerber übertragbar ist, diese Übertragung

---

606 Vgl. *Hommel, Michael*: Internationale Bilanzrechtskonzeptionen und immaterielle Vermögensgegenstände, a.a.O., hier S. 355 (auch Zitat).

607 Urt. des BFH vom 12. Juni 2019 *X R 20/17*, a.a.O., hier S. 7 (Zitat); vgl. auch Urt. des BFH vom 24. Februar 1994 *IV R 33/93* 1994, S. 590–591; Urt. des BFH vom 29. Juli 1982 *IV R 49/78*, in: BStBl. II 1982, S. 650–652; m.w.N. *Hommel, Michael*: Bilanzierung immaterieller Anlagewerte, a.a.O., hier S. 101f.

608 Vgl. Urt. des BFH vom 28. März 1990 *II R 30/89*, a.a.O., hier S. 570 (auch Zitat).

609 Vgl. *Hommel, Michael*: Bilanzierung immaterieller Anlagewerte, a.a.O., hier S. 105; nicht übertragbar sind z.B. Nutzungsüberlassungen aus Gefälligkeit, vgl. *Euler, Roland*: Das System der Grundsätze ordnungsmäßiger Bilanzierung, a.a.O., hier S. 146.

610 Vgl. Urt. des BFH vom 29. April 1965 *IV 403/62 U*, a.a.O., hier S. 415.

jedoch auch „willentlich unterlassen“ werden kann.[611] Diese vorgenommene Konkretisierung dient dabei der Abgrenzung von in Allgemeingebrauch stehenden Gütern; eine enge Interpretation des Übertragbarkeitsprinzips im Sinne einer Einzelzurückhaltbarkeit – welche etwa Mietereinbauten von der Aktivierung ausschließen würde – ist daraus jedoch nicht abzuleiten.[612]

bb) Konzessionen als Beispiel für die Auslegung des Kriteriums in wirtschaftlicher Betrachtungsweise

Eine Güterfernverkehrskonzession stellt ein grundsätzlich an den Berechtigten gebundenes Recht dar,[613] wodurch eine zivilrechtlich wirksame Übertragung grundsätzlich ausscheidet.[614] Da die Übertragbarkeitskonzeption der höchstrichterlichen Rechtsprechung auf eine Übertragbarkeit mit dem gesamten Unternehmen abstellt, bejahte der Bundesfinanzhofs die Vermögensgegenstandseigenschaft:[615] Güterfernverkehrsgenehmigungen, die nur mit dem ganzen Unternehmen oder einem Teilbetrieb übertragen werden können, verlieren dadurch „nicht den Charakter als Einzelwirtschaftsgut“[616]. Die Kontroverse im Schrifttum[617] erscheint zumindest mit Blick auf die handelsbilanzrechtliche Beurteilung noch teilweise fortzubestehen: *Gack* erarbeitet einzelne Fallgruppen, für welche ein Einklang zwischen Handels- und Steuerbilanz nicht

---

611 Vgl. *Hommel, Michael*: Bilanzierung immaterieller Anlagewerte, a.a.O., hier S. 106 (auch Zitat); Vorteile, die „außerhalb seiner Disposition“ stehen, kann der Kaufmann nicht zum Gegenstand eines Kaufgeschäftes machen, vgl. *Lang, Joachim*: Die Bemessungsgrundlage der Einkommensteuer, a.a.O., hier S. 402; vgl. auch Urt. des BFH vom 30. März 1994 *I R 52/93*, in: BStBl. II 1994, S. 903–907, hier S. 905; davon abzugrenzen ist die höchstrichterliche Rechtsprechung zu Kanalanschlusskosten, in welcher ein „Einleitungsrecht“ als immaterieller Vermögensgegenstand anerkannt wurde, vgl. Urt. des BFH vom 25. Mai 1984 *III R 30/79*, in: BStBl. II 1984, S. 616–617.

612 Vgl. *Hommel, Michael*: Bilanzierung immaterieller Anlagewerte, a.a.O., hier S. 111; vgl. zur entspr. Rechtspr. z.B. Urt. des BFH vom 25. Mai 1984 *III R 103/81*, in: BStBl. II 1984, S. 617–620; zum Begriff der „Einzelzurückbehaltungsfähigkeit“ vgl. *Ringling, Wilfried*: Aktivierung und Passivierung in der Steuerbilanz, Frankfurt am Main 1978, hier S. 152f.

613 Vgl. Urt. des BFH vom 30. Mai 1974 *III R 75/73*, in: BStBl. II 1974, S. 654–656, hier S. 655; ähnliche Fragestellungen mit Blick auf Schankkonzessionen oder Konzessionen zum Betrieb von Kraftdroschken hatte bereits der RFH zu beurteilen, vgl. dazu *Eibelshäuser, Manfred*: Immaterielle Anlagewerte in der höchstrichterlichen Finanzrechtsprechung, a.a.O., hier S. 140f.

614 Vgl. *Koch, Simone*: Bilanzierung von Nutzungsrechten nach GoB und IFRS, a.a.O., hier S. 33f.

615 Vgl. Urt. des BFH vom 22. März 1989 *II R 15/86*, in: BStBl. II 1989, S. 644–646, hier S. 645.

616 Urt. des BFH vom 4. Dezember 1991 *I R 148/90*, in: BStBl. II 1992, S. 383–385, hier S. 384.

617 Die Vermögensgegenstandseigenschaft verneinend *Niehues, Karl*: Die bilanzielle Behandlung von Güterfernverkehrsgenehmigungen, in: BB, 42. Jg. (1987), S. 1429–1431; *Niehues, Karl*: Zur Bilanzierung von Güterfernverkehrsgenehmigungen, in: BB, 43. Jg. (1988), S. 33–34; a.A. *Buciek, Klaus*: Zur Bilanzierung von Güterfernverkehrsgenehmigungen, in: BB, 42. Jg. (1987), S. 1979–1981; *Küting, Karlheinz*: Die Bilanzierung von Güterfernverkehrskonzessionen nach der Vollendung des Gemeinsamen Marktes, in: BB, 44. Jg. (1989), S. 1302–1310.

bestehe und sieht so beispielsweise ein Auseinanderfallen bei Güterfernverkehrskonzessionen.[618]

Diese Auffassung kann nicht nur auf inhaltlicher Ebene nicht geteilt werden, sondern verkennt, dass es sich im Kern um eine übergeordnete methodische Frage handelt: Ausgehend von einer dominierenden Gewinnanspruchsermittlung im ausschüttungsstatischen Bilanzrecht und dem Maßgeblichkeitsprinzip, über welches der Bundesfinanzhof handelsrechtliche GoB auslegt, ergibt sich eine tendenziell weit verstandene Übertragbarkeitskonzeption, welche mit dem gesamten Unternehmen oder mit Teilbetrieben übertragbare Vermögenswerte nicht pauschal von der Aktivierung ausschließt.[619]

Eine Betonung der wirtschaftlichen Betrachtungsweise ergibt sich auch bei der Einordnung eines Nießbrauchrechts, bei welchem mangels Übertragbarkeit auf den wirtschaftlichen Gehalt des Rechtsanspruchs abgestellt wird, also den rechtlich gesicherten Vermögensbestandteil.[620]

cc) Namensrechte natürlicher Personen als Beispiel für Grenzen der Auslegung des Kriteriums in wirtschaftlicher Betrachtungsweise

aaa) Unauflöslich an die Person des Trägers gebundene Rechte

Neben persönlichen Fähigkeiten, die beispielsweise die „wissenschaftliche Vorbildung und praktische Erfahrung eines Menschen“[621] sowie kreditwürdiges Auftreten[622]

---

618 Vgl. *Gack, Carina*: Der Komponentenansatz nach dem IDW Rechnungslegungshinweis, a.a.O., hier S. 61; es ist jedoch festzuhalten, dass auch gewichtige Stimmen im Schrifttum zwar handelsbilanziell eine engere Greifbarkeitskonzeption als der BFH fordern, jedoch die Aktivierungsfähigkeit von Güterfernverkehrskonzessionen aufgrund einer "faktisch selbstständig[en]" Übertragbarkeit bejahen, vgl. *Keitz, Isabel von*: Immaterielle Güter in der internationalen Rechnungslegung, a.a.O., hier S. 62f.

619 Diesbezüglich kritisch mit Blick auf herrschende Bilanzkommentierung *Moxter, Adolf/Engel-Ciric, Dejan*: Grundsätze ordnungsgemäßer Bilanzierung, a.a.O., hier S. 77; vgl. auch *Moxter, Adolf*: Bilanzrechtsprechung, a.a.O., hier S. 16f.

620 Vgl. *Clausen, Uwe*: Zur Bilanzierung von Nutzungsverhältnissen, in: JbFfStr, 27. Jg. (1976/77), S. 120–145, hier S. 133f; *Kußmaul, Heinz*: Nutzungsrechte an Grundstücken in Handels- und Steuerbilanz, Hamburg 1987, hier S. 166; *Hommel, Michael*: Bilanzierung immaterieller Anlagewerte, a.a.O., hier S. 122f.

621 Urt. des BFH vom 10. März 1993 *I R 116/91*, in: BFH/NV 1993, S. 595–597, hier S. 597.

622 Vgl. Urt. des FG Düsseldorf vom 9. Juni 1988 *15/2 K 89/84 F*, in: BB, 43. Jg. (1988), S. 2219.

umfassen können,[623] sind auch unauflöslich an die Person des Trägers gebundene Rechte grundsätzlich keine (greifbaren) Bestandteile des bilanzrechtlichen Vermögens.[624] Im Fall von mit einer Trägerperson verbundenen Rechten ist die Würdigung, ob Vermögen im bilanzrechtlichen Sinne vorliegt – ausgehend von einer Analyse der zivilrechtlichen Grundlagen – in besonderem Maße abhängig von Konkretisierungen im jeweiligen Einzelfall, da die Rechtsprechung im Grundsatz bei höchstpersönlichen Rechten eine objektivierungsbedingte Grenze des Greifbarkeitsprinzips definiert.[625]

Die Rechtsprechung des Bundesgerichtshofs hat ausdrücklich offengelassen, ob das einem Namensrecht grundsätzlich vergleichbare Recht am eigenen Bild (zivilrechtlich) übertragbar ist und lediglich dessen wirtschaftliche Verwertungsfähigkeit bejaht.[626] Wie der Bundesfinanzhof zutreffend feststellt, kommt es jedoch auf etwaige Kontroversen um die zivilrechtliche Übertragbarkeit bei der (steuer-)bilanzrechtlichen Würdigung in wirtschaftlicher Betrachtungsweise im Ergebnis nicht zwingend an.[627] Der Bundesgerichtshof stellte zudem bereits fest, dass dem Namen einer bekannten Person ein beträchtlicher wirtschaftlicher Wert zukommen könne und schloss zugleich die Übertragbarkeit derjenigen Namensbestandteile aus, die dem Schutz ideeller Interessen dienen.[628]

Diese Überlegung greift der Bundesfinanzhof auf und differenziert konsequent in wirtschaftlicher Betrachtungsweise: Die „vermögenswerten Bestandteile des Persönlichkeitsrechts [sind] nicht in derselben Weise unauflöslich an die Person ihres Trägers gebunden wie der Teil des Persönlichkeitsrechts, der dem Schutz ideeller Interessen dient“[629]. Damit wird zugleich die objektivierungsbedingte Grenzziehung im Sinne der Nichtaktivierung höchstpersönlicher bzw. an der Person des Kaufmanns haftender

[623] Vgl. *Hommel, Michael*: Internationale Bilanzrechtskonzeptionen und immaterielle Vermögensgegenstände, a.a.O., hier S. 355.

[624] Vgl. Urt. des BFH vom 12. Juni 2019 *X R 20/17*, a.a.O., hier S. 7; einen generellen Ausschluss von Namens- bzw. Zeichenrechten von der Aktivierungsfähigkeit verneint der BFH dagegen, vgl. z.B. Urt. des BFH vom 16. Dezember 2009 *I R 97/07*, in: BStBl. II 2010, S. 808–812, hier S. 810.

[625] Vgl. m.w.N. Kap. 2, I. 2. c.) aa).

[626] Vgl. Urt. des BGH vom 14. Oktober 1986 *VI ZR 10/86*, in: GRUR 1987, S. 128–129.

[627] Vgl. Urt. des BFH vom 12. Juni 2019 *X R 20/17*, a.a.O., hier S. 6.

[628] Vgl. Urt. des BGH vom 1. Dezember 1999 *I ZR 49/97*, in: GRUR 2000, S. 709–715, hier S. 712.

[629] Urt. des BFH vom 12. Juni 2019 *X R 20/17*, a.a.O., hier S. 7.

Vorteile betont,[630] welche den weit zu fassenden Vermögensbegriff[631] damit im Einklang mit dem bilanzrechtlichen Vorsichtsprinzip objektiviert.

bbb) Kommerzialisierbarer Teil eines Namensrechts

Die Entscheidung zum kommerzialisierbaren Teil eines Namensrechts hat im Schrifttum unmittelbare Resonanz hervorgerufen und die Begründung des Bundesfinanzhofs dabei im Ergebnis weitgehende Zustimmung erfahren.[632] Die Klägerin, welche ihrem Arbeitgeber gegen Vergütung das ausschließliche Recht gewährt hatte, Produkte mit ihrem Namen zu versehen sowie Marken einzutragen, zu deren Bestandteilen auch ihr Name gehört, war in der Folge auch als selbstständige Beraterin für ihren Arbeitgeber tätig. Zu einem späteren Zeitpunkt wurden sowohl der Beratungs- als auch der Lizenzvertrag aufgehoben und die eingetragenen Marken unentgeltlich auf die Klägerin übertragen, welche diese anschließend durch Markenkauf- und Übertragungsvertrag entgeltlich auf eine weitere Unternehmensgruppe übertrug.[633] Schlüssig und im Einklang mit der ständigen Rechtsprechung zum Wirtschaftsgutsbegriff folgert der Bundesfinanzhof, dass unabhängig davon, ob der kommerzialisierbare Teil eines Namensrechts zivilrechtlich endgültig übertragbar ist, ertragsteuerlich ein Wirtschaftsgut vorliegt.[634]

Wie die höchstrichterliche Rechtsprechung auch in jüngeren Entscheidungen betont, ist ein Wirtschaftsgut ein Gegenstand bzw. ein Vorteil, dessen Erlangung sich „der Kaufmann etwas kosten lässt“ und der nach der Verkehrsauffassung einer selbstständigen Bewertung zugänglich sowie „zumindest mit dem Betrieb [übertragbar]“ ist.[635]

---

[630] Vgl. in diesem Zusammenhang z.B. Urt. des BFH vom 13. Februar 1970 *III 156/65*, in: BStBl. II 1970, S. 369–373; Urt. des FG Baden-Württemberg vom 12. März 1985 *I 221/82*, in: EFG 1985, S. 471–472.

[631] Vgl. m.w.N. Urt. des BFH vom 26. November 2014 *X R 20/12*, a.a.O., hier S. 327; vgl. auch Urt. des BFH vom 10. März 2016 *IV R 41/13*, in: BStBl. II 2016, S. 984–989, hier S. 986f.

[632] Vgl. *Weber-Grellet, Heinrich*: Rechtsprechungsreport zu 2019, in: BB, 75. Jg. (2020), S. 43–50; *Wendt, Michael*: Einlage im Privatvermögen entstandener Wirtschaftsgüter, in: FR, 102. Jg. (2020), S. 593–598; *Link, Mathias*: Kommentar zum BFH-Urt. vom 12.06.2019 X R 20/17, in: BB, 75. Jg. (2020), S. 3055; *Kanzler, Hans-Joachim*: Anmerkung zum BFH-Urt. vom 12.06.2019 X R 20/17, in: FR, 102. Jg. (2020), S. 38–46; *Nöcker, Gregor*: Steuerbilanzrecht am Ende der 2010er Jahre, in: StuB, 22. Jg. (2020), S. 249–254.

[633] Vgl. Urt. des BFH vom 12. Juni 2019 *X R 20/17*, a.a.O; die Zusammenstellung der wesentlichen Aspekte der BFH-Entscheidung orientiert sich eng an *Weber-Grellet, Heinrich*: Rechtsprechungsreport zu 2019, a.a.O., hier S. 44.

[634] Vgl. Urt. des BFH vom 12. Juni 2019 *X R 20/17*, a.a.O., hier S. 6 und S. 8; der BFH grenzt dabei von den Ausführungen des Großen Senats ab zu Fällen, in denen lediglich ein Nutzungsrecht vorlag, vgl. Beschluss des BFH vom 26. Oktober 1987 *GrS 2/86*, a.a.O.

[635] Vgl. Urt. des BFH vom 10. März 2016 *IV R 41/13*, a.a.O., hier S. 986 (auch Zitate).

Wie die expliziten Abgrenzungen zur zivilrechtlichen Übertragbarkeit in der Entscheidung erkennen lassen,[636] bleibt der Bundesfinanzhof aber seiner grundsätzlich weiten Übertragbarkeitskonzeption treu; der Rekurs auf einen fiktiven Erwerb objektiviert damit nicht nur das Vorliegen eines positiven Effektivvermögensbeitrags, sondern indiziert auch die (wirtschaftliche) Übertragungsmöglichkeit dieses Vermögensvorteils.

Vor diesem Hintergrund zerlegt der Bundesfinanzhof das Namensrecht in eine das allgemeine Persönlichkeitsrecht repräsentierende Komponente und in einen kommerziellen Bestandteil.[637] Dass der Bundesfinanzhof letzteren als abnutzbares immaterielles Wirtschaftsgut ansieht, steht dabei nicht im Widerspruch zur Entscheidung zur Übertragung eines Domain-Namens: Da es sich um eine sog. generic domain handelte, ist die Ableitung eines nicht abnutzbaren immateriellen Wirtschaftsguts durchaus begründet.[638] Zumindest etwas missverständlich erscheint die Formulierung im Leitsatz, dass der kommerzialisierbare Teil eines Namensrechts „kein bloßes Nutzungsrecht und daher einlagefähig“[639] sei.[640]

Auch schuldrechtliche oder dingliche Nutzungsrechte können Wirtschaftsgüter darstellen, wenn sie eine „gesicherte Rechtsposition“ gewähren.[641] Bei sich aus schwebenden Verträgen ergebenden Nutzungsrechten gilt – außerhalb eines möglichen Erwerbs bestehender Nutzungsrechte von einem Dritten bzw. eines Eintritts in schuldrechtliche Nutzungsverhältnisse – grundsätzlich der Vorrang des schwebenden Vertrags:[642] Der das Vermögensermittlungsprinzip einschränkende Grundsatz der Nichtbilanzierung schwebender Geschäfte ergibt sich dabei im Wesentlichen aus dem Realisationsprinzip als Ausfluss des Vorsichtsprinzips.[643] Schwebende Geschäfte

636 Vgl. Urt. des BFH vom 12. Juni 2019 *X R 20/17*, a.a.O., hier S. 6.

637 Vgl. *Kanzler, Hans-Joachim*: Anmerkung zum BFH-Urt. vom 12.06.2019 X R 20/17, a.a.O., hier S. 46f.

638 Vgl. Urt. des BFH vom 19. Oktober 2006 *III R 6/05*, a.a.O., hier S. 303f; *Kanzler, Hans-Joachim*: Anmerkung zum BFH-Urt. vom 12.06.2019 X R 20/17, a.a.O., hier S. 46.

639 Urt. des BFH vom 12. Juni 2019 *X R 20/17*, a.a.O., hier S. 3.

640 Auf diesen Umstand ebenfalls hinweisend *Weber-Grellet, Heinrich*: Rechtsprechungsreport zu 2019, a.a.O., hier S. 45.

641 Vgl. *Richter, Heiner* et al.: § 5 EStG, in: HHR EStG, hier Rn. 1787; *Weber-Grellet, Heinrich*: § 5 EStG, in: Schmidt EStG, hier Rz. 176.

642 Vgl. Urt. des BFH vom 16. Mai 1963 *IV 379/60 U*, in: BStBl. III 1963, S. 400–401, hier S. 400f; *Richter, Heiner* et al.: § 5 EStG, in: HHR EStG, hier Rn. 1787.

643 Vgl. *Wolf, Sandra*: Bilanzierung von Zuschüssen nach HGB und IFRS, a.a.O., hier S. 32f; *Crezelius, Georg*: Das sogenannte schwebende Geschäft in Handels-, Gesellschafts- und Steuerrecht, in: FS Döllerer, S. 81–95; *Woerner, Lothar*: Die Gewinnrealisierung bei schwebenden

begründen „auf Ebene des Vermögensermittlungsprinzips […] im Regelfall sowohl greifbare Einnahmenansprüche als auch greifbare Ausgabenverpflichtungen", so dass es einer Einschränkung durch das „aus dem Gewinnermittlungsprinzip folgende[n] Realisationsprinzip" bedarf.[644]

dd) Sendelizenzen als Beispiel für eine enge Auslegung des Kriteriums in der jüngeren Rechtsprechung der Finanzgerichte

In einem jüngeren Urteil des Finanzgerichts Baden-Württemberg wurde die Übertragbarkeitskonzeption eng ausgelegt:[645] Die Klägerin betrieb im zu entscheidenden Fall einen Fernsehsender, welcher sich überwiegend aus der Vermarktung von Sendezeiten zu Werbezwecken finanzierte und zur Zulassung als regionaler Fernsehsender die Zuweisung entsprechender Übertragungskapazitäten bzw. einer Sendelizenz benötigte. Neben Kosten für den Zulassungsantrag fielen Nebenkosten in Form von Beratungsaufwendungen im Zusammenhang mit dem Zulassungsverfahren an. Der Betriebsprüfer vertrat entgegen der Klägerin die Auffassung, Anschaffungskosten für ein immaterielles Wirtschaftsgut „Sendelizenz" seien zu aktivieren.

Zunächst war strittig, ob die Sendelizenz überhaupt einen konkreten Vermögensvorteil darstellt. Die Abgrenzung zu einer lediglich vagen, unkonkreten Geschäftschance im Sinne der Argumentation der Klägerin im Verfahren gelingt dem Finanzgericht schlüssig: Ein fiktiver Erwerber würde allein aufgrund der Exklusivität der Senderechte ein prospektives Einnahmepotential kaufpreiserhöhend vergüten; die These, es fehle dem Senderecht an konkreten Auswirkungen auf die Erzielung von z.B. Werbeeinnahmen, ist ökonomisch betrachtet nicht haltbar.

Ein entscheidender Streitpunkt im Urteil stellt jedoch die Frage dar, ob die Sendelizenz als Vermögensvorteil übertragen werden kann. Hier vertritt das Finanzgericht Baden-Württemberg die Auffassung, dass die Übertragbarkeit an der einschlägigen Regelung im Landesmediengesetz scheitere: Diese schließt die zivilrechtliche Übertragbarkeit

Geschäften, in: BB, 43. Jg. (1988), S. 769–777, hier S. 771f. *Woerner* thematisiert in diesem Zusammenhang auch Vereinfachungserwägungen, die im Schrifttum ebenfalls für den Grundsatz der Nichtbilanzierung schwebender Geschäfte angeführt wurden.

644 *Euler, Roland*: Das System der Grundsätze ordnungsmäßiger Bilanzierung, a.a.O., hier S. 185 (beide Zitate).

645 Vgl. Urt. des FG Baden-Württemberg vom 3. Mai 2017 *4 K 173/14*, a.a.O., hier S. 2416.

der Zulassung aus und nimmt in diesem Zusammenhang eine (schädliche) Übertragung an, wenn innerhalb von drei Jahren seit der Zulassung mehr als die Hälfte der Kapital- oder Stimmrechtsanteile auf andere Gesellschafter oder Dritte übergehen und dies nach den gesamten Umständen einem Wechsel des Veranstalters gleichkommt; dabei waren Umwandlungsfälle ausgenommen.[646]

Das Finanzgericht greift zunächst bei der Prüfung des Vermögenswertprinzips zu Recht die Entscheidungen zu öffentlich-rechtlichen Konzessionen in ständiger Rechtsprechung auf.[647] In den entschiedenen Fällen existiere nach der Argumentation der Klägerin zwar regelmäßig ein Angebotsmonopol eines Hoheitsträgers, durch welchen die öffentliche Hand den Marktzugang reguliere und darüber hinaus die jeweilige Betätigung quantitativ einschränke, dies sei jedoch nicht vergleichbar mit einem privaten regionalen Fernsehsender, welcher sich fast ausschließlich durch Werbeeinnahmen finanziere.[648] Diese Differenzierung kann jedoch weder mit Blick auf das Vermögenswertprinzip, noch mit Blick auf die Frage, ob ein zumindest mit dem gesamten Unternehmen übertragbarer, greifbarer Vermögensvorteil vorliegt, überzeugend eine abweichende Lösung des Bilanzierungsproblems rechtfertigen. Vielmehr ist eine differenzierte Würdigung der rechtlichen Ausgangssituation erforderlich, um die wirtschaftliche Substanz im zu entscheidenden Fall vollständig offenzulegen.

Aufgrund der Spezifika des zugrundeliegenden Sachverhalts sprechen tatsächlich gewichtige Gründe für eine enge Auslegung der Übertragbarkeit: Zunächst ist die Lizenz ein höchstpersönliches Recht und an die Person des Adressaten des Zulassungsbescheids gebunden und somit nicht unmittelbar übertragbar.[649] Eine mittelbare Übertragungsfähigkeit, etwa durch Abtretung der Anteile im Wege eines Share Deals, wird dagegen im Schrifttum bejaht, jedoch darin nur ein „Ausdruck der Verkehrsfähigkeit der Anteile an der Gesellschaft" gesehen.[650] Andernfalls hinge – zumindest aus der Sicht des Finanzgerichts – die Eigenschaft als Wirtschaftsgut von der Rechtsform des

646 Vgl. § 12 Abs. 4 LMedienG Baden-Württemberg vom 19.07.1999 in der der Entscheidung zugrundeliegenden Fassung, Änderungen LMedienG in Kraft getreten am 1.4.2005 (Streitjahr 2005).

647 Vgl. z.B. bereits zu Brennrechten Urt. des BFH vom 5. März 1965 *III 259/61 S*, a.a.O., hier S. 277. Für weitere Nachweise zu Belieferungsrechten und Vertreterrechten vgl. Kap. 2, I., 2., b), dd), aaa).

648 Vgl. Urt. des FG Baden-Württemberg vom 3. Mai 2017 *4 K 173/14*, a.a.O.

649 Dies betont auch *Lüdenbach, Norbert*: Aktivierung der Nebenkosten einer Fernsehlizenz, in: StuB, 20. Jg. (2018), S. 144.

650 Vgl. ebenda (auch Zitat).

Rechtsträgers ab.[651] Zumindest verdeutlicht das Finanzgericht durch diese Argumentation, dass das zu lösende Bilanzierungsproblem nur teilweise mit der Rechtsprechung des Bundesfinanzhofs zu Lizenzspielerrechten[652] vergleichbar ist und daher der Verweis auf eine wirtschaftliche Betrachtungsweise eng verknüpft sein muss mit der Analyse der wirtschaftlichen Substanz der zugrundeliegenden (rechtlichen) Ausgangssituation im zu entscheidenden Sachverhalt.

Die angeführten Argumente des Finanzgerichts sind in formaler Sicht nachvollziehbar, halten jedoch in der Gesamtbetrachtung einer wirtschaftlichen Betrachtungsweise nicht stand. Dafür sprechen im Wesentlichen drei Gründe: Zunächst ergibt sich in einer Reihe von höchstrichterlichen Entscheidungen – wenngleich nicht ohne Ausnahmen – eine grundsätzlich weite (wirtschaftliche) Auslegung des Greifbarkeitsprinzips, das nicht auf eine (Einzel-)Verkehrsfähigkeit abstellt und darüber hinaus auch das Kriterium der Übertragbarkeit mit dem gesamten Unternehmen systemkonform in wirtschaftlicher Betrachtungsweise auslegt.[653] Darüber hinaus spricht die Tatsache, dass exklusive Senderechte zumindest in ihrem wirtschaftlichen Gehalt übertragen werden können und dass ein fiktiver Erwerber diese „rechtlich verfestigte […] wirtschaftliche Chance“[654] kaufpreiserhöhend berücksichtigte, gerade für das Vorliegen eines vom Geschäfts- oder Firmenwert abgrenzbaren Vermögenswerts. Zuletzt ist anzuführen, dass im vorliegenden Fall gerade die Möglichkeit einer Übertragung abstrakt und – wenngleich unter erheblichen Einschränkungen durch das zugrundeliegende Landesmediengesetz – auch konkret gegeben war.

Wie *von Keitz* schlüssig darlegt, kann im Falle von Konzessionen im Einzelfall bereits durch die Möglichkeit der Übertragung im Wege der Umwandlung eines konzessionierten Tochterunternehmens und anschließender Anteilsveräußerung eine

---

651 Vgl. Urt. des FG Baden-Württemberg vom 3. Mai 2017 *4 K 173/14*, a.a.O., hier S. 2146.

652 Vgl.Urt. des BFH vom 14. Dezember 2011 *I R 108/10*, a.a.O; Urt. des BFH vom 26. August 1992 *I R 24/91*, a.a.O.

653 Zur Betonung einer wirtschaftlichen Betrachtungsweise sind insbes. Entscheidungen im Zusammenhang mit der Betonung eines Quasi-Synallagmas, etwa bei Lizenzspielertransfers, der Übertragung von Domain-Namen sowie der Übertagung einseitig eingeräumter Kaufoptionen an Dritte einschlägig, vgl. dazu m.w.N. Kap. 2, I. 2. b) dd). Die Entscheidung des Bundesfinanzhofs zur Vertragsarztzulassung spräche in dieser Argumentation jedoch tendenziell zugunsten einer engen Auslegung, vgl. Kap. 2, I. 2. b) dd) ddd).

654 So der BFH z.B. im Zusammenhang mit greifbaren wirtschaftlichen Vorteilen aus Vertreterrechten, vgl. Urt. des BFH vom 22. August 2007 *X R 2/04*, in: BStBl. II 2008, S. 109–113, hier S. 110.

Übertragbarkeit im bilanzrechtlichen Sinne erreicht werden.[655] Darüber hinaus ist unter Berücksichtigung des zum Zeitpunkt der Entscheidung einschlägigen Landesmediengesetzes nach Ablauf eines gewissen Zeitraums bereits eine mittelbare Übertragung nicht ausgeschlossen gewesen.

Der Argumentation des Finanzgerichts, dass beim Rekurs auf einen hypothetischen Share Deal im der Entscheidung zugrundeliegenden Sachverhalt das Tatbestandsmerkmal der Verkehrsfähigkeit als „sinnentleert" erschiene,[656] ist unter der Prämisse zuzustimmen, dass bei der Deduktion des bilanzrechtlichen Vermögensbegriffs auf eine Einzelverkehrsfähigkeit Bezug genommen wird – auf diese kommt es bei der systemkonformen Bestimmung des bilanzrechtlichen Vermögens jedoch gerade nicht an.[657]

---

655 Vgl. insbes. mit Blick auf Güterfernverkehrskonzessionen *Keitz, Isabel von*: Immaterielle Güter in der internationalen Rechnungslegung, a.a.O., hier S. 62f. Die Argumentationslinie überzeugt jedoch nicht vollständig: So argumentiert *von Keitz* unter anderem über den Beitrag der Konzessionen zur Schuldendeckungsfähigkeit, welchem bei der Auslegung im geltenden Bilanzrecht allenfalls subsidiäre Bedeutung zukommt.

656 Vgl. Urt. des FG Baden-Württemberg vom 3. Mai 2017 *4 K 173/14*, a.a.O., hier S. 2416 (auch Zitat).

657 Vgl. insbes. die Nachweise in Kap. 2, I. 2. b) bb).

d) *Unentziehbarkeit als Ausprägung des Objektivierungsprinzips*

Die Entstehung eines abstrakten Rechtsanspruchs allein kann noch kein bilanzrechtliches Vermögen konkretisieren.[658] Dies verdeutlicht einerseits die Bedeutung der wirtschaftlichen Betrachtungsweise bei der Auslegung des Vermögensbegriffs.[659] Das Kriterium der Greifbarkeit zielt andererseits zugleich auf die Objektivierung des Bilanzinhalts ab und soll im Sinne des Vorsichtsprinzips sog. Non-Valeurs von der Aktivierung ausschließen[660]. Daher setzt der bilanzielle Vermögensbegriff die Unentziehbarkeit des jeweiligen zugrundeliegenden Vorteils voraus; ausreichend in diesem Sinne ist eine faktische Unentziehbarkeit, welche beispielsweise auch bei Know-How[661] ohne Vorliegen eines Patentschutzes gegeben sein kann. In diesem Zusammenhang ist von einer extensiven und entobjektivierenden Greifbarkeitskonzeption abzugrenzen: Werbefeldzüge können ökonomische Vorteile verkörpern, die ein fiktiver Erwerber vergüten würde, die jedoch keine unentziehbaren, klar vom Geschäfts- oder Firmenwert abgrenzbaren Einzelheiten darstellen.[662]

Das Greifbarkeitsprinzip gewinnt durch das Merkmal des Bestandsschutzes Konturen, welches durch faktisch nicht entziehbare Positionen gekennzeichnet ist.[663] Das Kriterium der Unentziehbarkeit verdeutlicht, dass die Vermögenszurechnungskonzeption[664] eng verknüpft ist mit dem bilanzrechtlichen Vermögensbegriff und in diesem Sinne ein Unterkriterium der Grundsätze des Vermögensgegenstandsbegriffs darstellt.[665]

---

658 Vgl. in diesem Zusammenhang bspw. die Rechtsprechung zu bestrittenen Forderungen, Urt. des BFH vom 27. Mai 1964 *IV 352/62 U*, in: BStBl. III 1964, S. 478–480, hier S. 480; Urt. des BFH vom 26. April 1989 *I R 147/84*, in: BStBl. II 1991, S. 213–216, hier S. 215f. Vgl. darüber hinaus Nachweise Kap. 2, I. 1. c).

659 Vgl. Nachweise in Kap. 1, III. 1. a).

660 Vgl. *Moxter, Adolf*: Grundsätze ordnungsgemäßer Rechnungslegung, a.a.O., hier S. 73f.

661 Vgl. Urt. des BFH vom 10. März 1993 *I R 116/91*, a.a.O., hier S. 596; vgl. m.w.N. auch Beschluss des BFH vom 4. Dezember 2006 *GrS 1/05*, in: BStBl. II 2007, S. 508–516, hier S. 512f.

662 Vgl. *Hommel, Michael*: Bilanzierung immaterieller Anlagewerte, a.a.O., hier S. 172f; vgl. bereits Urt. des RFH vom 26. September 1939 *I 422/38*, in: RStBl. 1940, S. 34–35, hier S. 34.

663 Vgl. *Hommel, Michael*: Bilanzierung immaterieller Anlagewerte, a.a.O., hier S. 152; *Spieler, Josef*: Aktivierungsfähigkeit von selbsterstellter Software, Frankfurt am Main 1987, hier S. 72.

664 Für eine umfassendere Betrachtung der Grundsätze wirtschaftlicher Vermögenszurechnung sowie Konkretisierungen dieser Grundsätze vgl. Kap. 3.

665 Vgl. *Costede, Jürgen*: Die Aktivierung von Wirtschaftsgütern im Einkommensteuerrecht, a.a.O., hier S. 117; *Hommel, Michael*: Bilanzierung immaterieller Anlagewerte, a.a.O., hier S. 155; *Koch, Simone*: Bilanzierung von Nutzungsrechten nach GoB und IFRS, a.a.O., hier S. 72-74; im Schrifttum wird das Unentziehbarkeitsprinzip teilweise inhaltlich vergleichbar interpretiert, jedoch

3. Grundsatz der Bilanzierung selbstständig bewertbarer Vermögenswerte

a) Das Kriterium der selbstständigen Bewertbarkeit als Folge des Einzelbewertungsprinzips

Die höchstrichterliche Rechtsprechung[666] und gewichtige Literaturbeiträge[667] ziehen als weiteres notwendiges Begriffsmerkmal des Vermögensgegenstands- bzw. des Wirtschaftsgutsbegriffs das Prinzip der selbstständigen Bewertbarkeit heran. Die Literatur leitet dieses Kriterium regelmäßig aus dem Einzelbewertungsprinzip ab,[668] teilweise in enger Verknüpfung mit dem Realisationsprinzip.[669]

Der in § 253 Abs. 1 Nr. 3 HGB normierte Grundsatz einzelbewertungsgeprägter Vermögensermittlung ist konzeptionell mit dem Fortführungsprinzip verbunden und folgt primär Objektivierungserwägungen.[670] Während das Erfordernis der Greifbarkeit auf eine Abgrenzbarkeit vom originären Geschäfts- oder Firmenwert dem Grunde nach abzielt, intendiert das Abstellen auf eine selbstständige Bewertbarkeit eine Objektivierung der Höhe nach.[671] Vermögenswerte müssen daher im Zugangszeitpunkt einer gesonderten Bewertung zugänglich sein,[672] wobei die Rechtsprechung grundsätzlich

---

als Konkretisierung des Vermögenswertprinzips verstanden, vgl. z.B. *Moxter, Adolf*: Grundsätze ordnungsgemäßer Rechnungslegung, a.a.O., hier S. 65f.

666 Urt. des BFH vom 10. August 1989 *X R 176-177/87*, a.a.O., hier S. 17; Urt. des BFH vom 13. März 1991 *X R 81/89*, in: BFH/NV 1991, S. 585; Urt. des BFH vom 12. März 2020 *IV R 9/17*, a.a.O., hier S. 229; mit Verw. auf weitere Entscheidungen in der jüngsten BFH-Rechtsprechung vgl. *Nöcker, Gregor*: Steuerbilanzrecht und der BFH, a.a.O., hier S. 153f.

667 Vgl. *Moxter, Adolf*: Selbständige Bewertbarkeit als Aktivierungsvoraussetzung, a.a.O., hier S. 1846; *Wüstemann, Jens/Wüstemann, Sonja*: Das System der Grundsätze ordnungsmäßiger Buchführung nach dem Bilanzrechtsmodernisierungsgesetz, a.a.O., hier S. 762f; *Hennrichs, Joachim*: Immaterielle Vermögensgegenstände nach dem Entwurf des Bilanzrechtsmodernisierungsgesetzes (BilMoG), a.a.O., hier S. 540; *Eibelshäuser, Manfred*: Der Bundesfinanzhof und die statische Bilanzauffassung, a.a.O., hier S. 57; a.A. *Pfeiffer, Thomas*: Begriffsbestimmung und Bilanzierungsfähigkeit des immateriellen Wirtschaftsgutes, a.a.O., hier S. 335; das Kriterium ebenfalls ablehnend *Schneider, Dieter*: Vermögensgegenstände und Schulden, a.a.O., hier S. 342.

668 Vgl. *Jüttner, Uwe*: GoB-System, Einzelbewertungsgrundsatz und Imparitätsprinzip, Frankfurt am Main 1993, hier S. 119–149; *Koch, Simone*: Bilanzierung von Nutzungsrechten nach GoB und IFRS, a.a.O., hier S. 35; den Einfluss des Einzelbewertungsprinzips auf den Wirtschaftsgutsbegriff ebenfalls aufgreifend *Weber-Grellet, Heinrich*: Steuerbilanzrecht, a.a.O., hier S. 90.

669 Vgl. *Fladung, Hans-Dieter*: Das Vorsichts- und Objektivierungsprinzip im deutschen Bilanzrecht, a.a.O., hier S. 138.

670 Vgl. *Euler, Roland*: Das System der Grundsätze ordnungsmäßiger Bilanzierung, a.a.O., hier S. 62 und S. 138.

671 Vgl. *Kronner, Markus*: GoB für immaterielle Anlagewerte und Tauschgeschäfte, a.a.O., hier S. 14f; *Koch, Simone*: Bilanzierung von Nutzungsrechten nach GoB und IFRS, a.a.O., hier S. 35f; Urt. des BFH vom 10. Mai 1990 *IV R 41/89*, in: BFH/NV 1991, S. 585–586, hier S. 586.

672 Vgl. Urt. des BFH vom 9. Juli 1986 *I R 218/82*, a.a.O., hier S. 14; Urt. des BFH vom 9. Februar 1978 *IV R 201/74*, in: BStBl. II 1978, S. 370–372, hier S. 371.

nicht auf eine exakte Feststellung von Zugangs- und Folgewerten in einem strengen Sinne rekurriert, sondern vielmehr auf griffweise Schätzungen abstellt.[673]

Die selbstständige Bewertbarkeit setzt damit auch mit Blick auf die Folgebewertung zumindest „hinreichende Anhaltspunkte" voraus.[674] Ein Vermögenswert ist bilanzrechtlich einer besonderen Bewertung dann nicht zugänglich, wenn dieser sich der Höhe nach nicht vom Geschäfts- oder Firmenwert isolieren lässt, mithin eine Bewertung nur zusammen mit dem ganzen Unternehmen möglich ist.[675]

Mitunter wird im Schrifttum das Kriterium der selbstständigen Bewertbarkeit als bereits hinreichendes Kriterium[676] gesehen, welches die „zentrale Aktivierungsvoraussetzung"[677] darstelle. Es ist gleichwohl nicht erkennbar, warum das Kriterium der selbstständigen Bewertbarkeit der Anforderung der Greifbarkeit eines wirtschaftlichen Vorteils übergeordnet sein soll.[678]

Festzuhalten bleibt, dass die dem Kriterium der selbstständigen Bewertbarkeit zuzumessende Bedeutung auch abhängig ist von der jeweiligen Greifbarkeitskonkretisierung: Folgte man beispielsweise einer an der Einzelveräußerbarkeit oder Einzelvollstreckbarkeit orientierten Greifbarkeitskonzeption, resultierte eine abweichende Würdigung des Verhältnisses beider Kriterien:[679] In einem engen – jedoch nicht

673 Vgl. bspw. Urt. des BFH vom 28. Mai 1979 *I R 1/76*, a.a.O., hier S. 737; für weitere Entscheidungen zu den Anforderungen der Rechtsprechung an die selbständige Bewertbarkeit vgl. insbes. *Moxter, Adolf*: Bilanzrechtsprechung, a.a.O., hier S. 13–16.

674 Vgl. *Moxter, Adolf*: Die Aktivierungsvoraussetzung 'entgeltlicher Erwerb' im Sinne von § 5 Abs. 2 EStG, in: DB, 31. Jg. (1978), S. 1804–1809, hier S. 1808 (auch Zitat).

675 Vgl. *ders.*: Selbständige Bewertbarkeit als Aktivierungsvoraussetzung, a.a.O., hier S. 1846; *Hommel, Michael*: Bilanzierung immaterieller Anlagewerte, a.a.O., hier S. 207.

676 Vgl. *Janke, Madeleine*: Periodisierung, Objektivierung und Vorsicht bei Vermögensgegenständen und Schulden, a.a.O., hier S. 220f.

677 *Dziadkowski, Dieter*: Betriebswirtschaftliche Überlegungen zur Anpassung des deutschen Handelsbilanzrechts und des Bilanzsteuerrechts an die Bilanzrichtlinie, in: StuW, 56. Jg. (1979), S. 228–236, hier S. 230.

678 So wohl ebenfalls zu verstehen *Koch, Simone*: Bilanzierung von Nutzungsrechten nach GoB und IFRS, a.a.O., hier S. 35.

679 Vgl. m.w.N. *Tiedchen, Susanne*: Der Vermögensgegenstand im Handelsbilanzrecht, a.a.O., hier S. 62; so wird bspw. vertreten, die Einzelverwertbarkeit schließe die selbständige Bewertbarkeit als notwendige Bedingung mit ein, vgl. z.B. *Philipps, Holger*: Rechnungslegung nach BilMoG, Wiesbaden 2010, hier S. 71f.

systemkonform ableitbaren –[680] Verständnis der Greifbarkeit kann die Einzelübertragungsfähigkeit zugleich die Einzelbewertbarkeit implizieren.[681]

680 Vgl. zur kritischen Würdigung der Greifbarkeitskonzeption insbes. Kap. 2, I. 2. b)

681 Vgl. *Koch, Simone*: Bilanzierung von Nutzungsrechten nach GoB und IFRS, a.a.O., hier S. 36.

b) *Bedeutung der selbstständigen Bewertbarkeit als Vermögensgegenstandskriterium*

aa) Abgrenzung vom Greifbarkeitsprinzip

Wie insbesondere *Moxter* verdeutlicht, ist „selbständige Bewertbarkeit […] etwas anderes als Greifbarkeit: das, was als Sache oder Recht greifbar ist, mu[ss] sich nicht abgrenzbar bewerten lassen“[682]. Nur so leuchtet ein, dass der Bundesfinanzhof mitunter explizit klarstellt, dass die selbstständige Bewertbarkeit ein „wesentliches Merkmal für die Annahme eines Wirtschaftsguts“[683] darstellt; die selbstständige Bewertungsfähigkeit ist ein „dem Begriff des Wirtschaftsgutes immanentes Merkmal“.[684]

Wie *Hennrichs* zutreffend anführt, ist insbesondere bei selbstständig geschaffenen Marken eine verlässliche selbstständige Bewertbarkeit eine notwendige Aktivierungsvoraussetzung;[685] unter Heranziehung der in der höchstrichterlichen Rechtsprechung entwickelten Aktivierungskriterien nach handelsrechtlichen GoB hat das in § 248 Abs. 2 HGB normierte entsprechende Aktivierungsverbot insofern lediglich klarstellende Funktion. Die Notwendigkeit der Abgrenzung der Vermögensgegenstandskriterien der Greifbarkeit und der selbstständigen Bewertbarkeit tritt beispielsweise bei der Übertragung von Know-How zutage: Die Übertragbarkeit als Einzelheit im Rechtsverkehr belegt noch nicht eine Isolierbarkeit vom Geschäfts- oder Firmenwert im Sinne einer Möglichkeit zur Beimessung eines selbstständigen Werts im Rahmen eines Unternehmenserwerbs.[686]

Auch umgekehrt bedeutet selbstständige Bewertbarkeit nicht automatisch Greifbarkeit:[687] Ein wirtschaftlicher Vermögensvorteil aus einem Werbefeldzug kann somit durchaus selbstständig bewertbar sei, repräsentiert gleichwohl keinen greifbaren

682 *Moxter, Adolf*: Bilanzrechtsprechung, a.a.O., hier S. 9.
683 Urt. des BFH vom 10. Mai 1990 *IV R 41/89*, a.a.O., hier S. 586.
684 Vgl. *Hauter, Erich*: Der Ansatz der immateriellen Wirtschaftsgüter in der Vermögensaufstellung, in: StbJb, 32. Jg. (1980/81), S. 197–254, hier S. 208 (auch Zitat); ähnlich *May, Erich*: Das Wirtschaftsgut, a.a.O., hier S. 29.
685 Vgl. *Hennrichs, Joachim*: Immaterielle Vermögensgegenstände nach dem Entwurf des Bilanzrechtsmodernisierungsgesetzes (BilMoG), a.a.O., hier S. 542.
686 Vgl. *Hommel, Michael*: Bilanzierung immaterieller Anlagewerte, a.a.O., hier S. 210.
687 So aber z.B. *Stapf, Anton*: Immaterielle Anlagewerte und aktive Rechnungsabgrenzungsposten, Würzburg 1968, hier S. 153.

Vermögenswert.[688] Gleiches gilt für den Zuschuss zum Bau einer öffentlichen Straße, welcher zwar selbstständig bewertbar ist, gleichwohl nicht als greifbare Einzelheit in Erscheinung tritt bzw. vom Geschäfts- oder Firmenwert dem Grunde nach abgrenzbar ist.[689]

bb) Verständnis der selbstständigen Bewertbarkeit im Gesetzesentwurf der Bundesregierung zum Bilanzrechtsmodernisierungsgesetz

Im Gesetzesentwurf der Bundesregierung zum BilMoG wird die selbstständige Bewertbarkeit nicht als Vermögensgegenstandskriterium angeführt, vielmehr wird ausdrücklich lediglich auf die Einzelverwertbarkeit abgestellt.[690] *Hommel und Berndt* stellen jedoch zutreffend fest, dass der selbstständigen Bewertbarkeit der Rang als Vermögensgegenstandskriterium nur scheinbar aberkannt werde:[691] Die dem Aktivierungsverbot des § 248 Abs. 2 HGB unterliegenden Tatbestände werden ausweislich der Gesetzesbegründung als selbst geschaffene Vermögensgegenstände gesehen, deren ausdrückliches Aktivierungsverbot sich mit der fehlenden selbstständigen Bewertbarkeit begründe.[692]

Abgesehen von der sprachlichen Unschärfe – handelte es sich bei Vermögenswerten, die keiner selbstständigen Bewertung zugänglich sind bereits nicht um Vermögensgegenstände[693] – lässt sich aus dieser Begründung schließen, dass keine Abkehr der tradierten bilanzrechtlichen Vermögenskonzeption intendiert war: Weder die Zwecksetzung der handelsrechtlichen GoB noch die handelsbilanzrechtliche Vermögenskonzeption sollten geändert werden.[694] Insbesondere wurde die im Schrifttum teilweise geäußerte Kritik[695] am Kriterium der selbstständigen Bewertbarkeit gerade nicht aufgegriffen.

---

688 Vgl. *Moxter, Adolf*: Bilanzrechtsprechung, a.a.O., hier S. 9; *Hommel, Michael*: Bilanzierung immaterieller Anlagewerte, a.a.O., hier S. 213.

689 Vgl. Urt. des BFH vom 28. März 1990 *II R 30/89*, a.a.O., hier S. 570.

690 Vgl. BT-Drs 16/10067 vom 30.07.2008, hier S. 50.

691 Vgl. *Hommel, Michael/Berndt, Thomas*: Das Realisationsprinzip, a.a.O., hier S. 2192.

692 Vgl. BT-Drs 16/10067 vom 30.07.2008, hier S. 50.

693 Ähnlich *Hommel, Michael/Berndt, Thomas*: Das Realisationsprinzip, a.a.O., hier S. 2192.

694 Vgl. *Wüstemann, Jens/Wüstemann, Sonja*: Das System der Grundsätze ordnungsmäßiger Buchführung nach dem Bilanzrechtsmodernisierungsgesetz, a.a.O., hier S. 762; *Rößler, Bettina*: Abgrenzung und Bewertung von Vermögensgegenständen, a.a.O., hier S. 33.

695 Kritisch z.B. *Schneider, Dieter*: Vermögensgegenstände und Schulden, a.a.O., hier S. 342; *Tiedchen, Susanne*: Der Vermögensgegenstand im Handelsbilanzrecht, a.a.O., hier S. 65.

Schneider sieht das von der Rechtsprechung geprägte Prinzip selbstständiger Bewertbarkeit und eine selbstständige Veräußerbarkeit als denkbare, sich ausschließende Ansatzkriterien und plädiert dabei für letzteres im Sinne einer eng verstandenen Einzelveräußerbarkeit.[696] Wird im Gesetzesentwurf der Bundesregierung zum BilMoG zwar nicht auf eine Einzelveräußerbarkeit, sondern vielmehr auf eine selbstständige Verwertbarkeit abgestellt,[697] so ist gleichwohl zu untersuchen, inwieweit eine Abgrenzung von der selbstständigen Bewertbarkeit – über die Überlegungen zum Aktivierungsverbot des § 248 Abs. 2 HGB hinausgehend – vom Gesetzgeber überhaupt intendiert gewesen sein könnte.

Das Kriterium der selbstständigen Bewertbarkeit gewinnt gerade dann an Bedeutung, wenn Greifbarkeit nicht im engen Sinne an die Einzelverkehrsfähigkeit eines Guts geknüpft ist.[698]

Schneiders Argumentation basiert insbesondere auf dem Realisationsprinzip und dem Einzelbewertungsgrundsatz, aus welchen abgeleitet wird, dass bilanzielles Vermögen, mithin Wirtschaftsgüter, nur vorliegen könnten, wenn die entsprechenden Güter auch einzeln aus dem Unternehmen abgehen können.[699] Die Argumentation ist – im Falle einer Betonung des Bilanzzwecks der Ermittlung der Schuldendeckungsfähigkeit – in sich durchaus konsistent; der in der Prämisse angenommene primäre Bilanzzweck entspricht jedoch nicht dem geltenden Bilanzrecht.[700] Diese mögliche Argumentationslinie hat der Gesetzgeber erkennbar nicht eingeschlagen und sich somit gerade nicht gegen das Kriterium der selbstständigen Bewertbarkeit bzw. die von der Rechtsprechung etablierten Vermögensgegenstandskriterien gewandt.[701]

---

696 Vgl. *Schneider, Dieter*: Sieben Thesen zum Verhältnis von Handels- und Steuerbilanz, a.a.O., hier S. 1700.

697 Vgl. BT-Drs 16/10067 vom 30.07.2008, hier S. 50.

698 Vgl. *Koch, Simone*: Bilanzierung von Nutzungsrechten nach GoB und IFRS, a.a.O., hier S. 36f.

699 Vgl. *Schneider, Dieter*: Sieben Thesen zum Verhältnis von Handels- und Steuerbilanz, a.a.O., hier S. 1700.

700 Vgl. dazu m.w.N. Kap. 1, I. 1. c).

701 Vgl. *Wüstemann, Jens/Wüstemann, Sonja*: Das System der Grundsätze ordnungsmäßiger Buchführung nach dem Bilanzrechtsmodernisierungsgesetz, a.a.O., hier S. 761f.

In diesem Kontext ist gleichwohl festzuhalten, dass auch in einzelnen Urteilen des Bundesfinanzhofs nicht jedes der Vermögensgegenstandskriterien ausdrücklich und begrifflich klar voneinander getrennt geprüft wird:[702] In einzelnen Entscheidungen scheint es, als würde der Bundesfinanzhof die Greifbarkeit als Teilmenge der selbstständigen Bewertbarkeit verstehen,[703] was insoweit das der Gesetzesbegründung zum BilMoG zugrundeliegende Verständnis der selbstständigen Bewertbarkeit stützen könnte.

Es ist jedoch einerseits zu berücksichtigen, dass die Rechtsprechung ebenfalls häufig zwischen den Kriterien der Greifbarkeit und der selbstständigen Bewertbarkeit nicht nur materiell, sondern bereits sprachlich klar trennt,[704] und andererseits auch diejenigen Urteilsbegründungen, welche die Kriterien der Greifbarkeit und der selbstständigen Bewertbarkeit argumentativ vermengen, keinesfalls die These einer Irrelevanz eines der Kriterien zu stützen vermögen: So prüft der Bundesfinanzhof in einem entsprechenden Urteil unter dem Merkmal der selbstständigen Bewertbarkeit auch in einer jüngeren Entscheidung, ob „ein Erwerber des gesamten Betriebs in dem Vorteil einen greifbaren Wert sehen würde" und ob ein „besonderes Entgelt" ansetzbar sei.[705]

Materiell ergibt sich insofern gerade keine veränderte Auslegung des Vermögensgegenstandsbegriffs durch die höchstrichterliche Rechtsprechung.

Auch vor diesem Hintergrund können die sprachlichen Unschärfen in der Gesetzesbegründung bzw. in § 248 Abs. 2 S. 2 HGB[706] eine Abkehr von den von der

[702] Mit Verweisen auf entsprechende BFH-Entscheidungen vgl. *Janke, Madeleine*: Periodisierung, Objektivierung und Vorsicht bei Vermögensgegenständen und Schulden, a.a.O., hier S. 221.

[703] Vgl. bspw. Urt. des BFH vom 12. März 2020 *IV R 9/17*, a.a.O., hier S. 226; Urt. des BFH vom 12. Juni 2019 *X R 20/17*, a.a.O., hier S. 7; Urt. des BFH vom 28. September 1990 *III R 178/86*, in: BStBl. II 1991, S. 187–189, hier S. 187.

[704] Vgl. bspw. Urt. des BFH vom 26. April 2018 *III R 5/16*, a.a.O., hier S. 538; Urt. des BFH vom 29. November 2012 *IV R 47/09*, a.a.O., hier S. 327; Urt. des BFH vom 30. September 2010 *IV R 28/08*, in: BStBl. II 2011, S. 406–409, hier S. 407; Urt. des BFH vom 13 September 1989 *II R 1/87*, in: BStBl. II 1990, S. 47–49, hier S. 48.

[705] Urt. des BFH vom 12. März 2020 *IV R 9/17*, a.a.O., hier S. 229 (beide Zitate).

[706] So wird auf Vermögenswerte verwiesen, die mangels selbstständiger Bewertbarkeit auch unabhängig vom klarstellenden Aktivierungsverbot keine Vermögensgegenstände darstellen; diese werden zugleich aber in § 248 Abs. 2 S. 2 HGB als Vermögensgegenstände („vergleichbare Vermögensgegenstände des Anlagevermögens") bezeichnet.

Rechtsprechung des Bundesfinanzhofs geprägten Vermögensgegenstandskriterien in der Gesamtschau nicht erkennen lassen.

c) *Konkretisierungen des Prinzips der selbstständigen Bewertbarkeit*

aa) Hinreichende Konkretisierung bei Vorliegen einer „griffweisen Schätzung“

Abhängig vom Verständnis des Prinzips der selbstständigen Bewertbarkeit ergeben sich unterschiedliche Objektivierungsanforderungen.[707] Ein zu enges Verständnis führte zu „rigorose[n] Ansatzbegrenzungen“[708] insbesondere bei immateriellen Gütern, etwa den bereits in § 266 Abs. 2 HGB explizit aufgeführten Konzessionen.[709]

Das Prinzip selbstständige Bewertbarkeit zielt nicht auf eine ausgeprägte bzw. strenge Objektivierungswirkung ab; im Einklang mit einer wirtschaftlichen Betrachtungsweise dient es vielmehr lediglich einer Mindestobjektivierung: Die Rechtsprechung leitet daher ein tendenziell weit gefasstes Verständnis ab und sieht „griffweise[.] Schätzungen“[710] im Sinne von „ermessensbeschränkte[n] Werten“[711] als ausreichend an. Selbst bei Residualbewertungen[712] wird im Schrifttum teilweise die selbstständige Bewertbarkeit bejaht, gerade weil Einzelbewertbarkeit nicht mit Einzelveräußerbarkeit oder Einzelverwertbarkeit gleichzusetzen ist.[713] Zudem ist bei einer Vielzahl an Wirtschaftsgütern ohne beobachtbaren Börsen- oder Marktpreis – beispielsweise bei einem unbefristeten Wettbewerbsverbot[714] – jedenfalls die Folgebewertung zwangsläufig mit Schätzunsicherheiten behaftet.[715]

---

707 Vgl. *Koch, Simone*: Bilanzierung von Nutzungsrechten nach GoB und IFRS, a.a.O., hier S. 38.

708 Vgl. *Moxter, Adolf*: Grundsätze ordnungsgemäßer Rechnungslegung, a.a.O., hier S. 81 (auch Zitat); die vereinzelt im Schrifttum anzutreffende Auffassung, ein wirtschaftlicher Vorteil müsse sich „zahlenmäßig exakt beziffern lassen“, ist weder mit Blick auf Sinn und Zweck des Prinzips der selbstständigen Bewertbarkeit, noch mit Blick auf die ständige BFH-Rechtsprechung haltbar, vgl. so aber bspw. *Stapf, Anton*: Immaterielle Anlagewerte und aktive Rechnungsabgrenzungsposten, a.a.O., hier S. 153.

709 Vgl. *Hommel, Michael*: Bilanzierung immaterieller Anlagewerte, a.a.O., hier S. 215f.

710 *Moxter, Adolf*: Bilanzrechtsprechung, a.a.O., hier S. 9.

711 Vgl. *Hommel, Michael*: Bilanzierung immaterieller Anlagewerte, a.a.O., hier S. 216 (auch Zitat); Urt. des BFH vom 17. Februar 1998 *VIII R 28/95*, a.a.O., hier S. 508.

712 Zur Debatte mit Blick auf die problematische isolierbare Bewertbarkeit beim derivativen Geschäfts- oder Firmenwert vgl. *Moxter, Adolf*: Bilanzrechtliche Probleme beim Geschäfts- oder Firmenwert, in: FS Semler, S. 853–861, hier S. 855. Die Kontroverse, ob der derivative Geschäfts- oder Firmenwert ein Vermögensgegenstand ist oder nur als solcher i.S.d. § 246 Abs. 1 S. 4 HGB gilt, hat aufgrund der gesetzlichen Klartsellung an Dynamik verloren.

713 Vgl. *Moxter, Adolf*: Grundsätze ordnungsgemäßer Rechnungslegung, a.a.O., hier S. 24.

714 Vgl. *Hommel, Michael*: Bilanzierung immaterieller Anlagewerte, a.a.O., hier S. 215.

715 Vgl. *Moxter, Adolf*: Die Aktivierungsvoraussetzung 'entgeltlicher Erwerb' im Sinne von § 5 Abs. 2 EStG, a.a.O., hier S. 1808.

Die Aktivierung von Einnahmepotentialen, welche einen bewertbaren Vorteil erfordert, findet eine Grenze bei „unsicheren Werten, deren Risiken nur unzureichend mittels Bewertung [erfassbar]“ sind; Zugangs- und Folgebewertbarkeit zielen insofern lediglich auf eine Objektivierung mit Blick auf (Mindest-)Anschaffungs- bzw. Herstellungswerten sowie (Mindest-)Nutzungsdauern ab.[716] Die Mindestobjektivierungsfunktion des Prinzips selbstständiger Bewertbarkeit wird beispielsweise dann erkennbar, wenn die höchstrichterliche Rechtsprechung mit Blick auf den auf Leistungsschutzrechte entfallenden „unbestimmt[en] und nicht konkretisierbar[en]“ Entgeltanteil die Vermögensgegenstandseigenschaft verneint, wenn das Entgelt für die Vervielfältigung von Tonträgern nicht von demjenigen für die künstlerische Darbietung trennbar erscheint.[717]

bb) Entscheidung zur Ackerprämienberechtigung als Beispiel eines eng gefassten Verständnisses der selbstständigen Bewertbarkeit

Die bilanzielle Vermögensermittlung beruht „auf der Aktivierung von hinsichtlich ihres jeweiligen Werts isolierbaren Vermögensbestandteilen“.[718] Die Problematik der Feststellung dieser wertmäßig isolierbaren Bestandteile trat in einem Sachverhalt deutlich zutage, welchen der Bundesfinanzhof im Zusammenhang mit Ausgleichszahlungsansprüchen mit bestimmten erworbenen Ackerflächen zu entscheiden hatte: Fraglich war, ob eine entsprechende „Ackerprämienberechtigung“ ein eigenständiges, immaterielles Wirtschaftsgut darstellen kann, was der Bundesfinanzhof im zu entscheidenden Fall verneinte.[719] Dies erscheint zunächst konsistent mit der Rechtsprechung zu einem „Auffüllrecht mit Klärschlamm“, welches aus Sicht des Bundesfinanzhofs ebenfalls kein vom Grund und Boden verselbstständigtes Wirtschaftsgut darstellte.[720]

Allerdings führt der Bundesfinanzhof in Abgrenzung zur Frage der Beimessung eines eigenständigen Werts bei nachhaltig in den Verkehr gebrachten Bodenschätzen[721] aus,

---

[716] Vgl. *Euler, Roland*: Das System der Grundsätze ordnungsmäßiger Bilanzierung, a.a.O., hier S. 152f (auch Zitat).

[717] Vgl. Urt. des BFH vom 28. Mai 1979 *I R 1/76*, a.a.O., hier S. 737 (auch Zitat).

[718] *Moxter, Adolf/Engel-Ciric, Dejan*: Grundsätze ordnungsgemäßer Bilanzierung, a.a.O., hier S. 55.

[719] Vgl. Urt. des BFH vom 30. September 2010 *IV R 28/08*, a.a.O., hier S. 406.

[720] Vgl. Urt. des BFH vom 20. März 2003 *IV R 27/01*, in: BStBl. II 2003, S. 878–881, hier s. 878.

[721] Vgl. m.w.N. Urt. des BFH vom 4. September 1997 *IV R 88/96*, in: BStBl. II 1998, S. 657–658.

dass im Fall des Auffüllrechts kein öffentlich-rechtlicher Rechtsakt zugrunde liege.[722] Dieses formale Argument kann jedoch bei der Würdigung des Kriteriums der selbstständigen Bewertbarkeit nicht vollständig überzeugen, erscheint doch gerade die Wertbeimessung durch einen fiktiven Erwerber im Sinne einer griffweisen Schätzung der Zugangswerte ebenso möglich wie eine zumindest weitgehend objektivierte Folgebewertung. Im Streitfall hätte die Ackerprämienberechtigung zum Gegenstand eines Kaufvertrags gemacht werden können und zudem mit einem vom Wert des Grundstücks trennbaren Kaufpreis versehen werden können.[723] Das Finanzgericht Schleswig-Holstein erkannte daher zutreffend, dass es nicht primär auf die rechtliche Beziehung ankomme, wenn erkennbar ein Widerspruch mit dem wirtschaftlichen Gehalt vorliege;[724] auf den Ausweis eines gesonderten Kaufpreises im Vertrag könne es damit nicht zwingend ankommen, sofern eine Kaufpreisaufteilung nach objektiven Kriterien möglich erscheint.

Der These des Bundesfinanzhofs, dass ein selbstständig bewertbares Recht „Ackerprämienberechtigung" im Falle einer Grundstücksveräußerung dann und nur dann vorliegen könne, wenn diese von den Vertragsbeteiligten zum Gegenstand des Kaufvertrages gemacht worden sei,[725] ist daher in wirtschaftlicher Betrachtungsweise nicht uneingeschränkt zuzustimmen; dem Bundesfinanzhof ist gleichwohl zumindest insofern beizupflichten, dass die Vertrags- und Kaufpreisgestaltung der Vertragsbeteiligten gewichtige Anhaltspunkte für die wirtschaftliche Substanz im zugrundeliegenden Sachverhalt offenbaren kann.

---

722 Vgl. Urt. des BFH vom 20. März 2003 *IV R 27/01*, a.a.O., hier S. 879.

723 So auch *Kanzler, Hans-Joachim*: Kommentar zum BFH-Urt. vom 30.09.2010 IV R 28/08, in: FR, 93. Jg. (2011), S. 282–285, hier S. 285.

724 Zur Begründng des FG vgl. in Rz. 8 des Urt. des BFH vom 30. September 2010 *IV R 28/08*, a.a.O., hier S. 407; vgl. dazu grundlegend *Breidert, Ulrike/Moxter, Adolf*: Zur Bedeutung wirtschaftlicher Betrachtungsweise in jüngeren höchstrichterlichen Bilanzrechtsentscheidungen, a.a.O., hier S. 9.

725 Vgl. Urt. des BFH vom 30. September 2010 *IV R 28/08*, a.a.O., hier S. 409.

cc) Entscheidung zur Vertragsarztzulassung bei Vorliegen eines gesonderten Veräußerungsvorgangs als Beispiel für ein weit gefasstes Verständnis der selbstständigen Bewertbarkeit

Die selbstständige Bewertbarkeit des wirtschaftlichen Vorteils aus einer Vertragsarztzulassung wird im Schrifttum[726] und in der Rechtsprechung[727] zumindest dann angenommen, wenn die Parteien des Nachbesetzungsverfahrens den zugrundeliegenden Vorteil eigenständig bewerten und dieser Vorteil den wesentlichen Gegenstand der Veräußerung darstellt. Zunächst ist daher zwischen den zwei grundlegenden Vertragsgestaltungen zu differenzieren, bei welchen einerseits die Zulassung zum Vertragsarzt einziger (wesentlicher) Bestandteil der Veräußerung und andererseits die Übertragung der gesamten Praxis einschließlich der Zulassung Gegenstand des Veräußerungsvorgangs sein kann.[728]

Wird lediglich die Vertragsarztzulassung übernommen, erscheint die selbstständige Bewertbarkeit unproblematisch: Wird außer der Zulassung kein anderes Wirtschaftsgut erworben und der Vertragsarztsitz zudem an einen anderen Ort verlegt, so ist die Zulassung Gegenstand eines gesonderten Veräußerungsvorgangs geworden;[729] die Vertragsarztzulassung stellt daher einen greifbaren und selbstständig bewertbaren Vermögensvorteil, mithin einen Vermögensgegenstand dar.

Im Fall einer Gesamtpraxisübernahme einschließlich der Zulassung zum Vertragsarzt wird ein weiter gefasstes Verständnis der selbstständigen Bewertbarkeit notwendig. Dass der Zulassung zum Vertragsarzt ökonomisch betrachtet ein (im Einzelfall wesentlicher) Wert zukommen kann, erscheint dabei unstrittig:[730] Es ist davon auszugehen, dass ein Erwerber regelmäßig ein besonderes Entgelt zu zahlen bereit ist, um die wirtschaftlichen Vorteile aus der Vertragsarztzulassung zu erlangen.[731]

---

726 Vgl. *Staschewski, Annette*: Vertragsarztzulassung und Besteuerung, a.a.O., hier S. 133.
727 Urt. des BFH vom 21. Februar 2017 *VIII R 24/16*, a.a.O., hier Rn. 43b.
728 Vgl. *Staschewski, Annette*: Vertragsarztzulassung und Besteuerung, a.a.O., hier S. 133f.
729 Vgl. Urt. des Niedersächsischen Finanzgerichts vom 28. September 2004 *13 K 412/01*, in: EFG 2005, S. 420.
730 Vgl. m.w.N. *Staschewski, Annette*: Vertragsarztzulassung und Besteuerung, a.a.O., hier S. 140f.
731 Vgl. *OFD, Münster*: Verfügung vom 11.02.2009 S 2172 - 152 - St 12 - 33, a.a.O., hier S. 799f.

Der wirtschaftliche Wert aus einer Vertragsarztzulassung kann daher durchaus der durch das Prinzip selbstständiger Bewertbarkeit etablierten Mindestobjektivierung genügen und damit auch dann einen Vermögensgegenstand darstellen, wenn im Falle einer Praxisübernahme auch (aber nicht zwingend ausschließlich) die Zulassung zum Vertragsarzt Gegenstand des Veräußerungsvorgangs wird. Die im Schrifttum teilweise vertretene Ansicht,[732] dass eine Vertragsarztzulassung nur in seltenen Ausnahmen einer gesonderten Bewertung zugänglich sein könne, hält daher einer wirtschaftlichen Betrachtungsweise nicht stand.

dd) Beispiele für die Problematik der Abgrenzung von bloßen Nutzungsmöglichkeiten in der jüngeren Rechtsprechung

Grundsätzlich im Einklang mit der jüngeren Rechtsprechung im Zusammenhang mit Sachentnahmen hat der Bundesfinanzhof – freilich unter bestimmten Voraussetzungen und unter Rückgriff auf die handelsrechtlichen GoB –[733] Wärmeenergie die Wirtschaftsguteigenschaft zugesprochen.[734]

Die in den Verkehr gebrachte Wärmeenergie des Betreibers eines Blockheizkraftwerks stellt nach schlüssiger Argumentation der höchstrichterlichen Rechtsprechung ein grundsätzlich bilanzierungsfähiges Wirtschaftsgut dar.[735] Die Wärmeenergie als zunächst unselbstständiger Teil verselbstständigt sich somit wie etwa Bodenschätze[736] durch Inverkehrbringen des bisher unselbstständigen Bestandteils zu einem eigenen Wirtschaftsgut: Auf diese Weise wird Wärmeenergie vom Wärmeträger (z.B. Wasser) abgespalten und damit zu einem greifbaren und selbstständig bewertbaren Vermögenswert.[737]

---

[732] So z.B. *Michels, Rolf/Ketteler-Eising, Thomas*: Die Vertragsarztzulassung als praxiswertbildender Faktor, a.a.O., hier S. 314.

[733] An dieser Stelle wird abstrahiert von im Kontext der jeweiligen Bewertung teilweise einschlägigen steuerlichen Spezialvorschriften und die Sachverhalte nur insoweit betrachtet, als sie der Bundesfinanzhof unter Rückgriff auf die handelsrechtlichen GoB löst. Ausdrücklich stellt der BFH in der Entscheidungsbegründung klar, dass der Begriff des Wirtschaftsguts an den handelsrechtlichen Begriff des Vermögensgegenstands angelehnt sei, vgl. Urt. des BFH vom 12. März 2020 *IV R 9/17*, a.a.O., hier S. 229.

[734] Vgl. m.w.N. *Park, Carina*: Kommentar zum BFH-Urt. vom 12.03.2020 IV R 9/17, in: BB, 75. Jg. (2020), S. 1841; *Lüdenbach, Norbert*: Abwärme eines Blockheizkraftwerks - Entnahme mit dem Teilwert Null?, in: StuB, 22. Jg. (2020), S. 600.

[735] Vgl. Urt. des BFH vom 12. März 2020 *IV R 9/17*, a.a.O., hier S. 226.

[736] Vgl. Urt. des BFH vom 24. Januar 2008 *IV R 45/05*, in: BStBl. II 2009, S. 449–453, hier S. 449.

[737] Vgl. Urt. des BFH vom 12. März 2020 *IV R 9/17*, a.a.O., hier S. 229f.

Diese Begründung ist exemplarisch für eine Reihe von Urteilen, in welchen der Bundesfinanzhof die Greifbarkeit und die selbstständige Bewertbarkeit integriert prüft und auf die Möglichkeit der selbstständigen Wertbemessung mit Blick auf Zugangs- und Folgebewertungen für greifbare Vermögenswerte aus Sicht eines fiktiven Erwerbers rekurriert.[738]

Die Abgrenzung zwischen einer bloßen Nutzungsmöglichkeit an einem Wirtschaftsgut und der „tatsächlichen selbstständigen Nutzbarkeit eines Wirtschaftsguts auf einem anderen separaten Wirtschaftsgut" ist mitunter nicht unproblematisch.[739] Während in wirtschaftlicher Betrachtungsweise der Kaufpreisbemessung und der Kaufpreisallokation auf ein einzelnes Nutzungsrecht eine hohe Bedeutung zukommen kann, so ist die bloße Zuordnung eines Kaufpreises jedenfalls nicht ausreichend für die Annahme eines selbstständig bewertbaren Vermögensgegenstands.

---

[738] Vgl. *Nöcker, Gregor*: Steuerbilanzrecht und der BFH, a.a.O., hier S. 153f.

[739] Vgl. *Park, Carina*: Kommentar zum BFH-Urt. vom 12.03.2020 IV R 9/17, a.a.O., hier S. 1841 (auch Zitat).

II. Kritische Würdigung ausgewählter Aspekte der Reichweite des Vermögensgegenstandsbegriffs

1. Reichweite der Bilanzierung immaterielle Vermögensgegenstände im Spannungsfeld zwischen wirtschaftlicher Betrachtungsweise und Objektivierungsnotwendigkeit

a) Abgrenzung der Forschungs- und Entwicklungsphase

aa) Konkretisierungen in der informationsorientierten Rechnungslegung

aaa) Konkretisierende Unterkriterien

Die Konkretisierungsnotwendigkeit ergibt sich bei Immaterialgütern aus Sicht des Gesetzgebers nicht zuletzt aus deren gestiegener Bedeutung im Zuge des Wandels zu einer Dienstleistungsgesellschaft.[740] Dieser Aspekt wird auch im Schrifttum regelmäßig angeführt.[741] Zugleich ergeben sich aufgrund der Unkörperlichkeit und oft nicht eindeutig zurechenbaren Herstellungskosten Objektivierungsprobleme.[742] Bei selbsterstellten immateriellen Vermögenswerten ist die Unsicherheit durch die fehlende Bestätigung des Werts durch eine Markttransaktion besonders ausgeprägt.[743] Die Relevanz der Auseinandersetzung mit immateriellen Vermögensgegenständen im Spannungsfeld zwischen wirtschaftlicher Betrachtungsweise und Objektivierung[744] tritt empirisch besonders bei der Analyse von hohen Geschäfts- oder Firmenwerten zutage.[745]

---

740 Vgl. BT-Drs 16/10067 vom 30.07.2008, hier S. 49.

741 Vgl. m.w.N. *Velte, Patrick*: Auswirkungen des BilMog-RefE auf die Informations- und Zahlungsbemessungsfunktion des handelsrechtlichen Jahresabschlusses, in: KoR, 8. Jg. (2008), S. 61–73, hier S. 63; *Pellens, Bernhard/Fülbier, Rolf Uwe*: Ansätze zur Erfassung immaterieller Werte in der kapitalmarktorientierten Rechnungslegung, in: Zur Rechnungslegung nach International Accounting Standards (IAS), S. 35–77, hier S. 40.

742 Vgl. *Merkt, Hanno*: § 248 HGB, in: Baumbach/ Hopt, hier Rz. 3; *Döllerer, Georg*: Entwicklungskosten in der Handelsbilanz, in: BB, 12. Jg. (1957), S. 983–986, hier S. 984; *Moxter, Adolf*: Aktivierungspflicht für selbsterstellte immaterielle Anlagewerte?, in: DB, 61. Jg. (2008), S. 1514–1517, hier S. 1516; *Werheim, Michael/Fross, Ingo*: Erosion handelsrechtlicher GoB durch das Bilanzrechtsmodernisierungsgesetz, in: ZfB, 80. Jg. (2010), S. 71–109, hier S. 75.

743 Vgl. *Mellerowicz, Konrad*: Forschungs- und Entwicklungstätigkeit als betriebswirtschaftliches Problem, Freiburg 1958, hier S. 248f; *Moxter, Adolf*: Die Aktivierungsvoraussetzung 'entgeltlicher Erwerb' im Sinne von § 5 Abs. 2 EStG, a.a.O., hier S. 1808.

744 Vgl. m.w.N. Kap. 1, III., 1.

745 Vgl. *AIR, Schmalenbach-Gesellschaft*: Kategorisierung und bilanzielle Erfassung immaterieller Werte, in: DB, 54. Jg. (2001), S. 989–995, hier S. 989; *Kubin, Konrad*: Der Aktionär als Aktienkunde, in: FS Coenenberg, S. 525–558, hier S. 538.

Systematisch tragen die auch nach dem BilMoG bestehenden Unklarheiten[746] zur Bedeutsamkeit der Auseinandersetzung mit Immaterialgütern bei. In der an der Vermittlung von entscheidungsnützlichen Informationen orientierten Rechnungslegung[747] ergeben sich am Beispiel der IFRS – wie insbesondere IAS 38.57 zeigt – folgende konkretisierende Unterkriterien:[748] Die Fertigstellung des immateriellen Vermögenswerts muss technisch realisierbar und beabsichtigt sein, das Unternehmen muss zur Nutzung oder zum Verkauf des Vermögenswerts fähig sein.

Darüber hinaus muss das Unternehmen den künftigen erwarteten Nutzen nachweisen und über angemessene Ressourcen verfügen, um die Entwicklung abzuschließen. Letztlich müssen die der Entwicklung zurechenbaren Ausgaben verlässlich bewertbar sein.[749] Dabei werden in IAS 38.51ff keine weiteren Aktivierungskriterien normiert, sondern es werden die allgemeinen Aktivierungsvoraussetzungen konkretisiert.[750]

Die Kommentierung lehnt sich bei der Auslegung des handelsrechtlichen Normengefüges im Fall der Aktivierung von Entwicklungsausgaben überwiegend an die IFRS an.[751] Dies wird teilweise schlüssig abgelehnt;[752] gleichwohl ist zu berücksichtigen, dass das BilMoG, zumindest was die Konkretisierung von selbsterstellten immateriellen Vermögensgegenständen betrifft, eine Annäherung an die informationsorientierte Rechnungslegung ausdrücklich anstrebte, ohne den Vermögensgegenstandsbegriff zu ändern.[753]

---

[746] Vgl. etwa *Moxter, Adolf/Engel-Ciric, Dejan*: Grundsätze ordnungsgemäßer Bilanzierung, a.a.O., hier S. 80f.

[747] Vgl. m.w.N. *Hommelhoff, Peter*: Modernisiertes HGB-Bilanzrecht im Wettbewerb der Regelungssysteme, in: ZGR, 37. Jg. (2008), S. 250–274, hier S. 273.

[748] Vgl. *Koch, Simone*: Bilanzierung von Nutzungsrechten nach GoB und IFRS, a.a.O., hier S. 93f.

[749] Vgl. *Kavvadias, Nico*: Forschungs- und Entwicklungskosten, Frankfurt am Main 2014, hier S. 55.

[750] Vgl. *AIR, Schmalenbach-Gesellschaft*: Kategorisierung und bilanzielle Erfassung immaterieller Werte, a.a.O., hier S. 992; *Koch, Simone*: Bilanzierung von Nutzungsrechten nach GoB und IFRS, a.a.O., hier S. 91.

[751] Vgl. *Schubert, Wolfgang/Huber, Frank*: § 247 HGB, in: Beck'scher Bilanzkommentar, hier Rz. 278f; m.w.N. *Ballwieser, Wolfgang*: § 248 HGB, in: Münchener Kommentar zum Handelsgesetzbuch, hier Rn. 18; kritisch *Hennrichs, Joachim*: § 248 HGB, in: Münchener Kommentar zum Bilanzrecht, her Rn. 29.

[752] Vgl. *Moxter, Adolf*: IFRS als Auslegungshilfe für handelsrechtliche GoB?, a.a.O., hier S. 10.

[753] Vgl. m.w.N. *Wüstemann, Jens/Wüstemann, Sonja*: Das System der Grundsätze ordnungsmäßiger Buchführung nach dem Bilanzrechtsmodernisierungsgesetz, a.a.O., hier S. 762.

Ferner ist *Hennrichs* darin zuzustimmen, dass die Konkretisierungen nur insoweit übernommen werden können, als sie mit den übergeordneten Schutzzwecken handelsrechtlicher GoB im Einklang stehen und in der jeweiligen Sache gut begründet sind.[754] *Moxter* ist insofern beizupflichten, dass eine pauschale Übernahme in systematischer Sicht ausscheidet.[755] Die weitergehende asset-Defintion wird sogar ausdrücklich abgelehnt.[756] Eine differenzierte Betrachtung, bei der eine Anlehnung an die informationsorientierte Rechnungslegung im Einzelfall erfolgt, kommt allerdings durchaus in Betracht. Eine konzeptionelle Ungleichbehandlung von selbsterstellten und entgeltlich erworbenen Immaterialgütern trotz nicht bestreitbarer Objektivierungsproblematik wird als systematisch „schwer begründbar"[757] angesehen.

Intersubjektiv nachprüfbar werden die Kriterien der Projektinitiierung, Projektabgrenzung und des Nachweises des Projektnutzens[758] durch hinreichende Dokumentation, etwa durch eine Projektplanung und der Definition von Meilensteinen.[759]

bbb) Ermessensspielräume

Die entstehenden und im Schrifttum festgestellten Ermessensspielräume für dem Bilanzierenden[760] können gegen eine Eignung der informationsorientierten Rechnungslegung als Grundlage für die steuerliche Gewinnermittlung sprechen.[761] Denn die vorausgesetzte Mindestobjektivierung[762] „heißt Ermessensbeschränkung"[763]. Diese steht

754 Vgl. *Hennrichs, Joachim*: GoB im Spannungsfeld von BilMoG und IFRS, a.a.O., hier S. 870.

755 Vgl. *Moxter, Adolf*: IFRS als Auslegungshilfe für handelsrechtliche GoB?, a.a.O., hier S. 10.

756 Vgl. *Hennrichs, Joachim*: § 246 HGB, in: Münchener Kommentar zum Bilanzrecht, hier Rn. 27.

757 *Pellens, Bernhard/Fülbier, Rolf Uwe*: Ansätze zur Erfassung immaterieller Werte in der kapitalmarktorientierten Rechnungslegung, a.a.O., hier S. 58.

758 Vgl. *AIR, Schmalenbach-Gesellschaft*: Leitlinien zur Bilanzierung selbstgeschaffener immaterieller Vermögensgegenstände des Anlagevermögens nach dem Regierungsentwurf des BilMoG, in: DB, 61. Jg. (2008), S. 1813–1821, hier S. 1818; *Bertram, Klaus*: § 248 HGB, in: Haufe HGB Bilanzkommentar, hier S. 196.

759 Vgl. *Seidel, Björn* et al.: Bilanzierung von Entwicklungskosten nach dem BilMoG, in: BB, 64. Jg. (2009), S. 1286–1290, hier S. 1288.

760 Vgl. *Hennrichs, Joachim*: Bilanzrechtsmodernisierung, a.a.O., hier 584f; *Koch, Simone*: Bilanzierung von Nutzungsrechten nach GoB und IFRS, a.a.O., hier S. 93f; *Schulze-Osterloh, Joachim*: IFRS und HGB-Reform, in: FS Deloitte, S. 413–427, hier S. 415f.

761 Vgl. dazu *Herzig, Norbert*: IAS/IFRS und steuerliche Gewinnermittlung, Düsseldorf 2004, S. 60ff; *Kuntschik, Nina*: Steuerliche Gewinnermittlung und IAS/ IFRS am Beispiel immaterieller Vermögenswerte, Frankfurt am Main 2004, hier S. 187–212.

762 Vgl. insbes. Kap. 1, III.

763 *Eibelshäuser, Manfred*: Immaterielle Anlagewerte in der höchstrichterlichen Finanzrechtsprechung, a.a.O., hier S. 17. *Eibelshäuser* verweist in diesem Zusammenhang auf die Arbeiten von *Moxter* und *Baetge*.

aber scheinbar im Konflikt mit dem handelsrechtlich in § 246 HGB normierten Vollständigkeitsgebot.[764] Das in der Steuerbilanz weiterhin gültige Konzept des entgeltlichen Erwerbs[765] verfolgt eine „hohe Objektivierungsfunktion", welche die Bilanz als „Instrument des Vermögensnachweises" unterstützt.[766] Das „de facto Wahlrecht"[767], das sich etwa in IAS 38 findet, hat die gleiche konzeptionelle Schwäche wie das Aktivierungswahlrecht des § 248 Abs. 2 HGB, mithin die Eröffnung erheblicher Ermessensspielräume für den Bilanzierenden. Dies zeigt sich nicht zuletzt auch in empirischen Studien, welche eine Ausübung des Wahlrechts insbesondere zur Verschleierung einer schlechten Lage der Unternehmung beobachten.[768]

Weiterhin zeigt die übliche Praxis der Bilanzanalyse, in welcher die aktivierten selbsterstellten Vermögensgegenstände herausgerechnet werden,[769] dass mit einem Wahlrecht sowohl das Ziel der Vermittlung entscheidungsnützlicher Informationen als auch das Ziel der Objektivierung verfehlt werden. Dass eine Aktivierung überhaupt per Wahlrecht möglich ist, ist – trotz aller konzeptioneller Einwände – ein weiteres Indiz dafür, dass der bilanzielle Vermögensbegriff vom Gesetzgeber nicht zerschlagungsstatisch verstanden wird.[770]

Auch die Debatte, ob Implementierungskosten aus umfangreichem Customizing im Kontext von Cloud Computing zu eigenständigen Vermögensgegenständen führen können, wird im Schrifttum kontrovers diskutiert.[771] Laut aktueller Rechtsprechung

---

764 Vgl. *Ballwieser, Wolfgang*: § 246 HGB, in: Münchener Kommentar zum Handelsgesetzbuch. Zum Vollständigkeitsgebot vgl. auch *ADS*: Kommentierung zu § 246 HGB, insbes. Tz. 1f.

765 Vgl. statt vieler *Moxter, Adolf*: Die Aktivierungsvoraussetzung 'entgeltlicher Erwerb' im Sinne von § 5 Abs. 2 EStG, a.a.O.

766 Vgl. *Eibelshäuser, Manfred*: Immaterielle Anlagewerte in der höchstrichterlichen Finanzrechtsprechung, a.a.O., hier S. 34 (beide Zitate).

767 Vgl. *Schulze-Osterloh, Joachim*: IFRS und HGB-Reform, a.a.O., hier S. 416.

768 Vgl. m.w.N. *Philipps, Holger*: Rechnungslegungspraxis der KMU nach BilMoG, in: BBK, 3. Jg. (2011), S. 307–316; vgl. allgemein zu den potenziellen Problemen bei hoher „management discretion" *Baker, Richard/Hayes, Rick*: Reflecting form over substance, in: Critical Perspectives on Accounting, 15. Jg. (2004), S. 767–785; *Wüstemann, Jens/Wüstemann, Sonja*: Substance and Form, a.a.O.

769 Vgl. *Kavvadias, Nico*: Forschungs- und Entwicklungskosten, a.a.O., hier S. 92; *Werheim, Michael/Fross, Ingo*: Erosion handelsrechtlicher GoB durch das Bilanzrechtsmodernisierungsgesetz, a.a.O., hier S. 75.

770 Vgl. *Kavvadias, Nico*: Forschungs- und Entwicklungskosten, a.a.O., hier S. 142.

771 Vgl. m.w.N. *Oser, Peter/Kliem, Bernd*: Handelsrechtliche Bilanzierung von Implementierungskosten beim Cloud Computing, in: WPg, 75. Jg. (2022), S. 505–513; *Anzinger, Heribert/Linn, Alexander*: Praxisfragen immaterieller Wirtschaftsgüter, in: StbJb, 69. Jg. (2017/18), S. 353–380, hier S. 376.

stellen Implementierungskosten kein von dem jeweiligen Nutzungsrecht an der Software verschiedenes Wirtschaftsgut dar.[772] Richtigerweise folgert auch das Finanzgericht München in der zitierten Entscheidung, dass eine inhaltliche Übereinstimmung zwischen Vermögensgegenstand und Wirtschaftsgut vorliege und die Begriffe weit gespannt seien. Gleichwohl wird die Vermögensgegenstandseigenschaft der Implementierungskosten verneint.

In wirtschaftlicher Betrachtungsweise würde ein gedachter Erwerber die für das Customizing anfallenden wesentlichen Implementierungskosten vergüten, der Nutzen aus der Implementierung ist mit dem gesamten Unternehmen übertragbar, mithin greifbar und – entgegen der Aussage des Finanzgerichts München[773] – auch selbstständig bewertbar.

Der Grundsatz der Nichtbilanzierung schwebender Geschäfte wird zwar aufgrund der Mietähnlichkeit zutreffend für das Nutzungsrecht an der Software angeführt, steht aber der Aktivierung der Implementierungskosten nicht entgegen. Auch kann es nicht auf die Konsistenz mit Fachnormen oder berufsständischen Verlautbarungen ankommen.[774] Auf die Frage, ob eine Durchbrechung des Grundsatzes der Nichtbilanzierung schwebender Geschäfte sachgerecht ist, welche der Bundesfinanzhof etwa für Nebenkosten aus der Bestellung eines Erbbaurechts fordert,[775] kommt es für die Aktivierung der Implementierungskosten ebenfalls nicht an.

Allerdings vermag das Argument zu überzeugen,[776] dass der Nutzen des Customizings nicht ohne den Softwarenutzungsvertrag werthaltig ist, mithin der

[772] So auch Urt. des FG München vom 4. Februar 2021 *10 K 3085/19*, in: BeckRS 2021.

[773] Vgl. Urt. des FG München vom 4. Februar 2021 *10 K 3085/19*, in: BeckRS 2021, hier Rz. 45.

[774] So aber Oser in *Oser, Peter/Kliem, Bernd*: Handelsrechtliche Bilanzierung von Implementierungskosten beim Cloud Computing, a.a.O., hier S. 509.

[775] Vgl. Urt. des BFH vom 4. Juni 1991 *X R 136/87*, in: DStR, 29. Jg. (1991), S. 1621–1622; anders entschied der BFH für Maklerprovisionen Urt. des BFH vom 19. Juni 1997 *IV R 16/95*, in: BStBl. II 1997, S. 808–811, hier S. 809f; kritisch zum Erwerb von Rechtspositionen als Vermögensgegenstände *Roland, Helmut*: Der Begriff 'Wirtschaftsgut' künftig auch im Handelsrecht?, in: DB, 34. Jg. (1981), S. 173–177, hier S. 176; zur Diskussion im Kontext von Wettbewerbsverboten vgl. *Husemann, Karl-Heinz*: Grundsätze ordnungsmäßiger Bilanzierung für Anlagegegenstände, Düsseldorf 1976, hier S. 277.

[776] Insofern zutreffend Urt. des FG München vom 4. Februar 2021 *10 K 3085/19*, a.a.O., hier Rz. 45; *Oser, Peter/Kliem, Bernd*: Handelsrechtliche Bilanzierung von Implementierungskosten beim Cloud Computing, a.a.O., hier S. 508.

Softwarenutzungsvertrag – der bei Erwerb nach ständiger Rechtsprechung einen Vermögensgegenstand verkörpern kann –[777] und die Implementierung eine Einheit bilden und in einheitlichem Nutzungs- und Funktionszusammenhang[778] stehen. Eine Aktivierung wird daher regelmäßig ausscheiden.

bb) Objektivierungsbedingte Konkretisierung der Phasentrennung

aaa) Sequenzielle Entwicklungsprozesse

Eine verlässliche Phasentrennung allein impliziert kein Zusammenfallen des Ansatzzeitpunkts des immateriellen Vermögensgegenstands mit dem Beginn der Entwicklungsphase.[779] Vielmehr liegen zwei Voraussetzungen vor, die kumulativ zu erfüllen sind: Der konkrete Aktivierungszeitpunkt setzt den Beginn der Entwicklungsphase sowie das Vorliegen der Vermögensgegenstandeigenschaft voraus.[780] Letzteres folgt nicht zuletzt aus § 246. Abs. 1 HGB[781] und wurde auch durch den Rechtsausschuss zum Entwurf des Bilanzrechtsmodernisierungsgesetzes klargestellt.[782] Eine Trennbarkeit der Phasen kann zeitraumbezogen, aber auch sachlich erfolgen.[783] Der Gesetzgeber geht in zeitlicher Hinsicht von einem sequenziellen Ablauf aus.[784]

Aus den IFRS können bei der Auslegung handelsrechtlicher GoB Erkenntnisse aus dem Rechtsvergleich gezogen werden, eine pauschale Orientierung an der informationsorientierten Rechnungslegung als „Auslegungshilfe“ für Handels- oder Steuerbilanz ist jedoch abzulehnen.[785] Das Schrifttum orientiert sich dabei mitunter an der von

---

777 Vgl. Urt. des FG München vom 4. Februar 2021 *10 K 3085/19*, a.a.O., hier Rz. 29.

778 M.w.N. vgl. Kap 2, II. 3. b).

779 Vgl. *Kirsch, Hans-Jürgen/Kurz, Lüder*: Der Ansatzzeitpunkt für selbsterstelltes immaterielles Anlagevermögen, in: JbfW, 2. Jg. (2011), S. 61–72, hier S. 65.

780 Vgl. m.w.N. *Wüstemann, Jens/Wüstemann, Sonja*: Das System der Grundsätze ordnungsmäßiger Buchführung nach dem Bilanzrechtsmodernisierungsgesetz, a.a.O., hier S. 763.

781 Vgl. *Hennrichs, Joachim*: § 248 HGB, in: Münchener Kommentar zum Bilanzrecht, hier Rn. 36.

782 Vgl. BT-Drs 16/12407 vom 24.03.2009, BilMoG Rechtsausschuss, hier S. 86.

783 Vgl. *Ballwieser, Wolfgang*: § 248 HGB, in: Münchener Kommentar zum Handelsgesetzbuch, hier Rn. 19.

784 Vgl. *Koch, Simone*: Bilanzierung von Nutzungsrechten nach GoB und IFRS, a.a.O., hier S. 52; zu agiler Softwareprogrammierung entgegen dem sog. Wasserfall-Modell vgl. *Böckem, Hanne/Jordan, Stefanie*: Agile Softwareprogrammierung nach IAS 38, in: KoR, 21. Jg. (2021), S. 336–344, hier S. 337.

785 A.A. wohl - trotz Hervorhebung konzeptioneller Unterschiede - *Kirsch, Hans-Jürgen/Kurz, Lüder*: Der Ansatzzeitpunkt für selbsterstelltes immaterielles Anlagevermögen, a.a.O., hier S. 63f; zumindest mit Blick auf die Abgrenzung von Forschung und Entwicklung ebenfalls a.A. *Wencki, Simone*:

Hennrichs geprägten Klassifizierung und betont, dass der Gesetzgeber in ausgewählten Bereichen eine Annäherung der HGB-Vorschriften an die IFRS beabsichtigt hat.[786]

bbb) Iterative Entwicklungsprozesse

Das Vorsichtsprinzip kann das im Bilanzrecht vorherrschende Prinzip wirtschaftlicher Betrachtungsweise objektivierungsbedingt einschränken; insoweit wird der grundsätzlich weite Kreis der Aktiva durch das Vorsichtsprinzip enger gezogen.[787] Das Handelsbilanzrecht nimmt damit eine unvollständige Erfassung des Vermögens in Kauf, „indem das Vorsichts- und Objektivierungsprinzip betont" wird.[788] Bereits daraus folgt der Ausschluss der Aktivierung sämtlicher direkt dem immateriellen Vermögenswert zuordenbaren Ausgaben, sollte eine verlässliche Trennung von Forschungs- und Entwicklungsphase nicht möglich sein.[789]

Die Bewertungsvorschrift des § 255 Abs. 2a HGB stellt somit klar, dass bereits auf Ansatzebene bestimmte Bewertungsprobleme eliminiert werden.[790] Die Kriterien der informationsorientierten Rechnungslegung können demnach nicht vorbehaltslos übernommen werden. Geht man davon aus, dass eine Aktivierung von (immateriellen) Entwicklungsleistungen regelmäßig projektbezogen erfolgt, so ist in jedem Fall objektivierungsbedingt eine Initiierung des Unterfangens, eine Abgrenzbarkeit des Projektes und ein Nachweis des künftigen Nutzenzuflusses zu fordern.[791] Die Reichweite der Forschungsphase ist sowohl in zeitlicher als auch in sachlicher Hinsicht im Zweifel weit auszulegen.[792] Die klarere Objektivierung des Projektbezugs stellt daher ein

---

Die Aktivierung von Entwicklungskosten im handelsrechtlichen Jahresabschluss, Bamberg 2016, hier S. 95. Vgl. zudem Nachweise in Kap. 1, 2. b) cc).

[786] Vgl. stellvertretend *Holtsch, Anna*: Einfluss der IFRS auf das HGB, Berlin 2019, hier S. 139f; *Hennrichs, Joachim*: GoB im Spannungsfeld von BilMoG und IFRS, a.a.O., hier S. 866.

[787] So auch *Euler, Roland*: Das System der Grundsätze ordnungsmäßiger Bilanzierung, a.a.O., hier S. 119; *Hommel, Michael*: Internationale Bilanzrechtskonzeptionen und immaterielle Vermögensgegenstände, a.a.O., hier S. 353.

[788] Vgl. *Euler, Roland*: Das System der Grundsätze ordnungsmäßiger Bilanzierung, a.a.O., hier S. 132 (auch Zitat).

[789] Vgl. *Mindermann, Torsten*: Zweifelsfragen zur Verbesserung der Informationsfunktion durch § 248 Abs. 2 HGB, in: BFuP, 64. Jg. (2012), S. 533–543, hier S. 535.

[790] Vgl. bereits *Moxter, Adolf*: Selbständige Bewertbarkeit als Aktivierungsvoraussetzung, a.a.O., hier S. 1846; *Mindermann, Torsten*: Zweifelsfragen zur Verbesserung der Informationsfunktion durch § 248 Abs. 2 HGB, a.a.O., hier S. 535.

[791] So bereits *AIR, Schmalenbach-Gesellschaft*: Kategorisierung und bilanzielle Erfassung immaterieller Werte, a.a.O., hier S. 995.

[792] Vgl. *Koch, Simone*: Bilanzierung von Nutzungsrechten nach GoB und IFRS, a.a.O., hier S. 52.

entscheidendes Unterschiedsmerkmal zwischen dem asset-Begriff und dem Vermögensgegenstandbegriffs dar.[793]

Die verbleibende Unschärfe scheint vom Gesetzgeber in Kauf genommen worden zu sein, um dem Vollständigkeitsgebot Rechnung zu tragen.[794] Bei iterativ verlaufenden Prozessen ist auf die klare Abgrenzbarkeit von Forschungs- und Entwicklungsphase zu achten, andernfalls kommt eine Aktivierung ohnehin nicht in Betracht. Dies bietet dem Management auch im Falle einer Ansatzpflicht weiteren Gestaltungsspielraum.[795] Dieser ist allerdings im Spannungsfeld zwischen Vollständigkeitsgebot und Objektivierung kaum vermeidbar.

Zu Recht wird im Schrifttum[796] angenommen, dass eine Phasenabgrenzung auch nach sachlichen Kriterien erfolgen kann. Dies betrifft insbesondere iterative Entwicklungsprozesse.[797] In diesen Fällen sind allerdings strikte Anforderungen an das Projektcontrolling zu stellen.

Das bestehende Aktivierungswahlrecht, aber auch als Ansatzpflicht ausgestaltete „faktische Wahlrechte“[798], weisen das Risiko der Aktivierung von Non-Valeurs auf. Andererseits steht eine Typisierung, die selbsterstellte immaterielle Werte grundsätzlich von der Aktivierung ausschließt, in Konflikt mit dem Vollständigkeitsgebot. Aufgrund der zu Recht betonten Unsicherheiten und Objektivierungsproblemen[799] sind im Lichte des Vorsichtsprinzips insbesondere für iterative Entwicklungsprozesse strenge

---

793 Vgl. *AIR, Schmalenbach-Gesellschaft*: Kategorisierung und bilanzielle Erfassung immaterieller Werte, a.a.O., hier S. 992; *Koch, Simone*: Bilanzierung von Nutzungsrechten nach GoB und IFRS, a.a.O., hier S. 61.

794 Vgl. BT-Drs 16/10067 vom 30.07.2008, hier S. 50.

795 Vgl. *Petersen, Karl* et al.: Forschung und Entwicklung in der Rechnungslegungspraxis, in: PiR, 2. Jg. (2010), S. 7–13, hier S. 12.

796 Vgl. *Gelhausen, Hans Friedrich* et al.: Rechnungslegung und Prüfung nach dem Bilanzrechtsmodernisierungsgesetz, a.a.O., hier S. 85.

797 Mit Blick auf die Entwicklung von künstlicher Intelligenz die Problematik iterativer Prozesse betonend *Hanke, Anika*: Herausforderungen für das Bilanzierungsobjekt 'Künstliche Intelligenz', in: WPg, 73. Jg. (2020), S. 506–511, hier S. 509; vgl. auch *Christian, Dieter/Kern, Veronika*: Aktivierung von Entwicklungskosten und Phasentrennung nach IAS 38, in: PiR, 6. Jg. (2014), S. 168–174, hier S. 170; *Petersen, Karl* et al.: Forschung und Entwicklung in der Rechnungslegungspraxis, a.a.O., hier S. 10; *Wencki, Simone*: Die Aktivierung von Entwicklungskosten im handelsrechtlichen Jahresabschluss, a.a.O., hier S. 60.

798 Vgl. Kap. 2, II., 1. a.) aa) bbb).

799 Statt vieler *Moxter, Adolf*: Immaterielle Anlagewerte im neuen Bilanzrecht, a.a.O., S. 1104f.

Anforderungen mit Blick auf die Objektivierung im Einzelfall zu stellen; kann diesen nicht angemessen Rechnung getragen werden, muss eine Aktivierung unterbleiben.

b) *Bedeutung des Vorsichtsprinzips bei der Aktivierung immaterieller Vermögensgegenstände*

aa) Entwicklungsaufwendungen und Eventualvermögensgegenstände nach dem Bilanzrechtsmodernisierungsgesetz

aaa) Eventualvermögensgegenstände und Funktion der Ausschüttungssperre

Das Bilanzrechtsmodernisierungsgesetz sieht ausweislich der Gesetzesbegründung bzw. des Regierungsentwurfs eine Aktivierung bereits dann vor, wenn mit hoher Wahrscheinlichkeit ein Vermögensgegenstand entsteht.[800] Dies wird im Schrifttum teilweise als sachgerecht beurteilt,[801] teilweise aber auch abgelehnt.[802] Der Verweis auf eine Parallele zu Anlagen im Bau ist aufgrund der besonderen Unsicherheiten bei immateriellem Vermögen problematisch.[803]

Einerseits ist die intendierte Verbesserung der Informationsfunktion, andererseits das weiterhin systemimmanente Gläubigerschutzbestreben zu würdigen:[804] Eine tiefere Analyse zeigt, dass eine wesentliche Verbesserung der Informationsfunktion fraglich ist, während die Objektivierung und damit der Gläubigerschutz beeinträchtigt ist. [805] Weiterhin gehen Wahlrechte regelmäßig zu Lasten der Vergleichbarkeit.[806] Dies ist ein Grund, wieso die intendierte Stärkung der Informationsfunktion durch die Etablierung eines Aktivierungswahlrechts nicht gelingt.[807] Voraussetzung für die Aktivierung

---

[800] Vgl. BT-Drs 16/10067 vom 30.07.2008, hier S. 60.

[801] Vgl. *Mindermann, Torsten*: Zweifelsfragen zur Verbesserung der Informationsfunktion durch § 248 Abs. 2 HGB, a.a.O., hier S. 535f; vgl. mit Hinweis auf die Unklarheit des BilMoG-RegE, aber insbes. argumentierend über den Wortlaut des § 255 Abs. 2a *Ballwieser, Wolfgang*: § 248 HGB, in: Münchener Kommentar zum Handelsgesetzbuch, Rn. 15.

[802] Vgl. *Kirsch, Hans-Jürgen/Kurz, Lüder*: Der Ansatzzeitpunkt für selbsterstelltes immaterielles Anlagevermögen, a.a.O., hier S. 63; m.w.N. *Wüstemann, Jens/Wüstemann, Sonja*: Das System der Grundsätze ordnungsmäßiger Buchführung nach dem Bilanzrechtsmodernisierungsgesetz, a.a.O., hier S. 763; kritisch insbes. auch *Moxter, Adolf*: Aktivierungspflicht für selbsterstellte immaterielle Anlagewerte?, a.a.O.

[803] Vgl. *Kreide, Raoul*: Das Nicht-Aktivierungswahlrecht für selbst geschaffene immaterielle Vermögensgegenstände, in: KoR, 15. Jg. (2015), S. 148–152, hier S. 150.

[804] Vgl. generell zum Konflikt im Zusammenhang mit dem BilMoG *Werheim, Michael/Fross, Ingo*: Erosion handelsrechtlicher GoB durch das Bilanzrechtsmodernisierungsgesetz, a.a.O.

[805] So auch *Mindermann, Torsten*: Zweifelsfragen zur Verbesserung der Informationsfunktion durch § 248 Abs. 2 HGB, a.a.O., hier S. 540f.

[806] Vgl. generell zu Wahlrechten in der Handelsbilanz und m.w.N. *Pöschke, Moritz*: Wahlrechte und "Ermessensspielräume" im Bilanzrecht und die Business Judgement Rule, a.a.O.

[807] Vgl. *Mindermann, Torsten*: Zweifelsfragen zur Verbesserung der Informationsfunktion durch § 248 Abs. 2 HGB, a.a.O., hier S. 541; allgemein kritisch bzgl. der Gläubigerschutzwirkung von Ausschüttungssperren vgl. *Schreiber, Ulrich*: Rechnungslegung im Einzelabschluß nach internationalen Grundsätzen, in: FS Fischer, S. 879–912, hier S. 881.

von Herstellungskosten ist damit nicht nur das Vorliegen von Entwicklungskosten, sondern auch, dass ein Vermögensgengenstand vorliegt. Es entspricht dem Vorsichtsprinzip, keine „Noch-nicht Vermögensgegenstände“[808] zu aktivieren.

Darüber hinaus wird im Schrifttum kontrovers diskutiert, ob durch die etablierte Ausschüttungssperre des § 268 Abs. 8 HGB ein ausreichender Gläubigerschutz gewährleistet ist:[809] Ein Aspekt der Debatte ist, dass die Ausschüttungssperre in dieser Form nicht für Personengesellschaften greift, für diese aber auch ein hinreichender Gläubigerschutz gewährleistet sein muss.[810] Die eingeschränkte Wirksamkeit der Regelung wird im Schrifttum zu Recht kritisch betrachtet.[811]

Gleichwohl das „Unbehagen“ des Gesetzgebers[812] mit Blick auf die Aktivierungsfähigkeit immaterieller Vermögensgegenstände des Anlagevermögens deutlich zutage tritt, kann ein nur eingeschränkter Gläubigerschutz nicht intendiert sein: Wenn keine Non-Valeurs aktiviert werden, ist die Normierung einer Ausschüttungssperre nicht notwendig, um Gläubigerschutzerwägungen gerecht zu werden. Andererseits ist der Grundgedanke der Ausschüttungssperre in Einklang mit der Teilhaberthese zu bringen.[813]

bbb) Zur Objektivierungsfunktion des Aktivierungsverbots des § 248 Abs. 2 HGB

Betrachtet man den Wortlaut der Begründung im Regierungsentwurf des Bilanzrechtsmodernisierungsgesetzes, so zielt das Aktivierungsverbot auf eine Objektivierung ab, da sonst Vermögenswerte aktiviert würden, die „nicht selbständig bewertet“[814] werden

---

808 *Theile, Carsten*: Immaterielle Vermögensgegenstände nach RegE BilMoG, in: WPg, 61. Jg. (2008), S. 1064–1069, hier S. 1067.

809 Kritisch *Ballwieser, Wolfgang*: Das BilMoG zwischen Entrümpelung und Neugestaltung des HGB, in: FS Küting, hier S. 600; eine Annäherung von Einzel- und Konzernabschlüssen verbunden mit Ausschüttungssperren dagegen begrüßend *Jacob, Hans-Joachim*: Die Grundsätze der Rechnungslegung im Lichte neuer Entwicklungen, in: FS Müller, S. 195–217, hier S. 216.

810 Kritisch z.B. *Moxter, Adolf/Engel-Ciric, Dejan*: Erosion des bilanzrechtlichen Vorsichtsprinzips?, a.a.O., hier S. 491.

811 Vgl. *Küting, Karlheinz* et al.: Die Bilanzierung von selbsterstellten immateriellen Vermögensgegenständen nach dem RegE des BilMoG, in: KoR, 8. Jg. (2008), S. 689–967, hier S. 695.

812 Vgl. *Werheim, Michael/Fross, Ingo*: Erosion handelsrechtlicher GoB durch das Bilanzrechtsmodernisierungsgesetz, a.a.O., hier S. 78 (auch Zitat).

813 Vgl. *Richter, Heiner* et al.: § 5 EStG, in: HHR EStG, hier Rn. 1755. Zur Teilhaberthese vgl. m.w.N. Kap. 1, I. 2. a) aa) aaa).

814 BT-Drs 16/10067 vom 30.07.2008, hier S. 50.

können. Auch wenn dem regelmäßig zuzustimmen sein wird, läuft das Aktivierungsverbot somit weitgehend ins Leere bzw. kann allenfalls als klarstellend wahrgenommen werden.

Ungeachtet der sprachlichen Unschärfe,[815] auf die auch *Hommel und Berndt*[816] hinweisen, lässt sich aus dieser Begründung schließen, dass keine Abkehr der tradierten bilanzrechtlichen Vermögenskonzeption intendiert war: Weder die Zwecksetzung der handelsrechtlichen GoB noch die handelsbilanzrechtliche Vermögenskonzeption sollten geändert werden.[817]

bb) Nachaktivierung

aaa) Zwischenabschlüsse und Informationsfunktion

Im Schrifttum ist strittig, wie mit bereits aufwandswirksam erfassten Entwicklungskosten umzugehen ist: Die Nachaktivierung von in Vorperioden als Aufwand verbuchter Entwicklungskosten wird dabei trotz des unklaren Wortlauts des Gesetzes zu Recht überwiegend abgelehnt.[818]

Es kommt nicht darauf an, ob eine Nachaktivierung einer „Indikatorfunktion des Erfolges"[819] zukommt, mithin (nicht realisierte) Vermögensänderungen angezeigt werden. Problematischer ist der Fall von im Geschäftsjahr angefallenen Entwicklungskosten, die etwa in einem unterjährigen Abschluss aufwandswirksam erfasst wurden. Liegt zum Zeitpunkt des Stichtags des Jahresabschlusses ein Vermögensgegenstand vor, so wird mitunter vertreten, dass die Entwicklungskosten des gesamten Geschäftsjahres zumindest dann zu aktivieren sind, wenn sie noch nicht in einem Zwischenabschluss als Aufwand erfasst wurden.[820]

---

815 Vgl. m.w.N. Kap. 2, I. 3. b) bb).

816 Vgl. *Hommel, Michael/Berndt, Thomas*: Das Realisationsprinzip, a.a.O., hier S. 2192.

817 Vgl. *Wüstemann, Jens/Wüstemann, Sonja*: Das System der Grundsätze ordnungsmäßiger Buchführung nach dem Bilanzrechtsmodernisierungsgesetz, a.a.O., hier S. 762; *Rößler, Bettina*: Abgrenzung und Bewertung von Vermögensgegenständen, a.a.O., hier S. 33.

818 Vgl. *Hennrichs, Joachim*: Immaterielle Vermögensgegenstände nach dem Entwurf des Bilanzrechtsmodernisierungsgesetzes (BilMoG), a.a.O., hier S. 540.

819 *Dawo, Sascha*: Immaterielle Güter in der Rechnungslegung nach HGB, IAS/IFRS und US-GAAP, Herne 2003, hier S. 313.

820 Vgl. mit Bezug zu DRS 24.86 *Bertram, Klaus*: § 248 HGB, in: Haufe HGB Bilanzkommentar, hier S. 198.

Der zugrundeliegende Gedankengang ist zwar nachvollziehbar, da auch Praktikabilitätserwägungen[821] dafür sprechen könnten, jedoch kann es systematisch nicht darauf ankommen, ob ein Unternehmen Zwischenabschlüsse erstellt. Eine Ausübung des Aktivierungswahlrechts stellt verschiedene Anforderungen an das Projektcontrolling,[822] unter anderem muss dieses zeitlich und sachlich eine Trennung zwischen Forschungs- und Entwicklungsphase ermöglichen. Das denkbare Argument einer späteren Aufstellung des Jahresabschlusses ist somit entkräftbar. Eine Nachaktivierung kommt somit grundsätzlich auch in diesem Fall nicht in Betracht.

bbb) Systematische Bedeutung der Phasentrennung im Lichte des Vorsichtsprinzips

Das fallweise ausübbare faktische Wahlrecht,[823] das durch die Notwendigkeit der Trennung zwischen Forschung und Entwicklung für den Bilanzierenden in der Praxis entsteht, führt insbesondere bei iterativen bzw. bei alternierenden Entwicklungsprozessen zu Herausforderungen: Weder ist eine pauschale Ablehnung der Aktivierung sachgerecht, noch kann unberücksichtigt bleiben, dass ein erhöhtes Risiko bestehen kann, dass Non-Valeurs Eingang in die Bilanz finden können. Wie die oft bemühte Spezialmaschine zeigt,[824] liegen auch bei materiellen Vermögensgegenständen mitunter gewisse Unsicherheiten vor. Gleichwohl ist es nachvollziehbar, dass der Gesetzgeber gewisse Typisierungen vorgenommen hat, was unter anderem die Ungleichbehandlung materieller und immaterieller Vermögenswerte erklärt.

Dem Vorsichtsprinzip wird nicht nur dadurch entsprochen, dass eine verlässliche Trennung von Forschungs- und Entwicklungsphase ermöglicht sein muss, vielmehr ist die Reichweite der Forschungsphase im Zweifel eher weit auszulegen.[825]

---

821 Vgl. *Schubert, Wolfgang/Hutzler, Alexander*: § 255 HGB, in: Beck'scher Bilanzkommentar, hier Rn. 463.

822 Vgl. *AIR, Schmalenbach-Gesellschaft*: Leitlinien zur Bilanzierung selbstgeschaffener immaterieller Vermögensgegenstände des Anlagevermögens nach dem Regierungsentwurf des BilMoG, a.a.O., hier 1821.

823 Vgl. *Bertram, Klaus*: § 248 HGB, in: Haufe HGB Bilanzkommentar, hier S. 198f

824 Vgl. etwa *Haaker, Andreas/Hoffmann, Wolf-Dieter*: Grundsätze haptischer Bilanzierung?, in: PiR, 1. Jg. (2009), S. 307–308, hier S. 307.

825 Vgl. *Koch, Simone*: Bilanzierung von Nutzungsrechten nach GoB und IFRS, a.a.O., hier S. 52.

2. Reichweite des Herstellungszeitraums unter besonderer Berücksichtigung des Beginns der Herstellung

a) Beginn der Herstellung als zentrale Problemstellung

aa) Abgrenzung zwischen dem Ende der Anschaffung und dem Beginn der Herstellung

Bilanzpositionen wie „unfertige Erzeugnisse“ sowie „Anlagen im Bau“ in § 266 HGB verdeutlichen, dass unfertige Gegenstände bilanzrechtliches Vermögen darstellen können.[826] Bedeutsam ist insbesondere die Abgrenzung von Anschaffung und Herstellung: Die Grenze zwischen dem Ende des Beschaffungsbereichs und dem Beginn der Herstellung ist aufgrund der Möglichkeit der Zurechnung von Gemeinkosten zu den Herstellungskosten relevant.

Der Bundesfinanzhof sieht die Kosten des Umladens eingekaufter Rohstoffe und das Verbringen zum Lagerplatz sowie das folgende Einlagern als Anschaffungskosten an.[827] Es ist folgerichtig und aus Objektivierungsgründen geboten, die Grenze zwischen Anschaffung und Herstellung klar zu definieren. Die Anschaffung setzt regelmäßig die Verfügungsgewalt voraus,[828] der zeitraumbezogene Herstellungsprozess[829] stellt regelmäßig auf eine Werterhöhung durch technische Umformung ab.

bb) Konkretisierung des Beginns der Herstellung durch das Kriterium der Teilidentität

aaa) Das Redaktionskostenurteil als Beispiel einer objektivierungsgeprägten Konkretisierung

Im sog. Redaktionskostenurteil entschied der Bundesfinanzhof, dass eine Aktivierung unfertiger Erzeugnisse nur in Betracht komme, wenn diese zumindest „teilweise mit dem Fertigprodukt identisch“[830] sind.

---

826 Vgl. *Krumm, Marcel*: § 5 EStG, in: Brandis/ Heuermann (vormals Blümich) EStG, hier Rn. 311.
827 Vgl. Urt. des BFH vom 31. Juli 1967 *I 219/63*, in: BStBl. II 1968, S. 22–24.
828 Vgl. *Mayr, Gunter*: Gewinnrealisierung im Steuerrecht und Handelsrecht, a.a.O., hier S. 38.
829 Vgl. *Mathiak, Walter*: Anschaffungs- und Herstellungskosten, a.a.O., hier S. 128f; zum Begriff der finalen Herstellungskosten vgl. z.B. *Döllerer, Georg*: Anschaffungskosten und Herstellungskosten nach neuem Aktienrecht unter Berücksichtigung des Steuerrechts, in: BB, 21. Jg. (1966), S. 1405–1409, hier S. 1408.
830 Urt. des BFH vom 18. Juni 1975 *I R 24/73*, a.a.O., hier S. 811; kritisch z.B. *Bordewin, Arno*: Zur Bewertung teilfertiger Erzeugnisse nach Handels- und Steuerrecht, in: BB, 30. Jg. (1975), S. 1472–

Einen ähnlich gelagerten Fall entschied die höchstrichterliche Rechtsprechung anders und rekurriert insbesondere auf den finalen Herstellungsbegriff.[831] Auch eine Einkaufsprovision beispielsweise ist in Anwendung eines finalen Anschaffungsbegriffs[832] zu bejahen.[833] Das Kriterium der Teilidentität versteht den Herstellungsvorgang eng als technischen Umformungsprozess.[834] Dies ist nur durch strenge Objektivierung zu rechtfertigen. Dies wird mitunter als „Überbetonung des Merkmals der Greifbarkeit“[835] gewertet.

Dieser nachvollziehbaren Auffassung ist zu entgegnen, dass eine Objektivierung des Herstellungszeitraums notwendig ist und dass das Kriterium der Teilidentität vor allem Objektivierungserwägungen entspringt. Nichts anderes verlangt indes IDW RS HFA 31 n.F.:[836] Vorbereitungshandlungen gehören demnach nur dann zum Herstellungsvorgang, wenn sie hinreichend konkretisiert sind. Auch der Berufsstand sieht sich also im Fall der Konkretisierung des Herstellungsbeginns einer Objektivierungsproblematik ausgesetzt. Die Kosten für konkretisierte Vorbereitungshandlungen sind auch bei der Schaffung eines Abraumvorrats bei der Mineralgewinnung aktivierbar,[837] weil sie in den zu schaffenden Vermögensgegenstand (werterhöhend) eingehen, mithin zumindest teilweise identisch sind mit dem zu schaffenden Vermögensgegenstand.[838]

Der Bundesfinanzhof argumentiert gleichwohl überwiegend technisch, dass „mit der Entstehung von Herstellungskosten die Herstellung des zu schaffenden

1473; *Barske, Kurt*: Redaktionskosten: Abzug oder Aktivierung?, in: DStZ, 64. Jg. (1976), S. 315–320; *Groh, Manfred*: Zur Bilanztheorie des BFH, a.a.O., hier S. 131; *Söffing, Günter*: Überlegungen zum sog. Redaktionskostenurteil, in: DStZ, 64. Jg. (1976), S. 155–158, hier S. 157; *Mayr, Gunter*: Gewinnrealisierung im Steuerrecht und Handelsrecht, a.a.O., hier S. 150f; *Mathiak, Walter*: Anschaffungs- und Herstellungskosten, a.a.O., hier S. 105.

831 Vgl. Urt. des BFH vom 21. Januar 1971 *IV R 51/69*, in: BStBl. II 1971, S. 304–306, hier S. 306; kritisch zur uneinheitlichen Auslegung des Kriteriums der Teilidentität vgl. *Döllerer, Georg*: Zur Problematik der Anschaffungs- und Herstellungskosten, a.a.O., hier S. 202f.

832 Zum Begriff vgl. *Hommel, Michael*: Anschaffungskosten, in: Handwörterbuch der Rechnungslegung und Prüfung, S. 77–87.

833 Vgl. *Mathiak, Walter*: Anschaffungs- und Herstellungskosten, a.a.O., hier S. 105.

834 Vgl. *Uelner, Adalbert*: Aktuelle Fragen des Ertragsteuerrechts, in: StbJb, 28. Jg. (1976/77), S. 131–174, hier S. 159.

835 *Söffing, Günter*: Überlegungen zum sog. Redaktionskostenurteil, a.a.O., hier S. 155.

836 Vgl. IDW RS HFA 31 n.F. Tz. 7–9.

837 Vgl. Urt. des BFH vom 23. November 1978 *IV R 20/75*, in: BStBl. II 1979, S. 143–145, hier S. 144.

838 Zustimmend mit Blick auf die Beurteilung der Rechtsprechung zum Abraumvorrat, zugleich kritisch bzgl. dem Kriterium der Teilidentität *Groh, Manfred*: Zur Bilanztheorie des BFH, a.a.O., hier S. 131.

Wirtschaftsguts“[839] beginne. Diese formale Begründung kann nicht überzeugen, da sie die Inkonsistenz zum sog. Redaktionskostenurteil nicht restlos auszuräumen vermag:[840] Vielmehr ist zu untersuchen, warum die höchstrichterliche Rechtsprechung das Kriterium der Teilidentität mitunter eng fasst, in Einzelfällen aber tendenziell weit interpretiert.[841]

bbb) Die Rechtsprechung zu Nachmesserunterlagen als Beispiel für eine Anwendung des Kriteriums der Teilidentität auf Dienstleistungen

Ein Handelsvertreter, der eine Provision in einigen Fällen erst erhält, nachdem sog. Nachmesser tätig wurden, hat keinen Vermögensgegenstand durch die zur Auftragsausführung notwendigen Nachmessung erworben.[842] Der Handelsvertreter hat also kein unfertiges Erzeugnis auszuweisen, wenn Provisionszahlungen an den Nachmesser geleistet wurden. Die Kosten der Nachmessung sind einerseits nicht teilweise identisch mit der folgenden Vermittlungsleistung des Handelsvertreters, andererseits können sie als Vertriebskosten zur Konkretisierung des Auftrags angesehen werden.[843]

Die im Zusammenhang mit einem Provisionsanspruch entstandenen Ausgaben stellen keinen greifbaren, mithin keinen aktivierbaren Vermögensgegenstand dar.[844] Damit kommt es auf die Bestimmung des Herstellungsbeginns nicht an. Die fehlende Möglichkeit, Ausgaben bestimmten Aufträgen zuzuordnen, lässt eine Aktivierung ausscheiden.

cc) Besonderheiten grundstücksbezogener Aufwendungen

aaa) Grenzen des Kriteriums der Teilidentität

Das Kriterium der Teilidentität ist im Schrifttum nicht unumstritten,[845] und wird insbesondere im Kontext von Grundstücken und Gebäuden sehr weit verstanden: Die

---

[839] Urt. des BFH vom 23. November 1978 *IV R 20/75*, a.a.O., hier S. 145.
[840] Kritisch auch *Mathiak, Walter*: Anschaffungs- und Herstellungskosten, a.a.O., hier S. 129f.
[841] Vgl. auch *Döllerer, Georg*: Zur Problematik der Anschaffungs- und Herstellungskosten, a.a.O., hier S. 202f.
[842] Vgl. Urt. des BFH vom 13. September 1989 *II R 1/87*, a.a.O., hier S. 48.
[843] So auch Urt. des BFH vom 13. September 1989 *II R 1/87*, in: BStBl. II 1990, S. 47–49, hier S. 48.
[844] Vgl. Urt. des BFH vom 26. April 2018 *III R 5/16*, a.a.O., hier S. 538.
[845] Vgl. *Uelner, Adalbert*: Aktuelle Fragen des Ertragsteuerrechts, a.a.O., hier S. 159f; kritisch auch *Groh, Manfred*: Zur Bilanztheorie des BFH, a.a.O., hier S. 131; *Bordewin, Arno*: Zur Bewertung

höchstrichterliche Rechtsprechung sieht die Planung eines Gebäudes als teilidentisch mit dem entstehenden Gebäude an.[846] Der Argumentation ist grundsätzlich zuzustimmen, denn ohne die Planung ist das Gebäude nicht realisierbar; Planung und Errichtung erfolgen in einem einheitlichen, nicht notwendigerweise sequenziellen Vorgang. Weiterhin ist ein wesentlicher Unterschied zu anderen Vermögensgegenständen die Objektivierbarkeit; der Wert von Grundstücken und Gebäuden ist durch anerkannte Verfahren leichter objektivierbar als etwa der von Spezialmaschinen.

Zudem ist der Wert insbesondere durch das Grundstück dinglich abgesichert, was für eine ausgeprägtere Objektivierung des Werts spricht.[847] Das Risiko der Aktivierung von Non-Valeurs erscheint so hinreichend gering bei gegebenen Grundstücksbezug.

Der Bundesfinanzhof hat daher für grundstücks- bzw. gebäudebezogene Kosten die Finalität des Herstellungsbegriffs aus nachvollziehbaren Gründen stärker betont als bei anderen Vermögensgegenständen: Während insbesondere bei Vermögensgegenständen des Umlaufvermögens bei produzierenden Unternehmen der bilanzierte Vermögensgegenstand und die jeweiligen Endprodukte in physischer Sicht teilidentisch sein müssen,[848] ist bei grundstücks- bzw. gebäudebezogenen Aufwendungen das Kriterium der Teilidentität weiter zu verstehen. Wie *Groh* zutreffend feststellt, stößt ein grundsätzlich physisch verstandenes Kriterium der Teilidentität aber bei rein dienstleistungsbezogenen Aufträgen an Grenzen.[849] Hier wird regelmäßig auf eine geistige Leistung abzustellen sein, die Eingang in das Endprodukt findet.[850]

teilfertiger Erzeugnisse nach Handels- und Steuerrecht, a.a.O., hier S. 1473; *Barske, Kurt*: Redaktionskosten: Abzug oder Aktivierung?, a.a.O., hier S. 319; *Söffing, Günter*: Überlegungen zum sog. Redaktionskostenurteil, a.a.O., hier S.156f.

846 Vgl. Urt. des BFH vom 11. März 1976 *IV R 176/72*, in: BStBl. II 1976, S. 614–617, hier S. 616; kritisch *Söffing, Günter*: Die Unvereinbarkeit des Redaktionskostenurteils mit dem Bauplanungsurteil, in: FR, 59. Jg. (1977), S. 34–36.

847 Zur Abgrenzung von Vertriebs- und Vorbereitungsmaßnahmen am Beispiel von Planungskosten für die Herstellung eines Gebäudes vgl. *Moxter, Adolf/Engel-Ciric, Dejan*: Grundsätze ordnungsgemäßer Bilanzierung, a.a.O., hier S. 125f.

848 Vgl. Urt. des BFH vom 18. Juni 1975 *I R 24/73*, a.a.O., hier S. 811, auch bei Druckvorlagen könnte man von einem einheitlichen Vorgang sprechen. Gleichwohl dehnt der Bundesfinanzhof die Anforderung der Teilidentität bei grundstücksbezogenen Aufwendungen nachvollziehbar weit.

849 Vgl. *Groh, Manfred*: Zur Bilanztheorie des BFH, a.a.O., hier S. 131.

850 Vgl. Urt. des BFH vom 13. September 1989 *II R 1/87*, a.a.O., hier S. 48.

bbb) Planungskosten als Beispiel der Besonderheiten grundstücksbezogener Herstellungsvorgänge

(i) Kosten für Bauplanung und Baugenehmigung im Lichte des finalen Herstellungskostenbegriffs

Auch Planungsarbeiten vor Bauantragstellung[851] können für die Annahme des Herstellungsbeginns ausreichend sein.[852] Im Schrifttum wurden und werden kontroverse Debatten über die Konsistenz der Rechtsprechung bzw. einzelner Urteile geführt.[853] Der Bundesfinanzhof legt die Begriffe der Anschaffungs- und Herstellungskosten final aus: Die gezahlte Optionsprämie wird somit folgerichtig als Teil der Anschaffungskosten gesehen.[854] Der Anschaffungsvorgang wird somit als erfolgsneutrale Vermögensumschichtung angesehen.[855]

Gleiches gilt für den Herstellungsvorgang: Danach beginnt die Herstellung eines Films bereits, wenn der Drehplan fertiggestellt ist, da ein unmittelbarer sachlicher Zusammenhang zwischen der getroffenen Maßnahme und dem herzustellenden Vermögensgegenstand vorliegt[856] und dieser auch hinreichend objektivierbar ist. Ein früherer Zeitpunkt wäre nicht ohne weiteres mit Objektivierungserwägungen vereinbar, ein späterer Zeitpunkt würde die Finalität des Herstellungskostenbegriffs verkennen. Wirtschaftlich betrachtet kann es auch mit Blick auf den finalen Herstellungskostenbegriff weder auf die Stellung eines Bauantrags noch auf die Vorlage eines Filmdrehbuches ankommen. Gleichwohl ist die Abgrenzung zu reinen Vorbereitungshandlungen hinreichend zu objektivieren.

---

[851] Vgl. etwa Urt. des BFH vom 16. Dezember 1998 *X R 153/95*, in: BFH/NV 1999, S. 782–784, hier S. 783.

[852] Vgl. Urt. des BFH vom 9. Juli 2019 *X R 7/17*, in: BStBl. II 2020, S. 635–639; vgl. dazu *Weiss, Martin*: Neuere Entwicklungen bei der Übertragung stiller Reserven nach § 6b EStG, in: BB, 76. Jg. (2021), hier S. 749; *Kubik, Nikolaj*: Anmerkung zu BFH X R 7/17, in: BB, 76. Jg. (2021), S. 2738. Zu beachten ist, dass der Bundesfinanzhof bei der Auslegung von § 6b EstG als steuerliche lex specialis nicht über das Maßgeblichkeitsprinzip Handelsbilanzrecht interpretiert und so der Herstellungsbeginn nach § 6b EstG nicht notwendigerweise deckungsgleich mit dem nach § 6 EstG bzw. nach handelsrechtlichen GoB sein muss.

[853] Vgl. *Uelner, Adalbert*: Aktuelle Fragen des Ertragsteuerrechts, a.a.O., hier S. 160; *Stendel, Eberhard*: 1. Anmerkung zu BFH IV R 176/72, in: FR, 58. Jg. (1976), S. 512–513; *Brezing, Klaus*: 2. Anmerkung zu BFH IV R 176/72, in: FR, 58. Jg. (1976), S. 513–514; *Brezing, Klaus*: Anmerkung zu BFH IV R 146/70, in: FR, 57. Jg. (1975), S. 483.

[854] Vgl. Urt. des BFH vom 22. Mai 2019 *XI R 44/17*, a.a.O., hier S. 45f.

[855] Vgl. *Nöcker, Gregor*: Steuerbilanzrecht am Ende der 2010er Jahre, a.a.O., hier S. 252.

[856] Vgl. *Wriedt, Peter/Fischer, Michael*: Zur Bilanzierung von Filmvermögen, in: DB, 46. Jg. (1993), S. 1683–1687, hier S. 1683f.

(ii) Vorsichts- und objektivierungsbedingte Abgrenzung reiner Vorbereitungshandlungen

Ab dem Entschluss, einen Vermögensgegenstand herzustellen, können Herstellungskosten anfallen.[857] In der Praxis wird regelmäßig der Anfall des ersten Fertigungslohns mit dem Beginn der Herstellung zusammenfallen, weil dies den Beginn der technischen Herstellung bzw. den Produktionsbeginn offenkundig werden lässt.[858] Der Begriff Produktion ist dabei technisch zu verstehen.[859]

Gleichwohl ist – auch abstrahiert von Problemstellungen immaterieller Vermögensgegenstände – der Beginn der technischen Fertigung nicht zwingend mit dem Beginn der Herstellung gleichzusetzen.[860] Auch der Zugang des ersten Materials im Beschaffungsbereich kann den Beginn der Herstellung determinieren.[861] Es muss bei der Aktivierung am Bilanzstichtag grundsätzlich bereits ein greifbarer und selbstständig bewertbarer Vermögensvorteil, mithin ein aktivierungsfähiger Vermögensgegenstand vorliegen.[862] Scheinbar gänzlich inkonsistent ist die Rechtsprechung des Bundesfinanzhofs zu grundstücks- und gebäudebezogenen Aufwendungen:[863] Eine Herstellung liegt in diesen Fällen bereits dann vor, wenn ein konkretes Investitionsvorhaben „ins Werk gesetzt"[864] wurde; dieser Zeitpunkt kann vor dem eigentlichen Baubeginn liegen, bereits die Stellung eines Bauantrages kann die Aktivierungsfähigkeit objektivieren.[865]

---

857 Vgl. *Mathiak, Walter*: Anschaffungs- und Herstellungskosten, a.a.O., hier S. 129; zum Beginn der Herstellung unter Berücksichtigung von Vorbereitungshandlungen vgl. auch *Wohlgemuth, Michael*: Zeitraum der Herstellung, in: HuRB, S. 470–480, hier S. 473.

858 Vgl. m.w.N. *Schubert, Wolfgang/Hutzler, Alexander*: § 255 HGB, in: Beck'scher Bilanzkommentar, hier Rn. 364f.

859 Vgl. *Ballwieser, Wolfgang*: § 255 HGB, in: Münchener Kommentar zum Handelsgesetzbuch, hier Rn. 67.

860 Vgl. Urt. des BFH vom 23. November 1978 *IV R 20/75*, a.a.O., hier S. 144.

861 Vgl. *Wohlgemuth, Michael/Radde, Jens*: Herstellungskosten in der Handels- und Steuerbilanz, in: HdJ Abt. I/5 (2020), hier Rz. 90.

862 Dies betont der BFH auch in jüngerer Rechtsprechung, vgl. Urt. des BFH vom 26. April 2018 *III R 5/16*, a.a.O., hier S. 537; vgl. auch stellvertretend Urt. des BFH vom 13. Oktober 1983 *IV R 160/78*, in: BStBl. II 1984, S. 101–105, hier S. 103; so auch *Kulosa, Egmont*: § 6 EStG, in: Schmidt EStG, hier Rz. 155; a.A. *Ehmcke, Torsten*: § 6 EStG, in: Brandis/ Heuermann (vormals Blümich) EStG, hier Rz. 435.

863 Vgl. m.w.N. *Ehmcke, Torsten*: § 6 EStG, in: Brandis/ Heuermann (vormals Blümich) EStG, hier Rz. 436.

864 Urt. des BFH vom 26. Oktober 1989 *IV R 83/88*, in: BStBl. II 1990, S. 290–292, hier S. 292; ähnlich Urt. des BFH vom 9. Juli 2019 *X R 7/17*, a.a.O., hier S. 635.

865 Vgl. Urt. des BFH vom 14. März 2012 *IV R 6/09*, in: BFH/NV 2012, S. 1122–1125, hier S. 1122; Urt. des BFH vom 15. Oktober 1981 *IV R 85/81*, in: BStBl. II 1982, S. 63–64, hier S. 64.

Auch bei der Frage, wann der Beginn der Herstellung vorliegt, erfolgt bilanzrechtlich eine Differenzierung zwischen materiellem und immateriellem Vermögen.[866] Der finale Charakter der Herstellungskosten und auch der aus dem Realisationsprinzip abgeleitete Grundsatz der Erfolgsneutralität sprechen grundsätzlich zunächst für eine umfassende Berücksichtigung von Kosten:[867] Reine Vorbereitungshandlungen ohne konkretisierten Bezug zum letztendlich durchgeführten Vorhaben genügen mit Blick auf das Vorsichtsprinzip und daraus abgeleitete Objektivierungserwägungen nicht.[868] Dies determiniert eine Grenze des sonst weit zu verstehenden finalen Herstellungskostenbegriffs: Es muss ein wirtschaftlich einheitlicher Vorgang erkennbar sein.[869]

(iii) Vergebliche gebäudebezogene Planungskosten als Ausprägung der extensiven Auslegung des finalen Herstellungskostenbegriffs

Bei grundstücks- bzw. gebäudebezogenen Kosten legt die Rechtsprechung[870] den finalen Herstellungskostenbegriff extensiv aus: So sind die Kosten einer Bauplanung auch dann zu aktivieren, wenn diese verworfen wurde.[871] Eine Grenze zieht die höchstrichterliche Rechtsprechung erst dort, wo eine verworfene Planung keinerlei

---

866 Vgl. *Kulosa, Egmont*: § 6 EStG, in: Schmidt EStG, hier Rz. 155.

867 Vgl. *Söffing, Günter*: Herstellungskosten nach dem Vorentwurf einer EG-Gewinnermittlungsrichtlinie, in: DB, 43. Jg. (1990), S. 1293–1296, hier S. 1294f.

868 Vgl. Urt. des BFH vom 3. November 1961 *VI 196/60 U*, in: BStBl. III 1962, S. 123, hier S. 123; Urt. des BFH vom 13. Dezember 2018 *III R 22/17*, in: BStBl. II 2021, S. 101–103, hier S. 64.

869 Vgl. Urt. des BFH vom 15. Oktober 1981 *IV R 85/81*, a.a.O; vgl. auch Urt. des BFH vom 16. Dezember 1998 *X R 153/95*, a.a.O., hier S. 782.

870 Vgl. Kapitel 2, II. 2. a) cc) bbb) (i) für weitere Verweise auf die ergangene Rechtsprechung.

871 Vgl. Urt. des BFH vom 3. August 1964 *VI 114/63 U*, in: BStBl. III 1964, S. 556–557, hier S. 557; Urt. des BFH vom 6. März 1975 *IV R 146/70*, in: BStBl. II 1975, S. 574–576, hier S. 575; Urt. des BFH vom 17. April 1964 *VI 112/63 U*, in: BStBl. III 1964, S. 383–384, hier S. 383; vgl. auch Urt. des BFH vom 13. November 1973 *VIII R 157/70*, in: BStBl. II 1974, S. 161–163, hier. S. 162; kritisch z.B. *Kupsch, Peter*: Betriebswirtschaftliche Funktionsanalyse und ihre Bedeutung für die Ermittlung von Herstellungskosten im Jahresabschluß, in: FS Heinen, S. 235–259, hier S. 251; ebenfalls kritisch *Mayr, Gunter*: Gewinnrealisierung im Steuerrecht und Handelsrecht, a.a.O., hier S. 148-152.

Erkenntnisse liefert –[872] dies ist konsistent mit der Rechtsprechung des Bundesfinanzhofs zu Fehlmaßnahmen.[873]

Vorsichtsbedingt muss die Aktivierung auch dort Grenzen finden, wo eine Vielzahl von Fehlschlägen bereits einkalkuliert wurde und erst ex post klar wird, ob ein Erkenntnisgewinn vorliegt.[874] Die geleisteten Aufwendungen einer verworfenen Bauplanung sind – trotz eines irgendwie gearteten Erkenntnisgewinns – kaum mehr ohne weiteres als Beitrag zur Werthaltigkeit des dann hergestellten Gebäudes interpretierbar; ein gedachter Erwerber würde möglicherweise nur den jeweiligen wirtschaftlichen Wert des Erkenntnisgewinns vergüten. Vielmehr steht für die Rechtsprechung hier die Finalität des Herstellungskostenbegriffs im Vordergrund. Dieser ist aus dem Erfolgsneutralitätsprinzip bzw. dem Realisationsprinzip abzuleiten, welches in betriebswirtschaftlicher Sicht auch die Verteilung der Herstellungskosten über die Nutzungsdauer eines Vermögensgegenstands erklärt.[875]

Im Schrifttum wird insbesondere die (zum Teil scheinbare) Inkonsistenz der Rechtsprechung kritisch angeführt: Nicht nur werden vergebliche Planungsaufwendungen nicht als teilidentisch mit dem fertiggestellten Gebäude angesehen, sondern auch angeführt, dass so Fehlmaßnahmen als Kosten der „Auslotung" durch den Bilanzierenden umgedeutet werden könnten.[876]

---

[872] Vgl. Urt. des BFH vom 11. März 1976 *IV R 176/72*, a.a.O., hier S. 616; Urt. des BFH vom 29. November 1983 *VIII R 96/81*, in: BStBl. II 1984, S. 303–306, hier S. 305; so auch *Bornhaupt, Kurt Joachim von*: Inwieweit können fehlgeschlagene Anschaffungs- oder Herstellungskosten bei Grundstücken und Gebäuden Werbungskosten sein?, in: FR, 63. Jg. (1981), S. 497–504, hier S. 500; Urt. des BFH vom 29. November 1983 *VIII R 160/82*, in: BStBl. II 1984, S. 306–307, hier S. 307; Urt. des BFH vom 19. Dezember 2007 *IX 50/07*, in: BFH/NV 2008, S. 1111–1113, hier S. 1112f; insgesamt kritisch *Schmidt, Eberhard*: Vergebliche Planungskosten nur selten sofort abzugsfähig?, in: DB, 37. Jg. (1984), S. 1960–1961, hier S. 1960.

[873] Vgl. Kap 2, I. 1. c) bb) bbb) (ii).

[874] So auch *Haaker, Andreas/Freiberg, Jens*: Explosion der Entwicklungskosten?, in: PiR, 12. Jg. (2021), S. 40–43, hier S. 42f.

[875] Vgl. *Moxter, Adolf*: Aktivierungspflichtige Herstellungskosten in Handels- und Steuerbilanz, in: BB, 43. Jg. (1988), S. 937–945, hier S. 938; vgl. auch *Böcking, Hans-Joachim*: Bilanzrechtstheorie und Verzinslichkeit, a.a.O., hier S. 137; *Moxter, Adolf*: Bilanzlehre: Einführung in die Bilanztheorie (Bd. 1), a.a.O., hier S. 163; *Schulze-Osterloh, Joachim*: Herstellungskosten in der Handels- und Steuerbilanz, in: StuW, 66. Jg. (1989), S. 242–249, hier S. 245; vgl. m.w.N. zu vergeblichen Planungskosten und den Nutzen verworfener Planungen für den Kaufmann *Glade, Anton*: Bilanzierungs- und Bewertungsprobleme bei Grundstücken und Gebäuden, in: StbJb, 28. Jg. (1976/77), S. 175–200, vgl. S. 181–183.

[876] Vgl. *Brezing, Klaus*: 2. Anmerkung zu BFH IV R 176/72, a.a.O., hier S. 514.

Die Kritik ist insbesondere mit Blick auf den zweiten Aspekt berechtigt. Dennoch scheint es aus Objektivierungssicht insbesondere aufgrund der dinglichen Absicherung durch das jeweilige Grundstück vertretbar, bei vergeblichen grundstücksbezogenen Aufwendungen im Einzelfall zu prüfen, ob von diesen eine werterhöhende Wirkung ausgeht. Insoweit ist das Kriterium der Teilidentität – hier weit verstanden – durchaus als erfüllt zu betrachten.

Das Argument des Bundesfinanzhofs, dass eine Vorauszahlung dagegen keine Erbringung von Herstellungsleistungen darstellt,[877] ist zwar nachvollziehbar, aber verbleibt auf einer formalen Ebene. Zutreffend betont der Bundesfinanzhof dagegen auch, dass es entscheidend auf die wirtschaftliche Substanz eines Vorgangs ankommt.[878] Sonst könnte einerseits bereits fraglich sein, ob eine Planungsleistung tatsächlich als Herstellungsleistung zu qualifizieren ist. Konsequenter wäre die Beurteilung insbesondere danach, ob die Verwerfung der Bauplanung eine werterhöhende Funktion hatte. Diese Beurteilung orientiert sich eng am Realisationsprinzip: Dies würde die Finalität des Herstellungsbegriffs ausreichend berücksichtigen, aber auch, dass das Vorsichtsprinzip eine Aktivierung von Non-Valeurs ausschließt.

Während die höchstrichterliche Rechtsprechung im Falle der vergeblichen Planungsaufwendungen zumindest im Kern einer ähnlichen Argumentationslinie mit Blick auf eine Werthaltigkeitstypisierung folgt,[879] verbleibt sie bei verlorenen Vorauszahlungen mitunter auf sehr formaler Ebene.

Die Abgrenzung einer verworfenen Bauplanung, welche aber gewisse (werterhöhende) Erkenntnisse für das Bauvorhaben liefert, und einer verlorenen Vorauszahlung trifft der Bundesfinanzhof im Ergebnis allerdings nachvollziehbar. Ohne diese Grenzziehung würde eine weitreichende Aktivierung – wenngleich konsistent mit einem

[877] Vgl. Beschluss des BFH vom 4. Juli 1990 *GrS 1/89*, in: BStBl. II 1990, S. 830–837, hier S. 834; eine vertiefte inhaltliche Auseinandersetzung bietet *Fladung, Hans-Dieter*: Das Vorsichts- und Objektivierungsprinzip im deutschen Bilanzrecht, a.a.O., hier S. 160f; ähnlich argumentiert der BFH auch in einem anderen Fall, vgl. Urt. des BFH vom 31. März 1992 *IX R 164/87*, in: BStBl. II 1992, S. 805–808, hier S. 807; vgl. auch *Mathiak, Walter*: Rechtsprechung zum Bilanzsteuerrecht, in: DStR, 28. Jg. (1990), S. 691–696, hier S. 694.

[878] Vgl. etwa Urt. des BFH vom 22. November 1988 *VIII R 62/85*, in: BStBl. II 1989, S. 359–363, hier S. 361f.

[879] Vgl. Urt. des BFH vom 11. März 1976 *IV R 176/72*, a.a.O., hier S. 616.

finalen Herstellungskostenbegriff – von nicht werthaltigen (vergeblichen) Aufwendungen dem Vorsichtsprinzip widersprechen; zugleich würden die getätigten Aufwendungen gar nicht mehr werterhöhend durch einen gedachten Erwerber berücksichtigt, würde dieser sie doch als wertlose Fehlmaßname einstufen.[880] Letztlich wäre auch die Objektivierbarkeit stark eingeschränkt, wenn eine Werthaltigkeitstypisierung nicht erfolgte.

Im Ergebnis entspricht die Beurteilung grundstücks- bzw. gebäudebezogener Aufwendungen durch die höchstrichterliche Rechtsprechung einer wirtschaftlichen Betrachtungsweise. Diese wird vom Bundesfinanzhof gleichwohl im Einzelfall überdehnt:[881]

Ist die Rechtsprechung regelmäßig in wirtschaftlicher Betrachtungsweise mit dem Grundsatz der Einzelbewertung in Einklang zu bringen – etwa auch dann noch, wenn statt eines Flachbaus ein Hochbau erfolgt, in den dann Erkenntnisse aus den vergeblichen Planungen eingehen – so überdehnt der Bundesfinanzhof teilweise den Wirtschaftsgutsbegriff.[882] Vereinfachungsgründe sprechen zwar dafür, dass nicht jede Planung genauestens auf ihre Werthaltigkeit hin untersucht wird, aber die Berücksichtigung von Planungen für mehrere nicht gebaute Hallen bei den Herstellungskosten einer dann realisierten Halle ungeachtet derer Werthaltigkeit[883] widerspricht dem Vorsichtsprinzip und ist zugleich auch nicht mehr mit dem Einzelbewertungsgrundsatz zu vereinen. Das Argument der Werterhöhung steht zudem im Einklang mit der Nichtberücksichtigung von Leerkosten in den Herstellungskosten[884] und der Abgrenzung von Fehlmaßnahmen in der ständigen Rechtsprechung.[885]

---

880 Vgl. *Glade, Anton*: Die Bedeutung betriebswirtschaftlicher Erkenntnisse für steuerrechtliche Entscheidungen des Bundesfinanzhofs, in: FR, 57. Jg. (1975), S. 468–472, hier S. 470.

881 Sogar genereller kritisch *Stobbe, Thomas*: § 6 EStG, in: HHR EStG, hier Rz. 322

882 So z.B. Beschluss des BFH vom 3. November 2005 *IX B 110/05*, in: BFH/NV 2006, S. 295; eine ähnliche Kritik bereits für weniger extensive Auslegungen anführend *Schubert, Wolfgang/Hutzler, Alexander*: § 255 HGB, in: Beck'scher Bilanzkommentar, hier Rn. 306.

883 Vgl. Beschluss des BFH vom 3. November 2005 *IX B 110/05*, a.a.O., hier S. 295

884 Vgl. *Leffson, Ulrich*: Die Grundsätze ordnungsmäßiger Buchführung, a.a.O., hier S. 328f; *Wysocki, Klaus von*: Zur Ermittlung der Untergrenze der Herstellungskosten von Vorräten aus betriebswirtschaftlicher Sicht, in: FS Beusch, S. 929–948, hier S. 937f.

885 So sind etwa Schnellbaukosten aufgrund ihres werterhöhenden Charakters von Fehlmaßnahmen abzugrenzen, vgl. Urt. des BFH vom 26. August 1958 *I 80/57 U*, in: BStBl. III 1958, S. 420–423, hier S. 422.

ccc) Aktivierung von Gebäudeabbruchkosten als Beispiel einer wirtschaftlichen Betrachtungsweise

In der handelsrechtlichen Literatur kontrovers diskutiert wird auch der Fall eines Abbruchabsichtserwerbs: Teilweise wird der Abbruchszeitpunkt als Beginn der Herstellung gesehen, die Abbruchskosten damit als Teil der Herstellungskosten des (neuen) Gebäudes. Dies ist konsistent mit der grundsätzlich weiten Auslegung des bilanziellen Vermögensbegriffs.[886]

Der Großteil der handelsrechtlichen Kommentarliteratur[887] sieht hier eine Abweichung der handelsrechtlichen Beurteilung zur steuerbilanziellen Abbildung und folgt somit der ständigen Rechtsprechung des Bundesfinanzhofs[888] nicht. Für diese Position spricht, dass formal ein neuer Vermögensgegenstand erschaffen wird. So betont das Schrifttum zu Recht diese Problematik mit Blick auf das Einzelbewertungsprinzip,[889] denn das neue Gebäude ist ein anderer Vermögensgegenstand als das alte, abgerissene Gebäude. Wirtschaftlich betrachtet ist allerdings regelmäßig sowohl ein objektivierter sachlicher Zusammenhang zwischen Erwerb und Abriss als auch das Motiv dazu gegeben.[890]

In Betonung der wirtschaftlichen Betrachtungsweise – die auch handelsrechtlich geboten ist – überzeugt die Argumentation des Bundesfinanzhofs; im Falle eines Erwerbs in Abbruchabsicht liegen zu Recht aufgrund des engen wirtschaftlichen

---

886 Vgl. Nachweise in Kap. 2, I., insbes. 2.

887 Vgl. *Ballwieser, Wolfgang*: § 255 HGB, in: Münchener Kommentar zum Handelsgesetzbuch, hier Rn. 69; *Schubert, Wolfgang/Hutzler, Alexander*: § 255 HGB, in: Beck'scher Bilanzkommentar, hier Rn. 306.

888 Vgl. Beschluss des BFH vom 12. Juni 1978 *GrS 1/77*, in: BStBl. II, S. 620–626, hier S. 620f; Urt. des BFH vom 28. März 1973 *I R 115/71*, in: BStBl. II 1973, S. 678–679, hier S. 679; Urt. des BFH vom 6. November 1968 *I 64/65*, in: BStBl. II 1969, S. 35–36, hier S. 35f; m.w.N. vgl. auch *Beisse, Heinrich*: Gebäudeabbruch und Neubau in Handels- und Steuerbilanz, in: StuW, 55. Jg. (1978), S. 529–535.

889 Vgl. etwa *Ballwieser, Wolfgang*: § 255 HGB, in: Münchener Kommentar zum Handelsgesetzbuch, hier Rn. 69; vgl. auch *Schubert, Wolfgang/Hutzler, Alexander*: § 255 HGB, in: Beck'scher Bilanzkommentar, hier Rn. 365.

890 Den wirtschaftlichen Zusammenhang betonend *Rößler, Bettina*: Abgrenzung und Bewertung von Vermögensgegenständen, a.a.O., hier S. 56.

Zusammenhangs auch in Höhe der Abbruchskosten grundsätzlich Herstellungskosten des neu errichteten Gebäudes vor.[891]

Zur Objektivierung des sachlichen Zusammenhangs wird typisiert auch ein zeitlicher Zusammenhang verlangt,[892] da die Absicht als subjektives Tatbestandsmerkmal schwierig zu objektivieren ist.[893]

---

891 Eine Ausnahme vom Grundsatz der Einzelbewertung im Fall des Erwerbs in Abbruchabsicht nimmt bspw. an Urt. des BFH vom 28. März 1973 *I R 115/71*, a.a.O., hier S. 679; vgl. auch Urt. des BFH vom 18. Mai 2004 *IX R 57/01*, in: BStBl. II 2004, S. 872–874, hier S. 873.

892 Vgl. Beschluss des BFH vom 12. Juni 1978 *GrS 1/77*, a.a.O., hier S. 626.

893 Dies betont auch *Ranker, Daniel*: Immobilienbewertung nach HGB und IFRS, Berlin 2009, hier S. 190f.

b) Ende der Herstellung

aa) Erreichen des Verwendungszwecks als entscheidendes Abgrenzungsmerkmal

aaa) Reifungsprozesse als Beispiel für eine wirtschaftliche Betrachtungsweise

Das Ende der Herstellungszeitraums ist in wirtschaftlicher Betrachtungsweise zu bestimmen, ohne dass diese überstrapaziert wird, im Einklang mit dem Vorsichtsprinzip ist die Werthaltigkeit der aktivierten Vermögensgegenstände sicherzustellen: Grundsätzlich sind Lagerkosten daher nicht Bestandteil der Herstellungskosten.[894]

Wie in Schrifttum und Rechtsprechung zutreffend anerkannt,[895] muss dieser Grundsatz dann durchbrochen werden, wenn die Lagerung als solche einen positiven Wertbeitrag leistet. In Betracht kommt etwa die Käsereifung oder die Herstellung bestimmter alkoholischer Getränke. Der Herstellungszeitraum endet also regelmäßig, wenn das jeweilige Produkt für den vorgesehenen Gebrauch genutzt werden kann.[896] Dies ist in wirtschaftlicher Betrachtungsweise zu bestimmen. Folgerichtig entschied die höchstrichterliche Rechtsprechung, dass ein Wohngebäude bereits dann fertiggestellt ist, wenn zwar noch kleinere Arbeiten wie etwa am Außenputz ausstehen, das Gebäude aber der vorgesehenen Nutzung zugänglich, mithin bewohnbar ist.[897] Die anschließend durchgeführten Arbeiten können gleichwohl (nachträgliche) Herstellungskosten sein.[898]

bbb) Rennpferde als Beispiel für eine notwendige Objektivierung

Objektivierungsbedingt unterscheidet die höchstrichterliche Rechtsprechung zwischen Pferden und Rennpferden und entschied, dass letztere erst mit dem ersten Renneinsatz als fertiggestellt werden können. Zuchthengste bzw. Zuchtstuten sind ab Beginn der ersten Deckungsperiode bzw. dem ersten Abfohlen als fertiggestellt

894 Vgl. *Mathiak, Walter*: Anschaffungs- und Herstellungskosten, a.a.O., hier S. 131.
895 Vgl. z.B. *Kulosa, Egmont*: § 6 EStG, in: Schmidt EStG, hier Rz. 203; Urt. des BFH vom 3. März 1978 *III R 30/76*, in: BStBl. III 1978, S. 412–413, hier S. 413.
896 Vgl. *Ballwieser, Wolfgang*: § 255 HGB, in: Münchener Kommentar zum Handelsgesetzbuch, hier Rn. 70; Urt. des BFH vom 12. September 2001 *IX R 52/00*, in: BStBl. II 2003, S. 574–577, hier S. 576.
897 Vgl. Urt. des BFH vom 8. Februar 1957 *VI 132/55 U*, in: BStBl. III 1957, S. 133–134, hier S. 134.
898 Vgl. *Mathiak, Walter*: Anschaffungs- und Herstellungskosten, a.a.O., hier S. 131.

anzusehen.[899] Dass sie im Betrieb anderweitig genutzt werden könnten, ist nicht entscheidend, vielmehr kommt es auf den primären Verwendungszweck an. Dies ist sowohl vereinbar mit einer gebotenen wirtschaftlichen Betrachtungsweise als auch mit Objektivierungserwägungen zu erklären, denn das Ende der Herstellung wird, sofern möglich, mit nachprüfbaren bzw. nach außen in Erscheinung tretenden Tatsachen bestimmt.

Die Aufwendungen, die geleistet werden, um das Pferd bestimmungsgemäß zu nutzen, gewährleisten zudem die Werthaltigkeit der aktivierten Beträge, da der Kaufmann die Kosten sonst nicht auf sich genommen hätte.[900] Wirtschaftliche Betrachtungsweise und Objektivierung sind entsprechend aufgrund ihres auf der Aktivseite regelmäßig konfligierenden Verhältnisses auszutarieren. Daher ist die Auffassung, dass alle „zwangsläufig mit der Herstellung des Wirtschaftsguts anfallen[den]“[901] Kosten in die Herstellungskosten einzubeziehen sind, nicht vorbehaltlos zu teilen. Die Auffassung betont zwar zu Recht den grundsätzlich finalen Herstellungskostenbegriff, stellt aber unter Objektivierungsgesichtspunkten eine zu extensive Auslegung des Herstellungskostenbegriffs dar.

bb) Abgrenzung zum Vertriebsprozess als Folge des Objektivierungsprinzips

aaa) Absatzfähigkeit als objektivierendes Abgrenzungsmerkmal

Ähnlich dem Problem der Lagerkosten stellt sich bei der Abgrenzung zum Vertriebsprozess die Frage, wann der Herstellungsprozess endet: Die Grenzziehung wird bei Verpackungs- oder Vertriebskosten „als klare Trennlinie der Objektivierung“[902] interpretiert. Es wird dabei zwischen Innen- und Außenverpackung differenziert:[903] Etwa

---

899 Vgl. Urt. des BFH vom 23. Juli 1981 *IV R 156/76*, in: BStBl. II 1981, S. 672–675, hier S. 674; m.w.N. *Mathiak, Walter*: Anschaffungs- und Herstellungskosten, a.a.O., hier S. 131; konsistent ist auch die jüngere Rechtsprechung etwa zu Milchkühen, vgl. Urt. des BFH vom 12. Dezember 2002 *III R 33/01*, in: BStBl. II 2003, S. 322–327, hier S. 323.

900 Zum grds. auf die Herstellungskosten übertragbaren Entscheidungskalkül des Erwerbers vgl. *Ordelheide, Dieter*: Zu den Anschaffungsnebenkosten nach Handels- und Steuerrecht, in: FS Felix, S. 223–237, hier S. 226.

901 Urt. des BFH vom I R 32/00 *I R 32/00*, in: BStBl. II 2002, S. 349–351, hier S. 350.

902 *Fladung, Hans-Dieter*: Das Vorsichts- und Objektivierungsprinzip im deutschen Bilanzrecht, a.a.O., hier S. 163; vgl. auch *Döllerer, Georg*: Droht eine neue Aktivierungswelle?, in: BB, 35. Jg. (1980), S. 1333–1337, hier S. 1336.

903 Vgl. *Schindele, Wilhelm*: Einzelfragen im Bereich der steuerlich aktivierungspflichtigen Herstellungskosten, in: StBp, 3. Jg. (1963), S. 162–164, hier S. 163f.

bei Buchumschlägen[904] überwiegt, dass diese zusammen mit dem Buch ein einheitliches Wirtschaftsgut bilden. Dies ist abzugrenzen von rein äußerlichen Verpackungen, die in erster Linie dem Transport bzw. der Sicherung der Vertriebsfähigkeit dienen. Dabei ist die Eigenart des jeweiligen Produktes zu beachten: Bei Getränkeflaschen wird regelmäßig im Vordergrund stehen, die Güter überhaupt verkaufsfähig zu machen.[905]

Die Grenze findet die Aktivierung von Herstellungskosten dort, wo eine Außenverpackung vorliegt, die etwa zu Marketingzwecken gestaltet sein kann und insbesondere das Produkt auch ohne die Verpackung in den Verkehr gebracht werden kann.[906] Entscheidend ist, dass Verpackungen, die in erster Linie als absatzvorbereitende Maßnahmen zu betrachten sind, grundsätzlich nicht aktiviert werden können. Diese Abgrenzung ist konsistent mit dem Ziel vorsichtiger Gewinnermittlung, aber das wesentliche Argument ist die Notwendigkeit der Objektivierung. Die Transportkosten zum Verkaufslager[907] werden ebenfalls dem Vertrieb zugeordnet und entsprechend nicht aktiviert. Grundsätzlich ist dem Bundesfinanzhof darin zuzustimmen, dass Verpackungen, die nur den Schutz der hergestellten Produkte vor Verschmutzung sicherstellen, nicht zu aktivierbaren Herstellungskosten führen.[908]

bbb) Verbrauchsteuern als Sonderproblem

Ein zusätzliches Problemfeld in der Bestimmung des Herstellungszeitraums ergibt sich durch Verbrauchsteuern: Am Beispiel der Biersteuer stellt sich die Frage, ob eine Zuordnung zum originären Herstellungsprozess oder zum Vertriebsprozess geboten ist. Für ein Zuordnung zum Vertriebsprozess spricht vor allem, dass die Biersteuer erst entsteht, wenn das Bier die Brauerei verlässt.[909]

---

904 Vgl. Urt. des BFH vom 21. Januar 1971 *IV R 51/69*, a.a.O., hier S. 305.

905 Vgl. Urt. des BFH vom 3. März 1978 *III R 30/76*, a.a.O., hier S. 413; *Fladung, Hans-Dieter*: Das Vorsichts- und Objektivierungsprinzip im deutschen Bilanzrecht, a.a.O., hier S. 161f.

906 Vgl. Urt. des BFH vom 20. Mai 1988 *III R 31/84*, in: BStBl. II 1988, S. 961–962, hier S. 962; vgl. auch *Mathiak, Walter*: Anschaffungs- und Herstellungskosten, a.a.O., hier S. 131.

907 Vgl. Urt. des BFH vom 29. März 1976 *III R 171/72*, in: BStBl. II 1976, S. 409–410.

908 Vgl. Urt. des BFH vom 2. Februar 1990 *III R 126/85*, in: BStBl. II 1990, S. 593–595, hier S. 593 Etwas anderes würde in wirtschaftlicher Betrachtung gelten müssen, wenn die Verpackung der Sterilität der Einmalkanüle diente.

909 So Urt. des BFH vom 3. März 1978 *III R 30/76*, a.a.O., hier S. 413; Urt. des BFH vom 26. Februar 1975 *I R 72/73*, in: BStBl. II 1976, S. 13–16, hier S. 16.

Dies ist – wenngleich zutreffend – ein formales Argument. Man könnte dagegen anbringen, dass nur die Entrichtung der Verbrauchsteuer das Gut überhaupt verkaufsfähig macht. Allerdings entsteht eine Verbrauchsteuer gerade nicht mit der Fertigstellung des jeweiligen Produktes.[910] Materiell spricht ebenfalls für die Auffassung des Bundesfinanzhofs, dass wirtschaftlich betrachtet keinerlei werterhöhende Wirkung von der Verbrauchsteuer ausgeht.

[910] Vgl. Urt. des BFH vom 26. Februar 1975 *I R 72/73*, in: BStBl. II 1976, S. 13–16, hier S. 16; vgl. insbes. auch *Bachmayr, Karl*: Bundesfinanzhof gegen die Überbewertung in der Handelsbilanz, in: BB, 31. Jg. (1976), S. 561–569, hier S. 561.

c) *Nachträgliche Herstellungskosten*

aa) Objektivierungsproblematik bei der Abgrenzung von Erhaltungsaufwand

Ein weiteres Spannungsfeld zwischen wirtschaftlicher Betrachtungsweise und Objektivierung ergibt sich bei der Abgrenzung zwischen Erhaltungsaufwand und nachträglichen Herstellungskosten. Herstellung beinhaltet einerseits, dass ein gewisses (unternehmerisches) Risiko übernommen wird, andererseits ist ein Merkmal der Abgrenzung von Erhaltungsaufwand insbesondere, dass dort keine wesentliche Verbesserung des Vermögensgegenstands vorliegt.[911]

Der originär werterhöhende Charakter der Aufwendungen ist durch die Qualifizierung als Herstellungskosten zu berücksichtigen.[912] Erweiterungen sind regelmäßig unproblematisch intersubjektiv nachprüfbar.[913] Eine Grenze wird dort gezogen, wo keine Kapazitätssteigerung, mithin keine Werterhöhung durch die Erweiterung resultiert.[914] Entscheidend ist, dass eine wirtschaftliche Betrachtungsweise nicht insoweit überbetont wird, dass jegliche objektivierbare Kriterien fehlen: Dies würde zu einer Entobjektivierung der Vermögensaufstellung führen.[915] So ist für die Annahme der Hebung des Wohnstandards als wesentliche Verbesserung das Vorliegen bestimmter Tatbestände notwendig.[916]

---

911 Vgl. *Böcking, Hans-Joachim* et al.: § 255 HGB, in: EBJS, hier Rz. 39; Urt. des BFH vom 12. September 2001 *IX R 39/97*, in: BStBl. II 2003, S. 569–574, hier S. 569.

912 Analog sind die bis zur Herstellung der Betriebsbereitschaft notwendigen Kosten Anschaffungsnebenkosten, vgl. Urt. des BFH vom 14. November 1985 *IV R 170/83*, in: BStBl. II 1986, S. 60–62, hier S. 61.

913 Vgl. z.B. Urt. des BFH vom 9. Mai 1995 *IX R 69/92*, in: BStBl. II 1996, S. 630–632, hier S. 631; Urt. des BFH vom 20. August 2002 *IX R 98/00*, in: BStBl. II, S. 604–606, hier S. 605; vgl. auch *Pezzer, Heinz-Jürgen*: Die Instandsetzung und Modernisierung von Gebäuden nach der jüngsten Rechtsprechung des BFH, in: DB, 49. Jg. (1996), S. 849–856.

914 Vgl. Urt. des BFH vom 13. Dezember 1984 *VIII R 273/81*, in: BStBl. II 1985, S. 394–395, hier S. 395.

915 Zur Problematik des anschaffungsnahen Herstellungsaufwands vgl. Kap. 1, II. 1. a) aa).

916 Vgl. z.B. Urt. des BFH vom 22. Dezember 2011 *III R 37/09*, in: BStBl. II 2013, S. 182–186, hier S. 185; zu Erschließungsbeiträgen vgl. Urt. des BFH vom 3. September 2019 *IX R 2/19*, in: BStBl. II 2020, S. 191–194, hier S. 193f.

bb) Übertragung des finalen Herstellungsbegriffs auf nachgelagerte Umrüstungen als Ausprägung der wirtschaftlichen Betrachtungsweise

Es entspricht der wirtschaftlichen Betrachtungsweise, dass der Bundesfinanzhof nachgelagerte Umrüstungen nicht generell von der Aktivierung ausschließt.[917] Dieses weite Verständnis ist zugleich konsistent mit dem finalen Herstellungsbegriff. So entschied der Bundesfinanzhof, dass die Umrüstung von Eisenbahnwaggons zu Herstellungskosten führt, wenn diese nachträglich zu deren bestimmungsgemäßen Einsatz umgerüstet werden.[918] Gleichwohl sind objektivierungsbedingt Grenzen zu ziehen: Sowohl die Gebühren, die bei bereits an die Kanalisation angeschlossenen Grundstücken für den erneuten Anschluss anfallen[919] als auch lediglich substanzerhaltende Maßnahmen[920] sind nicht aktivierungsfähig. Eine bloße technische Verbesserung ist nicht mit einer Mehrung des bilanziellen Vermögens, mithin nicht mit der Erfassung von Herstellungskosten verbunden.

Die Rechtsprechung des Bundesfinanzhofs ist somit in dieser Hinsicht nicht nur von einer wirtschaftlichen Betrachtungsweise geprägt, vielmehr ebenfalls von der Finalität des Herstellungskostenbegriffs.

917 Analog zu nachträglichen Anschaffungskosten im Kontext von nachträglicher Erschließung vgl. Urt. des BFH vom 6. April 2016 *X R 29/14*, in: BFH/NV 2016, S. 1541–1543, hier S. 1542.

918 Vgl. Urt. des BFH vom 1. April 1981 *I R 27/79*, in: BStBl. II 1981, S. 660–663, hier S. 661; vgl. zur Funktionsänderung auch Beschluss des BFH vom 5. März 2007 *IX B 186/06*, in: BeckRS 2007.

919 Vgl. Urt. des BFH vom 13. September 1984 *IV R 101/82*, in: BStBl. II 1985, S. 49–51, hier S. 50.

920 Vgl. Urt. des BFH vom 9. Mai 1995 *IX R 116/92*, in: BStBl. II 1996, S. 632–637; vgl. auch Urt. des BFH vom 31. März 1992 *IX R 175/87*, in: BStBl. II 1992, S. 808–809, hier S. 808.

3. Normative Reichweite und Systemkonformität eines handelsrechtlichen Komponentenansatzes

a) Grundsatz der Einzelbewertung und objektivierte Vermögensermittlung

Der Einzelbewertungsgrundsatz stellt nicht nur einen Bewertungsgrundsatz dar, sondern determiniert auch den Bilanzansatz.[921] Er wird zu Recht als „tragendes Prinzip des geltenden Bilanzrechts“[922] bezeichnet. Aus dem Grundsatz der Einzelbewertung wird in der Rechtsprechung gefolgert, dass selbstständige Wirtschaftsgüter nur eine einheitliche Nutzungsdauer aufweisen könnten.[923] Weisen unselbstständige Teile eines Wirtschaftsguts eine unterschiedliche wirtschaftliche Nutzungsdauer auf, ist die Nutzungsdauer desjenigen Teils maßgebend, der dem Wirtschaftsgut das Gepräge gibt.[924] Allerdings stellt die höchstrichterliche Rechtsprechung ebenfalls fest, dass der „Grundsatz der Einzelbewertung nicht ausnahmslos“[925] gelte.

Der Grundsatz der Einzelbewertung folgt logisch aus dem Vorsichtsprinzip und soll – trotz bestehender Durchbrechungen – eine objektivierte Bewertung ermöglichen.[926] Eine objektivierte Rechenschaftslegung und das Kapitalerhaltungsziel wären zumindest beeinträchtigt, wenn dem Bilanzierenden ein zu weitreichendes Ermessen zugestanden würde.[927]

Der Grundsatz der Einzelbewertung lässt sich auch mit dem Imparitätsprinzip begründen: Der grundsätzliche Ausschluss der Saldierung nicht realisierter Gewinne etwa mit drohenden Verlusten lässt sich mit dem Grundsatz der Einzelbewertung erreichen.[928] Soweit das Imparitätsprinzip die Vorwegnahme drohender Verluste gebietet, wirkt es

---

921 Vgl. Urt. des BFH vom 14. April 2011 *IV R 46/09*, a.a.O., hier S. 697.

922 *Rückle, Dieter*: Bewertungseinheiten in Handels- und Steuerbilanz, in: FS Sigloch, S. 715–744, hier S. 717.

923 Vgl. Urt. des BFH vom 25. März 1988 *III R 96/85*, in: BStBl. II 1988, S. 655–658, hier S. 656; Beschluss des BFH vom 26. November 1973 *GrS 5/71*, a.a.O., hier S. 134.

924 Vgl. *Kulosa, Egmont*: § 7 EStG, in: Schmidt EStG, hier Rz. 161; Urt. des BFH vom 14. April 2011 *IV R 46/09*, a.a.O., hier S. 699.

925 Urt. des BFH vom 22. November 1988 *VIII R 62/85*, a.a.O., hier S. 362.

926 Vgl. *Küting, Karlheinz/Eichenlaub, Raphael*: Einzelbewertungsgrundsatz im HGB- und im IFRS-System, in: BB, 66. Jg. (2011), S. 1195–1200, hier S. 1195; vgl. zur Objektivierungsfunktion insbes. *Kämpfer, Georg*: Deduktive Normengewinnung im Bilanzrecht, a.a.O., hier S. 164.

927 Vgl. *Fey, Dirk*: Imparitätsprinzip und GoB-System im Bilanzrecht, Berlin 1987, hier S. 125f.

928 Vgl. *Glanegger, Peter*: Bewertungseinheit und einheitliches Wirtschaftsgut, in: FS L. Schmidt, S. 145–160, hier S. 145.

auf den Grundsatz der Einzelbewertung bzw. letzterer ist auch im Lichte des Imparitätsprinzips zu analysieren.[929]

Das grundlegende Problem ist, dass zivilrechtliche Objektivierung und eine im Bilanzrecht gebotene wirtschaftliche Betrachtungsweise im Fall von Bewertungseinheiten[930] in besonderem Maße konfligieren können.[931] Auf eine primär bürgerlich-rechtliche Betrachtung kann es für die Gewinnermittlung gleichwohl nicht ankommen.[932] Das Saldierungsproblem besteht auch auf der Passivseite und wird auch dort zweckmäßig in wirtschaftlicher Betrachtungsweise gelöst.[933]

Die Abgrenzung von bilanziellen Bewertungseinheiten und die Bestimmung bilanziellen Vermögens sind wechselseitig voneinander abhängig.[934] Eine objektivierte Abgrenzung von der Absatzseite erscheint – soweit möglich – sachgerecht, da dies der wirtschaftlichen Realität des jeweiligen Betriebs ausreichend Beachtung schenkt und zugleich eine gewisse Objektivierung erfolgt.[935] Eine Wortlautinterpretation des § 253 Abs. 3 S. 1 und S. 2 HGB spricht zunächst gegen die Anwendung eines Komponentenansatzes, kann aber eine nähere Untersuchung nicht ersetzen.[936] Denn eine Bewertungseinheit steht nicht vollständig im Widerspruch zum Einzelbewertungsgrundsatz, da der ökonomischen Realität des Unternehmens angemessen Rechnung getragen werden muss, unabhängig davon, ob eine weitere mechanische Aufteilung möglich wäre.[937]

---

929 Vgl. *Kupsch, Peter*: Zum Verhältnis von Einzelbewertungsprinzip und Imparitätsprinzip, in: FS Forster, S. 339–357, hier S. 341f.

930 In diesem Zusammenhang wird der Begriff der Bewertungseinheit zur Abgrenzung eines einheitlichen Vermögensgegenstands breiter verstanden als die Fälle des § 254 HGB.

931 Vgl. *Oestreicher, Andreas*: Grundsätze ordnungsmäßiger Bilanzierung von Zinsterminkontrakten, Düsseldorf 1992, hier S. 247.

932 Dies betont auch der BFH, vgl. Beschluss des BFH vom 16. Juli 1968 *GrS 7/67*, in: BStBl. II 1969, S. 108–112, hier S. 110.

933 Vgl. z.B. *Rückle, Dieter*: Bewertungseinheiten in Handels- und Steuerbilanz, a.a.O., hier S. 724; vgl. in diesem Zusammenhang auch den sog. Apothekerfall, Beschluss des BFH vom 23. Juni 1997 *GrS 2/93*, a.a.O; vgl. dazu auch *Moxter, Adolf*: Saldierungs- und Abzinsungsprobleme bei Drohverlustrückstellungen, in: BB, 48. Jg. (1993), S. 2481–2485, hier S. 2482.

934 Vgl. *Olbrich, Thomas*: Die Abgrenzung bilanzieller Bewertungseinheiten als Wirtschaftsgüter des Sachanlagevermögens, in: FS Ludewig, S. 753–780, hier S. 755.

935 Vgl. *Jüttner, Uwe*: GoB-System, Einzelbewertungsgrundsatz und Imparitätsprinzip, a.a.O., hier S. 126.

936 Vgl. *Hennrichs, Joachim/Pöschke, Moritz*: Die Bedeutung der IFRS für die Auslegung und Anwendung des (Konzern-)Bilanzrechts nach BilMoG, a.a.O., hier S. 540.

937 Vgl. *Glanegger, Peter*: Bewertungseinheit und einheitliches Wirtschaftsgut, a.a.O., hier S. 146 und 150.

b) *Konzept des einheitlichen Nutzungs- und Funktionszusammenhangs*

aa) Problematik stringenter Abgrenzung des Vermögensgegenstands in der Rechtsprechung

aaa) Kriterien zur Identifizierung selbstständiger Vermögensgegenstände

Die Funktion des Kriteriums des einheitlichen Nutzungs- und Funktionszusammenhangs ist in erster Linie in der Objektivierung zu sehen,[938] mithin in der Vermeidung eines „Abschreibungschaos".[939] Ein Wirtschaftsgut muss nach höchstrichterlicher Rechtsprechung in einem eigenen Nutzungs- und Funktionszusammenhang stehen und auch entsprechend in Erscheinung treten.[940] Der Bundesfinanzhof konkretisiert dies weiter damit, dass unter anderem auf die konkrete Zweckbestimmung, die Verzahnung, der Zeitraum und der Grad der Festigkeit der Verbindung abzustellen sei.[941]

Der Notfallkoffer eines Arztes, der verschiedene Geräte wie etwa eine Sauerstoffflasche umfasst, ist nicht als einheitliches Wirtschaftsgut anzusehen, da jedes einzelne Wirtschaftsgut separat genutzt oder entfernt werden könnte, ohne dass dies die grundsätzliche Nutzbarkeit der betrachteten Wirtschaftsgüter beeinträchtigte.[942] Einer hinreichend engen Verzahnung fehlt es auch einer Schreibtischkombination, unter anderem bestehend aus Tisch, Rollcontainer und Computertisch;[943] die bloße technische Abgestimmtheit etwa aufgrund branchentypischer Fertigungsnormen genügt regelmäßig nicht.[944] Dagegen ist das gesamte Rohrleitungsnetz in einem städtischen Wasserversorgungsnetz als Bewertungseinheit anzusehen.[945]

Gemeinsam ist den verschiedenen Fällen, dass eine Zweckeinheit zwar ein Indiz für ein einzelnes Wirtschaftsgut darstellen kann, gleichwohl einen einheitlichen

938 Vgl. *Moxter, Adolf*: Grundsätze ordnungsmäßiger Buchführung, a.a.O., hier S. 712; *Euler, Roland*: Das System der Grundsätze ordnungsmäßiger Bilanzierung, a.a.O., hier S. 151.

939 Vgl. *Döllerer, Georg*: Die Rechtsprechung des Bundesfinanzhofs zum Steuerrecht der Unternehmen, in: ZGR, 4. Jg. (1975), S. 294–318, hier S. 298 (auch Zitat).

940 Vgl. Urt. des BFH vom 5. Juni 2008 *IV R 67/05*, a.a.O., hier S. 963.

941 Vgl. z.B. Urt. des BFH vom 9. August 2001 *III R 30/00*, a.a.O., hier S. 843.

942 Vgl. Urt. des BFH vom 7. September 2000 *III R 71/97*, in: BStBl. II 2001, S. 41–43, hier S. 43.

943 Vgl. Urt. des BFH vom 21. Juli 1998 *III R 110/95*, in: BStBl. II 1998, S. 789–792, hier S. 791.

944 Vgl. Urt. des BFH vom 25. Mai 2000 *III R 20/97*, in: BStBl. II 2001, S. 365–367, hier S. 367.

945 Vgl. Urt. des BFH vom 11. Januar 1991 *III R 60/89*, in: BStBl. II 1992, S. 5–9, hier S. 7; vgl. auch Urt. des BFH vom 16. Dezember 1987 *X R 12/82*, in: BStBl. II 1988, S. 539–541; Urt. des BFH vom 19. August 1971 *V R 18/71*, in: BStBl. II 1972, S. 75–76.

Nutzungs- und Funktionszusammenhang nicht hinreichend konkretisiert.[946] Die Verbindung kann auch in Form eines kabellosen Datenflusses bestehen, eine feste physische Verbindung ist weder notwendig noch hinreichend für die Annahme eines einheitlichen Wirtschaftsguts.[947] Entscheidend für die Annahme einheitlicher Wirtschaftsgüter ist viel mehr, dass ein Gegenstand einzeln unvollständig erscheint oder ohne den/ die anderen ein negatives Gepräge aufweist.[948]

Neben dem Ziel der Objektivierung ist die Figur des einheitlichen Nutzungs- und Funktionszusammenhangs geprägt von dem Gedanken der Vereinfachung.[949] Rolltreppen[950] dienen ebenso wie Sanitäreinrichtungen[951] der Gebäudenutzung. Lediglich Betriebsvorrichtungen werden aufgrund ihrer abweichenden Zweckbestimmung separat bilanziert.[952]

In der älteren Rechtsprechung, insbesondere der des Reichsfinanzhofs, wird teilweise eine komponentenweise Abschreibung zugelassen.[953] Das Ziel war insbesondere, eine Periodisierung des Aufwands zu erreichen, was auch den Einfluss der dynamischen Bilanztheorie auf die damalige Rechtsprechung untermauert.[954] In dieser Sichtweise steht einerseits Aufwandsperiodisierung, andererseits die Betriebssteuerung allgemein im Vordergrund.[955]

---

946 Vgl. Urt. des BFH vom 14. April 2011 *IV R 46/09*, a.a.O., hier S. 698.

947 Vgl. Urt. des BFH vom 19. Februar 2004 *VI R 135/01*, in: BStBl II 2004, S. 958-962; dieses Urt. aufgreifend *Engel-Ciric, Dejan*: Bilanzierung des Sachanlagevermögens nach dem Komponentenansatz (IAS 16), in: BC, 29. Jg. (2005), S. 25–30.

948 Vgl. Urt. des BFH vom 25. Mai 2000 *III R 20/97*, a.a.O., hier S. 367.

949 Vgl. *Oestreicher, Andreas*: Grundsätze ordnungsmäßiger Bilanzierung von Zinsterminkontrakten, a.a.O., hier S. 250; vgl. auch Beschluss des BFH vom 16. Juli 1968 *GrS 7/67*, a.a.O., hier S. 111.

950 Urt. des BFH vom 12. Januar 1983 *I R 70/79*, a.a.O., hier S. 224.

951 Vgl. Beschluss des BFH vom 26. November 1973 *GrS 5/71*, a.a.O., hier S. 136.

952 So wird z.B. eine Wärmerückgewinnungsanlage im betrieblichen Kontext als Betriebsvorrichtung klassifiziert, vgl. Urt. des BFH vom 5. September 2002 *III R 8/99*, in: BStBl. II 2002, S. 877–878, hier S. 878.

953 Vgl. Urt. des RFH vom 1. März 1939 *VI 125/39*, in: RStBl. 1939, S. 251–257, hier S. 255; zu Ausbesserungen vgl. Urt. des RFH vom 14. März 1933 *VI A 136/33*, in: RStBl. 1933, S. 634–635, hier S. 635; mit Einschränkungen Urt. des RFH vom 23. Mai 1933 *VI A 222/33*, in: RStBl. 1933, S. 1006–1008, hier S. 1007.

954 Vgl. *Gack, Carina*: Der Komponentenansatz nach dem IDW Rechnungslegungshinweis, a.a.O., hier S. 112.

955 Vgl. *Groh, Manfred*: Vor der dynamischen Wende im Bilanzsteuerrecht?, a.a.O., hier S. 1586.

Die Rechtsprechung des Reichsfinanzhofs ist allerdings nicht vollumfänglich vergleichbar mit dem Komponentenansatz des IAS 16 oder des IDW, da auch der Ansatz einzelner Wirtschaftsgüter betont wurde.[956] Das Konzept des einheitlichen Nutzungs- und Funktionszusammenhangs stärkt das Vermögensermittlungsprinzip, da ein einheitlicher Leistungsbeitrag im Unternehmen und Synergien, die am Markt etwa durch Anschaffungsvorgänge bestätigt werden, berücksichtigt werden.[957]

Dass der Bundesfinanzhof allerdings den einheitlichen Nutzungs- und Funktionszusammenhang sehr weit auslegt, vermag im Einzelfall nicht zu überzeugen: Das entgeltlich erworbene Zeitungsverlagsrecht und das vereinbarte befristete Wettbewerbsverbot werden als einheitliches Wirtschaftsgut angesehen, obwohl im Sachverhalt das Wettbewerbsverbot einen wesentlichen Wert verkörperte.[958] In der Realität können Kaufpreise für Wettbewerber aber gerade die Wettbewerbsunterlassung zum ökonomischen Gegenstand der Transaktion haben; das Wettbewerbsverbot wäre nicht nur allein nutzbar, es würde im Zweifel auch allein erworben werden.[959] Während einige Entscheidungen der höchstrichterlichen Rechtsprechung auch im Spannungsfeld zwischen Substanz und Form nachvollziehbar sind,[960] wird zum Teil die Figur des einheitlichen Nutzungs- und Funktionszusammenhangs derart überstrapaziert,[961] dass sie einer wirtschaftlichen Betrachtungsweise nicht mehr standhalten kann.

---

956 Vgl. *Gack, Carina*: Der Komponentenansatz nach dem IDW Rechnungslegungshinweis, a.a.O., hier S. 113.

957 Vgl. *Moxter, Adolf*: Grundsätze ordnungsgemäßer Rechnungslegung, a.a.O., hier S. 27f.

958 Vgl. Urt. des BFH vom 14. Dezember 1967 *IV 240/63*, in: BStBl. II 1968, S. 277–278, hier S. 278; zum Verlagswert vgl. auch Urt. des BFH vom 5. August 1970 *I R 180/66*, in: BStBl. II 1970, S. 804–806, hier S. 804.

959 Ähnliche Überlegungen im Spannungsfeld von Substanz und Form werden zur Zulassung zum Vertragsarzt angestellt, vgl. Kap. 2, I. 2. b) dd) ddd).

960 Vgl. zum Fall eines Fortsetzungs-Sammelwerks Urt. des BFH vom 8. Juni 1972 *R 88/68*, in: BStBl. II 1972, S. 853–855.

961 Vgl. zu einem anderen Fall eines Fortsetzungs-Sammelwerks, in welchem der BFH Belieferungsrechten die Fähigkeit abspricht, Wirtschaftsgut zu sein, vgl. Urt. des BFH vom 14. März 1979 *I R 37/75*, in: BStBl. II, 1979, S. 470–473, hier S. 470.

bbb) Analyse der jüngeren Rechtsprechung

(i) Das Urteil zum Windpark als Beispiel für eine wirtschaftliche Betrachtungsweise

Eine formal an dem Bestehen einzelner Verträge angelehnte Auslegung des Einzelbewertungsgrundsatzes kann mit Realisations- und Imparitätsprinzipien konfligieren.[962] Zivilrechtliche Wertungen werden bei der Vermögensermittlung teilweise eingeschränkt, um der im Bilanzrecht gebotenen wirtschaftlichen Betrachtungsweise Rechnung zu tragen.[963] Verschiedene rechtlich selbstständige Sachen können wirtschaftlich betrachtet ein einheitliches Wirtschaftsgut darstellen:[964] Folgerichtig entschied der Bundesfinanzhof, dass der Argumentation des Finanzamts nicht gefolgt werden könne, da diese im Ergebnis die nicht sachgerechte Anwendung einer komponentenweisen Abschreibung im Steuerrecht zur Folge hätte.[965]

Ein Windpark besteht nach der höchstrichterlichen Rechtsprechung aus mehreren selbstständigen Wirtschaftsgütern, neben den einzelnen Windkraftanlagen werden noch bestimmte mehrere einzelne Anlagen verbindende Verkabelungen sowie die Zuwegung als Wirtschaftsgüter angesehen.[966] Der Bundesfinanzhof differenziert scheinbar zwischen Ansatz der Wirtschaftsgüter und deren Folgebewertung, wenn er eine einheitliche Nutzungsdauer für verschiedene Wirtschaftsgüter verlangt.[967] Allerdings entspricht es der wirtschaftlichen Betrachtungsweise, dass die Nutzungsdauer der Windkraftanlagen die des Windparks insgesamt determiniert. Die Zuwegung ist als Betriebsvorrichtung ein einheitliches Wirtschaftsgut.[968]

---

962 Vgl. *Oestreicher, Andreas*: Grundsätze ordnungsmäßiger Bilanzierung von Zinsterminkontrakten, a.a.O., hier S. 247.

963 Vgl. Kap. 1, III. 1. und 2., jeweils m.w.N.

964 Vgl. *Urbahns, Rüdiger*: Zusammengesetzte Wirtschaftsgüter, in: StuB, 11. Jg. (2009), S. 869–875, hier S. 870.

965 Vgl. *Briesemeister, Simone* et al.: Kommentar zum Urt. des BFH vom 14.04.2011 IV R 46/09, in: FR, 93. Jg. (2011), S. 662–667, hier S. 667; ähnlich zur Begründung des FG im jeweiligen Fall argumentiert *Abele, Stephan*: Kommentar zum Urt. des Niedersächsischen FG vom 16.9.2009 2 K 496/05, in: BB, 64. Jg. (2009), S. 2418–2420, hier S. 2420.

966 Vgl. Urt. des BFH vom 14. April 2011 *IV R 46/09*, a.a.O., hier S. 696; diese Rechtsprechung bestätigend vgl. Urt. des BFH vom 1. Februar 2012 *I R 57/10*, in: BStBl. II 2012, S. 407–411, hier S. 409.

967 Vgl. Urt. des BFH vom 14. April 2011 *IV R 46/09*, a.a.O., hier S. 696.

968 Vgl. Urt. des BFH vom 11. April 2019 *IV R 3/17*, in: BFH/NV 2019, S. 1076–1078; vgl. auch *Weber-Grellet, Heinrich*: Rechtsprechungsreport zu 2019, a.a.O., hier S. 44.

(ii) Das Urteil zum Baumbestand als Beispiel für objektivierungsbedingte Grenzen der Figur des einheitlichen Nutzungs- und Funktionszusammenhangs

So ist auch der Internetauftritt inklusive der jeweiligen Domain regelmäßig kein einheitliches Wirtschaftsgut.[969] Die Entwicklung der Webseiten erfolgt unabhängig von der Domain, eine technische Bedingtheit liegt daher nicht vor; die Nutzbarkeit der Webseiten ist zwar regelmäßig erheblich durch die Domain erleichtert, diese „bedingt aber nicht abschließend deren Nutzbarkeit".[970]

Eine objektivierungsbedingte Grenze hat der Bundesfinanzhof in einem Urteil zum Baumbestand ziehen müssen: Der einzelne Baum ist in eine gewisse Bestandsstruktur der jeweiligen Umgebung eingebunden, durch welche der jeweilige Baum vor Umwelteinflüssen geschützt ist.[971] Folgerichtig erkennt die höchstrichterliche Rechtsprechung an, dass ein Forstbaum im einheitlichen Nutzungs- und Funktionszusammenhang mit den umliegenden Bäumen steht. Anders als eine einzelne Windkraftanlage[972] kann der einzelne Baum gerade nicht die gewünschte Funktion erfüllen bzw. den erwünschten Wuchs entwickeln. Zugleich ist objektivierungsbedingt eine Grenze zu ziehen: Regelmäßig ist nicht der gesamte Waldbestand in einem forstwirtschaftlichen Betrieb als ein einheitliches Wirtschaftsgut anzusehen; sowohl die Entfernung zwischen den Bäumen, das jeweilige Erscheinungsbild und die Holzartzusammensetzung sind zu beachten – ungeachtet möglicherweise weiter bestehender Wechselwirkungen zwischen einzelnen Bäumen.[973]

In einem anderen Fall war zu entscheiden, ob ein Blockheizkraftwerk in einem einheitlichen Nutzungs- und Funktionszusammenhang mit einer vorgeschalteten Biogasanlage ein einheitliches Wirtschaftsgut darstellt:[974] Eine bloße technische Abgestimmtheit ist nicht hinreichend für die Annahme eines einheitlichen Nutzungs- und Funktionszusammenhangs.

---

969 Vgl. Urt. des BFH vom 19. Oktober 2006 *III R 6/05*, a.a.O., hier S. 303.

970 Vgl. *Wübbelsmann, Stephan*: Gedanken zur Diversifikation der Abschreibung einer Domain, a.a.O., hier S. 1661 (auch Zitat).

971 Vgl. Urt. des BFH vom 5. Juni 2008 *IV R 67/05*, a.a.O., hier S. 963.

972 Vgl. Urt. des BFH vom 14. April 2011 *IV R 46/09*, a.a.O; vgl. dazu auch *Weber-Grellet, Heinrich*: BB-Rechtsprechungsreport zu 2011, in: BB, 67. Jg. (2012), S. 43–49, hier S. 43; *Marx, Franz Jürgen*: Aktuelle Entwicklungen in der steuerrechtlichen Gewinnermittlung, a.a.O., hier S. 294.

973 Vgl. Urt. des BFH vom 5. Juni 2008 *IV R 67/05*, a.a.O., hier S. 963.

974 Vgl. Urt. des FG Münster vom 18. Februar 2015 *11 K 2856/13 F*, in: BB, 70. Jg. (2015), S. 1135.

In wirtschaftlicher Betrachtungsweise werden sowohl die Biogasanlage als auch das Blockheizkraftwerk zwar gerade wegen ihrer technischen Verbundenheit zusammen genutzt, allerdings ist auch hier eine objektivierungsbedingte Grenze zu ziehen: Während die Biogasanlage in erster Linie den Zweck der Biogasproduktion hat, verfolgt das Blockheizkraftwerk den der Stromerzeugung; insofern liegen zwei Wirtschaftsgüter vor. Zu keinem anderen Ergebnis führt die Prüfung der vom Bundesfinanzhof in anderen Fällen entwickelten Kriterien.[975]

bb) Zur Möglichkeit einer systemkonformen Differenzierung zwischen Ansatz- und Bewertungseinheit

aaa) Figur des einheitlichen Nutzungs- und Funktionszusammenhangs als geltendes Bilanzrecht

Die Figur des einheitlichen Nutzungs- und Funktionszusammenhangs wird auch in jüngster Rechtsprechung[976] betont und ist Ausfluss des Systems der handelsrechtlichen GoB und damit geltendes Bilanzrecht. In der jüngeren Rechtsprechung der Finanzgerichte gibt es zwar Tendenzen zu einer granularen Aufteilung einzelner Wirtschaftsgüter, die sich nicht im System der handelsrechtlichen GoB bewegen.[977]

Der einheitliche Nutzungs- und Funktionszusammenhang kann jedoch nur überzeugend aus den handelsrechtlichen GoB abgeleitet werden, wenn er nicht bloß eine lose Verbindung darstellt. Allerdings kann der einheitliche Nutzungs- und Funktionszusammenhang einige Durchbrechungen des Einzelbewertungsgrundsatzes nicht überzeugend begründen: Wirtschaftlich betrachtet kann eine kompensatorische Betrachtung geboten sein.[978] Gleichwohl trägt der Bundesfinanzhof dem

---

[975] Vgl. insbes. Kap. 2, II. 3. b) aa) aaa).

[976] Vgl. Urt. des BFH vom 14. April 2011 *IV R 46/09*, a.a.O., hier S. 696f; Urt. des BFH vom 11. April 2019 *IV R 3/17*, a.a.O., hier S. 1077; Urt. des BFH vom 5. Juni 2008 *IV R 67/05*, a.a.O., hier S. 963.

[977] So etwa Urt. des FG Köln vom 20. März 2018 *8 K 1160/15*, in: BB, 73. Jg. (2018), S. 1893–1896 beim BFH anhängig unter IX R 11/18; kritisch vgl. *Wichmann, Gerd*: Der Anfang vom Ende der Atomisierung eines Gebäudes?, in: DStR, 57. Jg. (2019), S. 92–94.

[978] Zur Berücksichtigung von Rückgriffsansprüchen vgl. Urt. des BFH vom 8. November 2000 *I R 10/98*, in: BStBl. II 2001, S. 349–354, hier S. 350f; zur Verwertung von Sicherheiten vgl. Urt. des BFH vom 24. Oktober 2006 *I R 2/06*, in: BStBl. II 2007, S. 469–472, hier S. 471; auf der Passivseite entschied der BFH im sog. Apothekerfall zu Recht, dass zugehörige wirtschaftliche Vorteile in den Kompensationsbereich einzubeziehen sind, vgl. Beschluss des BFH vom 23. Juni 1997 *GrS 2/93*, a.a.O., hier S. 739.

Einzelbewertungsgrundsatz insofern Rechnung, dass er grundsätzlich nur dann eine kompensatorische Betrachtung zulässt, wenn verbundene Vorteile nicht selbst bilanziell erfassbar sind, da sonst die Wertbemessung eines anderen Wirtschaftsgutes berücksichtigt würde.[979]

bbb) Vorsichtsbedingte Grenzen der Figur des einheitlichen Nutzungs- und Funktionszusammenhangs

Die Figur des einheitlichen Nutzungs- und Funktionszusammenhangs kann gleichwohl zu einer unvorsichtigen Bilanzierung führen, wenn einzelne Komponenten zwar eine deutlich kürzere Nutzungsdauer als der bilanzierte Vermögensgegenstand haben. Dieses Problem wird im Schrifttum zu Recht aufgegriffen und überzeugend durch eine Grenzziehung gelöst: Resultieren Überbewertungen aus einer am einheitlichen Nutzungs- und Funktionszusammenhang orientierten Bilanzierung, so stehen diese Überbewertungen im Sinne des Vorsichtsprinzips nicht im Einklang mit den handelsrechtlichen GoB und sind entsprechend – etwa über die fingierte Nutzungsdauer – zu korrigieren.[980]

Dies entspricht im Ergebnis der Regelung des IDW RH HFA 1.016: Ein Niederstwerttest ist danach für den angesetzten Vermögensgegenstand insgesamt, nicht für dessen Komponenten durchzuführen.[981] Damit ist trotz vorsichtsbedingter Grenzen der Rechtsfigur des einheitlichen Nutzungs- und Funktionszusammenhangs mit Blick auf das Vorsichtsprinzip kein systematischer Vorteil in einer komponentenweisen Abschreibung zu sehen.

---

[979] Vgl. z.B. den Fall von mittels Credit Linked Notes gesicherten Darlehensforderungen, Urt. des BFH vom 2. Dezember 2015 *I R 83/13*, in: BStBl. II 2016, S. 831–835, hier S. 833.

[980] Vgl. *Rößler, Bettina*: Abgrenzung und Bewertung von Vermögensgegenständen, a.a.O., hier S. 65; *Moxter, Adolf/Engel-Ciric, Dejan*: Grundsätze ordnungsgemäßer Bilanzierung, a.a.O., hier S. 171.

[981] Vgl. IDW RH HFA 1.016 Rz. 10.

c) *Zur Vereinbarkeit eines Komponentenansatzes mit dem geltenden Bilanzrecht*

aa) Normative Reichweite des IAS 16 bei der Auslegung handelsrechtlicher GoB

aaa) Systematische Grenzen der rechtsvergleichenden Betrachtung

Der rechtsvergleichenden Betrachtung sind enge Grenzen gesetzt, die IFRS können nur „kraft der Argumente" herangezogen werden.[982] Nur wenn die Komponentenbilanzierung des IAS 16 der übergeordneten Zwecksetzung handelsrechtlicher GoB entspräche und zugleich in der Sache gewichtige Argumente vorliegen, kann eine interpretatorische Anlehnung in Betracht kommen.[983]

Mangels gesetzlicher Konkretisierung über die Ausgestaltung des Abschreibungsplans und der anzusetzenden Restnutzungsdauer wird eine komponentenweise Abschreibung für zulässig erachtet.[984]

Der Bundesfinanzhof äußerte sich im Urteil zu einem Windpark zu Recht dahingehend, dass eine Aufteilung in weitere Komponenten analog dem Vorgehen in den IFRS nicht geboten sei und diese Standards für die „steuerliche Gewinnermittlung keine Bedeutung" haben.[985] Zum Teil wird im Schrifttum nachvollziehbar kritisiert, dass eine genauere Prüfung der Zweckgerechtigkeit des Komponentenansatzes im Sinne der IFRS nicht erfolgt.[986] Im Ergebnis ist dem Bundesfinanzhof zuzustimmen, wenngleich er durchaus nicht nur die systematische Irrelevanz der IFRS für die Steuerbilanz, sondern auch für das System handelsrechtlicher GoB[987] hätte betonen können.

---

982 Vgl. *Hennrichs, Joachim*: Zur normativen Reichweite der IFRS, a.a.O., hier S. 787 (auch Zitat). Vgl. auch m.w.N. Kap. 1, I. 2. b) cc).

983 Kritisch u.a. *Herzig, Norbert* et al.: IAS/IFRS und steuerliche Gewinnermittlung, in: BFuP, 56. Jg. (2004), S. 550–577.

984 Vgl. *Schubert, Wolfgang/Andrejewski, Kai*: § 253 HGB, in: Beck'scher Bilanzkommentar, hier Rn. 278.

985 Vgl. Urt. des BFH vom 14. April 2011 *IV R 46/09*, a.a.O., hier S. 698 (auch Zitat).

986 Vgl. *Weber-Grellet, Heinrich*: BB-Rechtsprechungsreport zu 2011, a.a.O., hier S. 43; auch *Marx, Franz Jürgen*: Aktuelle Entwicklungen in der steuerrechtlichen Gewinnermittlung, a.a.O., hier S. 294.

987 So zu Recht *Krumm, Marcel*: § 5 EStG, in: Brandis/ Heuermann (vormals Blümich) EStG, hier Rn. 105; vgl. ebenfalls *Kuntschik, Nina*: Steuerliche Gewinnermittlung und IAS/ IFRS am Beispiel immaterieller Vermögenswerte, a.a.O., hier S. 211.

Denkbar wäre nämlich auch eine Argumentation über den einkommensteuerlichen Bewertungsvorbehalt, wonach ein Komponentenansatz handelsrechtlich zulässig sein könnte und lediglich steuerbilanziell nicht anwendbar wäre.[988] Andererseits entspricht ein Komponentenansatz des IAS 16 gerade nicht dem primären Bilanzzweck, so dass es handelsrechtlich nicht darauf ankommt, ob eine steuerliche lex specialis existiert.

bbb) Unvereinbarkeit des Komponentenansatzes des IAS 16 mit dem primären Bilanzzweck

Die IFRS enthalten durchaus eine Reihe von objektivierten Regelungen.[989] Gleichwohl scheidet eine pauschale Orientierung an den IFRS für die Interpretation des Handelsbilanzrechts aus; selbst die teilweise angeführten "Regelungslücken"[990] würden daran nichts ändern.[991]

Böcking sieht eine grundsätzliche Eignung der IFRS für die Ausschüttungsbemessung.[992] Dies wird allerdings im Schrifttum zu Recht abgelehnt.[993] Die Atomisierungstendenzen der IFRS wären mit einer überwiegend informationsorientierten Rechnungslegung vereinbar, aber stehen im Widerspruch zu Objektivierungsprinzipien.[994]

Für eine komponentenweise Abschreibung von Großreparaturen analog IAS 16 spricht insbesondere, dass diese weiteres Nutzungspotential schaffen können.[995] Gegen eine korrespondierende Aktivierung von Großreparaturen und Inspektionen in der Handelsbilanz spricht die aus dem primären Bilanzzweck abgeleitete Definition des

---

988 Ein Argument für diese Auffassung wäre, dass der BFH mit einkommensteuerlichen Sondervorschriften argumentiert, vgl. Beschluss des BFH vom 26. November 1973 *GrS 5/71*, a.a.O., hier S. 134.

989 Vgl. *Spengel, Christoph*: Bilanzrechtsmodernisierung, in: FR, 91. Jahrgang (2009), S. 101–103, hier S. 106f; *Spengel, Christoph*: IFRS als Ausgangspunkt der steuerlichen Gewinnermittlung in der Europäischen Union, in: DB, 59. Jg. (2006), S. 681–687, hier S. 682.

990 *Böcking, Hans-Joachim*: IFRS auch als Grundlage für die Ausschüttungs- und Steuerbemessung, in: FS Mellwig, S. 53–86, hier S. 63; ähnlich *Mujkanovic, Robin/Raatz, Pascal*: Der Component Approach nach IAS 16 im HGB-Abschluss?, a.a.O., hier S. 245.

991 Zu den handelsrechtlichen GoB als grds. lückenloses System vgl. insbes. Kap. 1, I. 1. a).

992 Vgl. *Böcking, Hans-Joachim*: IFRS auch als Grundlage für die Ausschüttungs- und Steuerbemessung, a.a.O.

993 Vgl. *Moxter, Adolf*: Entziehbarer Gewinn?, a.a.O., hier S. 240; *Hennrichs, Joachim*: Einfluss der Europäisierung und Internationalisierung auf das Bilanzsteuerrecht, a.a.O., hier S. 1424f.

994 Vgl. *Herzig, Norbert*: IAS/IFRS und steuerliche Gewinnermittlung, a.a.O., hier S. 560.

995 Vgl. *Gack, Carina*: Der Komponentenansatz nach dem IDW Rechnungslegungshinweis, a.a.O., hier S. 189.

bilanziellen Vermögensbegriffs.[996] Die Abgrenzung von wesentlichen und unwesentlichen Komponenten eröffnet dem Bilanzierenden zudem weitreichenden Gestaltungsspielraum.[997]

Weiterhin besteht eine Schwierigkeit der Zuordnung der Anschaffungs- und Herstellungskosten zu einzelnen Komponenten, da der Gesamtpreis der Einzelteile teilweise nicht ohne weiteres am Markt beobachtbar ist – und selbst in diesem Fall in Summe regelmäßig den Gesamtpreis des Vermögenswerts übersteigt.[998] Auch daraus resultieren erhebliche Ermessensspielräume für den Bilanzierenden.

bb) Normative Reichweite des Komponentenansatzes des IDW

aaa) Vorsichtsprinzip und periodengerechte Gewinnermittlung

(i) Argument der Stärkung des Außenverpflichtungsprinzips durch das Bilanzrechtsmodernisierungsgesetz

Sowohl die handelsbilanzielle als auch die steuerbilanzielle Gewinnermittlung haben die Ermittlung einer „unverzerrten Erfolgsgröße"[999]. Aufgrund der grundsätzlichen Zweckidentität[1000] ist der Bundesfinanzhof – sofern keine einkommensteuerliche lex specialis einschlägig ist – an eine GoB-konforme Lösung gebunden. Dies ist nicht notwendigerweise mit der Stärkung der Informationsfunktion vereinbar. Die stärkere Betonung der Informationsvermittlung an die Adressaten wäre konsistent mit dem Argument, eine verursachungsgerechtere Aufwandsperiodisierung zu erreichen.

Nach im Schrifttum anzutreffender Auffassung ist die starke Eingrenzung des Anwendungsbereichs von Aufwandsrückstellungen, mithin die Stärkung des Außenverpflichtungsprinzips, ein Argument für eine handelsrechtlich zulässige

---

[996] Vgl. Kap. 2, I., jeweils m.w.N.

[997] Vgl. *Hagemeister, Christina*: Bilanzierung von Sachanlagevermögen nach dem Komponentenansatz des IAS 16, Düsseldorf 2004, hier S. 139f und 142f; vgl. auch *Andrejewski, Kai/Böckem, Hanne*: Praktische Fragestellungen der Implementierung des Komponentenansatzes nach IAS 16, Sachanlagen, in: KoR, 5. Jg. (2005), S. 75–81, hier S. 77f.

[998] Vgl. *Husemann, Walter/Hofer, Heinz*: Die Abschaffung der Aufwandsrückstellungen nach dem BilMoG-RegE, in: DB, 61. Jg. (2008), S. 2661–2666, hier S. 2664.

[999] Gack sieht einen Komponentenansatz als GoB-konform an, vgl. *Gack, Carina*: Der Komponentenansatz nach dem IDW Rechnungslegungshinweis, a.a.O., hier S. 5.

[1000] Vgl. Kapitel 1, I., insbes. 2. a) aa).

Komponentenbilanzierung.[1001] Zwar sind nicht physisch separierbare Komponenten von der komponentenweisen Abschreibung ausgeschlossen, gleichwohl dürften etwa Großreparaturen und Inspektionen ein Hauptanwendungsfall der früher zulässigen Aufwandsrückstellungen sein.[1002] Insofern ist diese Argumentation[1003] selbst unter den getroffenen Prämissen nicht schlüssig.

Dass der Gesetzgeber im Zuge des BilMoG der geforderten „Klarstellung",[1004] dass eine komponentenweise Bilanzierung handelsrechtlich zulässig sei, nicht gefolgt ist,[1005] darf zwar nicht überbewertet werden, ist aber ein weiteres Indiz für die Nichtzulässigkeit eines Komponentenansatzes im System der handelsrechtlichen GoB.

(ii) Vereinbarkeit mit dem Realisationsprinzip

Der in IDW RH HFA 1.016 präsentierte Komponentenansatz ist grundsätzlich mit dem Realisationsprinzip vereinbar und würde die periodengerechte Gewinnermittlung stärken.[1006] Zugleich kann ein Komponentenansatz dem Vorsichtsprinzip entsprechen, wenn vorsichtiger über die kürzere wirtschaftliche Nutzungsdauer einer Komponente abgeschrieben würde. Dem Vorsichtsprinzip würde aber bereits Rechnung getragen werden, wenn eine einheitliche Nutzungsdauer nicht zu Überbewertungen führt.[1007] Am Beispiel einer Rolltreppe wird in diesem Zusammenhang angeführt, dass der Bundesfinanzhof eine doppelte Aktivierung zulassen würde, wenn er neben der typisiert längeren Nutzungsdauer des Gebäudes auch noch nachträgliche Herstellungskosten aktiviert wissen wollte.[1008] Gleichwohl entspricht regelmäßig die der einheitlichen

---

[1001] So z.B. *Husemann, Walter/Hofer, Heinz*: Die Abschaffung der Aufwandsrückstellungen nach dem BilMoG-RegE, a.a.O., hier S. 2665.

[1002] Vgl. *Herzig, Norbert* et al.: Component approach im Handels- und Steuerrecht, in: WPg, 63. Jg. (2010), S. 561–573, hier S. 562.

[1003] Vgl. etwa *Husemann, Walter*: Abschreibung eines Vermögensgegenstands entsprechend der Nutzungsdauer wesentlicher Komponenten, a.a.O., hier S. 506; *Mujkanovic, Robin/Raatz, Pascal*: Der Component Approach nach IAS 16 im HGB-Abschluss?, a.a.O., hier S.250.

[1004] Vgl. IDW, Stellungnahme zum Referentenentwurf eines Gesetzes zur Modernisierung des Bilanzrechts, abgerufen unter https://www.bundesgerichtshof.de/SharedDocs/Downloads/DE/Bibliothek/Gesetzesmaterialien/16_wp/bilmog/stellung_idw_refe.pdf?__blob=publicationFile, abgerufen am 6. Juli 2022, hier S. 6.

[1005] Vgl. *Herzig, Norbert* et al.: Component approach im Handels- und Steuerrecht, a.a.O., hier S. 567.

[1006] Vgl. *Hommel, Michael/Rößler, Bettina*: Komponentenansatz des IDW RH HFA 1.016, a.a.O., hier S. 2528.

[1007] Vgl. *Rößler, Bettina*: Abgrenzung und Bewertung von Vermögensgegenständen, a.a.O., hier S. 65.

[1008] Vgl. *Fladung, Hans-Dieter*: Das Vorsichts- und Objektivierungsprinzip im deutschen Bilanzrecht, a.a.O., hier S. 159.

Abschreibung zugrundeliegende „Fiktion, da[ss] sich die Teile [...] gleichmäßig abnutzen“[1009] nicht den tatsächlichen Verhältnissen.

Die in der Literatur anzutreffenden „best practice“-Ansätze[1010] sind hingegen aufgrund ihrer induktiven Tendenzen problematisch. Der Komponentenansatz des IDW wird mitunter als GoB-konform bezeichnet.[1011] Dem ist zu widersprechen: Das Ziel periodengerechter Erfolgsabgrenzung lässt sich zwar widerspruchsfrei aus dem Realisationsprinzip ableiten, gleichwohl steht – hier noch abstrahiert von spezifischen Objektivierungsproblemen –[1012] bereits die Nachaktivierung von bestimmtem Erhaltungsaufwand im Widerspruch zum geltenden Anschaffungs- und Herstellungsbegriff.[1013] Damit kommt es nicht mehr darauf an, ob der Komponentenansatz gemäß IDW RH HFA 1.016 mit § 7 EStG in Einklang zu bringen sei,[1014] denn selbst der Komponentenansatz des IDW tangiert entgegen der Intention auch den Bilanzansatz.[1015]

bbb) Objektivierungsbedingte Grenzen

Die grundsätzliche Orientierung am Konzept des einheitlichen Nutzungs- und Funktionszusammenhangs stärkt den Einzelbewertungsgrundsatz und verhindert eine „atomistische Bewertung“[1016]. Auch wenn der Einzelbewertungsgrundsatz vom Bundesfinanzhof[1017] etwa zur Abgrenzung von privater und gewerblicher Nutzung von

---

1009 Beschluss des BFH vom 22. August 1966 *GrS 2/66*, a.a.O., hier S. 672.

1010 Etwa *Gack, Carina*: Der Komponentenansatz nach dem IDW Rechnungslegungshinweis, a.a.O., hier S. 10.

1011 Vgl. z.B. *Husemann, Walter/Hofer, Heinz*: Die Abschaffung der Aufwandsrückstellungen nach dem BilMoG-RegE, a.a.O., hier S. 2666; *Gack, Carina*: Der Komponentenansatz nach dem IDW Rechnungslegungshinweis, a.a.O., hier S. 125f; gewichtige Argumente für einen Komponentenansatz anführend *Hennrichs, Joachim*: Auswirkungen des BilMoG auf Bilanzpolitik, Gläubigerschutz und Ausschüttungsbemessung in Familienunternehmen, in: Zukunft des Bilanzrechts in Familienunternehmen, S. 99–122, hier S. 107; kritisch dagegen z.B. *Rößler, Bettina*: Abgrenzung und Bewertung von Vermögensgegenständen, a.a.O., hier S. 206.

1012 Vgl. folgenden Abschnitt.

1013 Vgl. *Herzig, Norbert* et al.: Component approach im Handels- und Steuerrecht, a.a.O., hier S. 566.

1014 So *Gack, Carina*: Der Komponentenansatz nach dem IDW Rechnungslegungshinweis, a.a.O., hier S. 173f.

1015 Vgl. IDW RH HFA 1.016 Rz. 9. Die Abgrenzung von Erhaltungsaufwand und (nachträglichen) Anschaffungs- und Herstellungskosten tangiert gerade auch den bilanziellen Vermögensbegriff, mithin auch den Bilanzansatz.

1016 *Herzig, Norbert* et al.: Component approach im Handels- und Steuerrecht, a.a.O., hier S. 564.

1017 Bei Betriebsvorrichtungen determiniert der sachliche Zusammenhang zum jeweiligen Betrieb die Bestimmung des bilanziellen Vermögensbegriffs und deren Zurechnung; zu Mietereinbauten vgl. *Moxter, Adolf*: Zur bilanzrechtlichen Behandlung von Mietereinbauten nach der neueren höchstrichterlichen Rechtsprechung, in: BB, 53. Jg. (1998), S. 259–263; *Gschwendtner, Hubert*: Mietereinbauten als Vermögensgegenstände und Wirtschaftsgüter, a.a.O., *Schreiber, Ulrich/ Storck,*

Gebäuden oder bei der Bildung von Bewertungseinheiten nach § 254 HGB[1018] weit verstanden oder sogar durchbrochen wird, ist er aus der Perspektive der Objektivierung unerlässlich.[1019]

Der Komponentenansatz nach IDW RH HFA 1.016 eröffnet dem Bilanzierenden erheblichen Ermessensspielraum und kann damit das potenzielle Problem eines „Abschreibungschaos" nicht verhindern.[1020] Trotzdem ist festzuhalten, dass sich der Vorschlag des IDW besser in das geltende Bilanzrecht einfügt als der Komponentenansatz des IAS 16,[1021] die Ermessensspielräume dennoch nur reduziert werden.

Die Stärkung des Realisationsprinzips[1022] ist durchaus bilanzzweckadäquat, allerdings kann der Objektivierung nicht in gleichem Maße wie durch die Figur des einheitlichen Nutzungs- und Funktionszusammenhangs Rechnung getragen werden, denn die Differenzierung zwischen Ansatz- und Bewertungseinheit vermag nicht zu gelingen.[1023] Eine komponentenweise Bilanzierung und Bewertung wurde gerade mit Blick auf die Abschreibung durch den Bundesfinanzhof abgelehnt.[1024]

Auf eine mögliche Stärkung der Informationsfunktion durch eine komponentenweise Abschreibung[1025] kommt es im geltenden Bilanzrecht nicht an. Zudem würde die

---

Alfred: Mietereinbauten und Mieterumbauten in Ertragsteuerbilanz und Vermögensaufstellung, in: BB, 32. Jg. (1977), S. 1391–1395, hier S. 1392f.

1018 Vgl. in diesem Zusammenhang *Backes, Matthias*: Grundsätze ordnungsmäßiger Sicherungsbilanzierung nach IFRS und HGB, a.a.O.

1019 Die resultierenden Objektivierungsprobleme zumindest bei extensiver Auslegung einer komponentenweisen Bilanzierung betonend vgl. *Hoffmann, Wolf-Dieter/Lüdenbach, Norbert*: Abschreibungen von Sachanlagen nach dem Komponentenansatz von IAS 16, in: BB, 59. Jg. (2004), S. 375–377, hier S. 376; vgl. zum Typisierungsgedanken und der periodengerechten Gewinnermittlung *Herzig, Norbert/Söffing, Günter*: Bilanzierung und Abschreibung von Fernsehrechten (Teil II), in: WPg, 47. Jg. (1994), S. 656–663, hier S. 657.

1020 Vgl. *Gack, Carina*: Der Komponentenansatz nach dem IDW Rechnungslegungshinweis, a.a.O., hier S. 97.

1021 Beachte vor allem IDW RH HFA 1.016 Rz. 7 mit Blick auf separierbare Komponenten.

1022 Vgl. *Tiedchen, Susanne*: § 253 HGB, in: Münchener Kommentar zum Bilanzrecht, hier Rn. 80.

1023 A.A. *Gack, Carina*: Der Komponentenansatz nach dem IDW Rechnungslegungshinweis, a.a.O., hier S. 104.

1024 Deutlich z.B. Beschluss des BFH vom 26. November 1973 *GrS 5/71*, a.a.O., hier S. 135.

1025 Vgl. *Mujkanovic, Robin/Raatz, Pascal*: Der Component Approach nach IAS 16 im HGB-Abschluss?, a.a.O., hier S. 249.

Abgrenzungsproblematik zwischen Herstellungs- und Erhaltungsaufwand deutlich verschärft, da sich diese bei kleineren Einheiten entsprechend häufiger stellte.[1026] Dass das IDW ein Wahlrecht zur Anwendung der komponentenweisen Bilanzierung vorsieht, kann aus Objektivierungssicht ebenfalls nicht überzeugen.[1027] Objektivierungsbedingt ist der Komponentenansatz nach IDW RH HFA 1.016 als nicht im Einklang mit den handelsrechtlichen GoB anzusehen.

Grundsätzlich hat der Gesetzgeber keine feste Abschreibungsmethode vorgegeben; daraus kann aber nicht gefolgert werden, dass der Bilanzierende zwischen einer komponentenweisen und einer für den Vermögensgegenstand einheitlichen Abschreibung wählen kann.[1028] Der vom IDW vorgeschlagene Komponentenansatz ist jedoch nicht nur mit Blick auf dessen inhärente Objektivierungsdefizite und die Ausschüttungsbemessungsfunktion kritisch zu betrachten, vielmehr kann er aufgrund der Ausgestaltung als Wahlrecht[1029] auch nicht vollumfänglich entscheidungsrelevante Informationen vermitteln, denn „Wahlrechte konterkarieren das Ziel, die Vergleichbarkeit von Abschlüssen"[1030] zu verbessern.

Die im Schrifttum angeführten hohen Implementierungskosten sprechen zwar tatsächlich für ein Wahlrecht, allerdings spricht die fehlende Objektivierung gegen eine Ausgestaltung als Wahlrecht.[1031] Abstrahiert von systematischen Argumenten, die gegen eine Maßgeblichkeit von Verlautbarungen privater Berufsverbände bei der Auslegung handelsrechtlicher GoB sprechen,[1032] kann nicht überzeugen, dass dem Bilanzierenden mit der Ausgestaltung des Komponentenansatzes als Wahlrecht weiterer Gestaltungsspielraum eingeräumt wird. Wenngleich die Gewährung eines Wahlrechts grundsätzlich im Einklang mit den handelsrechtlichen GoB stehen kann,[1033] ist eine Ableitung

[1026] Vgl. m.w.N. *Rößler, Bettina*: Abgrenzung und Bewertung von Vermögensgegenständen, a.a.O., hier S. 68.
[1027] Vgl. m.w.N. Kapitel 1, I. 2. a) cc) aaa).
[1028] So aber *Schubert, Wolfgang/Andrejewski, Kai*: § 253 HGB, in: Beck'scher Bilanzkommentar, hier Rn. 278.
[1029] Vgl. IDW RH HFA 1.016 Rz. 5f.
[1030] *Hennrichs, Joachim*: Ausbau der Konzernrechnungslegung im Lichte internationaler Entwicklungen, in: ZGR, 29. Jg. (2000), S. 627–650, hier S. 632.
[1031] Vgl. *Gack, Carina*: Der Komponentenansatz nach dem IDW Rechnungslegungshinweis, a.a.O., hier S. 209.
[1032] Vgl. Kap. 1, I. 2. b) bb).
[1033] A.A. *Weber-Grellet, Heinrich*: Handelsrechtliche Bewertungswahlrechte in der Steuerbilanz, a.a.O., hier S. 192.

eines Wahlrechts einer komponentenweisen Abschreibung weder eindeutig kodifiziert noch aus dem übergeordneten Bilanzzweck ableitbar.[1034]

[1034] Vgl. zu Wahlrechten im Bilanzrecht generell *Pöschke, Moritz*: Wahlrechte und "Ermessensspielräume" im Bilanzrecht und die Business Judgement Rule, a.a.O.

Drittes Kapitel:

Die Zurechnung von Vermögensgegenständen

I. Deduktion der Grundsätze wirtschaftlicher Vermögenszurechnung

1. Grundsatz der Zurechnung in wirtschaftlicher Betrachtungsweise

a) Konkretisierung der wirtschaftlichen Vermögenszurechnung im Spannungsfeld zwischen Substanz und Form

aa) Handelsbilanzielle Zurechnung von Vermögensgegenständen

Die wirtschaftliche Vermögenszurechnung sowie das wirtschaftliche Eigentum[1035] werden als Ausdruck der wirtschaftlichen Betrachtungsweise verstanden.[1036] Insofern ist insbesondere auf das wirtschaftliche Gehalt eines jeweiligen Geschäftsvorfalls abzustellen.[1037] Gleichermaßen ist eine Objektivierung notwendig, die durch Verrechtlichung erreicht wird und zu Rechtsklarheit sowie Rechtssicherheit beitragen kann.[1038]

Die persönliche Zurechnung von Vermögen ist nicht nur deshalb relevant, weil der Kaufmann gemäß § 242 Abs. 1 i.V.m. § 246 Abs. 1 HGB „sein" Vermögen zu bilanzieren hat, sondern auch, weil diese von Bedeutung für die Geltendmachung der Abschreibungen ist.[1039]

[1035] Im Rahmen dieser Arbeit wird wirtschaftliche Vermögenszugehörigkeit als Zuordnungsmaßstab nach handelsrechtlichen GoB und wirtschaftliches Eigentum grundsätzlich als Zuordnungsmaßstab nach § 39 AO verstanden. Im Schrifttum werden diese Begriffe auch aufgrund der angenommenen weitgehenden Übereinstimmung z.T. synonym genutzt.

[1036] Vgl. zur Vermögenszurechnung nach handelsrechtlichen GoB *Lorenz, Karsten*: Wirtschaftliche Vermögenszugehörigkeit im Bilanzrecht, a.a.O., hier S. 24; *Käufer, Anke*: Übertragung finanzieller Vermögenswerte nach HGB und IAS 39, Berlin 2009, hier S. 109f; vgl. zum wirtschaftlichen Eigentum i.S. § 39 AO *Drüen, Klaus-Dieter*: § 39 AO, in: Tipke/Kruse, AO/FGO, hier Rz. 1; *Mayer, Stefan*: Wirtschaftliches Eigentum an Kapitalgesellschaftsanteilen, Aachen 2003, hier S. 12; im Kontext von Leasing-Verträgen führt der BFH ebenfalls die Notwendigkeit einer wirtschaftlichen Betrachtungsweise bei Zurechnungsentscheidungen an, vgl. z.B. Urt. des BFH vom 26. Januar 1970 *IV R 144/66*, in: BStBl. II 1970, S. 264–274, hier S. 264.

[1037] Vgl. *Florstedt, Tim* et al.: Wirtschaftliche Betrachtungsweise und europäische Bilanzsteuerrechtsordnung, a.a.O., hier S. 381; *Beisse, Heinrich*: Die wirtschaftliche Betrachtungsweise bei der Auslegung der Steuergesetze in der neueren deutschen Rechtsprechung, a.a.O., hier S. 3, für weitere Nachweise vgl. insbes. Kap. 1, III. 2.

[1038] Vgl. *Moxter, Adolf*: Periodengerechte Gewinnermittlung und Bilanz im Rechtssinne, a.a.O., hier S. 450; *Beisse, Heinrich*: Zum Verhältnis von Bilanzrecht und Betriebswirtschaftslehre, a.a.O., hier S. 2; *Moxter, Adolf*: Entziehbarer Gewinn?, a.a.O., hier S. 240.

[1039] Vgl. *Stengel, Gerhard*: Die persönliche Zurechnung von Wirtschaftsgütern im Einkommensteuerrecht, Berlin 1990, hier S. 8; *Henneberger, Michael/Flick, Peter*: Leasingverträge, in: HdJ, Abt. I/8 (2020), hier Rz. 47; im vorliegenden Einzelfall nicht eindeutig vgl. Urt. des BFH vom 27. Juli 1982 *VIII R 176/80*, in: BStBl. II 1983, S. 6–7, hier S. 7.

M. Knoblauch, *Grundsätze ordnungsmäßiger Aktivierung in der Handelsbilanz und in der Steuerbilanz*, Rechnungswesen und Unternehmensüberwachung,
https://doi.org/10.1007/978-3-658-43949-1_4

Die Zugehörigkeit eines Vermögensgegenstands zum bilanziellen Vermögen eines Kaufmanns kann auch als Vermögensgegenstandskriterium verstanden werden: Die Vermögensermittlungsprinzipien sind von Objektivierungsbestrebungen geprägt, durch das Vermögenswertprinzip muss der künftige Ertragswertbeitrag greifbar und somit auf intersubjektiv nachprüfbare Weise vom Geschäfts- oder Firmenwert dem Grunde nach trennbar sein.[1040] Mit den gleichen Argumenten, mit welchen die Einzelverwertbarkeit als konstitutives Merkmal eines Vermögensgegenstands abzulehnen ist,[1041] ist auch ein alleiniges Abstellen auf ein Verwertungsrecht als absolute Zurechnungsregel zurückzuweisen.[1042] Die Grundsätze wirtschaftlicher Zurechnung sind in § 246 Abs. 1 HGB normiert, stellen aber ohnehin einen handelsrechtlichen GoB dar.[1043] Auch wenn diese Grundsätze erstmals mit dem BilMoG kodifiziert wurden, besteht eine lange Tradition richterlicher Orientierung an wirtschaftlichen Grundsätzen bei Zurechnungsentscheidungen.[1044]

Eine das Gebot der wirtschaftlichen Zurechnung angemessen konkretisierende Zurechnungskonzeption muss einerseits der Individualität vielfältiger Sachverhalte gerecht werden können, anderseits zugleich eine konsistente und rechtssichere Zurechnung ermöglichen.[1045]

[1040] Vgl. ausführlich in Kap. 2, I. 2.

[1041] Vgl. insbes. Kap. 2, I. 2. b) bb) bbb).

[1042] Wohl ebenfalls kritisch vgl. Urt. des BFH vom 18. November 1970 *I 133/64*, in: BStBl. II 1971, S. 133–136, hier S. 135; unklar *Isele, Horst*: Miet-, Pacht- und Leasingverhältnisse, in: Handbuch der Rechnungslegung, S. 255–278, hier S. 259.

[1043] So wurden die Grundsätze der Vermögenszurechnung bereits als GoB angesehen, als diese noch nicht kodifiziert waren, vgl. ADS: Kommentierung zu § 246 HGB, Tz. 266.

[1044] Vgl. bereits *Ascher, Theodor*: Bilanzierung fremden Eigentums, in: Handwörterbuch der Betriebswirtschaft, S. 1130–1134, hier S. 1131f.

[1045] Vgl. *Sessar, Christopher*: Grundsätze ordnungsmäßiger Gewinnrealisierung im deutschen Bilanzrecht, a.a.O., hier S. 200; *Mellwig, Winfried/Weinstock, Marc*: Die Zurechnung von mobilen Leasingobjekten nach deutschem Handelsrecht und den Vorschriften des IASC, in: DB, 49. Jg. (1996), S. 2344–2352, hier S. 2346.

bb) Bedeutung der Zivilrechtsstruktur bei der Vermögenszurechnung

aaa) Indikatorfunktion des Zivilrechts

Eine Orientierung am Zivilrecht bietet bei der Zurechnung eines Vermögensgegenstands ein großes Maß an Objektivierung.[1046] Das Recht zur Geltendmachung etwaiger Ansprüche des Eigentümers sind zugleich „Wesensinhalt des Eigentums"[1047] und können auch – in wirtschaftlicher Betrachtungsweise – materiell von Bedeutung sein.[1048] Die bürgerlich-rechtliche Form ist also keineswegs unbeachtlich, insbesondere dann nicht, wenn die jeweilige Gestaltung „ernsthaft gewollt und tatsächlich durchgeführt wird"[1049]. Gleichwohl ist das zivilrechtliche Eigentum für die bilanzielle Behandlung nicht von ausschlaggebender Bedeutung.[1050]

Dennoch berührt die Lösung der zivilrechtlichen Grundfragen die bilanzielle Behandlung der jeweiligen Zurechnungsentscheidung.[1051] Weder kann eine überwiegend rechtlich geprägte Wertung das wirtschaftliche Gehalt gänzlich unberücksichtigt lassen, noch kann eine betriebswirtschaftlich geprägte Sicht rechtliche Merkmale ignorieren.[1052] Eine stark von rechtlichen Kriterien dominierte Würdigung[1053] kann zwar zu einer starken Objektivierung führen, lässt sich aber nicht aus den übergeordneten Bilanzzwecken ableiten.

Die von *Ekkenga* vertretene These, es gebe keine wirtschaftliche, sondern lediglich eine „rechtlich determinierte Vermögenszurechnung"[1054] ist insoweit zutreffend, als

---

[1046] Vgl. *Bieg, Hartmut*: Schwebende Geschäfte in Handels- und Steuerbilanz, Frankfurt am Main 1977, hier S. 240; *Käufer, Anke*: Übertragung finanzieller Vermögenswerte nach HGB und IAS 39, a.a.O., hier S. 108; *Schreiber, Ulrich*: Besteuerung der Unternehmen, Wiesbaden 2021, hier S. 53.

[1047] *Seeliger, Gerhard*: Der Begriff des wirtschaftlichen Eigentums im Steuerrecht, a.a.O., hier S. 41.

[1048] Vgl. *Stengel, Gerhard*: Die persönliche Zurechnung von Wirtschaftsgütern im Einkommensteuerrecht, a.a.O., hier S. 130.

[1049] Urt. des BFH vom 9. Juli 1985 *IX R 49/83*, in: BStBl. II 1985, S. 722–726, hier S. 724.

[1050] Vgl. *Weber-Grellet, Heinrich*: Rechtsprechungsreport zu 2015, a.a.O., hier s. 47.

[1051] Vgl. *Hastedt, Uwe-Peter*: Gewinnrealisierung beim Finanzierungs-Leasing, Wiesbaden 1992, hier S. 50f.

[1052] Vgl. *Turwitt, Matthias*: Asset-backed Finanzierungen und handelsbilanzielle Zuordnung, Wiesbaden 1999, hier S. 75f. *Turwitt* stellt zudem ein Kontinuum an Kriterien zwischen rein rechtlicher (z.B. liquidationsrechtlicher) Wertung und rein betriebswirtschaftlicher Sicht dar.

[1053] So etwa *Knapp, Lotte*: Was darf der Kaufmann als seine Vermögensgegenstände bilanzieren?, a.a.O., hier S. 1123; *Werndl, Josef*: Wirtschaftliches Eigentum, Köln 1983, hier S. 166f.

[1054] *Ekkenga, Jens*: Gibt es 'wirtschaftliches Eigentum' im Handelsbilanzrecht?, a.a.O., hier S. 270.

sie sich von einer rein betriebswirtschaftlichen Betrachtung abgrenzt, allerdings in der Absolutheit nicht mit dem geltenden Bilanzrecht vereinbar.

Die überwiegende Auffassung im Schrifttum folgt einer wirtschaftlichen Betrachtungsweise, die auch rechtliche Kriterien – wenngleich unterschiedlich stark gewichtet – berücksichtigt.[1055]

Der Rückgriff auf die zugrundeliegende Zivilrechtsstruktur als wesentliche Objektivierungskonzeption des Bilanzrechts im Sinne einer (formal-)rechtlichen Betrachtungsweise ermöglicht im Einzelfall erst eine intersubjektive Nachprüfbarkeit.[1056] Entscheidend ist dabei, dass keine Orientierung an den möglicherweise den Normzweck überlagernden formalen Rechtsstrukturen maßgebend ist, sondern die Aktivierung von Vermögensgegenständen auf der Basis einer konkretisierten wirtschaftlichen Existenz erfolgt.[1057]

Eine ökonomische Analyse ist notwendig zur Identifizierung der wesentlichen Einzelbefugnisse der jeweiligen Parteien.[1058] Auch wenn festzuhalten bleibt, dass das Bilanzrecht Raum für eine von dem zivilrechtlichen Eigentum abweichende Zurechnungskonzeption lässt, folgt die bilanzielle Zurechnung im Regelfall der zivilrechtlichen Zuordnung.[1059] Kennzeichnend dafür, dass kein systematischer Gleichlauf zwischen Zivilrecht und Bilanzrecht bestehen kann, ist der Umstand, dass ein zivilrechtlich bestehender Herausgabeanspruch wirtschaftlich wertlos sein kann.[1060]

[1055] Vgl. zu einer Systematisierung insbes. *Turwitt, Matthias*: Asset-backed Finanzierungen und handelsbilanzielle Zuordnung, a.a.O., hier S. 76–83; zum konfligierenden Verhältnis von Objektivierung und wirtschaftlicher Betrachtung vgl. *Moxter, Adolf*: Grundsätze ordnungsgemäßer Rechnungslegung, a.a.O., hier S. 63f.

[1056] Vgl. *Wüstemann, Jens*: Generally Accepted Accounting Principles, a.a.O., hier S. 165.

[1057] Vgl. *Moxter, Adolf*: Zur wirtschaftlichen Betrachtungsweise im Bilanzrecht, a.a.O., hier S. 241; *Mellwig, Winfried/Weinstock, Marc*: Die Zurechnung von mobilen Leasingobjekten nach deutschem Handelsrecht und den Vorschriften des IASC, a.a.O., hier S. 2345f.

[1058] Vgl. *Scharenberg, Sigrun*: Die Bilanzierung von wirtschaftlichem Eigentum in der IFRS-Rechnungslegung, Wiesbaden 2009, hier S. 108.

[1059] Vgl. *ADS*: Kommentierung zu § 246 HGB, Tz. 260f. *Weber-Grellet, Heinrich*: Steuerbilanzrecht, a.a.O., hier S. 185; *Scharenberg, Sigrun*: Die Bilanzierung von wirtschaftlichem Eigentum in der IFRS-Rechnungslegung, a.a.O., hier S. 105; vgl. zur Indikatorfunktion des Zivilrechts bei der Vermögenszurechnung auch *Freericks, Wolfgang*: Bilanzierungsfähigkeit und Bilanzierungspflicht in Handels- und Steuerbilanz, a.a.O., hier S. 165f.

[1060] Vgl. *Richter, Heiner* et al.: § 5 EStG, in: HHR EStG, hier Rz. 515; ähnlich auch der BFH, vgl. Urt. des BFH vom 18. Juli 2001 *X R 15/01*, in: BStBl. II 2001, S. 278–281, hier S. 280; *Findeisen, Klaus-Dieter*: Leasing im Handelsbilanzrecht, in: Praxishandbuch Leasing, S. 463–513, hier S. 471;

Eine Zurechnung von bilanziellem Vermögen ist daher regelmäßig nur bei demjenigen geboten, der mit hinreichender Sicherheit den künftigen Nutzen aus dem Nettoeinnahmepotential des Vermögensgegenstands ziehen kann.[1061] Das zivilrechtliche Eigentum muss daher in Grenzfällen hinter eine wirtschaftliche Vermögenszurechnungskonzeption zurücktreten.[1062]

Dieser Befund leuchtet besonders ein, wenn man die Fallgruppen der Mietereinbauten[1063] sowie der Bauten auf fremden Grund und Boden[1064] betrachtet. Wenn etwa ein Mieter einen Anspruch auf Entschädigung in Höhe des Restverkehrswerts der Einbauten zum Ende der Nutzungsdauer hat, steht ihm deren Substanz wirtschaftlich betrachtet zu.[1065] Dieses Ergebnis resultiert auch regelmäßig aus der Würdigung des jeweiligen Nutzungs- und Funktionszusammenhangs: Mietereinbauten stehen gerade nicht mit dem jeweiligen Gebäude des zivilrechtlichen Eigentümers im Nutzungs- und Funktionszusammenhang.[1066] Auch wenn die Argumentationslinie der höchstrichterlichen Rechtsprechung nicht einheitlich ist,[1067] ist unstrittig, dass die Zurechnung gerade nicht das zivilrechtliche Eigentum voraussetzt.

auf das Beispiel der (zivilrechtlich betrachtet) eigentumslosen Nutzung bezieht sich *Hastedt, Uwe-Peter*: Gewinnrealisierung beim Finanzierungs-Leasing, a.a.O., hier S. 53.

1061 Vgl. *Hommel, Michael*: Vermögenszurechnung und Ertragsrealisation nach HGB und IFRS, a.a.O., hier S. 352.

1062 So betont auch das BVerfG die „Relativität der Rechtsbegriffe" und die Notwendigkeit der Auslegung unter Berücksichtigung des jeweiligen Bedeutungszusammenhangs, vgl. Beschluss des BVerfG vom 27. Dezember 1991 *2 BvR 72/90*, a.a.O., hier S. 213f; vgl. auch *Küting, Karlheinz* et al.: Leasing in der nationalen und internationalen Bilanzierung, in: BB, 53. Jg. (1998), S. 1465–1474, hier S. 1466; so auch *Merk, Andreas*: § 246 HGB, in: Beck OK HGB, hier Rn. 10.

1063 Vgl. m.w.N. *Moxter, Adolf*: Bilanzrechtsprechung, a.a.O., hier S. 39f.

1064 Vgl. statt vieler *Weber-Grellet, Heinrich*: Bauten auf fremdem Grund und Boden, in: BB, 71. Jg. (2016), S. 2220–2225; zu umfassenden Verweisen auf die ergangene Rechtsprechung des BGH und des BFH vgl. *Groh, Manfred*: Bauten auf fremdem Grundstück, in: BB, 51. Jg. (1996), S. 1487–1492.

1065 Vgl. Urt. des BFH vom 28. Juli 1993 *I R 88/92*, in: BStBl. II 1994, S. 164–167, hier S. 166; zur nicht einheitlichen Rechtsprechung vgl. m.w.N. Urt. des BFH vom 14. Mai 2002 *VIII R 39/98*, in: BStBl. II 2002, S. 741–746, hier S. 743.

1066 Vgl. Urt. des BFH vom 26. Februar 1975 *I R 32/73*, in: BStBl. II 1975, S. 443–446, hier S. 445.

1067 Vgl. dazu ausführlich *Gschwendtner, Hubert*: Mietereinbauten als Vermögensgegenstände und Wirtschaftsgüter, a.a.O., hier S. 218; insbes. auf einen betrieblichen (Nutzungs-)vorteil abstellend vgl. Urt. des BFH vom 21. Februar 1978 *VIII R 148/73*, in: BStBl. II 1978, S. 345–346, hier S. 346; mit dem Vorliegen eines immateriellen Wirtschaftsguts setzt sich auseinander Urt. des BFH vom 31. Oktober 1978 *VIII R 182/75*, in: BStBl. II 1979, S. 399–401, hier S. 401; insbes. der Ausgleichsanspruch wird geprüft in Urt. des BFH vom 17. März 1989 *III R 58/87*, in: BStBl. II 1990, S. 6–8, hier S. 8; insbes. auf die Bauten selbst stellt ab Urt. des BFH vom 27. Februar 1991 *XI R 14/87*, in: BStBl. II 1991, S. 628–630, hier S. 630.

Formalrechtliche Bilanzinhalte können hingegen mit dem Zweck der bilanziellen Vermögensermittlung konfligieren:[1068] Bei der Vermögenszurechnung tritt ein „Aufeinanderprallen von zivilrechtlicher und wirtschaftlicher Betrachtungsweise"[1069] besonders deutlich zutage; die Vermögenszurechnung bewegt sich daher zwangsläufig in einem Spannungsfeld zwischen Form und Substanz.[1070]

Das Zivilrecht ist insofern maßgeblich,[1071] als die dem Sachverhalt zugrundliegende Zivilrechtsstruktur bei der Zurechnungsentscheidung zu würdigen ist. Angesichts weniger spezifischer Zurechnungsvorschriften bedarf das Prinzip wirtschaftlicher Vermögenszurechnung einer Konkretisierung der Bedingungen, unter denen eine vom Zivilrecht abweichende bilanzielle Zuordnung geboten ist.[1072] Der Begriff des wirtschaftlichen Eigentums kann vor diesem Hintergrund als „sprachliche[r] Kompromi[ss]" zwischen bürgerlich-rechtlicher Objektivierung und einer wirtschaftlichen Betrachtungsweise verstanden werden.[1073]

bbb) Unentziehbarkeit aufgrund gesicherter Rechtspositionen

Das Prinzip der Unentziehbarkeit fungiert als entscheidendes Bindeglied zwischen der Feststellung der Vermögensgegenstandseigenschaft und der personellen Zurechnungsentscheidung.[1074] Das Unentziehbarkeitskriterium stellt jedoch lediglich auf faktische

---

[1068] Vgl. *Moxter, Adolf*: Das "matching principle", a.a.O., hier S. 492; *Hommel, Michael*: Vermögenszurechnung und Ertragsrealisation nach HGB und IFRS, a.a.O., hier S. 353f; vgl. zum Verhältnis des Steuerrechts zum Privatrecht bereits ausführlich *Esser, Carl-Heinrich*: Die Entwicklung des Verhältnisses Steuerrecht-Privatrecht unter besonderer Berücksichtigung der sog. 'wirtschaftlichen Betrachtungsweise', Würzburg 1966, hier S. 115–122.

[1069] Adolf Moxter im Geleitwort zu: *Lorenz, Karsten*: Wirtschaftliche Vermögenszugehörigkeit im Bilanzrecht, a.a.O., hier S. V.

[1070] Vgl. Kap. 1, III. 2.

[1071] Von einem „Primat des Zivilrechts" spricht Urt. des BFH vom 12. Juli 1967 *I 204/64*, a.a.O., hier S. 782; eine stärkere Gewichtung des Zivilrechts in der Rechtsprechung begrüßend vgl. *Döllerer, Georg*: Die Maßgeblichkeit des Zivilrechts für das Ertragsteuerrecht in der neueren Rechtsprechung des Bundesfinanzhofs, in: JbFfStr, 37. Jg. (1986/87), S. 37–54, hier S. 54.

[1072] Vgl. *Lorenz, Karsten*: Wirtschaftliche Vermögenszugehörigkeit im Bilanzrecht, a.a.O., hier S. 48; vgl. auch *Wüstemann, Jens* et al.: Grundsätze wirtschaftlicher Vermögenszurechnung bei Leasinggeschäften im Lichte der neueren Rechtsprechung, a.a.O., hier S. 1963.

[1073] Vgl. *Lorenz, Karsten*: Wirtschaftliche Vermögenszugehörigkeit im Bilanzrecht, a.a.O., hier S. 94 (auch Zitat); vgl. auch *Beisse, Heinrich*: Die wirtschaftliche Betrachtungsweise bei der Auslegung der Steuergesetze in der neueren deutschen Rechtsprechung, a.a.O., hier S. 3.

[1074] Vgl. *Moxter, Adolf*: Grundsätze ordnungsgemäßer Rechnungslegung, a.a.O., hier S. 64; *Roland, Helmut*: Der Begriff des Vermögensgegenstandes im Sinne der handels- und aktienrechtlichen Rechnungslegungsvorschriften, Göttingen 1980, hier S. 148; *Hommel, Michael*: Bilanzierung immaterieller Anlagewerte, a.a.O., hier S. 155; vgl. auch Urt. des BFH vom 26. Januar 2011 *IX R 7/09*, in: BStBl. II 2011, S. 540–543, hier S. 542.

Unentziehbarkeit ab;[1075] insofern ist die Unentziehbarkeit nicht zwangsläufig im Sinne eines Ausschließungsrechts zu verstehen.[1076]

Der Bilanzierende muss gleichwohl über eine abgesicherte Vermögensposition verfügen, die aber nicht nur rechtlich, sondern auch rein wirtschaftlich vorliegen kann:[1077] Mietereinbauten sind etwa durch den vom Mieter abgeschlossenen Mietvertrag (lediglich) mittelbar rechtlich abgesichert;[1078] rein faktische Unentziehbarkeit als Mindestobjektivierung kann gleichwohl bereits genügen.[1079]

Entscheidend ist, dass das wirtschaftliche Gehalt angemessen bilanziell abgebildet ist; würde ein Vermögensvorteil ohne weiteres (wirtschaftlich) entziehbar sein, könnte eine Zurechnung als Bestandteil des Kaufmannsvermögens den übergeordneten Bilanzwecken nicht mehr adäquat Rechnung tragen.[1080] Dass die Konzeption der Unentziehbarkeit sowohl bei der Beurteilung, ob ein greifbarer Vermögensvorteil vorliegt,[1081] als auch bei der Beurteilung, wem ein solcher Vorteil zuzurechnen ist, relevant ist, zeigt sich bei der Betrachtung von ohne weiteres duplizierbaren Gütern: Hier mag ein Kaufmann weiter die Substanz des Guts und dessen mögliches Ertragspotential dauerhaft innehaben, eine Bilanzierung scheidet gleichwohl aus, da gar kein bilanzierungsfähiger Vermögensvorteil vorliegt, den ein potentieller Erwerber vergüten würde.[1082]

1075 Vgl. zur Unentziehbarkeit als Ausprägung des Objektivierungsprinzips insbes. Kap. 2, I. 2. d).

1076 Eine Innehabung einer Ausschließungsmöglichkeit kraft eigenen Rechts setzt auch *Seeliger* nicht voraus, vgl. *Seeliger, Gerhard*: Der Begriff des wirtschaftlichen Eigentums im Steuerrecht, a.a.O., hier S. 42f.

1077 Vgl. *Koch, Simone*: Bilanzierung von Nutzungsrechten nach GoB und IFRS, a.a.O., hier S. 72f.

1078 Vgl. *Hommel, Michael*: Internationale Bilanzrechtskonzeptionen und immaterielle Vermögensgegenstände, a.a.O., hier S. 357.

1079 Auch die Rechtsprechung erkennt dies etwa im Fall von rechtlich ungeschütztem Know-How an, vgl. Urt. des BFH vom 10. März 1993 *I R 116/91*, a.a.O., hier S. 596; vgl. m.w.N. *Hommel, Michael*: Bilanzierung immaterieller Anlagewerte, a.a.O., hier S. 166f.

1080 Vgl. Kap. 1, I. 1. insbes. b) und c).

1081 Vgl. zur Unentziehbarkeitskonzeption bei der Beurteilung der Greifbarkeit insbes. Kap. 2, I. 2. d).

1082 Vgl. zur Erwerberfiktion m.w.N. Kap. 2, I. 1. c) bb).

cc) Die Bedeutung des wirtschaftlichen Eigentums in § 39 AO für die handelsbilanzielle Vermögenszurechnung

Das in § 39 AO kodifizierte wirtschaftliche Eigentum orientiert sich eng an der von *Seeliger* vorgestellten Vermögenszurechnungskonzeption.[1083] Auch wenn der Wortlaut formalrechtlich geprägt ist und auf Ausschließungsrechte abstellt, das wirtschaftliche Eigentum also negativ definiert ist, steht § 39 AO nicht im prinzipiellen Gegensatz zur wirtschaftlichen Betrachtungsweise.[1084]

Der Beurteilungsmaßstab der Orientierung am „Gesamtbild der Verhältnisse"[1085] im jeweiligen Einzelfall wird regelmäßig bei sog. Typusbegriffen angelegt.[1086] Bei der Anwendung von § 39 Abs. 2 Nr. 1 AO konkretisiert die Rechtsprechung das wirtschaftliche Eigentum anhand von Fallgruppen.[1087] Im Schrifttum wird zu Recht ein weitgehender Gleichlauf der Zurechnungskonzeptionen anhand von § 39 Abs. 2 AO und nach handelsrechtlichen GoB gesehen.[1088] Die Relevanz von § 39 AO für die handelsbilanzielle Zurechnungsentscheidung im Sinne einer Orientierung an Ausschließungsrechten kann aber weder vor noch nach der Kodifizierung der wirtschaftlichen Vermögenszugehörigkeit in § 246 Abs. 1 HGB aus einem „bilanziellen Gewohnheitsrecht"[1089] abgeleitet werden.

[1083] Vgl. insbes. *Seeliger, Gerhard*: Der Begriff des wirtschaftlichen Eigentums im Steuerrecht, a.a.O; vgl. auch *Seeliger, Gerhard*: Das wirtschaftliche Eigentum im Steuerrecht als Reflex eines Ausschließungsrechts, in: StuW, 40. Jg. (1963), S. 17–24, hier S. 24.

[1084] Vgl. *Mellwig, Winfried/Weinstock, Marc*: Die Zurechnung von mobilen Leasingobjekten nach deutschem Handelsrecht und den Vorschriften des IASC, a.a.O., hier S. 2347f.

[1085] So z.B. Urt. des BFH vom 15. Dezember 1999 *I R 29/97*, in: BStBl. II 2000, S. 527–533, hier S. 530.

[1086] Vgl. *Mayer, Stefan*: Wirtschaftliches Eigentum an Kapitalgesellschaftsanteilen, a.a.O., hier S. 35; vgl. zur Auslegung von Typusbegriffen *Tipke, Klaus*: Auslegung unbestimmter Rechtsbegriffe, in: Handwörterbuch unbestimmte Rechtsbegriffe im Bilanzrecht, S. 1–11, hier S. 4f; zum wirtschaftlichen Eigentum als Typusbegriff vgl. u.a. *Beisse, Heinrich*: Die wirtschaftliche Betrachtungsweise bei der Auslegung der Steuergesetze in der neueren deutschen Rechtsprechung, a.a.O., hier S. 10; Kritisch zu Typusbegriffen vgl. *Weber-Grellet, Heinrich*: Der Typus des Typus, a.a.O., hier S. 569; *Florstedt, Tim*: Typusbegriffe im Steuerrecht, in: StuW, 84. Jg. (2007), S. 314–323, hier S. 323.

[1087] Vgl. Urt. des BFH vom 24. Juni 2004 *III R 42/02*, in: BFH/NV 2005, S. 164–166, hier S. 165; Urt. des BFH vom 13. Oktober 2016 *IV R 33/13*, a.a.O., hier S. 83.

[1088] Vgl. *Drüen, Klaus-Dieter*: § 39 AO, in: Tipke/Kruse, AO/FGO, hier Rz. 11; die Gemeinsamkeiten und insbes. die konzeptionellen Unterschiede aufzeigend vgl. *Wüstemann, Jens/Wüstemann, Sonja*: Maßgeblichkeit der handelsbilanziellen wirtschaftlichen Zurechnung für die Steuerbilanz, a.a.O., hier S. 3128; *Weber-Grellet, Heinrich*: Rechtsprechungsreport zu 2018, a.a.O., hier S. 44; *Justenhoven, Petra/Meyer, Henning*: § 246 HGB, in: Beck'scher Bilanzkommentar, hier Rn. 5.

[1089] *Beisse, Heinrich*: Handelsbilanzrecht in der Rechtsprechung des Bundesfinanzhofs, a.a.O., hier S. 640; dass der BFH seine Rechtsprechung nach dem BilMoG bestätigt, kann auch als Indiz dafür verstanden werden, dass sich materiell nichts durch die Kodifizierung geändert hat, vgl. z.B. Urt. des BFH vom 25. Juli 2012 *I R 101/10*, in: BStBl. II 2012, S. 165–169, hier S. 167f.

Das Feststellen einer „systematischen Irrelevanz“[1090] von § 39 AO für die handelsbilanzielle Zurechnung ist zwar rechtssystematisch zutreffend, kann aber insofern missverstanden werden, als es die Unterschiede der Zurechnungskonzeptionen überbetont: Aufgrund der weitreichenden Übereinstimmung des wirtschaftlichen Eigentums nach § 39 Abs. 2 AO und § 246 Abs. 1 HGB ist zwar von keiner Deckungsgleichheit, aber von einem weitgehenden Gleichlauf beider Normen auszugehen.[1091]

Da die beiden Zurechnungskonzeptionen nicht vollständig übereinstimmen, stellt sich die Frage, welche in der Steuerbilanz heranzuziehen ist: Hierbei kommt es insbesondere darauf an, welche rechtssystematisch als lex specialis anzusehen ist.[1092] Für eine teleologische Einschränkung des Maßgeblichkeitsprinzips[1093] bezüglich Zurechnungsfragen gibt es ebenfalls keinen Raum. Handelsrechtlich stellt sich die Frage nicht, insbesondere kann nach geltender Rechtslage allein aus methodischen Gründen der Begriff des wirtschaftlichen Eigentums nicht zu einer „partiell […] umgekehrten Maßgeblichkeit“[1094] führen.

Die Rechtsprechung des Bundesfinanzhofs ist bezüglich der Frage des Verhältnisses der Zurechnungskonzeptionen nicht eindeutig.[1095] Für die steuerliche Gewinnermittlung gilt weiterhin – wenn auch vermehrt durch einkommensteuerliche Spezialregelungen durchbrochen – das in § 5 EStG verankerte Maßgeblichkeitsprinzip.[1096] Eine unterschiedliche Zurechnungskonzeption könnte mit divergierenden Zielsetzungen von Handels- und Steuerbilanzrecht begründet werden – insofern wird teilweise ein

---

1090 *Koch, Simone*: Bilanzierung von Nutzungsrechten nach GoB und IFRS, a.a.O., hier S. 68.

1091 Hier statt vieler *Justenhoven, Petra/Meyer, Henning*: § 246 HGB, in: Beck'scher Bilanzkommentar, hier Rn. 5.

1092 Vgl. *Stobbe, Thomas*: Ist der Maßgeblichkeitsgrundsatz bei der Zurechnung des wirtschaftlichen Eigentums anwendbar?, a.a.O., hier S. 518; vgl. auch *Prinz, Ulrich/Keller, Bernd*: Neue Grundsatzentscheidung des BFH zu sale-and-lease-back-Geschäften, a.a.O., hier S. 215f.

1093 So aber *Stengel, Gerhard*: Die persönliche Zurechnung von Wirtschaftsgütern im Einkommensteuerrecht, a.a.O., hier S. 12.

1094 *Tacke, Helmut*: Leasing, Stuttgart 1993, hier S. 115.

1095 Vgl. *Wüstemann, Jens/Wüstemann, Sonja*: Maßgeblichkeit der handelsbilanziellen wirtschaftlichen Zurechnung für die Steuerbilanz, a.a.O., hier S. 3128; der Argumentation über die handelsrechtlichen GoB folgt z.B. Urt. des BFH vom 12. September 1991 *III R 233/90*, in: BStBl. II 1992, S. 182–185, hier S. 183f; überwiegend nicht über handelsrechtliche GoB argumentierend vgl. Urt. des BFH vom 11, März 1982 *IV R 46/79*, in: BStBl. II 1982, S. 542–545, hier S. 544f. In der jüngeren Vergangenheit argumentiert die Cum/Ex-Rechtsprechung überwiegend über § 39 AO, vgl. Kap. 3, II. 2. a).

1096 Vgl. zur Teilhaberthese und den jeweiligen Gegenargumenten insbes. Kap. 1, I. 2. a) aa).

„versteckte[r] Ansatzvorbehalt“ identifiziert.[1097] Der Bundesfinanzhof hat mehrfach offengelassen, ob sich aus seiner Sicht § 39 AO und § 246 Abs. 1 S. 2 HGB inhaltlich unterscheiden.[1098] Im Schrifttum ist zugleich umstritten, welche Norm der anderen vorgeht: Teilweise wird § 39 AO als lex specialis angesehen.[1099] Andere Autoren sehen § 246 Abs. 1 S. 2 HGB als (kodifizierten) handelsrechtlichen GoB als vorrangig an.[1100]

Dafür spricht insbesondere, dass es sich bei § 39 AO um keine steuerliche Gewinnermittlungsvorschrift handelt.[1101] Die Verweisung in § 5 Abs. 1 EStG auf die GoB ist gesetzestechnisch die speziellere – eine der steuerlichen Gewinnermittlung unmittelbar dienende – Vorschrift.[1102] Materiell führt eine Entwicklung von Bilanzierungslösungen anhand formaler Merkmale auch gerade nicht zu konsistenten Wertungen.[1103] Eine rein formale Betrachtungsweise kann keine greifbare Werthaltigkeit der dem Kaufmann zuzurechnenden Positionen gewährleisten und so gerade nicht dem Bilanzzweck in Handels- und Steuerbilanz dienen.[1104]

Da einerseits keine grundlegend divergierenden Zielsetzungen von Handels- und Steuerbilanzrecht gesehen werden und andererseits § 5 EStG eine der steuerlichen Gewinnermittlung dienende Spezialvorschrift darstellt, kann sich die subjektive

---

1097 Vgl. *Schildbach, Thomas*: Maßgeblichkeit, a.a.O., hier S. 1445 (auch Zitat); *Stobbe, Thomas*: Ist der Maßgeblichkeitsgrundsatz bei der Zurechnung des wirtschaftlichen Eigentums anwendbar?, a.a.O., hier S. 117.

1098 Vgl. z.B. in jüngerer Rechtsprechung Urt. des BFH vom 21. Dezember 2017 *IV R 56/16*, in: BB, 74. Jg. (2019), S. 43; die unterschiedliche Grundkonzeption aufzeigend *Weber-Grellet, Heinrich*: Rechtsprechungsreport zu 2018, a.a.O., hier S. 44; welche Norm vorrangig ist, hat der BFH ebenfalls ausdrücklich offengelassen, vgl. Urt. des BFH vom 1. Februar 2012 *I R 57/10*, a.a.O., hier S. 409.

1099 So wohl *Krumm, Marcel*: § 5 EStG, in: Brandis/ Heuermann (vormals Blümich) EStG, hier Rn. 510; auch *Prinz, Ulrich*: Aktuelle Fälle des Bilanzsteuerrechts, a.a.O., hier S. 392; *Weber-Grellet, Heinrich*: § 5 EStG, in: Schmidt EStG, hier Rz. 151; so könnte z.B. interpretiert werden Urt. des BFH vom 2. Mai 1984 *VIII R 276/81*, in: BStBl. II 1984, S. 820–823, hier S. 822.

1100 Vgl. *Wüstemann, Jens/Wüstemann, Sonja*: Maßgeblichkeit der handelsbilanziellen wirtschaftlichen Zurechnung für die Steuerbilanz, a.a.O., hier S. 3128; *Lorenz, Karsten*: Wirtschaftliche Vermögenszugehörigkeit im Bilanzrecht, a.a.O., hier S. 94f; *Drüen, Klaus-Dieter*: § 39 AO, in: Tipke/Kruse, AO/FGO, hier Rz. 11; *Döllerer, Georg*: Leasing, a.a.O., hier S. 535; *Urbas, Helmut*: Die wirtschaftliche Betrachtungsweise im Steuerrecht, Frankfurt am Main 1987, hier S. 238; so könnte z.B. interpretiert werden Urt. des BFH vom 12. September 1991 *III R 233/90*, a.a.O., hier S. 183.

1101 Vgl. z.B. *Knobbe-Keuk, Brigitte*: Bilanz- und Unternehmenssteuerrecht, a.a.O., hier S. 76.

1102 Vgl. *Drüen, Klaus-Dieter*: § 39 AO, in: Tipke/Kruse, AO/FGO, hier Rz. 11.

1103 Vgl. *Wüstemann, Jens* et al.: Grundsätze wirtschaftlicher Vermögenszurechnung bei Leasinggeschäften im Lichte der neueren Rechtsprechung, a.a.O., hier S. 1965.

1104 Vgl. *Lorenz, Karsten*: Wirtschaftliche Vermögenszugehörigkeit im Bilanzrecht, a.a.O., hier S. 103f.

Zurechnung von Vermögensgegenständen in der Steuerbilanz nur nach handelsrechtlichen GoB richten. Zumindest missverständlich ist die Begründung des Gesetzgebers im Rahmen des BilMoG: Zunächst wird festgehalten, dass keine Änderung des Rechtszustands intendiert sei,[1105] d.h. keine von den handelsrechtlichen GoB abweichende Zurechnungskonzeption etabliert werden soll. Daraufhin wird festgehalten, dass die Wertung des § 246 Abs. 1 S. 2 HGB der des § 39 AO entspreche.[1106] Dem ist (nur) insoweit zuzustimmen, dass durch eine inhaltlich weitgehende Übereinstimmung im Ergebnis die Regelung in der Abgabenordnung eine wichtige Konkretisierung der einschlägigen Zuordnungskonzeption darstellt. Allerdings ist diese – wie schon ausführlich dargestellt – eben nicht deckungsgleich mit der sowohl vor und nach BilMoG bestehenden Zurechnung nach handelsrechtlichen GoB. Sollte eine vollständige Identität zwischen den beiden Zurechnungskonzeptionen intendiert gewesen sein, wäre eine Veränderung des Rechtszustands zwingend gewesen.[1107]

Eine weitere verwandte Frage bei der handelsbilanziellen Vermögenszurechnung ist die der Relevanz von Leasingerlassen:[1108] Diese bieten typisierende und praktikable Lösungen der vorliegenden Zurechnungsprobleme[1109] und sind insofern in der Bilanzierungspraxis von Bedeutung.[1110] Während eine grundsätzliche Orientierung daran zweckmäßig sein kann, muss der Bilanzierende prüfen, ob eine Anlehnung an die Leasingerlasse im betrachteten Einzelfall den handelsrechtlichen GoB entspricht. Die Aussage des Gesetzgebers, es handele sich um eine „Arbeitshilfe für die Praxis“[1111], erkennt zwar an, dass es systematisch nicht zwingend auf die Leasingerlasse ankommt, verkennt aber auch, dass es sich um Wertungen der höchstrichterlichen Rechtsprechung handelt.[1112] Gleichwohl ist zu bedenken, dass in einem prinzipienbasierten Rechtssystem detaillierte Einzelregeln wie die Leasingerlasse und deren quantitative Grenzen dann systemfremd sind, wenn sie die konsistente teleologische Auslegung

---

[1105] Vgl. BT-Drs 16/10067 vom 30.07.2008, hier S. 47.

[1106] Vgl. BT-Drs 16/10067 vom 30.07.2008, hier S. 47.

[1107] Die argumentative Unschärfe ebenfalls bemängelnd *Moxter, Adolf/Engel-Ciric, Dejan*: Grundsätze ordnungsgemäßer Bilanzierung, a.a.O., hier S. 61f.

[1108] Vgl. zur Bedeutung der Leasingerlasse auch Kap. 1, I. 2. b) ee) bbb).

[1109] Vgl. *Ballwieser, Wolfgang*: § 246 HGB, in: Münchener Kommentar zum Handelsgesetzbuch, hier Rn. 49.

[1110] Vgl. *Henneberger, Michael/Flick, Peter*: Leasingverträge, a.a.O., hier Rz. 48.

[1111] BT-Drs 16/10067 vom 30.07.2008, hier S. 47.

[1112] Vgl. Kap. 1, I. 2. b) ee).

des Einzelfalls in wirtschaftlicher Betrachtungsweise zugunsten eines ausschließlichen Abgleichs mit formalrechtlichen Gestaltungen zurückdrängen.[1113]

Auch *Seeliger* erkennt aufgrund der Anlehnung an den bürgerlich-rechtlichen Eigentumsbegriffs das Vorliegen eines positiven Inhalts beim Begriff des wirtschaftlichen Eigentums.[1114] Dies stellt aber infrage, ob eine Orientierung an formale Ausschließungsrechte im Sinne einer negativen Definition geeignet ist, die ökonomische Substanz eines Sachverhalts angemessen zu erfassen.[1115]

Nicht zuletzt die Messung der persönlichen Leistungsfähigkeit erfordert eine Erfassung der etragsbedingenden Faktoren, die sich im Regelfall aus Chancen und Nutzen aus dem Vermögensgegenstand sowie aus dem Tragen von Gefahr und Lasten ableiten lassen.[1116] Daher verwundert es nicht, dass in einigen Urteilen positive Merkmale als zurechnungsindizierend betrachtet wurden:[1117] Weitere Merkmale, welche die wirtschaftliche Vermögenszurechnung konkretisieren können, sind – neben der Ausschließungsbefugnis – eben auch die von der Rechtsprechung mitunter herangezogenen positiven Befugnisse sowie eine gesicherte Erwerbsaussicht.[1118]

1113 Vgl. *Backes, Matthias*: Grundsätze ordnungsmäßiger Sicherungsbilanzierung nach IFRS und HGB, a.a.O., hier S. 15–19.

1114 Vgl. *Seeliger, Gerhard*: Der Begriff des wirtschaftlichen Eigentums im Steuerrecht, a.a.O., hier S. 24f.

1115 So im Ergebnis auch *Köhlertz, Klaus*: Die Bilanzierung von Leasing, München 1989, hier S. 92; ebenfalls eine rein negative Definition zumindest für das Handelsbilanzrecht ablehnend *Käufer, Anke*: Übertragung finanzieller Vermögenswerte nach HGB und IAS 39, a.a.O., hier S. 116f.

1116 Vgl. *Fladung, Hans-Dieter*: Das Vorsichts- und Objektivierungsprinzip im deutschen Bilanzrecht, a.a.O., hier S. 135; so betont Böcking, dass vor allem das Realisationsprinzip eine Besteuerung nach der individuellen Leistungsfähigkeit ermöglicht, vgl. *Böcking, Hans-Joachim*: Der Grundsatz umsatzbezogener Gewinnrealisierung beim Finanzierungsleasing, in: ZfbF, 41. Jg. (1989), S. 491–515, hier S. 497.

1117 Vgl. etwa Urt. des BFH vom 25. Januar 1996 *IV R 114/94*, in: BStBl. II 1997, S. 382–384, hier S. 383; Urt. des BFH vom 18. Dezember 2001 *VIII R 5/00*, in: BFH/NV 2002, S. 640–643, hier S. 642; Urt. des BFH vom 17. Februar 2004 *VIII R 26/01*, in: BStBl. II 2004, S. 651–654, hier S. 653; *Florstedt, Tim*: Wirtschaftliches Eigentum und Steuerumgehung bei Aktiengeschäften um den Dividendenstichtag, in: StuW, 95. Jg. (2018), S. 216–228, hier S. 220; ähnlich Urt. des BFH vom 9. Oktober 2008 *IX R 73/06*, in: BStBl. II 2009, S. 140–141, hier S. 141; vgl. auch *Stoll, Gerold*: Leasing, Köln 1977, hier S. 56.

1118 Vgl. *Brandis, Peter*: Neue Erkenntnisse zu Fragen des wirtschaftlichen *Eigentums* in der Steuerbilanz, in: StbJb, 68. Jg. (2016/17), S. 299–326, hier S. 305; bereits ähnlich *Florstedt, Tim*: Anteilszurechnung und Alternativität, in: FR, 98. Jg. (2016), S. 641–651, hier S. 642; *Sontis* argumentiert sogar, dass Rechtsinhalt ohne eine positive Komponente gar nicht denkbar ist, vgl. *Sontis, Johannes M.*: Strukturelle Betrachtungen zum Eigentumsbegriff, in: FS Larenz, S. 981–1002, hier S. 987.

Im Kern sind positive und negative Definitionen komplementär, daher lässt nicht nur die Zurechnung nach handelsrechtlichen GoB, sondern auch der Gesetzeswortlaut des § 39 AO „Raum für den Blick auf den komplementären Aspekt der tatsächlichen Reichweite der wirtschaftsgutsbezogenen ‚Dispositionsbefugnis' des ‚Anderen'"[1119].

[1119] *Brandis, Peter*: Neue Erkenntnisse zu Fragen des wirtschaftlichen Eigentums in der Steuerbilanz, a.a.O., hier S. 325.

b) *Hinreichende Konkretisierung bei Vorliegen von „Substanz und Ertrag vollständig und auf Dauer"*

aa) Preisgefahrenübergang als Konkretisierung von „Substanz und Ertrag"

Es bedarf bei der Zurechnungsentscheidung einer „wertenden Beurteilung anhand der Verteilung von Chancen und Risiken, die aus dem zu bilanzierenden Vermögensgegenstand erwachsen"[1120]. Dabei sind die Umstände des jeweiligen Einzelfalls zu würdigen.[1121] Wird die Zurechnungsentscheidung zweckmäßig aufgrund von positiven Kriterien bestimmt, so kommt es vor allem auf das dauerhafte Innehaben von Substanz und Ertrag aus dem Vermögensgegenstand an.[1122] Teilweise wird die sog. *„Döllerer*-Formel" insofern modifiziert, dass auf die Entscheidungsbefugnis über Substanz und Ertrag abgestellt wird.[1123]

Die *Döllerer*-Formel konkretisiert dabei die wirtschaftliche Vermögenszurechnung hinreichend. Nicht eindeutig klar ist die Auslegung der Dauer-Komponente beispielsweise im Hochfrequenzhandel oder bei Cum/Ex-Gestaltungen.[1124] Zugleich wird im Schrifttum zu Recht kritisiert, dass Substanz und Ertrag etwa bei Einräumung eines Nießbrauchs auch auseinanderfallen können.[1125] Insofern wird am Beispiel von exemplarischen Entscheidungen in der jüngeren Rechtsprechung und insbesondere am Beispiel von Cum/Ex-Sachverhalten untersucht, inwieweit die *Döllerer*-Formel überhaupt anzuwenden ist bzw. wie sie verstanden werden muss, um auch den Gegebenheiten des elektronischen Aktienhandels angemessen Rechnung tragen zu können.[1126] Es bleibt gleichwohl festzuhalten, dass auch bei Fehlen eines formalen Ausschließungsrechts derjenige Kaufmann einen Vermögensgegenstand bilanzieren muss, dem

---

[1120] Urt. des BFH vom 1. Februar 2012 *I R 57/10*, a.a.O., hier S. 410.

[1121] Vgl. Urt. des BFH vom 26. Januar 1970 *IV R 144/66*, a.a.O., hier S. 268f.

[1122] Vgl. *Döllerer, Georg*: Leasing, a.a.O., hier S. 535f; dies greift auch der BGH auf, vgl. z.B. Urt. des BGH vom 6. November 1995 *II ZR 164/94*, in: ZIP 1996, S. 70–73, hier S. 71; zur Rechtsprechung des BFH vgl. z.B. Urt. des BFH vom 30. Mai 1984 *I R 146/81*, a.a.O., hier S. 827.

[1123] Vgl. *Mellwig, Winfried/Weinstock, Marc*: Die Zurechnung von mobilen Leasingobjekten nach deutschem Handelsrecht und den Vorschriften des IASC, a.a.O., hier S. 2347f.

[1124] Vgl. ausführlich unter Kap. 3, II. 2. b) cc).

[1125] Vgl. *Schulze-Osterloh, Joachim*: Die Rechnungslegung der Innengesellschaft, in: WPg, 27. Jg. (1974), S. 393–401, hier S. 395; dies aufgreifend z.B. auch *Fahrholz, Bernd*: Leasing in der Bilanz, Köln 1979, hier S. 61; zur Zurechnung insbes. im Fall des Vorbehaltsnießbrauchs vgl. *Ley, Ursula*: Steuerrechtliche Zurechnung von Nießbrauchgegenständen, in: DStR, 22. Jg. (1984), S. 676–680.

[1126] Vgl. Kap. 3, II. 2. b).

die wirtschaftliche Substanz und der Ertrag aus dem Vermögensgegenstand dauerhaft zusteht.

Die Konzeption der „Rechtssicherheit durch Akzeptanz zivilrechtlicher Vorherigkeit“[1127] bei der Bestimmung des Bilanzansatzes ist aus Objektivierungssicht schlüssig. Neben negativen und positiven Befugnissen ist auch der Erwerbsanspruch ein denkbares, an die Zivilrechtsordnung anknüpfendes Kriterium für die Vermögenszurechnung.[1128] Da es nur auf wirtschaftliche Unentziehbarkeit ankommt, darf gleichwohl der Erwerbsanspruch nicht als bereits zivilrechtlich vorliegendes Anwartschaftsrecht verstanden werden.[1129]

Regelmäßig determiniert der Übergang der Preisgefahr nicht nur den Gewinnrealisierungszeitpunkt,[1130] sondern auch den Zeitpunkt der Veränderung einer personellen Zurechnung eines Vermögensgegenstands.[1131] Der Übergang der Preisgefahr kann damit regelmäßig die wirtschaftliche Vermögenszurechnung im Sinne von Substanz und Ertrag konkretisieren.

Das Beispiel eines Eigentumsvorbehaltskäufers ohne Verwertungsrecht zeigt,[1132] dass Substanz nicht nur im Sinne von Verfügungs- oder Verwertungsrechten verstanden werden kann,[1133] da diese Betrachtung den Normzweck zu sehr einengen würde.

1127 *Florstedt, Tim*: Anteilszurechnung und Alternativität, a.a.O., hier S. 642; vgl. auch *Endriss, Dorothee/Endriss, Axel*: Zivilrechtliches Eigentum contra steuerliche Zurechnung im Lichte des BFH-Urteils vom 21.10.2012 - IX R 51/10, in: FS Endriss, S. 181–193, hier S. 184f.

1128 Vgl. *Florstedt, Tim*: Anteilszurechnung und Alternativität, a.a.O., hier S. 642.

1129 Vgl. Kap. 3, I. 1. a) bb) bbb).

1130 Vgl. *Wüstemann, Jens* et al.: Gewinnrealisierung, a.a.O., hier Rz. 13; einen Überblick über verschiedene mögliche Gewinnrealisationszeitpunkte bietet *Lüders, Jürgen*: Der Zeitpunkt der Gewinnrealisierung in Handels- und Steuerbilanzrecht, Köln 1987, hier insbes. S. 24–35.

1131 Vgl. *Weber-Grellet, Heinrich*: Realisationsprinzip und Rückstellungen unter Berücksichtigung der neueren Rechtsprechung, in: DStR, 34. Jg. (1996), S. 896–908, hier S. 897.

1132 Das Beispiel ebenfalls aufgreifend *Fahrholz, Bernd*: Leasing in der Bilanz, a.a.O., hier S. 62.

1133 So aber *Knapp, Lotte*: Was darf der Kaufmann als seine Vermögensgegenstände bilanzieren?, a.a.O., hier S. 1123.

bb) Konkretisierungen in der jüngeren Rechtsprechung

aaa) Rechtsprechung zu Leasingverhältnissen mit Andienungsrechten als Beispiel für eine formalrechtliche Auslegung

Die Betrachtung von Leasingverhältnissen[1134] mit Andienungsrechten zeigt die Schwäche einer lediglich an Ausschließungsrechten orientierten Zurechnungskonzeption: Obwohl der Leasinggeber bei einem für ihn günstigen Andienungsrecht dem ökonomischen Zwang zur Ausübung ausgesetzt ist,[1135] wird dieser Fall in der Rechtsprechung nicht behandelt wie eine günstige Kaufoption des Leasingnehmers.[1136] Dem liegt die Orientierung an § 39 AO zugrunde, indem auf die im Fall mit Andienungsrecht nicht bestehende Ausschließungsmöglichkeit verwiesen wird.[1137] Wirtschaftlich betrachtet führen aber beide Konstellationen zum selben Ergebnis: Sowohl das Andienungsrecht als auch die Kaufoption werden in einer ex-ante Betrachtung aufgrund von ökonomischen Zwängen dann von der jeweiligen Partei mit hinreichender Sicherheit ausgeübt werden, wenn sie jeweils für diese wirtschaftlich vorteilhaft sind.[1138]

Insofern drängt die Rechtsprechung die wirtschaftliche Betrachtungsweise im Fall von Leasingverhältnissen mit Andienungsrechten systemwidrig weit zurück. Dieser Befund zeigt auch, dass die tatsächliche Sachherrschaft über einen Vermögensgegenstand in Grenzfällen weder notwendig noch hinreichend für die Zurechnungsentscheidung ist.[1139]

[1134] Vgl. zur Zurechnung von Leasinggegenständen in verschiedenen Fallkonstellationen *Spittler, Hans-Joachim*: Leasing für die Praxis, Köln 2002, hier insbes. S. 135–138.

[1135] Vgl. *Wüstemann, Jens* et al.: Grundsätze wirtschaftlicher Vermögenszurechnung bei Leasinggeschäften im Lichte der neueren Rechtsprechung, a.a.O., hier S. 1965.

[1136] Vgl. zum Andienungsrecht Urt. des BFH vom 13. Oktober 2016 *IV R 33/13*, a.a.O; zur Behandlung einer günstigen Kaufoption vgl. Urt. des BFH vom 2. Juni 2016 *IV R 23/13*, in: BB, 72. Jg. (2017), S. 43, hier S. 43.

[1137] Eine formale Betrachtung begrüßend vgl. *Hahne, Klaus/Philipp, Moritz*: Wirtschaftliches Eigentum an leasinggegenständen im Rahmen von Sale-and-lease-back-Gestaltungen mit Andienungsrecht des Leasingebers, in: DStRK 1. Jg. (2017), S. 90; kritisch vgl. *Wüstemann, Jens* et al.: Grundsätze wirtschaftlicher Vermögenszurechnung bei Leasinggeschäften im Lichte der neueren Rechtsprechung, a.a.O., hier S. 1965.

[1138] Zur Kaufoption vgl. *Weber-Grellet, Heinrich*: Rechtsprechungsreport zu 2016, in: BB, 72. Jg. (2017), S. 43–50, hier S. 43; zur Unmaßgeblichkeit der Unterscheidung zwischen ökonomisch vorteilhaften Kaufoptionen und Andienungsrechten bei wirtschaftlicher Betrachtung vgl. *Wüstemann, Jens* et al.: Grundsätze wirtschaftlicher Vermögenszurechnung bei Leasinggeschäften im Lichte der neueren Rechtsprechung, a.a.O., hier S. 1965f; Weinstock greift auch das Beispiel einer Kaufoption auf, die wirtschaftlich so unvorteilhaft ist, dass ein rationaler Leasingnehmer diese nicht ausüben wird, er also gerade nicht über die Substanz dauerhaft verfügen kann, vgl. *Weinstock, Marc*: Die Bilanzierung von Leasingverträgen nach IASC, Frankfurt am Main 2000, hier S. 224.

[1139] Vgl. *Moxter, Adolf*: Bilanzrechtsprechung, a.a.O., hier S. 36.

Eine bilanziell übereinstimmende Behandlung wirtschaftlich übereinstimmender Sachverhalte ist also gerade durch eine angemessene wirtschaftliche Betrachtungsweise gewährleistet.[1140]

bbb) Rechtsprechung zu einem bloßen Durchgangserwerb als Beispiel für eine angemessene Berücksichtigung der wirtschaftlichen Betrachtungsweise

Liegt ein zivilrechtlicher Durchgangserwerb vor, konkretisiert der Bundesfinanzhof die bilanzrechtliche Zurechnungskonzeption in wirtschaftlicher Betrachtungsweise:[1141] Zutreffenderweise hält der Bundesfinanzhof im Urteil fest, dass die steuerbilanzrechtliche Zuordnung nur dann dem Zivilrecht folgt, wenn keine anderweitige wirtschaftliche Vermögenszugehörigkeit festgestellt wird. Gleichwohl ist dem Bundesfinanzhof hinsichtlich seiner Argumentationslinie in der Urteilsbegründung zu widersprechen: Auch für die steuerliche Gewinnermittlung ist über das Maßgeblichkeitsprinzip eine Orientierung an handelsrechtlichen GoB bei der Vermögenszurechnung geboten.[1142]

Im Ergebnis argumentiert der Bundesfinanzhof – obwohl er formal dieselben Normen auslegt wie im Fall der Leasingverhältnisse mit wirtschaftlich vorteilhaftem Andienungsrecht –[1143] allerdings systemkonform und in wirtschaftlicher Betrachtungsweise. Auf etwaige formal nicht vorliegende Ausschließungsrechte kommt es unter Beachtung der ökonomischen Substanz des jeweiligen Sachverhalts nicht an. Eine Gestaltung, in welcher ein bloßer Durchgangserwerb erfolgt, kann auch nach handelsrechtlichen GoB keine Zurechnung bewirken, da eben ökonomisch weder Substanz noch Ertrag dauerhaft übergeht.[1144] So ist in wirtschaftlicher Betrachtungsweise (zumindest) dem Ergebnis des Bundesfinanzhofs im Kontext von Cum/Ex-Geschäften

[1140] Vgl. zur Behandlung von Leasingverhältnissen nach IFRS, die zwar in diesem Fall regelmäßig gleiches gleich, aber eben nicht ungleiches ungleich zu behandeln wissen, *Tonner, Norbert*: Leasing im Steuerrecht, Heidelberg 2014, hier S. 121f.

[1141] Vgl. Urt. des BFH vom 26. Januar 2011 *IX R 7/09*, a.a.O., hier S. 542.

[1142] Vgl. Kap. 1, II. 1. b).

[1143] Vgl. Kap. 3, I. b) aaa).

[1144] Vgl. m.w.N. *Brandis, Peter*: Sog. cum/ex-Geschäfte, a.a.O., hier S. 40.

zuzustimmen:[1145] Ein bloßer Durchgangserwerb ohne Übergang des wirtschaftlichen Werts, d.h. der Substanz bzw. dem Ertrag der Anteile, kann regelmäßig keine Veränderung wirtschaftlicher Vermögenszurechnung begründen.

[1145] Vgl. Urt. des BFH vom 16. April 2014 *I R 2/12*, in: BB, 69. Jg. (2014), S. 2720–2726, hier S. 2724; vgl. dazu *Weber-Grellet, Heinrich*: Rechtsprechungsreport zu 2014, in: BB, 70. Jg. (2015), S. 43–50, hier S. 43.

2. Grundsatz der Beachtung des Prinzips des quasi-sicheren Anspruchs

a) *Konflikt zwischen Vermögens- und Gewinnermittlungsprinzipien*

Systematisch ist die wirtschaftliche Zurechnung von bilanziellem Vermögen zunächst in das Gefüge der Vermögensermittlungsprinzipien einzuordnen, die Grundsätze wirtschaftlicher Vermögenszurechnung sind aber ebenfalls als Folge der „besondere[n] Bedeutung“ der „richtigen Erfolgsabgrenzung“[1146] zu betrachten.[1147]

Zudem hat die wirtschaftliche Vermögenszurechnung auch schon deshalb für die Gewinnermittlung eine Bedeutung, weil die Gewinnrealisierung gerade nicht an den Übergang des zivilrechtlichen Eigentums anknüpft.[1148]

Pöschke leitet aus der Rechtsprechung des Bundesfinanzhofs die Maßgeblichkeit der wirtschaftlichen Vermögenszurechnung für die Gewinnrealisierung ab.[1149] Wenngleich in vielen Fällen ein Gleichlauf zwischen der Veränderung der Vermögenszuordnung und der Gewinnrealisierung bestehen wird,[1150] hat sich letztere am Realisationsprinzip zu orientieren: Erst wenn ein quasi-sicherer Anspruch ohne ein diesem entgegenstehendes leistungsabhängiges Risiko vorliegt, ist eine Gewinnrealisierung geboten.[1151]

1146 Urt. des BFH vom 26. Januar 1970 *IV R 144/66*, a.a.O., hier S. 271 (beide Zitate).

1147 Vgl. *Wüstemann, Jens/Wüstemann, Sonja*: Maßgeblichkeit der handelsbilanziellen wirtschaftlichen Zurechnung für die Steuerbilanz, a.a.O., hier S. 3127.

1148 Vgl. *Richter, Heiner* et al.: § 5 EStG, in: HHR EStG, hier Rz. 517.

1149 Vgl. *Pöschke, Moritz*: Bilanzsteuerliche Behandlung von Sale-and-Lease-Back-Gestaltungen, in: DB, 70. Jg. (2017), S. 625–630, hier S. 628; *Pöschke* nimmt insbes. Bezug auf Urt. des BFH vom 13. Oktober 2016 *IV R 33/13*, a.a.O; ähnlich bereits *Kempermann, Michael*: Wirtschaftliches Eigentum und Realisationszeitpunkt, in: StbJb, 60. Jg. (2008/09), S. 243–261, hier S. 244; in Bezug auf immaterielle Vermögensgegenstände so auch *Brebeck, Frank/Herrmann, Michél*: Überlegungen zur handelsbilanziellen Behandlung von Lizenzen für die Nutzung immaterieller Vermögensgegenstände, in: FS Baetge (2007), S. 63–88, hier S. 75.

1150 So auch Urt. des BFH vom 25. Januar 1996 *IV R 114/94*, a.a.O., hier S. 383.

1151 Vgl. *Wüstemann, Jens* et al.: Gewinnrealisierung, a.a.O., hier Rz. 7–15; *Wüstemann, Jens* et al.: Grundsätze wirtschaftlicher Vermögenszurechnung bei Leasinggeschäften im Lichte der neueren Rechtsprechung, a.a.O., hier S. 1967; *Woerner, Lothar*: Die Gewinnrealisierung bei schwebenden Geschäften, a.a.O., hier S. 774.

b) *Grenzen wirtschaftlicher Vermögenszurechnung als Gewinnausweiskriterium am Beispiel von wesentlichen Fallgruppen*

aa) Sale-and-lease-back-Gestaltungen ohne Übergang des unmittelbaren Besitzes

Das Spannungsfeld zwischen einer wirtschaftlichen Vermögenszurechnungskonzeption und den Gewinnrealisierungsgrundsätzen tritt bei Sale-and-Lease-Back-Gestaltungen besonders deutlich zutage: Der Grundsatz der Nichtbilanzierung schwebender Geschäfte berührt nicht zuletzt in Leasingsachverhalten die wirtschaftliche Vermögenszurechnung:[1152] Während nach IFRS 16 das jeweilige Nutzungsrecht und eine korrespondierende Leasingverbindlichkeit bilanziell ausgewiesen wird,[1153] erfolgt nach handelsrechtlichen GoB regelmäßig keine bilanzielle Abbildung in Fällen, in denen der Vermögensgegenstand nicht übergeht.[1154]

Dieser Grundsatz wird vor allem mit einer Vereinfachungswirkung, einer Ausgeglichenheitsfiktion und dem Realisationsprinzip begründet.[1155] Als Gegenargument wird insbesondere die Vermittlung von Informationen an die Bilanzadressaten angeführt.[1156] Allerdings sprechen empirische Studien einerseits für eine eingeschränkte Entscheidungsnützlichkeit der bilanziellen Abbildung aller Leasingverhältnisse,[1157] andererseits kommt es darauf nicht einmal an: Das Realisationsprinzip als Ausfluss des Vorsichtsprinzips verbietet den Ausweis noch nicht realisierter Gewinne und ist damit auch das entscheidende Argument für den Grundsatz der Nichtbilanzierung schwebender Geschäfte.[1158] Korrespondierend bilanziert der Eigentümer als Folge

---

[1152] Vgl. *Küting, Karlheinz* et al.: Leasing in der nationalen und internationalen Bilanzierung, a.a.O., hier S. 1472f.

[1153] Vgl. zur Leasingbilanzierung nach IFRS *Seebacher, Kathrin Sarah*: Leasingbilanzierung nach IFRS und ihre Implikationen für schwebende Verträge, Wiesbaden 2014; *Tesche, Thomas/Küting, Peter*: IFRS 16: Paradigmenwechsel in der Leasing(nehmer)bilanzierung, in: DStR, 54. Jg. (2016), S. 620–628; *Engels, Jan/Dreesen, Heinz*: Leasingbilanzierung in der internationalen Rechnungslegung, in: KoR, 15. Jg. (2015), S. 191–200.

[1154] Vgl. *Hommel, Michael*: Vermögenszurechnung und Ertragsrealisation nach HGB und IFRS, a.a.O., hier S. 352.

[1155] Eine Übersicht der wesentlichen Argumente bietet *Babel, Mathias*: Zur Aktivierungsfähigkeit von Nutzungsrechten, in: BB, 52. Jg. (1997), S. 2261–2268, hier S. 2264f.

[1156] Kritisch mit Blick auf den Grundsatz der Nichtbilanzierung schwebender Geschäfte vgl. *Fahrholz, Bernd*: Leasing in der Bilanz, a.a.O., hier S. 148; *Wildner, Stephan*: Nutzungsrechte in Handels- und Steuerbilanz, Aachen 2004, hier S. 151.

[1157] Für spezifische Branchen wie den Handel werden bestimmte Verzerrungen in der Jahresabschlussanalyse gezeigt, *Pferdehirt, Henrik*: Die Leasingbilanzierung nach IFRS, Wiesbaden 2007, hier S. 298.

[1158] So auch *Hommel, Michael*: Grundsätze ordnungsmäßiger Bilanzierung für Dauerschuldverhältnisse, a.a.O., hier S. 35f; vgl. auch Urt. des BFH vom 23. September 2003 *IX R 65/02*, in: BStBl. II

weder den Anspruch auf Entgeltzahlung noch die Verpflichtung zur Nutzungsüberlassung.[1159]

Auch diese Überlegungen zeigen, dass das Zusammenspiel von Vermögens- und Gewinnermittlungsprinzipien charakteristisch für das geltende Bilanzrecht ist.[1160] Daraus abzuleiten ist die Frage, in welcher Relation das Prinzip wirtschaftlicher Vermögenszurechnung und das Prinzip des quasi-sicheren Anspruchs im System der handelsrechtlichen GoB zueinander stehen.[1161] Dass deren Verhältnis Konflikte mit sich bringt, die durch Hierarchiebildung zu lösen sind, wird auch durch die Rechtsprechung deutlich:[1162] Wenn es auf den Übergang des unmittelbaren oder mittelbaren Besitzes für die wirtschaftliche Zurechnung ankommen sollte, der verkaufende Unternehmer jedoch nicht alles Erforderliche im Sinne des Realisationsprinzips getan hat, so muss ein inkorrekter Vermögensausweis hingenommen werden, um eine korrekte Gewinnermittlung zu gewährleisten, d.h. das Prinzip des quasi-sicheren Anspruchs muss die zutreffende Vermögenszurechnung verdrängen.[1163]

Mit einer Entkopplung von Umsatz- und Gewinnrealisierung[1164] würde dieses Problem zwar weitgehend gelöst werden; eine solche Entkopplung wäre gleichwohl nicht mit dem geltenden ausschüttungsstatischen Bilanzverständnis zu vereinen, da das Realisationsprinzip den Gewinn gerade als Umsatzgewinn konzipiert.[1165]

Bei Sale-and-lease-back-Transaktionen zeigt sich deutlich, dass eine bilanzrechtliche Beurteilung der zivilrechtlichen Beurteilung vorgehen muss, um die ökonomische

---

2005, S. 159–160, hier S. 160; in diesem Zusammenhang die Bedeutung des Vorsichtsprinzips bei der Leasingbilanzierung im Vergleich zu den IFRS herausarbeitend vgl. *Lazarz, Katrin*: Die Abbildung von Leasingverhältnissen nach den IFRS und nach der handelsrechtlichen Rechnungslegung, Wiesbaden 2021, hier S. 291f.

1159 Vgl. *Ebber, Hans Bodo*: Die Abbildung von Nutzungsrechten in Handels- und Steuerbilanz, Aachen 2011, hier S. 1.

1160 Vgl. *Moxter, Adolf*: Das "matching principle", a.a.O., hier S. 490

1161 Vgl. *Euler, Roland*: Grundsätze ordnungsmäßiger Gewinnrealisierung, a.a.O., hier S. 102f.

1162 Vgl. Urt. des BFH vom 3. August 1988 *I R 157/84*, in: BStBl. II 1989, S. 21–24.

1163 Vgl. *Wüstemann, Jens* et al.: Gewinnrealisierung, a.a.O., hier Rz 70.

1164 Vgl. *Gelhausen, Hans Friedrich*: Das Realisationsprinzip im Handels- und im Steuerbilanzrecht, Frankfurt am Main 1985, hier S. 28 und 403f.

1165 Vgl. *Mayr, Gunter*: Gewinnrealisierung im Steuerrecht und Handelsrecht, a.a.O., hier S. 40; kritisch mit Blick auf eine Trennbarkeit von Umsatz- und Gewinnrealisation auch *Euler Roland*: Grundsätze ordnungsmäßiger Gewinnrealisierung, a.a.O., hier S. 119f.

Substanz im jeweiligen Sachverhalt zu erfassen.[1166] Zu Recht lässt sich der Bundesfinanzhof regelmäßig nicht von einer rein betriebswirtschaftlichen Betrachtungsweise leiten.[1167]

bb) Kaufverträge mit Rückgaberechten

Euler erläutert zutreffend, warum das System der handelsrechtlichen GoB einerseits von zwei Strukturprinzipien, dem Vermögensermittlungsprinzip und dem Gewinnermittlungsprinzip, geprägt wird, das letztere aber andererseits im Grenzfall dominieren muss. [1168]

Die Grenzen der wirtschaftlichen Vermögenszurechnung werden auch bei Kaufverträgen mit Rückgaberechten deutlich: Ein vertragliches Auflösungsrecht wirkt ex tunc; das entstehende Rückgewährschuldverhältnis verpflichtet die Parteien zur Herausgabe der erhaltenen Leistungen.[1169] Während die Rückgabemöglichkeit die Gewinnrealisierung nicht systematisch ausschließt,[1170] kann bei einem Kauf auf Probe im Sinne des § 454 BGB die Gewinnrealisierung erst erfolgen, wenn der Gewinn quasi-sicher ist, d.h. die Billigung des gekauften Gegenstands erfolgt ist.[1171] Diese juristisch geprägte Sichtweise entspricht regelmäßig der wirtschaftlichen Betrachtungsweise.[1172]

Wie dargestellt, kann ein Konflikt zwischen Vollständigkeitsgebot und Realisationsprinzip resultieren: Interpretiert man das Vollständigkeitsgebot nach seinem ökonomischen Zweck, so könnte man eine sich unterwegs befindliche Ware – unabhängig vom

---

1166 Vgl. *Schulze-Osterloh, Joachim*: Sale-and-lease-back-Geschäfte, in: ZIP 26. Jg. (2005), S. 1617–1620, hier S. 1617; *Hoffmann, Wolf-Dieter* et al.: Wirtschaftliches Eigentum und Ertragsrealisation bei Sale-and-lease-back im Drei-Stufen-Modell des BFH, in: BB, 72. Jg. (2017), S. 874–878, hier S. 876; vgl. auch *Böcking, Hans-Joachim*: Zum Verhältnis von Rechnungslegung und Kapitalmarkt, a.a.O., hier S. 33.

1167 Insoweit ist *Pöschke* zuzustimmen, vgl. *Pöschke, Moritz*: Bilanzsteuerliche Behandlung von Sale-and-Lease-Back-Gestaltungen, a.a.O., hier S. 628.

1168 Vgl. *Euler, Roland*: Das System der Grundsätze ordnungsmäßiger Bilanzierung, a.a.O., hier S. 112.

1169 Vgl. *Wüstemann, Jens* et al.: Gewinnrealisierung, a.a.O., hier Rz. 41.

1170 Siehe die Ausführungen des BFH zum Verkauf von Zeitschriften mit Mindestauflage, vgl. Beschluss des BFH vom 11. Dezember 1985 *I B 49/85*, in: BFH/NV 1985/86, S. 595–596, hier S. 596; zu beachten ist auch die Argumentation des BFH zu Druckbeihilfen, vgl. Urt. des BFH vom 3. Juli 1997 *IV R 49/96*, in: BStBl. II 1998, S. 244–247, hier S. 246.

1171 Vgl. *Mayr, Gunter*: Gewinnrealisierung im Steuerrecht und Handelsrecht, a.a.O., hier S. 48f.

1172 Vgl. *Crezelius, Georg*: Kommentar zu BFH v. 29.4.1987 I R 192/82, in: JZ, 43. Jg. (1988), S. 51–54, hier S. 54.

jeweiligen Gefahrenübergang – als wirtschaftlich wertlos betrachten.[1173] Im geltenden Bilanzrecht[1174] verdrängt die Gewinnermittlung in Grenzfällen zu Lasten des Ausweises des Stichtagsvermögens die Vermögensermittlung:[1175] Bereits das Verlustantizipationsprinzip verlangt die Möglichkeit einer Berücksichtigung etwaiger Wertminderungen, bevor sich ein Gut z.B. im unmittelbaren oder mittelbaren Besitz befindet.[1176]

1173 Vgl. *Woerner, Lothar*: Die Gewinnrealisierung bei schwebenden Geschäften, a.a.O., hier S. 773; vgl. in diesem Zusammenhang auch das sog. Holzfurnierurteil des Bundesfinanzhofs, vgl. Urt. des BFH vom 27. Februar 1986, in: BStBl. II 1986, S. 552–554.

1174 Vgl. Kap. 1, insbes. I. 1.

1175 Vgl. *Euler, Roland*: Das System der Grundsätze ordnungsmäßiger Bilanzierung, a.a.O., hier S. 112f; *Wüstemann, Jens* et al.: Gewinnrealisierung, a.a.O., hier Rz. 70; im Ergebnis für den Fall des Versendungskaufs so wohl auch *Knobloch, Alois Paul/Baumeister, Alexander*: Realisationszeitpunkt für den Verkäufer beim Versendungskauf, in: DStR, 53. Jg. (2015), S. 2403–2406, hier S. 2406

1176 Insofern ist die Begründung des BFH im sog. Rohkaffeefall kritisch zu betrachten, vgl. Urt. des BFH vom 3. August 1988 *I R 157/84*, a.a.O., hier S. 23; zu den Folgeprinzipien der Gewinnermittlungsvorschriften vgl. *Wüstemann, Jens*: Funktionale Interpretation des Imparitätsprinzips, a.a.O., hier S. 1036.

c) *Bedeutung der wirtschaftlichen Vermögenszurechnung für die Gewinnrealisierung am Beispiel von wesentlichen Fallgruppen*

aa) Grundstücksveräußerungen

Als subsidiäres Gewinnrealisierungskriterium hat die wirtschaftliche Zurechnungskonzeption in Einzelfällen dennoch erhebliches Gewicht. Daher wird im Schrifttum zu Recht die Bedeutung der Zurechnungskonzeption für die Gewinnrealisierung betont.[1177] Insbesondere bei Grundstücksveräußerungen stellt der Bundesfinanzhof häufig auf die Figur des wirtschaftlichen Eigentums ab, um durch deren Übergang den Gewinnrealisierungszeitpunkt zu bestimmen.[1178] Dies leuchtet insofern ein, dass die Zivilrechtsstruktur bei Transaktionen von Grundstücken die wirtschaftliche Substanz nicht ausreichend zu spiegeln vermag: Die Bedeutung der wirtschaftlichen Vermögenszurechnung für die Gewinnrealisierung bei Grundstücksveräußerungen wird auch dadurch deutlich, dass die Zurechnung und der Übergang der Preisgefahr in diesen Fällen häufig auseinanderfallen.[1179]

bb) Bürgerlich-rechtlich unwirksame Verträge

Konstellationen, die nicht überzeugend durch das Kriterium des Preisgefahrenübergangs gelöst werden können,[1180] können durch die wirtschaftliche Vermögenszurechnung als nachgelagertes Kriterium für die Gewinnrealisierung erhellt werden.[1181] So tritt z.B. bei zivilrechtlich unwirksamen Verträgen die Grenze des Kriteriums des Preisgefahrenübergangs deutlich zutage.[1182] Die wirtschaftliche Betrachtungsweise

---

[1177] Vgl. z.B. *Weber-Grellet, Heinrich*: Realisationsprinzip und Rückstellungen unter Berücksichtigung der neueren Rechtsprechung, a.a.O., hier S. 897.

[1178] Vgl. z.B. Urt. des BFH vom 2. März 1990 *III R 70/87*, in: BStBl. II 1990, S. 733–736, hier S. 735; kritisch *Crezelius, Georg*: Das sogenannte schwebende Geschäft in Handels-, Gesellschafts- und Steuerrecht, a.a.O., hier S. 87; eine generelle Bedeutung des Übergangs des wirtschaftlichen Eigentums für die Gewinnrealisierung sieht *Weber-Grellet, Heinrich*: Realisationsprinzip und Rückstellungen unter Berücksichtigung der neueren Rechtsprechung, a.a.O., hier S. 897; so auch *Mayr, Gunter*: Gewinnrealisierung im Steuerrecht und Handelsrecht, a.a.O., hier S. 44f.

[1179] Vgl. *Lindauer, Jürgen*: Immobilien und Steuern, Wiesbaden 2020, hier S. 39f; Urt. des BFH vom 25. Januar 1996 *IV R 114/94*, a.a.O., hier S. 383; vgl. auch Urt. des BFH vom 20. Oktober 2011 *IV R 35/08*, in: BFH/NV 2012, S. 377–379, hier S. 378.

[1180] Vgl. zu diesen Konstellationen m.w.N. *Euler, Roland*: Grundsätze ordnungsmäßiger Gewinnrealisierung, a.a.O., hier S. 102.

[1181] Vgl. *Sessar, Christopher*: Grundsätze ordnungsmäßiger Gewinnrealisierung im deutschen Bilanzrecht, a.a.O., hier S. 192f.

[1182] Vgl. *Wüstemann, Jens* et al.: Gewinnrealisierung, a.a.O., hier Rz. 47.

muss den tatsächlichen Leistungsaustausch angemessen anerkennen.[1183] Die wirtschaftliche Vermögenszurechnung kann als subsidiäres Gewinnrealisierungskriterium diese Problematik lösen: Der Zeitpunkt der wirtschaftlichen Zurechnung des Vermögens und der Gewinnrealisierung fallen regelmäßig zusammen.[1184] Darüber hinaus spricht die Zurechnungsentscheidung dafür, dass die wesentlichen leistungsbezogenen Risiken bereits abgebaut sind:[1185] Mit der Übertragung des „wirtschaftlichen Eigentums" ändert sich regelmäßig die zugrundeliegende (vertragliche) Risikostruktur.[1186]

Dies verdeutlicht die Relevanz der wirtschaftlichen Vermögenszurechnung als nachgelagertes Gewinnrealisierungskriterium, wobei festzuhalten ist, dass die wirtschaftliche Vermögenszurechnung als primäres Gewinnrealisierungskriterium wiederum ungeeignet ist: Die Anwendbarkeit über Veräußerungsgeschäfte hinaus ist problematisch.[1187] Darüber hinaus ist das Kriterium nicht frei von subjektivem Ermessen[1188] und beruht zudem auf der – nicht notwendigerweise erfüllten – Annahme über eine Relation zwischen der Forderungssicherheit und dem wirtschaftlichen Eigentumsübergang des Veräußerungsgegenstands.[1189]

1183 Vgl. *Groh, Manfred*: Künftige Verluste in Handels- und Steuerbilanz, zugleich ein Beitrag zur Teilwertdiskussion, a.a.O., hier S. 39.

1184 Vgl. Urt. des BFH vom 29. November 1973 *IV R 181/71*, a.a.O., hier S. 204.

1185 Vgl. *Sessar, Christopher*: Grundsätze ordnungsmäßiger Gewinnrealisierung im deutschen Bilanzrecht, a.a.O., hier S. 192f.

1186 Vgl. *Burkhardt, Dietrich*: Grundsätze ordnungsmäßiger Bilanzierung für Fremdwährungsgeschäfte, a.a.O., hier S. 44; *Wüstemann, Jens* et al.: Gewinnrealisierung, a.a.O., hier Rz. 50.

1187 Zur Bedeutung einer möglichst allgemeingültigen Gewinnrealisierungsformel vgl. *Mathiak, Walter*: Rechtsprechung zum Bilanzsteuerrecht, in: StuW, 64. Jg. (1987), S. 51–59, hier S. 55; vgl. auch *Wassermeyer, Franz*: Neues zum Zeitpunkt der Gewinnrealisierung, in: StbkongR 24. Jg. (1986), S. 69–85, hier S. 71.

1188 Objektivierungsprobleme betont insbes. *Hommel, Michael*: Grundsätze ordnungsmäßiger Bilanzierung für Dauerschuldverhältnisse, a.a.O., hier S. 60.

1189 Vgl. m.w.N. *Euler, Roland*: Grundsätze ordnungsmäßiger Gewinnrealisierung, a.a.O., hier S. 102f; *Hommel, Michael*: Grundsätze ordnungsmäßiger Bilanzierung für Dauerschuldverhältnisse, a.a.O., hier S. 158.

II. Kritische Würdigung ausgewählter Aspekte der Reichweite wirtschaftlicher Vermögenszurechnung

1. Reichweite der Zurechnungskriterien der Rechtsprechung

a) Zurechnung bei der Bestellung von Sicherungsrechten

Die Grundsätze wirtschaftlicher Vermögenszurechnung berühren eine Vielzahl von Fragestellungen, von der Frage nach angemessenen Konsolidierungsgrundsätzen bei Zweckgesellschaften[1190] bis hin zur Frage der Zurechnung von Vermögen bei formunwirksamen Verträgen[1191] und der Behandlung von Treuhandgestaltungen.[1192]

Das jeweils konfligierende Verhältnis zwischen formalrechtlicher und wirtschaftlicher Betrachtung tritt bei der Bestellung dinglicher Sicherungsrechte besonders zutage: Die Würdigung z.B. der Fälle der Sicherungsübereignung, der Sicherungsabtretung und des Verkaufs unter Eigentumsvorbehalt können das Verständnis der wirtschaftlichen Vermögenszurechnung erhellen. Das zu sichernde Gut wird grundsätzlich weiter in der Bilanz des Sicherungsgebers aktiviert,[1193] gerade weil regelmäßig – ungeachtet des zivilrechtlichen Eigentums – wirtschaftlich betrachtet wesentliche Chancen und Risiken bei diesem verbleiben, da im hier bedeutsamen Innenverhältnis durch eine Sicherungsabrede eine schuldrechtliche Bindung des Schuldners vorliegt.[1194]

Es wird deutlich, dass das zivilrechtliche Eigentum insbesondere dann ein geeignetes Zurechnungskriterium darstellen kann, wenn der Eigentümer über sämtliche Rechte verfügt, aber dessen Heranziehung problematisch ist im Fall der Partenteilung.[1195]

[1190] Vgl. *Mojadadr, Mana*: Zweckgesellschaften im Konzernabschluss nach HGB und IFRS, Berlin 2013, hier S. 133f; vgl. auch *Gelhausen, Hans Friedrich* et al.: Zweckgesellschaften nach dem BilMoG, in: DB, 63. Jg. (2010), S. 2005–2011, hier S. 2005f.

[1191] Vgl. dazu z.B. Urt. des BFH vom 17. Februar 2004 *VIII R 26/01*, a.a.O., hier S. 651.

[1192] Vgl. *Fischer, Peter*: Kommentar zu § 39 AO, in: HHSp, 269. EL (2022), hier Rz. 247f.

[1193] Vgl. Urt. des BFH vom 17. Dezember 1959 *IV 201/56 S*, in: BStBl. III, 1960, S. 68–72, hier S. 71. Dies stellt bspw. auch § 39 Abs. 2 Nr. 1 AO klar.

[1194] Vgl. *Fischer, Peter*: Kommentar zu § 39 AO, a.a.O., hier Rz. 281.

[1195] Vgl. *Lorenz, Karsten*: Wirtschaftliche Vermögenszugehörigkeit im Bilanzrecht, a.a.O., hier S. 62.

b) *Zurechnung finanzieller Vermögenswerte*

aa) Erwerb von GmbH-Anteilen

Beim Erwerb von Anteilen an Kapitalgesellschaften stellt sich die Frage, inwieweit die Möglichkeit der Ausübung der mit der Beteiligung verbundenen Rechte zu gewichten ist: Der Bundesfinanzhof urteilte, dass insbesondere das Gewinnbezugsrecht und das Stimmrecht ausübbar sein müssen für den Erwerber, um eine entsprechende Zurechnung zu dessen Vermögen zu begründen.[1196] Dem ist grundsätzlich zuzustimmen. Allerdings kann es nicht entscheidend auf Stimmrechte in Zeiträumen ankommen, in denen z.B. überhaupt keine Hauptversammlung liegt.[1197] Dies ist einleuchtend, wenn man sich z.B. die wirtschaftlichen Vorgänge im Hochfrequenzhandel mit Aktien vor Augen führt. Insofern ist auch für Anteile an einer GmbH keine dominante Bedeutung des Stimmrechts ableitbar.[1198]

Das Kriterium „Gesamtbild der Verhältnisse" ist einerseits vage, andererseits bietet es durchaus auch Flexibilität, um einzelnen Fallgruppen gerecht zu werden: Wird ein GmbH-Anteil unter aufschiebender Bedingung veräußert, nimmt die Rechtsprechung eine veränderte Zurechnung erst an, wenn die Bedingung entweder eingetreten ist oder wenn der Erwerber allein diesen Bedingungseintritt herbeiführen kann.[1199] Dies ist für den beurteilten Fall, wo der Bedingungseintritt von der Zustimmung der Kartellbehörde abhing, schlüssig.

In wirtschaftlicher Betrachtungsweise ist die Perspektive der höchstrichterlichen Rechtsprechung dagegen dann zu eng, wenn zwar formal der Erwerber den Eintritt der Bedingung nicht allein herbeiführen kann, jedoch der Bedingungseitritt wirtschaftlich so gut wie sicher ist. Dies wäre z.B. dann der Fall, wenn der Eintritt der Bedingung auch vom Veräußerer abhinge, dieser aber unter Berücksichtigung wirtschaftlicher Zwänge faktisch gebunden ist.

[1196] Vgl. Urt. des BFH vom 18. Dezember 2001 *VIII R 5/00*, a.a.O., hier S. 640.

[1197] Vgl. *Anzinger, Heribert*: Übergang des wirtschaftlichen Eigentums an girosammelverwahrten Aktien im System der Kapitalertragsteuer, in: RdF, 2. Jg. (2012), S. 394–403, hier S. 402.

[1198] Mit Verweis auf die kurze Haltedauer und die fehlende Erkennbarkeit der Absicht der Nutzung der Stimmrechte wird deren Bedeutung im behandelten Fall nachvollziehbar relativiert, vgl. Urt. des BFH vom 18. August 2015 *I R 88/13*, a.a.O., hier S. 963.

[1199] Vgl. Urt. des BFH vom 25. Juni 2009 *IV R 3/07*, in: BB, 65. Jg. (2010), S. 356–359, hier S. 358.

Erwerben Mitarbeiter Anteile an einer Kapitalgesellschaft, so stellt die Rechtsprechung folgerichtig auf die Verfügungsmöglichkeit an den Wertpapieren ab.[1200] Faktische Möglichkeiten der Einflussnahme[1201] können in der Gesamtwürdigung zu berücksichtigen sein, dürften aber im Regelfall von untergeordneter Relevanz sein.

Oftmals wird das Tragen eines Wertminderungsrisikos bzw. das Innehaben der korrespondierenden Wertänderungschancen wirtschaftlich bedeutender sein als ein Stimm- oder Dividendenbezugsrecht.[1202] Die Würdigung der mit der Beteiligung verbundenen Rechte kann also nicht absolut erfolgen, sondern muss die jeweiligen Gegebenheiten berücksichtigen, damit die Lösung des Bilanzierungsproblems der wirtschaftlichen Betrachtungsweise standhalten kann. Gleichwohl ist mit der höchstrichterlichen Rechtsprechung festzuhalten, dass bei Anteilen an Kapitalgesellschaften das Stimmrecht, das Gewinnbezugsrecht sowie das Wertminderungsrisiko bzw. die Wertsteigerungschance wesentliche Rechte verkörpern.[1203]

Fraglich ist ferner, ob eine Dividendenkompensation wirtschaftlich betrachtet wie ein unmittelbarer Gewinnbezug einzustufen ist.[1204] Es kommt dabei auch darauf an, ob dieses Recht im Konfliktfall effektiv durchsetzbar ist.[1205] Dies muss nicht dauerhaft der Fall sein, wie bei (nicht abnutzbaren) Beteiligungen ein dauerhaftes Innehaben von Substanz und Ertrag nur relativ verstanden werden kann.[1206]

Der Bundesfinanzhof verlangt für die Zurechnung eines GmbH-Anteils regelmäßig eine bereits rechtlich geschützte, nicht mehr entziehbare Position, die auf den Erwerb

---

1200 Vgl. Urt. des BFH vom 30. Juni 2011 *VI R 37/09*, in: BStBl. II 2011, S. 923–925, hier S. 924.

1201 Vgl. Urt. des BFH vom 9. Oktober 2008 *IX R 73/06*, a.a.O., hier S. 141; Urt. des BFH vom 10. März 1988 *IV R 226/85*, in: BStBl. II 1988, S. 832–836, hier S. 834.

1202 Vgl. *Richter, Heiner* et al.: § 5 EStG, in: HHR EStG, hier Rz. 515.

1203 Vgl. Urt. des BFH vom 1. August 2012 *IX R 6/11*, in: AG, 58. Jg. (2013), S. 33–35, hier S. 34.

1204 So *Englisch, Joachim*: Wirtschaftliches Eigentum beim Kauf girosammelverwahrter Aktien, in: FR, 92. Jg. (2010), S. 1023–1031, hier S. 1027; Urt. des BFH vom 18. Dezember 2001 *VIII R 5/00*, a.a.O., hier S. 642.

1205 Vgl. Urt. des BFH vom 25. Mai 2011 *IX R 23/10*, in: BStBl. II 2012, S. 3–5, hier S. 4.

1206 Vgl. *Mayer, Stefan*: Übergang des wirtschaftlichen Eigentums an Kapitalgesellschaftsanteilen, in: DStR, 47. Jg. (2009), S. 674–677, hier S. 676; ähnlich *Ebel, Thomas*: Kommentar zu BFH vom 18.8.2015 I R 88/13, in: FR, 98. Jg. (2016), S. 369–373, hier S. 372.

des Anteils gerichtet ist, das Vorliegen wesentlicher Verwaltungs- und Vermögensrechte sowie das Risiko bzw. die Chance etwaiger Wertänderungen.[1207]

Diese Kriterien müssen allerdings nicht zwangsläufig alle im gleichen Umfang erfüllt sein: Die zivilrechtliche Formunwirksamkeit der Übertragung eines Anteils steht der Übertragung des wirtschaftlichen Eigentums daher nicht zwingend entgegen.[1208] Auch besitzloses wirtschaftliches Eigentum ist entsprechend möglich.[1209]

bb) Wertpapierpensionsgeschäfte

Die in § 340b HGB aufgeführten Pensionsgeschäfte können echte Pensionsgeschäfte sein (Abs. 2) und unechte Pensionsgeschäfte (Abs. 3) sein. Wertpapierpensionsgeschäfte sind von Wertpapier-Leihgeschäften abzugrenzen: Während die Wertpapierleihe dadurch gekennzeichnet ist, dass der Verleiher dem Entleiher gegen ein Nutzungsentgelt Wertpapiere für eine gewisse Zeit übereignet,[1210] sind Wertpapierpensionsgeschäfte in zwei wesentliche – nachfolgend dargestellte – Varianten einzuteilen.

Wertpapierpensionsgeschäfte sind nicht zuletzt aufgrund ihrer Nähe zu Cum/Ex- Geschäften relevant:[1211] Bei Wertpapierleihgeschäften ist regelmäßig das Vorliegen einer Gattungsschuld anzunehmen.[1212] Die höchstrichterliche Rechtsprechung ist erkennbar geprägt von der – grundsätzlich zutreffenden – Überlegung, dass eine Verlagerung von rechtlichem und wirtschaftlichem Eigentum nur im Hinblick auf dasselbe Wirtschaftsgut in Betracht kommt.[1213]

Zum Girosammelbestand gehörende und damit im Miteigentum der beteiligten Hinterleger stehende Wertpapiere repräsentieren nicht konkrete, sondern eine

---

1207 Vgl. m.w.N. *Deubert, Michael/Lewe, Stefan*: Zeitpunkt der Erlangung des wirtschaftlichen Eigentums beim Erwerb von GmbH-Anteilen, in: BB, 69. Jg. (2014), S. 1835–1839, hier S. 1836.

1208 Vgl. Urt. des BFH vom 24. Januar 2012 *IX R 69/10*, in: BFH/NV 2012, S. 1099–1101, hier S.1101.

1209 Vgl. Urt. des BFH vom 20.7.2010 *IX R 38/09*, in: BFH/NV 2011, S. 41–43, hier S. 42; Das zeigt sich auch am Beispiel der hier sonst nicht weiter vertieften "Cum/ Fake-Transaktionen" mit sog. American Depository Receipts (ADRs), vgl. *Helios, Marcus/Gieffers, Philipp*: Cum/Fake-Transaktionen durch 'Phantom-Aktien', in: DB, 72. Jg. (2019), S. 263–269, hier S. 262.

1210 Vgl. *Haarmann, Wilhelm*: Bilanzierung der Wertpapierleihe, in FS Raupach, S. 233–246, hier S. 234.

1211 Vgl. *Florstedt, Tim*: Anteilszurechnung und Alternativität, a.a.O., hier S. 649.

1212 Vgl. *Haarmann, Wilhelm*: Bilanzierung der Wertpapierleihe, a.a.O., hier S. 234.

1213 Vgl. Urt. des BFH vom 15. Dezember 1999 *I R 29/97*, a.a.O., hier S. 530.

Gesamtsumme der bestehenden Mitgliedschaftsrechte.[1214] Bei Girosammelverwahrung entsteht mit der Einlagerung der Wertpapiere ein Miteigentum nach Bruchteilen an den zum Sammelbestand gehörenden Wertpapieren gemäß § 741 BGB bzw. § 1008 BGB.[1215] Insofern ist, da eine Gattungsschuld vorliegt, regelmäßig keine Pflicht zur Rückgabe derselben Wertpapiere anzunehmen.[1216]

Dies verdeutlicht zugleich den zentralen Unterschied zwischen Wertpapierleihe und Pensionsgeschäften: Der Wertpapierdarlehensgeber erhält für die Übereignung keinen Kaufpreis und trägt – neben den Chancen und Risiken der Wertänderung – zugleich das Bonitätsrisiko des Darlehensnehmers.[1217]

Wirtschaftliche (faktische) Zwänge können auch bei Wertpapierpensionsgeschäften vorliegen, wenn der Pensionsnehmer etwa ein Recht, aber keine Pflicht zur Rückübertragung hat. Deren Betrachtung kann also den Konflikt zwischen rein formalrechtlicher und wirtschaftlicher Betrachtungsweise erhellen.[1218]

Aus dem Wortlaut der – speziell für Kreditinstitute geschaffenen und geltenden – Norm des § 340b HGB ergibt sich eine spezielle Zurechnungsvorschrift: Echte Pensionsgeschäfte, d.h. Pensionsgeschäfte mit der Verpflichtung des Pensionsnehmers, die Vermögensgegenstände zurückzuübertragen, führen typisiert zu einem Ausweis des Pensionsguts beim Pensionsgeber. Unechte Pensionsgeschäfte, d.h. Pensionsgeschäfte

---

[1214] Vgl. *Rau, Stepan/Sahl, Ottmar*: Nachbetrachtungen auf ein denkwürdiges Urt. und Ausblick auf weitere Entwicklungen, in: BB, 55. Jg. (2000), S. 1112–1116, hier S. 1114f; *Keller, Tobias*: Der Grundsatz wirtschaftlicher Vermögenszugehörigkeit im Bilanzrecht, Berlin 2014, hier S. 114.

[1215] Vgl. *Kußmaul, Heinz* et al.: Systematische Einordnung der Cum/Ex-Transaktionen in den Kontext der jüngeren Reformbestrebungen, in: RdF, 2. Jg. (2012), S. 314–324, hier S. 315; vgl. zum mittelbaren Besitz an den Wertpapieren *Englisch, Joachim*: Wirtschaftliches Eigentum beim Kauf girosammelverwahrter Aktien, a.a.O., hier S. 1024.

[1216] Vgl. *Ditz, Xaver/Tcherveniachki, Vassil*: Zurechnung des wirtschaftlichen Eigentums im Rahmen einer Wertpapierleihe, in: DB, 69. Jg. (2016), S. 615–620, hier S. 615; Urt. des BFH vom 18. August 2015 *I R 88/13*, a.a.O., hier S. 963.

[1217] Vgl. *Haarmann, Wilhelm*: Bilanzierung der Wertpapierleihe, a.a.O., hier S. 239.

[1218] Vgl. *Treuberg, Hubert von/Scharpf, Paul*: Pensionsgeschäfte und deren Behandlung im Jahresabschluß von Kapitalgesellschaften nach § 340b HGB, in: DB, 44. Jg. (1991), S. 1233–1238, hier S. 233f; zum verneinten Übergang eines Vermögensgegenstands, wenn nur eine "formale zivilrechtliche Rechtsposition" verschafft wird Urt. des BFH vom 18. August 2015 *I R 88/13*, a.a.O., hier S. 961; *Barth, Christopher*: Die Zurechnung von Leasingobjekten im Jahresabschluß nach Handelsrecht, Steuerrecht und den Internationalen Accounting Standards, unter besonderer Berücksichtigung der Aktivierbarkeit eines Nutzungsrechts als immateriellen Vermögensgegenstand, Bamberg 1999, hier S. 141f.

mit dem Recht, die Vermögensgegenstände zurückzuübertragen, führen zu einem Ausweis des Pensionsguts beim Pensionsnehmer.

Damit kann (temporär befristete) Mehrfachbilanzierung in diesem Fall nicht sicher ausgeschlossen werden.[1219] Insbesondere im Fall von Pensionsgeschäften, in welchen dem Pensionsnehmer das Recht zur Weiterveräußerung eingeräumt wird, kann dieser Befund einschlägig sein.[1220] Schon allein deswegen, aber auch aufgrund der speziellen gesetzlichen Normierung für Kreditinstitute, stellt die Regelung trotz des in vielen Fällen bestehenden Gleichlaufs keinen GoB klar[1221] und kann auch nicht vorbehaltlos für Nicht-Kreditinstitute übernommen werden. Während „obere" GoB rechtsform- und branchengreifend sind, zielen spezielle gesetzliche Regelungen primär darauf ab, die Besonderheiten des Bankgewerbes zu reflektieren.[1222]

Im Ergebnis ist hervorzuheben, dass auch bei Wertpapier-Pensionsgeschäften trotz der gesonderten Normierung von Regelungen für das Bankgewerbe – die im Regelfall ebenfalls einer wirtschaftlichen Betrachtungsweise folgen – die Zurechnung nach handelsrechtlichen GoB für Transaktionen von Nicht-Kreditinstituten einschlägig sind.

1219 Vgl. *Florstedt, Tim*: Anteilszurechnung und Alternativität, a.a.O., hier S. 649; *Keller, Tobias*: Der Grundsatz wirtschaftlicher Vermögenszugehörigkeit im Bilanzrecht, a.a.O., hier S. 114.

1220 Vgl. *Haarmann, Wilhelm*: Bilanzierung der Wertpapierleihe, a.a.O., hier S. 240.

1221 So aber wohl *Oldenburger, Iris*: Die Bilanzierung von Pensionsgeschäften nach HGB, US-GAAP und IAS, a.a.O., hier S. 294. Auch IDW ERS HFS 13 n.F. geht ohne substantiierte Begründung davon aus, dass eine Klarstellung handelsrechtlicher GoB vorliegt, z.B. in Rz. 23

1222 Vgl. *Naumann, Thomas K.*: Fremdwährungsumrechnung in Bankbilanzen nach neuem Recht, Düsseldorf 1992, hier S. 19f; zu Wertpapierdarlehen als Teil der Bankenpraxis vgl. *Haarmann, Wilhelm*: Die Relevanz der Rückgewährverpflichtung eines Wertpapierdarlehens für den Übergang des wirtschaftlichen Eigentums, in: BB, 73. Jg. (2018), S. 1623–1636, hier S. 1636; allgemein zur Problematik von nicht für alle Bilanzierenden gültigen Regelungen vgl. *Schulze-Osterloh, Joachim*: Die Steuerbilanz als Tatbestandsmerkmal im Einkommen- und Körperschaftsteuergesetz, in: DStjG, 14. Tagungsbd., (1991), S. 123–138, hier S. 129.

2. Reichweite der Vermögenszurechnungskonzeption im Kontext von Cum/Ex-Geschäften

a) Orientierung der Rechtsprechung an der Rechtsfigur des wirtschaftlichen Eigentums

aa) Unmöglichkeit des mehrfachen wirtschaftlichen Eigentums

Im Rahmen der Urteile zu Cum/Ex-Gestaltungen stellt die Rechtsprechung regelmäßig auf das wirtschaftliche Eigentum im Sinne von § 39 Abs. 2 AO ab.[1223] Dabei wird regelmäßig das Verständnis eines unteilbaren wirtschaftlichen Eigentumsbegriffs erkennbar.

Es ist nicht nur theoretisch denkbar, Vermögensgegenstände komponentenweise zu bilanzieren,[1224] sondern auch diese komponentenweise zuzurechnen:[1225] So käme durch die Aufteilung z.B. in Teileinheiten oder Rechtebündel ein Ausweis desselben Vermögensgegenstands (anteilig) in der Bilanz verschiedener Unternehmer in Betracht.[1226] Dies ist – in Übereinstimmung mit der höchstrichterlichen Rechtsprechung – vor allem aus zwei Gründen grundsätzlich abzulehnen: Einerseits mit den gleichen Argumenten wie eine komponentenweise Bilanzierung,[1227] die im Ergebnis den Objektivierungserfordernissen der Bilanz im Rechtssinne nicht angemessen Rechnung trüge. Andererseits ist das der Zurechnungskonzeption zugrundeliegende Prinzip der Alternativität zu betonen, nach dem entweder der zivilrechtliche Eigentümer oder ein anderer, der diesen wirtschaftlich betrachtet verdrängen kann, den jeweiligen Vermögensgegenstand bilanziert.[1228]

1223 Vgl. Urt. des BFH vom 2. Februar 2022 *I R 22/20*, in: BStBl. II 2022, S. 324–337, hier S. 330; Urt. des FG Hessen vom 10. März 2017 *4 K 977/14*, in: WM, 71. Jg. (2017), S. 854–865, hier S. 857f; Urt. des FG Kassel vom 8. Oktober 2012 *4 V 1661/11*, in: BB, 67. Jg. (2012), S. 3184–3188, hier S. 3185. Allgemein wird die (gesellschaftspolitische) Relevanz des Bilanzrechts auch in diesem Zusammenhang deutlich, vgl. dazu *Spengel, Christoph*: Unzulässige Verrechnungspraxis deutscher Banken bei Cum/Ex-Geschäften, in: FR, 105. Jg. (2017), S. 545–604.

1224 Vgl. Kap. 2, II. 3.

1225 Die IFRS kennen zudem die Konstellation, dass beim Übergang eines Vermögenswertes ein Teil beim ursprünglich Bilanzierenden zurückbleibt und bei diesem eine (teilweise) Bilanzierung auslöst, vgl. zum sog. „continuing involvement" z.B. IFRS 9.B3.2.1.

1226 Zur Begründung eines „all-or-nothing approach" sowie eines „component approach" vgl. *Scharenberg, Sigrun*: Die Bilanzierung von wirtschaftlichem Eigentum in der IFRS-Rechnungslegung, a.a.O., hier S. 95–97.

1227 Vgl. ausführlich und m.w.N. Kap. 2, II. 3. insbes. c).

1228 Zum Prinzip der Alternativität vgl. *Florstedt, Tim*: Anteilszurechnung und Alternativität, a.a.O., hier z.B. S. 642; vgl. auch die Argumentation von *Reiland, Michael*: Derecognition, Düsseldorf

Letztere Überlegung entspringt der sog. Duldungstheorie[1229] und ermöglicht eine angemessene Erfolgsabgrenzung, da die Abschreibungserfordernisse so bilanzzweckadäquat aus der Abnutzung der Sache abgeleitet werden können.[1230]

Diese Argumentationslinie spricht auch dagegen, denselben Vermögensgegenstand mehrfach, d.h. verschiedenen Akteuren, vollständig zuzurechnen. Diese Auffassung wird aber insbesondere im Fall von Cum/Ex-Geschäften vertreten.[1231]

Eine mehrfache Zurechnung desselben Vermögens ist nicht mit § 246 HGB vereinbar und wäre auch nicht mit § 39 AO zu rechtfertigen.[1232] Dagegen wird auf Urteilsbegründungen des Bundesfinanzhofs hingewiesen,[1233] aus welchen die Möglichkeit der Vervielfältigung des wirtschaftlichen Eigentums geschlossen wird: Der Bundesfinanzhof habe die Möglichkeit der Vervielfachung des wirtschaftlichen Eigentums ausdrücklich hingenommen.[1234] Dem ist (lediglich) insoweit zuzustimmen, dass die Rechtsprechung – wie in den herangezogenen Fällen – nicht immer stringent argumentiert hat. Allerdings stellte die höchstrichterliche Rechtsprechung in anderen Urteilen

---

2006, hier S. 149f. Das Rechtssystem kennt zudem nur einen (zivilrechtlichen) Eigentümer, was schon gegen mehrfaches wirtschaftliches Eigentum spricht, dieses aber nicht bereits ausschließt.

1229 Vgl. dazu *Hommel, Michael*: Vermögenszurechnung und Ertragsrealisation nach HGB und IFRS, a.a.O., hier S. 356.

1230 Zu Mietereinbauten im Ergebnis ähnlich *Moxter, Adolf*: Bilanzrechtsprechung, a.a.O., hier S. 40f.

1231 Vgl. *Berger, Hanno/Matuszweski, Jörn*: Dividendenstripping im Fokus der Finanzverwaltung, in: BB, 66. Jg. (2011), S. 3097–3104, hier S. 3102; *Desens, Marc*: Anrechnung der Kapitalertragsteuer nach Leerverkäufen über den Dividendenstichtag, in: DStR, 52 Jg. (2014), S. 2473–2477, hier S. 2474; *Podewils, Felix*: Roma locuta, causa finita?, in: FR, 96. Jg. (2014), S. 1064–1069, hier S. 1065; *Klein, Hartmut*: Die vertane Chance im sog. 'Cum/Ex-Verfahren', in: BB, 71. Jg. (2016), hier S. 2012; zur wirtschaftlichen Zurechnung von Aktien allgemein vgl. *Hahne, Klaus*: Zeitpunkt des Übergangs des wirtschaftlichen Eigentums bei girosammelverwahrten Aktien, in: DStR, 45. Jg. (2007), S. 1196–1198, hier S. 1197f.

1232 Vgl. ausführlich dazu *Bruns, Jan-Willem*: Gibt es eine Vervielfachung des wirtschaftlichen Eigentums bei Leerverkäufen?, in: DStZ, 99. Jg. (2011), S. 675–684; *Martini, Ruben*: Keine Kapitalertragsteuererstattung bei sog. Cum/Ex-Geschäften, in: jM, 7. Jg. (2020), S. 169–170, hier . 170.

1233 Vgl. Beschluss des BFH vom 20. November 2007 *I R 85/05*, in: BStBl. II 2013, S. 287–289, hier S. 288; Urt. des BFH vom 15. Dezember 1999 *I R 29/97*, a.a.O., hier S. 529f.; die „Klarheit" des letzteren begrüßend *Unfried, Alexander*: Besteuerung des Dividenden-Stripping nach der neueren Rechtsprechung des BFH, in: DStR, 38. Jg. (2000), S. 993–999, hier S. 999.

1234 So *Englisch, Joachim*: Wirtschaftliches Eigentum beim Kauf girosammelverwahrter Aktien, a.a.O., hier S. 1031; auch *Klein, Hartmut*: Wirtschaftliches Eigentum bei Aktiengeschäften im Rahmen von 'Cum/Ex-Geschäften' im Lichte der Rechtsprechung des I. Senats des BFH, in: BB, 70. Jg. (2015), S. 726–735, hier S. 727.

ebenfalls zu Recht fest, dass die Zurechnung eines Wirtschaftsguts zu einem Kaufmannsvermögen eine anderweitige Zurechnung ausschließt.[1235]

Eine mehrfache Zurechnung desselben Vermögens ist grundsätzlich nicht möglich:[1236] Eine zentrale Funktion des zivilrechtlichen und des wirtschaftlichen Eigentumsbegriffs ist die klare Zuordnung von Sachen und Rechten sowie Sach- und Rechtsgesamtheiten zu Rechtssubjekten;[1237] diese Ordnungsfunktion – steuerlich ggf. abweichend vom Zivilrecht, um die individuelle wirtschaftliche Leistungsfähigkeit zu reflektieren –[1238] spricht gegen eine mehrfache Zuordnung desselben Vermögens.

Der These, die höchstrichterliche Rechtsprechung habe die Grundsätze für die wirtschaftliche Vermögenszurechnung „de facto aufgeweicht“[1239] ist nicht vollumfänglich zuzustimmen; in Einzelfällen hat die Rechtsprechung zwar nicht stringent argumentiert,[1240] die Vermögenszurechnungskonzeption aber nicht geändert.

Würde man bei Leerverkäufen eine Vervielfachung des wirtschaftlichen Eigentums annehmen,[1241] ergäben sich zudem Wertungswidersprüche, da es bei der Zurechnungskonzeption – unabhängig davon, ob man sich auf die Zurechnung gemäß § 246 Abs. HGB oder gemäß § 39 AO beruft – um die Zuordnung von Vermögensgegenständen, nicht um die Zuordnung von Zahlungsströmen geht.[1242]

[1235] Vgl. Urt. des BFH vom 26. April 1968 *III 6/65* 1968, in: BStBl. II 1968, S. 770–771, hier S. 771; auch Urt. des BFH vom 30. April 1971 *III R 9/70*, in: BStBl. II 1971, S. 669–670, hier S. 669f; vgl. dazu auch *Drüen, Klaus-Dieter*: § 39 AO, in: Tipke/Kruse, AO/FGO, hier Rz. 15.

[1236] Zu den Grenzen eines rein wirtschaftlich determinierten Eigentumsverständnis beim Wertpapierhandel, insbes. mit Blick auf potenziell resultierende Mehrfachzurechnungen vgl. *Florstedt, Tim*: Wirtschaftliches Eigentum und Steuerumgehung bei Aktiengeschäften um den Dividendenstichtag, a.a.O., hier S. 221f.

[1237] Vgl. *Walz, Rainer*: Wirtschaftsgüter versus wirtschaftliches Eigentum, in: FS Fischer, S. 463–483, hier S. 466; *Werndl, Josef*: Wirtschaftliches Eigentum, a.a.O., hier S. 16 und S. 135.

[1238] Vgl. ausführlicher unter Kap. 3, I. 1. a) cc).

[1239] *Haisch, Martin*: Jüngste Entwicklungen bei der Besteuerung von Wertpapierdarlehensgeschäften, in: DK, 14. Jg. (2016), S. 278–283, hier S. 280; ähnlich auch *Schmid, Hubert*: Wirtschaftliches Eigentum an börsennotierten Aktien bei Wertpapierleihgeschäften, in: DStR, 53. Jg. (2015), S. 801–806, hier S. 804.

[1240] Exemplarisch wäre das im Schrifttum sehr kontrovers diskutierte Urt. zum Dividendenstripping zu nennen, vgl. Urt. des BFH vom 15. Dezember 1999 *I R 29/97*, a.a.O., hier S. 530.

[1241] So *Desens, Marc*: Schriftliche Stellungnahme zur Sachverständigenanhörung des 4. Untersuchungsausschusses der 18. Wahlperiode, Leipzig 2016, hier z.B. S. 42.

[1242] Vgl. *Bruns, Jan-Willem*: Streitfragen bei Leerverkäufen über den Dividendenstichtag, in: DStZ, 100. Jg. (2012), S. 333–340, hier S. 335; vgl. auch *Rau, Stepan*: Kapitaleinkünfte bei Leerverkäufen über den Dividendenstichtag, in: DStZ, 100. Jg. (2012), S. 241–245, hier S. 242f.

bb) Problematik des Besitzmerkmals im Sinne einer unentziehbaren Erwerbsposition

aaa) Rechtsprechung zu vorteilhaften Andienungsrechten in Leasingsachverhalten

Die schon beleuchteten Leasingverhältnisse mit vorteilhaften Andienungsrechten[1243] sind auch deshalb relevant für die Würdigung von Cum/Ex-Gestaltungen, weil sie ein vergleichbares grundsätzliches Problem teilen: Es gilt auszutarieren, inwieweit eine wirtschaftliche Betrachtungsweise im Sinne der Erfassung des wirtschaftlichen Gehalts eines Sachverhalts zu berücksichtigen ist und inwieweit formale Positionen im Sinne der Objektivierung Beachtung in der Zurechnungsentscheidung finden müssen. Die Rechtsprechung zu bloßen Durchgangserwerben[1244] verdeutlicht, dass es nicht auf eine rein formale Rechtsposition ankommen kann.

Insofern ist die entscheidende Frage, wie weit die gebotene wirtschaftliche Betrachtungsweise reicht; die bereits bei Leasingsachverhalten mit Andienungsrechten aufgeworfene Frage ist auch bei der Befassung mit Cum/Ex-Geschäften bedeutsam, weil die wirtschaftliche Betrachtungsweise gerade die Anpassungsfähigkeit[1245] des Bilanzrechtssystems sicherstellen soll, gleichzeitig der Objektivierung ebenfalls eine bedeutende Rolle zukommt.[1246]

bbb) Übertragung der Problematik bei Leasingsachverhalten mit Andienungsrechten auf die Rechtsprechung zu Cum/Ex-Sachverhalten

Dass eine (zu) starke Orientierung an formaljuristischen Gegebenheiten bei der Erfassung der wirtschaftlichen Leistungsfähigkeit an Grenzen stößt, wird bereits bei einer juristischen Betrachtung offensichtlich: Auch Besitz ist so gesehen nicht unentziehbar.[1247] Insofern kann auch bei näherer Würdigung von Cum/Ex-Sachverhalten nur gelten, dass die zugrundeliegende ökonomische Substanz Eingang in die Zuordnungsentscheidung finden muss: Es darf nicht nur auf die Erfüllung formaler Kriterien

---

1243 Vgl. Kap. 3, I. 1. b) bb) aaa).

1244 Vgl. Kap. 3, I. 1. b) bb) bbb).

1245 Vgl. bereits *Hübschmann, Walter*: Die Problematik der wirtschaftlichen Betrachtungsweise, in: FS Spitaler, S. 107–123, hier S. 109.

1246 Vgl. Kap. 1, III. 1 1. b) und 2. a).

1247 Vgl. *Anzinger, Heribert*: Übergang des wirtschaftlichen Eigentums an girosammelverwahrten Aktien im System der Kapitalertragsteuer, a.a.O., hier S. 400.

abgestellt werden.[1248] Insofern dürfte auch die Norm des § 39 AO – welche ohnehin durch die handelsrechtlichen GoB verdrängt wird –[1249] nicht lediglich wörtlich im Sinne eines formal betrachtet vorliegenden Ausschließungsrechts verstanden werden. Dass negative und positive Ausprägungen des wirtschaftlichen Eigentumsbegriffs in einem komplementären Verhältnis stehen, wird auch in einem Urteil zu einem Cum/Ex-Sachverhalt festgehalten, in denen sich der Bundesfinanzhof auf § 39 AO beruft.[1250]

cc) Problematik der Auslegung des Nutzenmerkmals im Sinne wesentlicher aktienspezifischer Rechte

Nutzen aus einem Vermögensgegenstand kann so verstanden werden, dass der bilanzierende Kaufmann die aus diesem generierten Einnahmeüberschüsse erhält.[1251]

Eine isolierte Betrachtung der verschiedenen Merkmale führt jedoch zu keiner adäquaten Zurechnung:[1252] Insofern stellt der Bundesfinanzhof regelmäßig auf das „Gesamtbild der tatsächlichen Verhältnisse im jeweiligen Einzelfall“[1253] ab. Während das Lastenmerkmal als Risiko des Kursverlustes verstanden werden kann, ist die Auslegung des Nutzenmerkmals besonders umstritten: Einerseits ist die Bedeutung der Mitgliedschaftsrechte zu klären sowie deren Hierarchie,[1254] andererseits die Bedeutung der ggf. nur temporär bestehenden Kurschancen- und Risiken.[1255]

[1248] So aber z.B. *Spilker, Bettina*: Rechtsstaatliche Grenzen für die steuerliche und steuerstrafrechtliche Würdigung von Cum/Cum- und Cum/Ex-Transaktionen, in: FR, 99. Jg. (2017), S. 138–150, hier S. 144.

[1249] Vgl. Kap. 3, I. 1. a) cc).

[1250] Vgl. z.B. Urt. des BFH vom 2. Februar 2022 *I R 22/20*, a.a.O., hier S. 330.

[1251] Zu den korrespondierenden Lasten etwa eines Grundstücks vgl. z.B. Urt. des BFH vom 7. November 1991 *IV R 43/90*, in: BStBl. II 1992, S. 398–401, hier S. 401; vgl. dazu auch m.w.N. *Lorenz, Karsten*: Wirtschaftliche Vermögenszugehörigkeit im Bilanzrecht, a.a.O., hier S. 110f.

[1252] Vgl. *Wüstemann, Jens* et al.: Gewinnrealisierung, a.a.O., hier Rz. 58.

[1253] Urt. des BFH vom 5. Oktober 2011 *IX R 57/10*, in: BStBl. II 2012, S. 318–321, hier S. 321; ähnlich auch z.B. Urt. des BFH vom 16. April 2014 *I R 2/12*, a.a.O., hier S. 2725; vgl. zur Minderausprägung einzelner Merkmale *Sessar, Christopher*: Grundsätze ordnungsmäßiger Gewinnrealisierung im deutschen Bilanzrecht, a.a.O., hier S. 205.

[1254] Vgl. *Mayer, Stefan*: Wirtschaftliches Eigentum an Kapitalgesellschaftsanteilen, a.a.O., hier S, 84-89.

[1255] Vgl. *Kolbinger, Kathleen*: Das wirtschaftliche Eigentum an Aktien, Frankfurt am Main 2008, hier S. 171.

b) *Anwendung der Döllerer-Formel auf Cum/Ex-Gestaltungen*

aa) Grundsätzliche Unmöglichkeit der mehrfachen Zurechnung eines Vermögensgegenstands

Während die Unmöglichkeit des mehrfachen wirtschaftlichen Eigentums im Sinne der Abgabenordnung bereits dargelegt wurde,[1256] soll an dieser Stelle nochmals die konzeptionelle Unmöglichkeit der mehrfachen Zurechnung im System der der handelsrechtlichen GoB hervorgehoben werden,[1257] einerseits, weil nur diese für die steuerbilanzielle Gewinnermittlung entscheidend ist,[1258] andererseits, weil im Schrifttum teilweise ein systematisches Auseinanderfallen handels- und steuerbilanzieller Zurechnung postuliert und die Möglichkeit einer handelsbilanziellen Doppelbilanzierung gesehen wird.[1259]

Das Gesamtbild der Verhältnisse[1260] führt auch dazu, dass eine Zurechnung auch dann geboten sein kann, wenn nicht alle Voraussetzungen vollumfänglich erfüllt sind.[1261] Die Betonung der wirtschaftlichen Betrachtungsweise stellt – analog zu der Betrachtung der Figur anschaffungsnaher Herstellungskosten –[1262] sicher, dass Sachverhalte, die in ihren wirtschaftlichen Auswirkungen im Grundsatz identisch sind, auch bilanziell vergleichbar behandelt werden.[1263]

Würde eine schuldrechtliche Vereinbarung allein grundsätzlich zu einer veränderten wirtschaftlichen Zurechnung von Wertpapieren führen, stellte sich die Frage, warum dies nicht für andere Arten von Vermögensgegenständen so sein sollte. Neben diesem

---

[1256] Vgl. Kap. 3, II. 2. a) aa).

[1257] Aufgrund des klaren Wortlauts in § 340b Abs. 4 HGB kann es allerdings im Fall von Wertpapier-Pensionsgeschäften zu einer Vermögenszurechnung kommen, die nicht im Einklang mit der generellen Vermögenszurechnung nach handelsrechtlichen GoB kommt. Vgl. zu dieser Ausnahmekonstellation auch *Florstedt, Tim*: Anteilszurechnung und Alternativität, a.a.O., hier S. 649.

[1258] Zum Verhältnis zwischen § 39 AO und § 246 HGB vgl. Kap. 3, I. 1. a) cc).

[1259] So z.B. mit Verweis auf IDW ERS HFA 13 n.F. *Justenhoven, Petra/Meyer, Herning*: § 246 HGB, in: Beck'scher Bilanzkommentar, hier Rz. 6.

[1260] Vgl. z.B. Urt. des BFH vom 15. Dezember 1999 *I R 29/97*, a.a.O., hier S. 530.

[1261] Vgl. *Unfried, Alexander*: Steuerrecht und Dividenden-Stripping, Berlin 1998, hier S. 139.

[1262] Vgl. Kap. 1, I. 2. b) ee) aaa).

[1263] Vgl. *Euler, Roland*: Zur wirtschaftlichen Betrachtungsweise bei Wirtschaftsgütern des immateriellen Anlagevermögens, a.a.O., hier S. 145f.

ersten Befund ist vor allem festzuhalten, dass dies eben auch zwangsläufig zur Möglichkeit der mehrfachen Bilanzierung desselben Vermögens führen würde.[1264]

Aufgrund der Funktion, im Ergebnis auch handelsbilanziell wirtschaftliche Leistungsfähigkeit dadurch zu messen, dass Vermögen bilanziell im Einzelfall abweichend zum Zivilrecht zugerechnet wird, ist eine eindeutige Zuordnungsentscheidung im deutschen Bilanzrecht geboten. Neben der genannten Ordnungsfunktion spricht auch der gebotene Gläubigerschutz gegen eine Mehrfachbilanzierung.

Bei der Objektivierungsfunktion der Bilanz im Rechtssinne, die erfordert, nur originäre, objektivierte vermögenswerte Vorteile zu bilanzieren[1265] und dem Prinzip wirtschaftlicher Betrachtungsweise, wonach eine Mehrfachbilanzierung konzeptionell ausscheidet, besteht somit in diesem Fall ein Gleichklang.

bb) Problematik der Aufteilung von Substanz und Ertrag

Die insbesondere für Leasingverträge entwickelten Grundsätze zur Zurechnung von Vermögensgegenständen sind nicht ohne weiteres auf andere Gestaltungen übertragbar.[1266]

Die Schwäche der sog. *Döllerer*-Formel ist, dass sie suggeriert, dass Substanz und Ertrag nur einer Partei in einem absolut verstandenen Sinne vollständig zufallen.[1267] Dies ist aber bereits in einem Leasingfall mit Mehrerlösbeteiligung[1268] nicht der Fall. Auch der Gesetzgeber geht von einer gewissen Verteilung von Chancen und Risiken aus, ohne eine Änderung des vorherrschenden Rechtszustands, also der eindeutigen Zuordnungsentscheidung, zu intendieren.[1269] Zudem können auch bei kurzfristigen

---

[1264] Vgl. *Rau, Stepan*: Leerverkäufe über den Dividendenstichtag nach dem BFH Urt. vom 16.4.2014, in: FR, 96. Jg. (2014), S. 1012–1019, hier S. 1017f.

[1265] Vgl. *Bruns, Jan-Willem*: Streitfragen bei Leerverkäufen über den Dividendenstichtag, a.a.O., hier S. 334.

[1266] So auch der BFH jüngst z.B. im Fall von Nutzungsüberlassungen an Filmverwertungsrechten, vgl. Urt. des BFH vom 14. April 2022 *IV R 32/19*, in: DStR, 60. Jg. (2022), S. 1647–1654, hier S. 1647.

[1267] Zu diesem Kritikpunkt vgl. *Schulze-Osterloh, Joachim*: Die Rechnungslegung der Innengesellschaft, a.a.O., hier S. 395; auch *Köhlertz, Klaus*: Die Bilanzierung von Leasing, a.a.O., hier S. 94.

[1268] Vgl. Schreiben des BMF vom 22. Dezember 1975 *IV B 2 - S 2170 - 161/75*, a.a.O., hier S. 172f.

[1269] Vgl. BT-Drs 16/10067 vom 30.07.2008, hier S. 47.

Haltedauern von Wertpapieren wesentliche Wertänderungschancen- und Risiken vorliegen.[1270]

Substanz darf zugleich nicht als ein zivilrechtlich verstandenes Verwertungsrecht missverstanden werden, da es weder für die Frage, ob ein Vermögensgegenstand vorliegt,[1271] noch für dessen Zurechnung zwingend auf das Vorliegen von (Einzel-)Verwertungsrechten ankommt.[1272] Es kann nicht entscheidend auf den Beitrag zur Schuldendeckungsfähigkeit ankommen, weswegen dieser mögliche Beitrag regelmäßig keine wesentliche Orientierung bei der Frage bietet, wem bilanzrechtliches Vermögen zuzurechnen ist.[1273]

Stellt man auf das (relativ verstandene) Vorliegen von Substanz und Ertrag ab, so ist im Fall des Auseinanderfallens eine wertende Gesamtbetrachtung nötig;[1274] die sog. *Döllerer*-Formel ist diesbezüglich unscharf und bedarf dann also der Präzisierung. Sie darf in diesen Fällen nicht wörtlich verstanden werden. Gleichwohl ist sie in ihrer Grundaussage nach wie vor einschlägig und kann insbesondere eine nicht zweckgerechte vielfache Zurechnung eines Vermögensgegenstandes verhindern.

Während – wie gezeigt wurde –[1275] eine komponentenweise Bilanzierung nicht mit den Grundsätzen des geltenden Bilanzrechts im Einklang steht, wird im Schrifttum der Ansatz diskutiert, dann, und nur dann, auf Komponenten abzustellen, wenn die Verteilung der dem originären Vermögenswert innewohnenden Chancen und Risiken auf die jeweils involvierten Parteien kaum möglich erscheint.[1276] Dies ist jedoch für das Handelsbilanzrecht schon allein deswegen abzulehnen, weil eine wertende Gesamtwürdigung weiter notwendig ist und unter Objektivierungsgesichtspunkten keine Vorteile erkennbar sind.

1270 Vgl. *Englisch, Joachim*: Wirtschaftliches Eigentum beim Kauf girosammelverwahrter Aktien, a.a.O., hier S. 1028.

1271 Vgl. Kap. 2, I. 2. b) bb).

1272 Vgl. Urt. des BFH vom 18. November 1970 *I 133/64*, a.a.O., hier S. 135; vgl. auch *Koch, Simone*: Bilanzierung von Nutzungsrechten nach GoB und IFRS, a.a.O., hier S. 71.

1273 Vgl. Kap. 1, I. 1. c).

1274 Vgl. *Keller, Tobias*: Der Grundsatz wirtschaftlicher Vermögenszugehörigkeit im Bilanzrecht, a.a.O., hier S. 13.

1275 Vgl. ausführlich Kap. 2, II. 3. c).

1276 Vgl. zum Gedanken - allerdings zur IFRS-Rechnungslegung - *Scharenberg, Sigrun*: Die Bilanzierung von wirtschaftlichem Eigentum in der IFRS-Rechnungslegung, a.a.O., hier S. 258.

Neben dem Ertrag kann auch die Substanz zwischen involvierten Parteien aufgeteilt sein. Deren faktische Unentziehbarkeit ist bereits relevant für die Frage, ob überhaupt ein Vermögensgegenstand vorliegt.[1277] Besitz allein führt nicht zu einer Mehrung wirtschaftlichen Könnens.[1278] Insofern ist das Problem der Unschärfe der *Döllerer*-Formel vor allem dann durch eine wertende Gesamtbetrachtung zu lösen, wenn die Substanz und der Ertrag aus einem Vermögensgegenstand jeweils verschiedenen Parteien zugeordnet werden können. Zugleich bleibt im Einzelfall zu beurteilen, wie mit verschiedenen Möglichkeiten der Partizipation an den Erträgen, z.B. einer Beteiligung, umzugehen ist.[1279]

cc) Auslegung der Dauer-Komponente bei Cum/Ex-Geschäften

Die Dauer-Komponente stellt ein Bindeglied zu § 39 Abs. 2 AO dar, weil sie auch auf eine Ausschließbarkeit des zivilrechtlichen Eigentümers abstellt, diese allerdings wirtschaftlich versteht.[1280] Auch *Seeliger* versteht „Dauer" im Sinne einer Periode, die so lange besteht, bis sich in rechtlicher oder tatsächlicher Hinsicht etwas ändert.[1281] Damit ist nicht notwendigerweise die gesamte Nutzungsdauer als notwendiges Kriterium gemeint; in der *Döllerer*-Formel ist das Dauer-Merkmal vielmehr als wirtschaftliches Ausschlussrecht zu interpretieren.[1282] Die Frage nach der Dauerhaftigkeit stellt sich insbesondere bei nicht abnutzbaren Vermögensgegenständen.[1283] Mit Blick auf den Aktienhandel – also unter anderem auch mit Blick auf Cum/Ex-Transaktionen – kann die Dauer-Komponente der *Döllerer*-Formel nicht absolut verstanden werden. Gleiches gilt für § 39 Abs. 2 Nr. 1 AO, wo auf die „gewöhnliche Nutzungsdauer" rekurriert wird. Die Anforderung einer (wirtschaftlich verstandenen) Ausschließungsbefugnis

---

[1277] Vgl. *Hommel, Michael*: Bilanzierung immaterieller Anlagewerte, a.a.O., hier S. 155; *Moxter, Adolf*: Grundsätze ordnungsgemäßer Rechnungslegung, a.a.O., hier S. 65f.

[1278] Vgl. *Keller, Tobias*: Der Grundsatz wirtschaftlicher Vermögenszugehörigkeit im Bilanzrecht, a.a.O., hier S. 13.

[1279] Vgl. *Haisch, Martin*: Jüngste Entwicklungen bei der Besteuerung von Wertpapierdarlehensgeschäften, a.a.O., hier S. 281.

[1280] Vgl. Urt. des BFH vom 24. Juni 2004 *III R 50/01*, in: BStBl. II 2005, S. 80–82, hier S. 81; vgl. auch *Wüstemann, Jens* et al.: Gewinnrealisierung, a.a.O., hier Rz. 59.

[1281] Vgl. *Seeliger, Gerhard*: Der Begriff des wirtschaftlichen Eigentums im Steuerrecht, a.a.O., hier S. 47.

[1282] Vgl. *Wüstemann, Jens* et al.: Gewinnrealisierung, a.a.O., hier Rz. 59.

[1283] Vgl. *Kolbinger, Kathleen*: Das wirtschaftliche Eigentum an Aktien, a.a.O., hier S.51f; kritisch zur Dauer-Komponente bereits *Schulze-Osterloh, Joachim*: Die Rechnungslegung der Innengesellschaft, a.a.O., hier S. 395.

kann bei nicht abnutzbaren Vermögensgegenständen nicht in Relation zu dessen Nutzungsdauer betrachtet werden.

c) *Bedeutung der handelsrechtlichen GoB für die steuerbilanzielle Vermögenszurechnung im Rahmen von Cum/Ex-Geschäften*

aa) Die Figur des Gestaltungsmissbrauchs nach § 42 AO in Handels- und Steuerbilanz im Rahmen von Cum/Ex-Gestaltungen

Durch verschiedene Gestaltungsformen kann versucht werden, die ökonomische Substanz einer Transaktion zu verdecken und so den (abstrakten) Normbefehl zu umgehen.[1284] Die Auslegung einer Norm kann insbesondere dann erschwert werden, wenn der Wortlaut „durch entsprechende Sachverhaltsgestaltung eindeutig eingehalten oder eine Konstellation nicht mehr von ihm erfasst ist"[1285].

Die Würdigung der Cum/Ex-Geschäfte im Schrifttum ist zentriert um die Frage nach dem Vorliegen eines Gestaltungsmissbrauchs.[1286] Ein Gestaltungsmissbrauch ist üblicherweise gekennzeichnet von der Wahl einer rechtlichen Gestaltung, die relativ zum angestrebten Ziel unangemessen ist, durch wirtschaftliche Gründe nicht gerechtfertigt werden kann und der Steuerminderung dienen soll.[1287]

Es geht im Kern um den zweckwidrigen Gebrauch einer Norm mit dem Ziel, deren Rechtsfolgen hervorzurufen.[1288] Dagegen ist das Motiv, Steuern zu sparen allein nicht hinreichend für die Annahme einer unangemessenen Gestaltung.[1289]

[1284] Vgl. *Lindermann, Florian*: Normbehauptung im Steuerrecht durch das europäische Missbrauchsverbot, a.a.O., hier S. 25; *Florstedt, Tim*: Kein Kampf ums Recht, in: FS Baums, S. 433–446, hier S. 442.

[1285] *Lindermann, Florian*: Normbehauptung im Steuerrecht durch das europäische Missbrauchsverbot, a.a.O., hier S. 26.

[1286] Vgl. m.w.N. *Westermann, Benjamin*: Zivilrechtliche Folgen steuerlicher Rechtsirrtümer bei Cum-/Ex-Geschäften, a.a.O., hier S. 96–101.

[1287] Vgl. z.B. Urt. des BFH vom 8. März 2017 *IX R 5/16*, in: BStBl. II 2017, S. 930–934, hier S. 932; Urt. des BFH vom 21. August 2012 *VIII R 32/09*, in: BStBl. II 2013, S. 16–19, hier S. 18; Urt. des BFH vom 25. August 2009 *IX R 60/07*, in: BStBl. II 2009, S. 999–1000, hier S. 1000; Urt. des BFH vom 29. Mai 2008 *IX R 77/06*, in: BStBl. II 2008, S. 789–790, hier S. 789; Urt. des BFH vom 27. Oktober 2005 *IX R 76/03*, in: BStBl. II 2006, S. 359–361, hier S. 360; Urt. des BFH vom 26. März 1996 *IX R 51/92*, in: BStBl. II 1996, S. 443–444, hier S. 444; Urt. des BFH vom 27. Juli 1999 *VIII R 36/98*, in: BStBl. II 1999, S. 769–771, hier S. 770; vgl. auch Urt. des FG Hessen vom 28. Januar 2020 *4 K 890/17*, in: NZG, 23. Jg. (2020), S. 1079–1080, hier S. 1089.

[1288] Vgl. bereits *Huber-Krebs, Hanns Walter*: Untersuchung einer Konformität zwischen Steuerrecht und Privatrecht unter besonderer Berücksichtigung des Mißbrauchstatbestandes, in: StuW, 44. Jg. (1967), S. 97–116, hier S. 108f.

[1289] Grundsätzlich keinen Gestaltungsmissbrauch stellen daher z.B. ringweise Anteilsveräußerungen dar, vgl. Urt. des BFH vom 7. Dezember 2010 *IX R 40/09*, in: BStBl. II 2011, S. 427-429, hier S. 427; der Steuerpflichtige kann grds. seine Angelegenheiten so einrichten, dass er möglichst wenig Steuern zahlen muss; dazu muss er nicht zwingend "typische" Gestaltungswege wählen vgl.

Es kommt für das Vorliegen eines Gestaltungsmissbrauchs immer auf den konkreten Einzelfall an[1290] Bilanzsteuerlich wäre § 42 AO im Fall von Cum/Ex-Transaktionen wenn überhaupt nur dann zu prüfen, wenn das wirtschaftliche Eigentum übergegangen ist.[1291]

Das Heranziehen der Einzelfallbetrachtung des § 42 AO für die Fälle der Cum/Ex-Transaktionen liegt insofern nahe, als auch bei der Zurechnung (in konzeptioneller Sicht) der konkrete Einzelfall in der Gesamtschau entscheidend ist.[1292]

Die Cum/Ex-Fälle weisen üblicherweise eine rechtliche Gestaltung auf, die als wesentliches Motiv der mehrfachen Anrechnung von Kapitalertragsteuer folgt; worauf es allerdings im Fall der Cum/Ex-Geschäfte nur ankommt, wenn die Zurechnungskonzeption den Sachverhalt nicht zu lösen vermag.[1293] Damit wird in vielen Fällen – insbesondere bei Vorliegen von Absprachen zwischen den Beteiligten Akteuren – ein Missbrauch einer rechtlichen Gestaltung gegeben sein.[1294] Die Argumentation, dass § 42 AO nicht einschlägig ist, weil der Gesetzgeber die doppelte Anrechnung hingenommen hätte und daher kein gegenüber Gestaltungen des Steuerpflichtigen schutzwürdiges Steuergut bestehe,[1295] ist argumentativ nicht haltbar, da § 42 AO gerade dann

Beschluss des BVerfG vom 14. April 1959 *1 BvL 23/57*, in: BVerfGE 9, S. 237–250, hier Rn. 49; Urt. des BFH vom 18. Dezember 1990 *VIII R 290/82*, in: BStBl. II 1991, S. 391–395, hier S. 394.

1290 Vgl. zum Dividenden-Stripping *Krawitz, Norbert*: Aktuelle Änderungen der einkommensteuerlichen Behandlung des sog. Dividenden-Stripping, in: DStR, 32. Jg. (1994), S. 881–889, hier S. 886; zur „Schwäche einer allgemeinen Missbrauchsvorschrift" vgl. *Seiler, Hans-Werner*: Zur Durchsetzung der Einmalbesteuerung deutscher Körperschaftsgewinne, Frankfurt am Main 2000, hier S. 103; vgl. zur Konkurrenz des § 42 AO mit einzelsteuergesetzlichen Konkretisierungen zur Missbrauchsabwehr Urt. des BFH vom 15. Dezember 1999 *I R 29/97*, a.a.O., hier S. 532.

1291 Vgl. *Spengel, Christoph*: Sachverständigengutachten nach § 28 PUAG für den 4. Untersuchungsausschuss der 18. Wahlperiode, Mannheim 2016, hier S. 60.

1292 Vgl. *Schwenke, Michael*: Cum/Ex-Geschäfte, in: jM, 2. Jg. (2015), S. 83–86, hier S. 85; gleichwohl können ähnliche Sachverhalte wie etwa Gestaltungsmissbrauch bei Pensionsgeschäften die Würdigung erhellen, vgl. Beschluss des BFH vom 29. November 1982 *GrS 1/81*, in: BStBl. II 1983, S. 272–278, hier S. 277.

1293 Vgl. *Schön, Wolfgang*: Cum-/Ex-Geschäfte - materiell-rechtliche und verfahrensrechtliche Fragen, in: RdF, 5. Jg. (2015), S. 115–131, hier S. 130f; auch *Spengel, Christoph*: Sachverständigengutachten nach §28 PUAG für den 4. Untersuchungsausschuss der 18. Wahlperiode, a.a.O., hier S. 97.

1294 Vgl. *Westermann, Benjamin*: Zivilrechtliche Folgen steuerlicher Rechtsirrtümer bei Cum-/Ex-Geschäften, a.a.O., hier S. 101.

1295 Zu dieser Argumentation vgl. *Seer, Roman/Krumm, Marcel*: Die Kriminalisierung der Cum-/Ex-Dividende-Geschäfte als Herausforderung für den Rechtsstaat, in: DStR, 51. Jg. (2013), S. 1757–1764, hier S. 1764; oftmals wird im Schrifttum dabei auf einen Gesetzesentwurf Bezug genommen und gefolgert, der Gesetzgeber habe eine mehrfache Zurechnung desselben Vermögens hingenommen, vgl. Bt-Drs 16/2712 vom 25.09.2006, hier S. 47f.

überhaupt anwendbar ist, wenn ein Sachverhalt (formal) die vom Gesetzgeber erlassenen gesetzlichen Tatbestände erfüllt. Nimmt man an, dass eine rechtsichere Zuordnung vom Vermögen über die Zurechnungskonzeption nicht möglich ist, ist § 42 AO das notwendige Korrektiv.[1296] § 42 AO soll gerade ein Methodeninstrument zur wirtschaftlichen Substanzerfassung in diesen Fällen darstellen.[1297]

Auch wenn insoweit eine Parallele zur wirtschaftlichen Vermögenszurechnung besteht, nämlich dass auch diese Ausdruck einer wirtschaftlichen Betrachtungsweise ist, überzeugt die Vermengung der Prüfung der Zurechnung eines Vermögensgegenstandes und der Prüfung des Vorliegens eines Gestaltungsmissbrauchs nicht. Es überrascht nicht, dass die Rechtsprechung der Finanzgerichte in Cum/Ex-Fällen zwar konzeptionell nicht stringent argumentiert, allerdings zum Ergebnis kommt, dass die zur Zurechnung von Vermögen notwendigen Tatbestände schlicht nicht erfüllt sind und das ohne § 42 AO oder der Missbrauchsprüfung entlehnte Argumente zwingend bemühen zu müssen.[1298]

bb) Bedeutung der Rechtsprechung des EuGH für die Lösung der Zurechnungsentscheidung bei Cum/Ex-Gestaltungen

Zudem ist fraglich, ob im betrachteten Sachverhalt EU-Recht und im Speziellen die Rechtsprechung des EuGH einschlägig ist.[1299] Allerdings kann Gestaltungsmissbrauch an der „Nahtstelle von Zivil- und Steuerrecht“ generell als „internationales Rechtsproblem“[1300] verstanden werden. Im Recht der Europäischen Union dient das

[1296] Vgl. dazu *Florstedt, Tim*: Reformerfolge und fortbestehender Reformbedarf beim steuermotivierten Aktienhandel um Dividendenstichtage, in: DStR, 58. Jg. (2020), S. 2399–2405, hier S. 2405.

[1297] Vgl. *ders.*: Wirtschaftliches Eigentum und Steuerumgehung bei Aktiengeschäften um den Dividendenstichtag, a.a.O., hier S. 219; zumindest einen eingeschränkten Raum für § 42 AO als Korrektiv sieht auch *Podewils, Felix*: Doppelte Steuererstattung durch "Dividenden-Stripping", in: AG, 55. Jg. (2010), S. 391–397, hier S. 396.

[1298] Vgl. z.B. Urt. des FG Hessen vom 10. März 2017 *4 K 977/14*, a.a.O., hier S, 859; kritisch dazu vgl. *Müller, Thomas/Schade, Lutz*: Das große Missverständnis der Kapitalertragsteuererstattung, in: BB, 72. Jg. (2017), S. 1239–1249, hier S. 1240–1245; die Anwendung von § 42 AO (explizit) offen lässt Urt. des FG Hessen vom 10. Februar 2016 *4 K 1684/14*, in: WM 71. Jg. (2017), S. 829–836, hier S. 837.

[1299] Kritisch vgl. *Schön, Wolfgang*: Rechtsmissbrauch im europäischen (Steuer-)Recht, in: EuZW, 31. Jg. (2020), S. 685–689, hier S. 689; zur Bedeutung der Rechtsprechung des EuGH vgl. z.B. *Grundmann, Stefan*: Inter-Instrumental-Interpretation, in: Rabels Zeitschrift für ausländisches und internationales Privatrecht, 75. Jg. (2011), S. 882–932, hier S. 930.

[1300] *Böing, Christian*: Steuerlicher Gestaltungsmissbrauch in Europa, Hamburg 2006, hier S. 1 (beide Zitate). Die Vermeidung von Steuern könnte generell als internationales Problemfeld ausgemacht werden, da diese naturgemäß auch grenzüberschreitend stattfindet.

unionsrechtliche Missbrauchsverbot als Schutzmechanismus zur Wahrung der Integrität des Rechtssystems.[1301] Während die Missbrauchsdogmatik des EuGH auch Parallelen zur Figur des Gestaltungsmissbrauchs gemäß § 42 AO aufzeigt, wird im Unionsrecht stärker auf den subjektiven Tatbestand abgestellt, also etwa intendierte Zwecksetzungen stärker gewichtet.[1302] Während im juristisch geprägten Schrifttum durchaus strittig ist, wie weitgehend subjektive Tatbestandsmerkmale zu berücksichtigen sind,[1303] ist zumindest festzuhalten, dass keine europäische Rechtsordnung für ihre Rechtsanordnungen eine bloße Wortauslegung vorsieht.[1304] Bereits dieser Befund spricht dafür, dass subjektive Tatbestandsmerkmale einen Sachverhalt immer dann erhellen können, wenn diese das Verständnis des wirtschaftlichen Zwecks einer Transaktion vertiefen können. Zudem nehmen unionsrechtliche Entwicklungen auch Einfluss auf die Auslegung nationaler Missbrauchsvorschriften.[1305]

Zugleich normiert das Unionsrecht eine wirtschaftliche Betrachtung, um Konflikte zwischen Form und Substanz zu lösen: Das unionsrechtliche Missbrauchsverbot wird üblicherweise in mehreren Schritten geprüft,[1306] wobei zunächst ein objektives Element betrachtet wird, was die Ermittlung eines Normziels und die Feststellung einer Verfehlung dieses unionsrechtlichen Normziels umfasst. Im nächsten Schritt stellt die Prüfung eines subjektiven Elements insbesondere auf das Vorliegen einer künstlichen

---

[1301] Vgl. *Lindermann, Florian*: Normbehauptung im Steuerrecht durch das europäische Missbrauchsverbot, a.a.O., hier S. 26.

[1302] Vgl. *Florstedt, Tim*: Die allgemeine Missbrauchsregel in der Richtlinie über eine Gemeinsame konsolidierte Körperschaftsteuer-Bemessungsgrundlage, in: FR, 98. Jg. (2016), S. 1–10, hier S. 5; *Lindermann, Florian*: Normbehauptung im Steuerrecht durch das europäische Missbrauchsverbot, a.a.O., hier S. 34.

[1303] Für eine objektive Sicht eintretend *Teichmann, Arndt*: Die Gesetzesumgehung, Göttingen 1962, hier S. 70; zur Nähe von § 42 AO zur teleologischen Auslegung und zu subjektiven Elementen als Voraussetzung vgl. *Englisch, Joachim*: Verbot des Rechtsmissbrauchs, in: StuW, 86. Jg. (2009), S. 3–22, hier S. 22; zur Ansicht, dass es gar nicht auf eine Missbrauchsvorschrift ankomme vgl. *Armbrüster, Christian*: § 134 BGB, in: Münchener Kommentar zum BGB, hier Rn. 19; a.A. *Hüttemann, Rainer*: Steuerrechtsprechung und Steuerumgehung, in: DStR, 53. Jg. (2015), S. 1146–1152, hier S. 1147.

[1304] Vgl. *Florstedt, Tim*: Finanzkrise als Krise der Normbehauptung, in: ZBB, 25. Jg. (2013), S. 81–93, hier S. 82.

[1305] Vgl. *Lindermann, Florian*: Gestaltungsgrenzen des Dividendenstrippings nach § 42 AO im Lichte des europäischen Missbrauchsverbots, in: DStR, 57. Jg. (2019), S. 1549–1588, hier S. 1549; vgl. zum Verhältnis von § 42 AO und dem Unionsrecht auch *Hey, Johanna*: Harmonisierung der Missbrauchsabwehr durch die Anti-Tax-Avoidance-Directive (ATAD), in: StuW, 94. Jg. (2017), S. 248–265, hier S. 258.

[1306] Vgl. dazu ausführlich *Lindermann, Florian*: Normbehauptung im Steuerrecht durch das europäische Missbrauchsverbot, a.a.O., hier S. 173-198.

Konstruktion im Einzelfall ab,[1307] wobei auch die einer Sachverhaltsgestaltung zugrundeliegenden Motive der Beteiligten bewertet werden.[1308]

Der EuGH geht von einer Künstlichkeit einer Gestaltung z.B. aus, wenn keine wirkliche wirtschaftliche Tätigkeit ausgeübt wird,[1309] keine vernünftigen wirtschaftlichen Gründe für die Gestaltung vorliegen,[1310] kein konkreter geschäftlicher Anlass erkennbar ist[1311] oder die Gestaltung einem Fremdvergleich nicht standhält.[1312] Auch eine wesentlich asymmetrische Verteilung von Chancen und Risiken kann ein Indiz für eine künstliche Gestaltung sein.[1313]

Im Ergebnis kann mit *Lindermann* festgehalten werden, dass das unionsrechtliche Missbrauchsverbot durch den Vergleich von Form und Substanz einer Gestaltung ein effizientes Mittel der Normbehauptung ist.[1314] Die unionsrechtliche Missbrauchsdogmatik ist systematisch und materiell allerdings gar nicht notwendigerweise zur Lösung der zurechnungsbezogenen Fragestellungen bei Cum/Ex-Transaktionen heranzuziehen. Dennoch ist die Befassung mit ihr relevant, da sie insbesondere dann den Blick auf das Prinzip wirtschaftlicher Betrachtungsweise im deutschen Bilanzrecht lenkt, wenn sie subtanzorientiert auch subjektive Merkmale miteinbezieht.

cc) Lösung durch eine Orientierung an den handelsrechtlichen GoB

Florstedt weist zu Recht darauf hin, dass die Rechtsprechung in Cum/Ex-Fällen teilweise den Rekurs auf § 42 AO in die Betrachtung der personellen Zuordnung „einlagert“ und nicht unabhängig in einem zweiten Schritt betrachtet.[1315] Dies deutet bereits

---

[1307] Vgl. z.B. Urt. des EuGH vom 21. Februar 2006 *C-255/02*, in: DB, 59.Jg. (2006), S. 541, hier S. 541.

[1308] Vgl. *Lindermann, Florian*: Normbehauptung im Steuerrecht durch das europäische Missbrauchsverbot, a.a.O., hier S. 197.

[1309] Vgl. Urt. des EuGH vom 12. September 2006 *C-194/04*, in: EuZW, 17. Jg. (2006), S. 633–638, hier S. 638.

[1310] Vgl. Urt. des EuGH vom 17. Juli 1997 *C-28/95*, in: DB, 50. Jg. (1997), S. 1851–1855, hier S. 1851.

[1311] Vgl. Urt. des EuGH vom 5. Juli 2007 *C-321/05*, in: EuZW, 18. Jg. (2007), S. 641–643, hier S. 642.

[1312] Vgl. Urt. des EuGH vom 29. Mai 1997 *C-63/96*, in: BStBl. II 1997, S. 841–844, hier S. 843.

[1313] Bezugnehmend auf EuGH C-155/13 vgl. Urt. des EuGH vom 26. Februar 2019 *C-116/16 und C-117/16*, in: BeckRS 2019, S. 2173, hier Rn. 98.

[1314] Vgl. *Lindermann, Florian*: Normbehauptung im Steuerrecht durch das europäische Missbrauchsverbot, a.a.O., hier S. 218.

[1315] Vgl. *Florstedt, Tim*: Anteilszurechnung und Alternativität, a.a.O., hier S. 644 (auch Zitat); der Argumentation über ein "Gesamtvertragskonzept" folgt z.B. Urt. des BFH vom 16. April 2014 *I R 2/12*, a.a.O., hier S. 2725; dass dies zumindest teilweise konsistent sein kann, zeigt *Pflaum, Ulrich*:

darauf hin, dass bereits die Zurechnungsentscheidung von entscheidender Bedeutung für die Falllösung ist. Die steuerrechtliche Zurechnungsdogmatik ist, insoweit sie von der Rechtsprechung geprägt ist, tatsächlich „für das kapitalmarktrechtliche Bezugsfeld nicht ausgereift“[1316]

Das Problem des Ansatzes ist insbesondere das des „am Einzelfall orientierten Problemzugriffs“[1317]. Einerseits soll die wirtschaftliche Betrachtungsweise gerade eine Würdigung der jeweils vorliegenden wirtschaftlichen Substanz ermöglichen, andererseits ist ein stringenter Problemzugriff für die Rechtssicherheit und aus Gründen der Objektivierung von erheblicher Bedeutung.[1318]

Das Prinzip wirtschaftlicher Betrachtungsweise spielt eine bedeutsame Rolle bei der Wahrung der Konsistenz des prinzipienbasierten GoB-Systems[1319] und kann so auch zur Rechtssicherheit beitragen, da es eine bewusste Normumgehung erschwert.[1320] Die Bedeutung der wirtschaftlichen Betrachtungsweise wird deutlich bei der bilanzrechtlichen Würdigung der Cum/Ex-Gestaltungen: Das System der GoB kann gerade auch dann adäquate Lösungen hervorbringen, wenn durch formale Gestaltungen der Normzweck zu umgehen versucht wird. *Kirchhof* betont zu Recht, dass insbesondere bereits die teleologische Auslegung – und damit eingeschlossen eine substanzorientierte wirtschaftliche Betrachtungsweise – regelmäßig ein ausreichendes Korrektiv gegen den Missbrauch rechtlicher Gestaltungsmöglichkeiten darstellt.[1321] Die Rechtsanwendung

---

Zur steuerstraf- und ordnungswidrigkeitsrechtlichen Relevanz von 'Cum-/Ex'-Geschäften, in: StBp, 55. Jg. (2015), S. 185–196, hier S. 195f.

1316 *Florstedt, Tim*: Anteilszurechnung und Alternativität, a.a.O., hier S. 651; klare Trennlinien zwischen der Prüfung der Zurechnung eines Vermögensgegenstands und dem Missbrauch rechtlicher Gestaltungen in der Rechtsprechung vermissen auch *Müller, Magnus/Günther, Johannes*: Cum/Cum, die Nächste, in: RdF, 10. Jg. (2020), S. 289–296, hier S. 296; der BFH prüft z.B. das Vorliegen eines modellhaftes Gesamtvertragskonzept bereits im Rahmen der Zurechnung eines Vermögensgegenstands Urt. des BFH vom 16. April 2014 *I R 2/12*, a.a.O., hier S. 2725.

1317 *Florstedt, Tim*: Anteilszurechnung und Alternativität, a.a.O., hier S. 642.

1318 Vgl. zur Rechtsicherheit und zur Notwendigkeit von Objektivierung insbes. Kap. 1, III. 1. b).

1319 Vgl. insbes. Kap. 1, III. 1. a).

1320 Vgl. *Moxter, Adolf*: Zur wirtschaftlichen Betrachtungsweise im Bilanzrecht, a.a.O., hier S. 240; *Backes, Matthias*: Grundsätze ordnungsmäßiger Sicherungsbilanzierung nach IFRS und HGB, a.a.O., hier S. 20f.

1321 Vgl. *Kirchhof, Paul*: Ethos der Steuergerechtigkeit, in: JZ, 70. Jg. (2015), S. 105–113, hier S. 110; insbes. die Apellfunktion von § 42 AO betonend, aber grds. ebenfalls ablehnend *Sieker, Susanne*: Umgehungsgeschäfte, Tübingen 2001, hier S. 214; zu Grenzen dieser Ansicht vgl. *Schön, Wolfgang*: Legalität, Gestaltungsfreiheit und Belastungsgleichheit als Grundlagen des Steuerrechts, in: DStjG, 33. Tagungsbd. (2010), S. 29–63, hier S. 50f.

ist nicht zwangsläufig durch die Grenze des Wortlauts beschränkt.[1322] Daher bedarf es für die Lösung der Cum/Ex-Gestaltungen weder im Zivilrecht noch im Steuerrecht eine Umgehungsvorschrift:[1323] § 42 AO hat daher „keine konstitutive Bedeutung"[1324] für die Lösung der Zurechnungsfrage bei Cum/Ex-Sachverhalten.

Ein Gestaltungsmissbrauch wird in einigen Fällen von Cum-Ex-Transaktionen zu bejahen sein, was steuerbilanziell zu einem vergleichbaren Ergebnis führen würde.[1325]

Gleichwohl kommt es nicht auf das Vorliegen eines Missbrauchs rechtlicher Gestaltungen an. Dass die höchstrichterliche Rechtsprechung die Prüfung der Zurechnung von Vermögensgegenständen mit der Prüfung des Vorliegens eines Missbrauchs von Gestaltungen vermengt,[1326] zeigt bereits, dass die Entwicklung einer Lösung über Zurechnungsgrundsätze allein naheliegt.

Dass eine Lösung der Frage der wirtschaftlichen Vermögenszurechnung aus allgemeinen Grundsätzen ableitbar sein sollte, ist selbstverständlich,[1327] zugleich ist der höchstrichterlichen Rechtsprechung darin zuzustimmen, dass dies nicht ausschließt, die Besonderheiten des Aktienhandels angemessen zu berücksichtigen.[1328]

[1322] Vgl. *Danzer, Jürgen*: Die Steuerumgehung, Köln 1981, hier S. 82; wohl deshalb ablehnend mit Blick auf die Frage nach der Notwendigkeit einer gesonderten Missbrauchsvorschrift *Becker, Enno*: Zur Auslegung der Steuergesetze, in: StuW, 3. Jg. (1924), 145-180, vgl. S. 155f.

[1323] So auch *Kirchhof, Paul*: Ethos der Steuergerechtigkeit, a.a.O., hier S. 110; a.A. und insbes. angelehnt an eine europarechtlich geprägte Missbrauchsvorschrift argumentierend *Florstedt, Tim*: Wirtschaftliches Eigentum und Steuerumgehung bei Aktiengeschäften um den Dividendenstichtag, a.a.O., hier S. 228.

[1324] *Danzer, Jürgen*: Die Steuerumgehung, a.a.O., hier S. 83.

[1325] Vgl. *Schön, Wolfgang*: Cum-/Ex-Geschäfte - materiell-rechtliche und verfahrensrechtliche Fragen, a.a.O., hier S. 131.

[1326] Vgl. *Knobloch, Alois Paul/Kußmaul, Heinz*: Kritische Anmerkungen zu den gesetzlichen und verwaltungsseitigen Maßnahmen der Sanktionierung von Cum-cum-Gestaltungen, in: BFuP, 71. Jg. (2019), S. 599–627, hier S. 606; *Kußmaul, Heinz* et al.: Steuerliche Aufarbeitung von Cum/Cum-Transaktionen (im Zeitraum 1.3.2013-31.12.2015), in: StB, 61. Jg. (2018), S. 254–261, hier S. 255; *Florstedt, Tim*: Wirtschaftliches Eigentum und Steuerumgehung bei Aktiengeschäften um den Dividendenstichtag, a.a.O., hier S. 227; explizit a.A. Urt. des BFH vom 2. Februar 2022 *I R 22/20*, a.a.O., hier S. 333.

[1327] Die Gefahr eines „Sonderrechts" sieht *Loritz, Karl-Georg*: Der Streit um Cum-Ex-Geschäfte, in: WM, 71. Jg. (2017), S. 353–361, hier S. 353.

[1328] Vgl. Urt. des BFH vom 2. Februar 2022 *I R 22/20*, a.a.O., hier S. 332.

Zutreffend wird im Schrifttum teilweise[1329] betont, dass keine Gesetzeslücke bestand und sich folglich bei Cum/Ex-Transaktionen regelmäßig die Frage nach einem Missbrauch von Gestaltungsmöglichkeiten gar nicht stellt, die wesentlichen Problemfelder der Fälle also bereits konzeptionell über die Vorschriften über die Zurechnung von Vermögensgegenständen gelöst werden können. Jedoch vermag die Begründung im Schrifttum nicht restlos zu überzeugen, da sie verkennt, dass gerade die handelsrechtlichen GoB und entsprechend deren Zurechnungskonzeption einschlägig sind.[1330]

Nach dem vom Bundesfinanzhof dargelegten Grundsätzen[1331] ist es für eine veränderte Zurechnung einer Aktie nicht ausreichend, dass eine schuldrechtliche Vereinbarung zur Übertragung vorliegt; vielmehr muss auch ein positives Herrschaftselement beim Erwerber gegeben sein, das diesem eine faktisch unentziehbare Rechtsposition verschafft.[1332]

Systematisch kann es nicht allein darauf ankommen, ob eine Transaktion börslich oder außerbörslich abgewickelt wird: Der Übergang der wesentlichen Kurschancen und Kursrisiken vollzieht sich grundsätzlich vergleichbar.[1333] Allerdings kann es sehr wohl Unterschiede darin geben, wie stark die Rechtsposition des Käufers bereits bei Abschluss des schuldrechtlichen Rechtsgeschäfts ist.[1334]

Das Argument, dass die Stimmrechtsausübung keine entscheidende Bedeutung habe,[1335] bedarf allerdings im Fall von Cum/Ex-Geschäften einer weiteren Untersuchung: Während man für viele Fälle zustimmen wird, ist zu berücksichtigen, dass

[1329] Vgl. *Spengel, Christoph/Eisgruber, Thomas*: Die nicht vorhandene Gesetzeslücke bei Cum/Ex-Geschäften, a.a.O., hier S. 801; *Spengel, Christoph*: Sachverständigengutachten nach §28 PUAG für den 4. Untersuchungsausschuss der 18. Wahlperiode, a.a.O., hier S. 96.

[1330] Z.B. überzeugt das Ergebnis bei *Spengel, Christoph/Eisgruber, Thomas*: Die nicht vorhandene Gesetzeslücke bei Cum/Ex-Geschäften, a.a.O., hier S. 787f. Die Begründung anhand von § 39 AO ist schlüssig. § 39 AO ist aber überhaupt nicht einschlägig.

[1331] Der BFH stellt klar, dass nach den üblichen Abläufen eine faktische Unentziehbarkeit gegeben sein müsse, vgl. Urt. des BFH vom 15. Dezember 1999 *I R 29/97*, a.a.O., hier S. 530.

[1332] So auch Schreiben des BMF vom 24. Juni 2015 *IV C 1 - S 2252/13/10005*, in: DStR, 2015, S. 1624–1627, hier S. 1625; anders zu verstehen ist auch nicht Beschluss des BFH vom 20. November 2007 *I R 85/05*, a.a.O., hier S. 288.

[1333] Zumindest insoweit ist zuzustimmen *Berger, Hanno/Matuszweski, Jörn*: Dividendenstripping im Fokus der Finanzverwaltung, a.a.O., hier S. 3099.

[1334] Vgl. Schreiben des BMF vom 24. Juni 2015 *IV C 1 - S 2252/13/10005*, a.a.O., hier S. 1625f; *Brandis, Peter*: Sog. cum/ex-Geschäfte, a.a.O., hier S. 44f.

[1335] So *Berger, Hanno/Matuszweski, Jörn*: Dividendenstripping im Fokus der Finanzverwaltung, a.a.O., hier S. 3100.

Cum/Ex-Geschäfte naturgemäß in zeitlicher Nähe zur Hauptversammlung stattfinden und gerade dort die Möglichkeit der Ausübung des Stimmrechts werthaltig ist.[1336] Insofern ist in der Gesamtschau zu würdigen, inwieweit etwa ein fehlendes Stimmrecht ins Gewicht fällt. Eine pauschale Negierung der Bedeutung ist weder aus der höchstrichterlichen Rechtsprechung ableitbar noch materiell geboten.

Ein fehlendes Dividendenbezugsrecht verhindert dagegen bei Vorliegen wirtschaftlich vergleichbarer Surrogate wie etwa Dividendenkompensationszahlungen[1337] für sich genommen keine wirtschaftliche Zurechnung.

Leerkäufer erhalten aber weder das Stimmrecht, haben kein originäre Dividendenberechtigung und haben regelmäßig gerade keine unentziehbare Herrschaftsposition, und können damit in diesem Zeitpunkt auch kein Zurechnungssubjekt nach handelsrechtlichen GoB sein. Dies führt dazu, dass zwar nicht notwendigerweise Unterschiede zwischen der Abwicklung im börslichen und im außerbörslichen Handel entscheidend sind, sondern die Frage ob ein Leerverkauf vorliegt oder nicht: Der Leerverkäufer agiert wirtschaftlich betrachtet wie ein Treuhänder und kann somit keine zurechnungsrelevante Position verschaffen.[1338]

Die vom Bundesfinanzhof dargestellten Gründe für einen Übergang einer Aktie bei Abschluss eines schuldrechtlichen Rechtsgeschäfts sind nicht auf Leerverkäufe übertragbar.[1339] Ein Leerverkäufer kann keine stärkere Position vermitteln, als er selbst innehat.[1340] Als Veräußerer trägt er zudem noch das volle Erfüllungsrisiko[1341] und

---

1336 Vgl. *Anzinger, Heribert*: Übergang des wirtschaftlichen Eigentums an girosammelverwahrten Aktien im System der Kapitalertragsteuer, a.a.O., hier S. 402.

1337 Vgl. *Englisch, Joachim*: Wirtschaftliches Eigentum beim Kauf girosammelverwahrter Aktien, a.a.O., hier S. 1027.

1338 Vgl. *Nickel, Manuel*: Die steuerstrafrechtliche Bewertung von Cum/Ex-Geschäften, a.a.O., hier S. 389.

1339 Vgl. *Bruns, Jan-Willem*: Leerverkäufe und missbräuchliche Gestaltungen, in: DStR, 48. Jg. (2010), S. 2061–2066, hier S. 2062; Urt. des BFH vom 15. Dezember 1999 *I R 29/97*, a.a.O., hier S. 529f; BT-Drs 17/13638 vom 27.05.2013, hier S. 10f.

1340 Zwar mit Blick auf die Logik § 39 AO, aber durchaus treffend auch mit Blick auf die wirtschaftliche Vermögenszurechnung nach handelsrechtlichen GoB wird festgehalten, dass dem Leerverkäufer nichts entzogen werden könne, was er nicht hat, vgl. *Spengel, Christoph/Eisgruber, Thomas*: Die nicht vorhandene Gesetzeslücke bei Cum/Ex-Geschäften, a.a.O., hier S. 789f; im Ergebnis ähnlich *Hennrichs, Joachim*: Kapitel 9: Steuerrechtliche Gewinnermittlung (Bilanzsteuerrecht), in: Tipke/Lang Steuerrecht, hier Rz. 9.155c.

1341 Vgl. zum Erfüllungsrisiko *Rau, Stepan/Sahl, Ottmar*: Nachbetrachtungen auf ein denkwürdiges Urt. und Ausblick auf weitere Entwicklungen, a.a.O., hier S. 1114f.

kann deshalb keine zurechnungsinduzierende Position vermitteln: So liegt beim Leerverkäufer z.B. gerade kein Zufluss einer Dividende vor, sodass die Zahlung des Leerverkäufers an den Leerkäufer keine Durchleitung des unmittelbaren Ertrags ist, sondern eine Schadensersatzzahlung.[1342] Zudem ist auch zu berücksichtigen, dass bei Leerverkäufen sog. Fails, also Lieferverzögerungen, nicht ausgeschlossen sind.[1343]

Der Übergang eines Vermögensgegenstands setzt voraus, dass die Umbuchung beim Zentralverwahrer nicht mehr verhindert werden kann.[1344] Nur dann kann eine faktisch nicht mehr entziehbare Herrschaftsposition begründet werden. Zu Recht wird allerdings festgestellt, dass dies im Hochfrequenzhandel[1345] problematisch sein kann. In diesen spezifischen Fällen könnte ausnahmsweise die erfolgsneutrale Bilanzierung des schuldrechtlichen Anspruchs auf Übertragung das Problem lösen, denn so ist sichergestellt, dass gerade keine mehrfache Bilanzierung desselben Vermögens resultiert, die Ausschüttungsbemessungsfunktion gewährleistet bleibt und der Informationsfunktion trotz deren Subsidiarität[1346] Rechnung getragen wird. Natürlich kann auch bei kurzfristigen Haltedauern eine wirtschaftliche Zurechnung geboten sein,[1347] allerdings setzt diese voraus, dass wirtschaftlich betrachtet eben auch Substanz und Ertrag zumindest für eine kurze Zeit vorliegen. Substanz und Ertrag liegen regelmäßig nicht vor, wenn außer einem Surrogat für das fehlende Dividendenbezugsrechts und ggf. kurzfristigen Wertänderungsrisiken keinerlei (positive) Merkmale vorliegen, die dem Eigentumsbegriff in wirtschaftlicher Sichtweise inhärent sind.

[1342] Vgl. *Spengel, Christoph/Eisgruber, Thomas*: Die nicht vorhandene Gesetzeslücke bei Cum/Ex-Geschäften, a.a.O., hier S. 789; auch *Dutt, Verena K.* et al.: Dividendenstripping durch Cum/Ex- und Cum/Cum-Geschäfte, in: StuW, 95. Jg. (2018), S. 229–239, hier S. 230; a.A. *Loritz, Karl-Georg*: Der Streit um Cum-Ex-Geschäfte, in: WM, 71. Jg. (2017), S. 309–319, hier S. 313.

[1343] Vgl. zum Aspekt der Fails *Rau, Stepan*: Kapitaleinkünfte bei Leerverkäufen über den Dividendenstichtag, a.a.O., hier S. 335.

[1344] Vgl. Schreiben des BMF vom 24. Juni 2015 *IV C 1 - S 2252/13/10005*, a.a.O., hier S. 1625.

[1345] Kritsch z.B. *Ditz, Xaver/Tcherveniachki, Vassil*: Zurechnung des wirtschaftlichen Eigentums im Rahmen einer Wertpapierleihe, in: DB, 69. Jg. (2016), S. 2995–3000, hier S. 2997; mit Verweis auf die ergangene Rechtsprechung zu wirtschaftlichem Eigentum bei kurzen Haltedauern vgl. *Knobloch, Alois Paul/Kußmaul, Heinz*: Kritische Anmerkungen zu den gesetzlichen und verwaltungsseitigen Maßnahmen der Sanktionierung von Cum-cum-Gestaltungen, a.a.O., hier S. 603; vgl. auch Urt. des BFH vom 25. August 2009 *IX R 60/07*, a.a.O., hier S. 530.

[1346] Vgl. Kap. 1, I. 1. b) bb).

[1347] So auch *Knobloch, Alois Paul/Kußmaul, Heinz*: Kritische Anmerkungen zu den gesetzlichen und verwaltungsseitigen Maßnahmen der Sanktionierung von Cum-cum-Gestaltungen, a.a.O., hier S. 603.

Wenn bei kurzfristigen Haltedauern um den Dividendenstichtag aber etwa auch das Stimmrecht (durch schuldrechtliche Vereinbarungen) faktisch übergeht, kann sich sehr wohl auch dann eine veränderte wirtschaftlich Vermögenszurechnung vor Übergang des (zivilrechtlichen) Eigentums ergeben: In Zurechnungsfragen bei kurzfristig am Bilanzstichtag gehaltenen Vermögensgegenstanden kann auch das Abschlussstichtagsprinzip in seiner Ausprägung der objektiven Wertaufhellungskonzeption heranzuziehen sein.[1348]

Anzinger schlägt vor, bei Vorliegen des Risikos einer mehrfachen Zurechnung den zivilrechtlichen Eigentümer zuzurechnen und diskutiert die Möglichkeit, ein dem Pfandsystem vergleichbares Zertifizierungssystem einzuführen, um dem Risiko der Mehrfachbilanzierung desselben Vermögens vorzubeugen.[1349] Der erste Gedanke ist schlüssig, führt aber zu keinem anderen Ergebnis als die handelsrechtlichen GoB: Stehen keinem anderen Beteiligten die Substanz und der Ertrag aus einem Vermögensgegenstand im Wesentlichen zu, erfolgt regelmäßig die Bilanzierung beim zivilrechtlichen Eigentümer. Der zweite Gedanke ist zwar zur Lösung des Problems in konzeptioneller Sicht nicht notwendig, ist aber insofern durchaus bedenkenswert, weil er in rein praktischer Hinsicht eine klare intersubjektive Zuordnung von bilanziellem Vermögen unterstützt.

Lindermann betont zu Recht, dass der Konflikt zwischen den Grundsätzen der Rechtssicherheit und der Gleichbehandlung bei der Frage nach einem Gestaltungsmissbrauch besonders deutlich wird.[1350] Das System der handelsrechtlichen GoB ist nicht nur aus methodischer Sicht über das Maßgeblichkeitsprinzip bei der Lösung von Zurechnungsfragen einschlägig, sondern vermag auch durch die interessenausgleichende Wirkung der handelsrechtlichen GoB[1351] materiell dem Problem eine befriedigende Lösung zuzuführen.

[1348] Zur objektiven Wertaufhellungskonzeption vgl. *Moxter, Adolf*: Unterschiede im Wertaufhellungsverständnis zwischen den handelsrechtlichen GoB und den IAS/IFRS, in: BB, 58. Jg. (2003), S. 2559–2564, hier S. 2560f.

[1349] Vgl. *Anzinger, Heribert*: Cum/Fake, in: RdF, 9. Jg. (2019), S. 1.

[1350] Vgl. *Lindermann, Florian*: Normbehauptung im Steuerrecht durch das europäische Missbrauchsverbot, a.a.O., hier S. 208.

[1351] Vgl. Kap. 1, I. 1. b) aa).

d) *Konkretisierung in wirtschaftlicher Betrachtungsweise durch Berücksichtigung intendierter Zwecke und zugrundeliegender Geschäftsmodelle*

aa) Interpretation der Substanz- und Ertragskomponenten unter Berücksichtigung intendierter Zwecksetzungen

Der Gedanke der Gefahrtragung kann in wirtschaftlicher Betrachtungsweise zwar deutlich geprägt, allerdings nicht bestimmt werden vom zivilrechtlichen Begriff der Gefahrtragung i.R. des Preisgefahrenübergangs.[1352] Entscheidend ist vielmehr, wer in wirtschaftlicher Betrachtung im Sinne eines wirtschaftlich verstandenen Risikos, z.B. das Risiko des Verschleißes oder der Verschlechterung trägt.[1353] Die Bestimmung, wem ein Vermögensgegenstand subjektiv zuzurechnen ist, bedarf zwar eines einheitlichen Wertungsmaßstabs, die Definition des „wirtschaftlichen Eigentums" gelingt allerdings nicht allgemeingültig, sondern bezieht sich nur auf Sachverhaltsgruppen.[1354]

So könnte – rechtsformunabhängig – das Abstellen auf subjektive Merkmale eine objektivierende Wirkung entfalten:[1355] Diese Wirkung kann etwa durch das Abstellen auf nachprüfbare interne Vorgänge entstehen.[1356] Auch die IFRS stellen teilweise auf zugrundeliegende Geschäftsmodelle ab.[1357] Durch Subjektivierung ist eine Objektivierung in einem absolut verstandenen Sinne nicht erreichbar; gleichwohl kann der objektivierte Rückgriff auf subjektive Elemente einerseits zur Einzelfallgerechtigkeit, andererseits zur Rechtssicherheit und zur Konsistenz des prinzipienbasierten Systems der handelsrechtlichen GoB beitragen.[1358]

[1352] Vgl. z.B. Urt. des BFH vom 3. August 1988 *I R 157/84*, a.a.O., hier S. 23f.

[1353] Vgl. *Euler, Roland*: Grundsätze ordnungsmäßiger Gewinnrealisierung, a.a.O., hier S. 108; *Lorenz, Karsten*: Wirtschaftliche Vermögenszugehörigkeit im Bilanzrecht, a.a.O., hier S. 94.

[1354] Vgl. *Euler, Roland*: Das System der Grundsätze ordnungsmäßiger Bilanzierung, a.a.O., hier S. 171.

[1355] Vgl. *Florstedt, Tim* et al.: Wirtschaftliche Betrachtungsweise und europäische Bilanzsteuerrechtsordnung, a.a.O., hier S. 384.

[1356] Vgl. *Lindermann, Florian*: Normbehauptung im Steuerrecht durch das europäische Missbrauchsverbot, a.a.O., hier S. 282f; *Florstedt, Tim* et al.: Wirtschaftliche Betrachtungsweise und europäische Bilanzsteuerrechtsordnung, a.a.O., hier S. 383.

[1357] Vgl. z.B. den Business Model Approach, etwa in IFRS 9.4.1.1.

[1358] Insbes. zur erreichbaren Rechtssicherheit vgl. *Lindermann, Florian*: Normbehauptung im Steuerrecht durch das europäische Missbrauchsverbot, a.a.O., hier S. 72; zur Vereinbarkeit eines geschäftsmodellbasierten Ansatzes mit Objektivierungserfordernissen vgl. *Backes, Matthias*: Grundsätze ordnungsmäßiger Sicherungsbilanzierung nach IFRS und HGB, a.a.O., hier S. 27f; zum geschäftsmodellbezogenen und „intent-based" Accounting allgemein vgl. *Leisenring, James* et al.: Business-model (intent)-based accounting, in: Accounting and Business Research, 42. Jg. (2012), S. 329–344.

Kann auf Intentionen des Gestalters abgestellt werden, so könnte eine Beurteilung eines möglichen Missbrauchs substanzorientiert dadurch erfolgen, dass „legitime und missbräuchliche Erwägungen für eine Sachverhaltsgestaltung miteinander verglichen und abgewogen werden".[1359] Allerdings ist das Abstellen auf subjektive Elemente nicht nur ein Mittel, um potenziellem (steuerlichen) Gestaltungsmissbrauch zu begegnen, sondern zugleich eine Möglichkeit, durch die Parteien antizipierte Chancen und Risiken zu objektivieren.[1360] Dies wiederum kann die Würdigung im Fall einer Aufteilung oder eines Auseinanderfallens von Substanz und Ertrag und somit die objektivierte Vermögenszurechnung erhellen.

bb) Weite Auslegung des Vollständigkeitskriteriums durch das Abstellen auf Absichten des Managements

Der Bundesfinanzhof stellt bereits in jüngerer Rechtsprechung weniger auf die rechtliche Verfügungsbefugnis, sondern vermehrt – neben der tatsächlichen Verfügungsmöglichkeit – auch auf die Verfügungsabsicht ab.[1361]

Es stellt sich die Frage, ob durch das Abstellen auf subjektive Elemente wie die Verfügungsabsicht eine objektivierende Wirkung überhaupt erreichbar ist.[1362] Die IFRS gehen einen ähnlichen Weg, indem sie z.B. in IFRS 9 auf das zugrundeliegende Geschäftsmodell[1363] oder in einigen Standards auf den sog. management approach abstellen.[1364] Ein Vorteil dieses Ansatzes ist, dass er rechtsformunabhängig wirkt. Eine geringere Gewichtung der rechtlichen Sichtweise könnte insofern gleichwohl

---

[1359] Vgl. *Lindermann, Florian*: Normbehauptung im Steuerrecht durch das europäische Missbrauchsverbot, a.a.O., hier S. 216 (auch Zitat).

[1360] Zu Grenzen einer (überwiegend auf objektive Tatbestände abstellende) formalen Betrachtungsweise vgl. *McBarnet, Doreen/Whelan, Christopher*: The Elusive Spirit of the Law, in: Modern Law Review, 54. Jg. (1991), S. 848–873, hier S. 851–856.

[1361] Kritisch und m.w.N. *Haisch, Martin*: Jüngste Entwicklungen bei der Besteuerung von Wertpapierdarlehensgeschäften, a.a.O., hier S. 280; vgl. auch *Behnes, Stephan Georg/Kühnel, Dieter*: Wirtschaftliches Eigentum vs. Gestaltungsmissbrauch, in: RdF, 6. Jg. (2016), S. 141–147, hier S. 142.

[1362] Zur möglichen „Objektivierung durch Subjektivierung" vgl. *Florstedt, Tim* et al.: Wirtschaftliche Betrachtungsweise und europäische Bilanzsteuerrechtsordnung, a.a.O., hier S. 384.

[1363] Vgl. z.B. IFRS 9.4.1.1.

[1364] Der sog. management approach findet etwa in IAS 36 Anwendung. Vgl. zum management approach insbes. *Wagenhofer, Alfred*: Zusammenwirken von Controlling und Rechnungslegung nach IFRS, in: Controlling und IFRS-Rechnungslegung, S. 1–20, hier S. 4; *Benecke, Birka*: Internationale Rechnungslegung und Management Approach, Wiesbaden 2000, hier insbes. S. 52–58; zum Ansatz insbes. mit Blick auf IAS 36 vgl. *Kirsch, Hans-Jürgen* et al.: Möglichkeiten und Grenzen des management approach, in: KoR, 10. Jg. (2010), S. 200–207.

objektivierende Wirkung entfalten.[1365] Zugleich würde keiner gänzlich rechtsfremden Sichtweise gefolgt werden, da rechtlich nachvollziehbare Anhaltspunkte das Interesse des Managements deutlich konkretisieren können: So könnte etwa die Verfolgung eines Geschäftszwecks oder im Einzelfall auch die Treuepflicht eines Geschäftsführers die Absichten des Managements typisieren, was z.B. im Fall der Betrachtung eines für den Leasinggeber vorteilhaften Andienungsrecht zu einer zweckgerechten Lösung des Bilanzierungsproblems führen würde.[1366]

Subjektive Kriterien können elementar sein für eine substanzorientierte juristische Beurteilung steuerlich relevanter Sachverhaltsgestaltungen.[1367] Das Abstellen auf die anhand subjektiver Kriterien objektivierte ökonomische Substanz kann zudem zu einer systemkonformen (im Einzelfall weiten) Auslegung des Vollständigkeitskriteriums führen: Die Vermögenszurechnungskonzeption kann auf Intentionen zurückgreifen, um etwa von den Parteien antizipierte Ertragserwartungen miteinzubeziehen. Wird die (rechtliche) Form mit der tatsächlich vorliegenden (ökonomischen) Substanz verglichen, kann dieses Spannungsfeld anhand subjektiver Kriterien beleuchtet werden.[1368]

Zudem wird das Problemfeld des Missbrauchs von Gestaltungen weiter adressiert, da ein subjektives Element nicht notwendigerweise nur im Vorsatz der Umgehung einer Norm liegt, sondern eben auch an subjektiv verfolgte Ziele der beteiligten Parteien anknüpft.[1369]

[1365] Vgl. *Florstedt, Tim* et al.: Wirtschaftliche Betrachtungsweise und europäische Bilanzsteuerrechtsordnung, a.a.O., hier S. 384.

[1366] Vgl. *Wüstemann, Jens* et al.: Grundsätze wirtschaftlicher Vermögenszurechnung bei Leasinggeschäften im Lichte der neueren Rechtsprechung, a.a.O., hier S. 1965.

[1367] Vgl. *Lindermann, Florian*: Normbehauptung im Steuerrecht durch das europäische Missbrauchsverbot, a.a.O., hier S. 90; zum „structuring of transactions" vgl. *Macintosh, Norman B.*: Accounting and the Truth of Earnings Reports, in: EAR, 18. Jg. (2009), S. 141–175, hier S. 153f; vgl. auch *Wells, Bret*: Economic Substance Doctrine, in: Florida Tax Review, 10. Jg. (2010), S. 411–457, hier S. 412.

[1368] Vgl. *Lindermann, Florian*: Normbehauptung im Steuerrecht durch das europäische Missbrauchsverbot, a.a.O., hier S. 35.

[1369] Vgl. *Florstedt, Tim*: Die allgemeine Missbrauchsregel in der Richtlinie über eine Gemeinsame konsolidierte Körperschaftsteuer-Bemessungsgrundlage, a.a.O., hier S. 6; *Lindermann, Florian*: Normbehauptung im Steuerrecht durch das europäische Missbrauchsverbot, a.a.O., hier S. 67.

Thesenförmige Zusammenfassung

1. Das System der GoB ist grundsätzlich lückenlos: Daher ist für jede neu auftretende Fragestellung eine systemadäquate Lösung aus diesem System ableitbar. So sind etwa – bereits abstrahiert in methodischer Sicht – Zurechnungsfragen im Rahmen von Cum/Ex-Transaktionen aus dem System der GoB heraus lösbar. Die handelsrechtlichen GoB sind aufgrund des Maßgeblichkeitsprinzips Teil des Steuerbilanzrechts.

2. Im Kern stimmt der handelsbilanzrechtliche mit dem steuerbilanzrechtlichen Gewinnbegriff überein: Insbesondere die Besteuerung nach Leistungsfähigkeit und die handelsbilanzielle Ausschüttungsbemessungsfunktion folgen den gleichen Grundwertungen des Gesetzgebers. Der sog. „True and fair view" stellt kein ergänzendes Fundamentalprinzip im System handelsrechtlicher GoB dar, sondern tangiert in erster Linie den Anhang. Dieser Grundsatz steht also einem grundsätzlich übereinstimmenden Gewinnbegriff nicht entgegen.

3. Die Berücksichtigung der ökonomischen Substanz erfolgt durch das Auslegungsprinzip der wirtschaftlichen Betrachtungsweise und kann mit Objektivierungsprinzipien konfligieren, steht jedoch mit diesen in keinem grundsätzlichen Widerspruch, da auch der objektivierend wirkende Rückgriff auf die Zivilrechtsstruktur das wirtschaftliche Gehalt einer Transaktion entscheidend prägen kann. Die wirtschaftliche Betrachtungsweise stellt daher sicher, dass bei wirtschaftlich übereinstimmenden Sachverhalten nicht nur aufgrund einer abweichenden rechtlichen Gestaltung bilanziell divergierende Lösungen resultieren.

4. Die Definition des steuerbilanzrechtlichen Wirtschaftsguts stellt aus methodischer Sicht eine Auslegung handelsrechtlicher GoB dar; Vermögensgegenstandsbegriff und Wirtschaftsgutbegriff sind – in Übereinstimmung mit der höchstrichterlichen Rechtsprechung – grundsätzlich deckungsgleich. Die Auslegung handelsrechtlicher GoB erfolgt wesentlich durch die höchstrichterliche Rechtsprechung: Weder die Bilanzierungsübung noch Schreiben der Finanzverwaltung oder von berufsständischen Vereinigungen können generell eine Vermutung für einen Grundsatz ordnungsmäßiger Bilanzierung begründen.

M. Knoblauch, *Grundsätze ordnungsmäßiger Aktivierung in der Handelsbilanz und in der Steuerbilanz*, Rechnungswesen und Unternehmensüberwachung,
https://doi.org/10.1007/978-3-658-43949-1_5

5. Wirtschaftliche Vermögensvorteile sind aus zwei Perspektiven zu konkretisieren: Einerseits müssen sie für den bilanzierenden Unternehmer vorliegen, andererseits durch einen fiktiven Erwerber dessen Unternehmens auch vergütet werden. Entscheidend ist, dass diese Vorteile am Bilanzstichtag vorliegen, auch nur vorübergehende Rechtspositionen können bilanzierungspflichtige Vermögenswerte darstellen.

6. Im geltenden ausschüttungsstatischen Bilanzrecht ist das Prinzip wirtschaftlicher Betrachtungsweise jedoch nicht in erster Linie betriebswirtschaftlich zu verstehen, da Objektivierungsprinzipien ein starkes Gewicht einzuräumen ist: So erfüllt insbesondere der Grundsatz der Bilanzierung greifbarer Vermögensvorteile die notwendige Mindestobjektivierungsfunktion. Gleichwohl darf auch das Greifbarkeitsprinzip nicht zu eng bzw. formalrechtlich verstanden werden: Insbesondere die Konkretisierung durch das Übertragbarkeitsprinzip muss einer substanzorientierten Betrachtung standhalten, um dem Normzweck gerecht zu werden.

7. Versteht man das Greifbarkeitsprinzip in dieser wirtschaftlich gebotenen Betrachtungsweise – aufbauend auf einer Analyse rechtlicher Rahmenbedingungen – tritt auch zutage, dass es keinen wesentlichen Unterschied zwischen dem von der Rechtsprechung geprägten steuerbilanzrechtlichen Wirtschaftsgutsbegriff und dem handelsrechtlichen Vermögensgegenstandsbegriff gibt. Auch formalrechtlich zutreffende Argumente müssen einer bilanzrechtlich gebotenen wirtschaftlichen Betrachtungsweise standhalten: Rein formalrechtliche Bilanzinhalte können im Konflikt mit dem Primärzweck der bilanziellen Vermögensermittlung stehen. Im Ergebnis führt eine handelsrechtliche Orientierung an der Übertragbarkeitskonzeption des Bundesfinanzhofs nicht nur zu einer grundsätzlichen Kongruenz von Vermögensgegenstandsbegriff und Wirtschaftsgutsbegriff, sondern kann auch kasuistische Lösungsansätze vermeiden.

8. Greifbare Vermögensvorteile müssen auch selbstständig bewertbar sein, um zu einem Vermögensgegenstand zu erstarken. Auch im Rahmen des Bilanzrechtsmodernisierungsgesetzes hatte der Gesetzgeber nicht intendiert, den Vermögensgegenstandsbegriff in konzeptioneller Sicht zu ändern. Die sprachlichen Unschärfen in der Gesetzesbegründung dürfen nicht darüber hinwegtäuschen, dass es weiterhin auch auf den

Grundsatz der Bilanzierung selbstständig bewertbarer Vermögensvorteile ankommt, da dieser gerade nicht deckungsgleich mit dem Grundsatz der Bilanzierung greifbarer Vermögensvorteile ist, sondern als komplementär zu diesem aufzufassen ist.

9. Immaterielle Vermögensgegenstände bewegen sich im Spannungsfeld zwischen einer wirtschaftlichen Betrachtungsweise und der Notwendigkeit umfassender Objektivierung: Das Vorsichtsprinzip und die bilanzrechtlich gebotene Objektivierung wirken in diesem Punkt regelmäßig synchron, so dass dem Vorsichtsprinzip insbesondere bei der Würdigung selbsterstellter immaterieller Vermögensgegenstände ein hohes Gewicht beizumessen ist. Bei der Frage, ob eine Nachaktivierung von zunächst aufwandswirksam erfassten Kosten in Betracht kommt, kann es systematisch nicht darauf ankommen, ob ein Unternehmen Zwischenabschlüsse erstellt: Erst wenn die Voraussetzungen des im Handelsgesetzbuch normierten Aktivierungswahlrechts für selbsterstellte immaterielle Vermögensgegenstände des Anlagevermögens erfüllt sind, kommt eine Aktivierung in Betracht. Zum gleichen Ergebnis führt eine Würdigung des bilanzrechtlichen Vorsichtsprinzips.

10. Grundsätzlich muss eine teilweise Identität mit dem finalen Produkt vorliegen, damit Vermögensgegenstandseigenschaft angenommen werden kann. Zuvor scheidet eine bilanzielle Erfassung und damit eine erfolgsneutrale Aktivierung regelmäßig aus. Die höchstrichterliche Rechtsprechung räumt zwar im Einzelfall gut begründbar grundstücksbezogenen Aufwendungen eine Sonderstellung bei der Bestimmung des Herstellungsbeginns ein, überdehnt aber dabei in einigen Entscheidungen den Vermögensgegenstandsbegriff.

11. Weder eine komponentenweise Bilanzierung noch eine Folgebewertung einzelner Komponenten kann sich widerspruchsfrei in das System der handelsrechtlichen GoB einfügen lassen. Während dieser Befund bei Betrachtung des Realisationsprinzips nicht zwingend ist, sprechen vor allem objektivierungsbedingte Grenzen gegen die Anwendung eines Komponentenansatzes. Die höchstrichterliche Rechtsprechung konkretisiert die Bilanzierungseinheit zweckgerecht anhand des Nutzungs- und Funktionszusammenhangs und leitet dieses Merkmal methodisch betrachtet aus der Auslegung handelsrechtlicher GoB ab.

12. Vermögensvorteile müssen unentziehbar sein, um Vermögensgegenstandseigenschaft erlangen zu können. Dieses faktische Unentziehbarkeitsprinzip ist wirtschaftlich zu verstehen, um den Normzweck zu erfüllen. Das Unentziehbarkeitsprinzip folgt aus der das Bilanzrecht prägenden Objektivierungskonzeption und ist zugleich Bindeglied zur Frage nach der intersubjektiven Zurechnung dieses Vermögensgegenstands.

13. Die personelle Zurechnung erfolgt in wirtschaftlicher Betrachtungsweise: Die Zivilrechtsstruktur prägt dabei das dem Sachverhalt zugrundeliegende wirtschaftliche Gehalt, ist aber nicht ausschlaggebend für die Vermögenszurechnung. Erst die Synthese aus einer verfügungsrechtsorientierten Zurechnungskonzeption und der Orientierung an Chancen und Risiken ermöglicht eine zweckgerechte Zuordnung von Vermögensgegenständen.

14. Die Abbildung ökonomischer Substanz spricht gegen eine starke Gewichtung von nur formalen Ausschließungsrechten bei der Konkretisierung der Zurechnungskonzeption in Handels- und Steuerbilanzrecht. Daher ist etwa bei Leasingsachverhalten mit wirtschaftlich für den Leasinggeber vorteilhaften Andienungsrechten nicht ausschließlich auf dessen formale Position, sondern auch auf die Wahrscheinlichkeit der Ausübung der vorliegenden Rechte abzustellen, welche durch die zugrundeliegenden rechtlich objektivierten Vereinbarungen zwischen Leasinggeber und Leasingnehmer entscheidend konkretisiert werden. Nur so kann sichergestellt werden, dass wirtschaftlich übereinstimmende Sachverhalte ungeachtet ihrer formalen Gestaltung auch bilanziell übereinstimmend gelöst werden.

15. Die handelsrechtlichen GoB sind für die steuerbilanzielle Gewinnermittlung auch bei Zurechnungsentscheidungen maßgeblich: Einerseits verdrängen sie die Zurechnung nach § 39 AO, andererseits erfüllt eine Abbildung der ökonomischen Substanz nach handelsrechtlichen GoB die Ziele der Besteuerung der Leistungsfähigkeit und der Gleichmäßigkeit der Besteuerung auch dort, wo eine Orientierung an rein formalen Rechtspositionen scheitert. Während § 39 Abs. 2 Nr. 1 AO die wirtschaftliche Vermögenszurechnung im Regelfall zutreffend konkretisiert, ist bei einem Auseinanderfallen

die Zurechnung nach handelsrechtlichen GoB bzw. § 246 Abs. 1 S. 2 HGB in Handels- und Steuerbilanz maßgeblich.

16. Der handelsrechtliche Bilanzausweis ist nicht ausschließlich von wirtschaftlichen Vermögensgrundsätzen bestimmt: Im Konflikt zwischen der Zurechnung von Vermögensgegenständen und der Gewinnermittlung ist in der ausschüttungsstatischen Bilanzierung in Grenzfällen der Gewinnermittlung in ihrer Ausprägung des Prinzips des quasi-sicheren Anspruchs vor der Vermögensermittlung der Vorrang einzuräumen. Das bedeutet beispielsweise in den Fällen von Sale-and-lease-back-Gestaltungen und bei Kaufverträgen mit Rückgaberechten, dass die zutreffende Ermittlung des Gewinns der Bestimmung des Stichtagsvermögens vorgeht.

17. Auf das Vorliegen der Rechtsfigur des Gestaltungsmissbrauchs gemäß § 42 AO kommt es im Rahmen der Cum/Ex-Gestaltungen regelmäßig nicht an: Wenngleich das Vorliegen eines Gestaltungsmissbrauchs in vielen Fällen zu bejahen sein wird, liegt eine Veränderung der personellen Zuordnung der Aktien entsprechend der für die steuerbilanzielle Gewinnermittlung maßgeblichen Zurechnungskonzeption nach handelsrechtlichen GoB nicht vor. Damit ist ein Übergang des Zurechnungsgegenstands gerade nicht erfolgt und die Beurteilung der Frage, ob ein Gestaltungsmissbrauch im betrachteten Einzelfall vorliegt, ist für die personelle Zurechnung nicht entscheidend. Die handelsrechtlichen GoB sorgen gerade dafür, dass Ansprüche zwischen den beteiligten Vertragsparteien geordnet und moderiert werden, so dass sie auch dem Erfordernis der Rechtssicherheit und dem Gleichbehandlungsgrundsatz standhalten können.

18. Eine mehrfache Zurechnung von bilanziellem Vermögen ist grundsätzlich nicht konsistent mit den – auch für die Steuerbilanz maßgeblichen – handelsrechtlichen GoB. Der „Vollständig und auf Dauer" Aspekt der *Döllerer*-Formel kann nur als relativer Anspruch verstanden werden, wenn Substanz und Ertrag auf mehrere Parteien verteilt sind. Auch der in der handelsrechtlichen Leasingbilanzierung vorherrschende Ansatz spricht gegen eine Bilanzierung von Komponenten und geht damit systemkonform von einer Unteilbarkeit des zugerechneten Vermögensgegenstands im Sinne der handelsrechtlichen Zurechnungskonzeption aus. Gleiches muss auch für Cum/Ex-

Gestaltungen gelten, in welchen Substanz und Ertrag im wörtlich verstandenen Sinn nicht vollständig und dauerhaft bei einer Partei liegen.

Verzeichnis abgekürzt zitierter Schriften

FS Baetge	Jahresabschluß und Jahresabschlußprüfung: Probleme, Perspektiven, internationale Einflüsse; Festschrift zum 60. Geburtstag von Jörg Baetge, hrsg. v. T. Fischer, Düsseldorf 1997.
FS Baetge (2007)	Rechnungslegung und Wirtschaftsprüfung – Festschrift zum 70. Geburtstag von Prof. Dr. Dr. h.c. Jörg Baetge, hrsg. v. H.-J. Kirsch/ S. Thiele, Düsseldorf 2007.
FS Ballwieser	Rechnungslegung, Prüfung und Unternehmensbewertung – Festschrift zum 65. Geburtstag von Professor Dr. h.c. Wolfgang Ballwieser, hrsg. v. M. Dobler/ D. Hachmeister, Stuttgart 2014.
FS Baums	Festschrift für Theodor Baums zum siebzigsten Geburtstag, hrsg. v. H. Siekmann, Tübingen 2017.
FS Beisse	Handelsbilanzen und Steuerbilanzen – Festschrift zum 70. Geburtstag von Prof. Dr. h.c. Heinrich Beisse, hrsg. v. W. D. Budde/ A. Moxter/ K. Offerhaus, Düsseldorf 1997.
FS Beusch	Festschrift für Karl Beusch zum 68. Geburtstag am 31. Oktober 1993, hrsg. v. H. Beisse/ M. Lutter/ H. Närger, Berlin 1993.
FS BFH	100 Jahre Steuerrechtsprechung in Deutschland 1918-2018: Festschrift für den Bundesfinanzhof, hrsg. v. K.-D. Drüen/ J. Hey/ R. Mellinghoff, Köln 2018.
FS Börner	Unternehmensrechnung und –besteuerung: Grundfragen und Entwicklungen, Festschrift für Dietrich Börner zum 65. Geburtstag, hrsg. v. H. Meffert und N. Krawitz, Wiesbaden 1998.
FS Bühler	Probleme des Finanz- und Steuerrechts: Festschrift für Ottmar Bühler, hrsg. v. A. Spitaler, Köln 1954.
FS Budde	Rechnungslegung im Wandel – Festschrift für Wolfgang Dieter Budde, hrsg. v. G. Förschle/ A. Moxter/ K. Kaiser, München 1995.

M. Knoblauch, *Grundsätze ordnungsmäßiger Aktivierung in der Handelsbilanz und in der Steuerbilanz*, Rechnungswesen und Unternehmensüberwachung,
https://doi.org/10.1007/978-3-658-43949-1

FS Busse von Colbe	Unternehmungserfolg: Planung - Ermittlung - Kontrolle; Walther Busse von Colbe zum 60. Geburtstag, hrsg. M. Domsch, Wiesbaden 1988.
FS Caesar	Entwicklung und Perspektiven der Europäischen Union: Festschrift für Professor Dr. Rolf Caesar, hrsg. v. B. Knoll, Baden-Baden 2009.
FS Clemm	Rechnungslegung – Warum und Wie, Festschrift für Hermann Clemm, hrsg. v. W. Ballwieser/ A. Moxter/ R. Nonnenmacher, München 1996.
FS Coenenberg	Rechnungswesen als Instrument für Führungsentscheidungen: Festschrift für Prof. Dr. Dr. h.c. Adolf G. Coenenberg zum 60. Geburtstag, hrsg. v. H. P. Möller, Stuttgart 1998.
FS Deloitte	Wirtschaftsprüfung im Wandel: Herausforderungen an Wirtschaftsprüfung, Steuerberatung, Consulting und Corporate Finance; Festgabe 100 Jahre Südtreu/ Deloitte 1907 bis 2007, hrsg. v. W. Ballwieser, München 2008.
FS Döllerer	Handelsrecht und Steuerrecht: Festschrift für Dr. Dr. h.c. Georg Döllerer, hrsg. v. B. Knobbe-Keuk/ F. Klein/ A. Moxter, Düsseldorf 1988.
FS Endriss	Festschrift zum 75. Geburtstag von Prof. Dr. Horst Walter Endriss, Herne 2013.
FS Felix	Herausforderungen – Steuerberatung im Spannungsfeld der Teilrechtsordnungen – Festgabe für Günther Felix zum 60. Geburtstag, hrsg. v. D. Carlé et al., Köln 1989.
FS Fischer	Unternehmenspolitik und internationale Besteuerung: Festschrift für Lutz Fischer zum 60. Geburtstag, hrsg. v. H.-J. Kleineidam, Berlin 1999.
FS Forster	Rechnungslegung: Entwicklungen bei der Bilanzierung und Prüfung von Kapitalgesellschaften: Festschrift zum 65. Geburtstag von Professor Dr. Dr. K.-H. Forster, hrsg. v. A. Moxter/ H.-P. Müller/ R. Windmöller/ K. v. Wysocki, Düsseldorf 1992.

FS Franz	Controlling und Rechnungslegung: Bestandsaufnahme, Schnittstellen, Perspektiven – Festschrift für Professor Dr. Klaus-Peter Franz, hrsg. v. P. Kajüter et al., Stuttgart 2011.
FS Goerdeler	Bilanz- und Konzernrecht – Festschrift zum 65. Geburtstag von Dr. Dr. h.c. Reinhard Goerdeler, hrsg. v. H. Havermann, Düsseldorf 1987.
FS Gosch	Nationale und internationale Unternehmensbesteuerung in der Rechtsordnung: Festschrift für Dietmar Gosch zum Ausscheiden aus dem Richteramt, hrsg. v. J. Lüdicke/ R. Mellinghoff/ T. Rödder, München 2016.
FS Gümbel	Perspektiven ökonomischen Denkens: klassische und neue Ansätze des Managements; Festschrift für Herrn Univ. Prof. Dr. Dr. h.c. Rudolf Gümbel, hrsg. v. H. Woratschek, Wiesbaden 1998.
FS Haarmann	Festschrift für Wilhelm Haarmann, hrsg. v. J. Blumenberg/ G. Crezelius/ D. Gosch, Düsseldorf 2015.
FS Havermann	Internationale Wirtschaftsprüfung: Festschrift zum 65. Geburtstag von Prof. Dr. Dr. h.c. Hans Havermann, hrsg. v. J. Lanfermann, Düsseldorf 1995.
FS Heigl	Standort Deutschland: Grundsatzfragen und aktuelle Perspektiven für die Besteuerung, die Prüfung und das Controlling. Anton Heigl zum 65. Geburtstag, hrsg. v. V. H. Peemöller und P. Uecker, Berlin 1995.
FS Heinen	Die Betriebswirtschaftslehre im Spannungsfeld zwischen Generalisierung und Spezialisierung: Edmund Heinen zum 70. Geburtstag, hrsg. v. W. Kirsch, Wiesbaden 1981.
FS Helmrich	Für Recht und Staat. Festschrift für Herbert Helmrich, hrsg. v. K. Letzgus et al., München 1994.
FS Herzig	Unternehmensbesteuerung: Festschrift für Norbert Herzig zum 65. Geburtstag, hrsg. v. W. Kessler/ G. Förster/ C. Watrin, München 2010.

FS Kellermann	Festschrift für Alfred Kellermann zum 70. Geburtstag am 29. November 1990, hrsg. v. R. Goerdeler/ P. Hommelhoff/ M. Lutter/ W. Odersky/ H. Wiedemann, Berlin 1991.
FS Kirchhof	Leitgedanken des Rechts: Paul Kirchhof zum 70. Geburtstag, hrsg. v. H. Kube/ R. Mellinghoff/ G. Morgenthaler/ U. Palm/ C. Seiler, Heidelberg 2013
FS Klein	Steuerrecht, Verfassungsrecht, Finanzpolitik. Festschrift für Franz Klein, hrsg. von P. Kirchhof/ K. Offerhaus/ H. Schöberle, Köln 1994.
FS Korn	Gestaltung und Abwehr im Steuerrecht: Festschrift für Klaus Korn zum 65. Geburtstag am 28. Januar 2005, hrsg. v. D. Carlé, Bonn 2005.
FS Krawitz	Festschrift für Professor Dr. Norbert Krawitz, hrsg. v. H. Baumhoff/ R. Dücker/ S. Köhler, Wiesbaden 2010.
FS Kropff	Aktien- und Bilanzrecht. Festschrift für Bruno Kropff, hrsg. von K.-H. Forster, Düsseldorf 1997.
FS Küting	Berichterstattung für den Kapitalmarkt: Festschrift für Karlheinz Küting zum 65. Geburtstag, hrsg. v. C.-P. Weber, Stuttgart 2009.
FS Larenz	Festschrift für Karl Larenz zum 70. Geburtstag, hrsg. v. P. Gotthard, München 1973.
FS Leffson	Bilanzfragen: Festschrift zum 65. Geburtstag von Prof. Dr. Ulrich Leffson, hrsg. v. J. Baetge/ A. Moxter/ D. Schneider, Düsseldorf 1976.
FS Loitlsberger	Aktuelle Fragen der Finanzwirtschaft und der Unternehmensbesteuerung. Festschrift für Erich Loitlsberger zum 70. Geburtstag, hrsg. von D. Rückle, Wien 1991.
FS Ludewig	Rechnungslegung, Prüfung und Beratung: Herausforderungen für den Wirtschaftsprüfer; Festschrift zum 70. Geburtstag von Professor Dr. Rainer Ludewig, hrsg. v. J. Baetge, Düsseldorf 1996.
FS Medicus	Festschrift für Dieter Medicus zum 70. Geburtstag, hrsg. v. V. Beuthien, Köln 1999.

FS Mellwig — Steuerbelastung - Steuerwirkung - Steuergestaltung: Festschrift zum 65. Geburtstag von Winfried Mellwig, hrsg. v. M. Werheim, Wiesbaden 2007.

FS Moxter — Bilanzrecht und Kapitalmarkt – Festschrift zum 65. Geburtstag von Professor Dr. Dr. h.c. Dr. h.c. Adolf Moxter, hrsg. v. W. Ballwieser/ H.-J. Böcking/ J. Drukarczyk, Düsseldorf 1994.

FS Müller — Gesellschaftsrecht, Rechnungslegung, Steuerrecht – Festschrift für Welf Müller zum 65. Geburtstag, hrsg. v. P. Hommelhoff/ R. Zätzsch/ B. Erle, München 2001.

FS Raupach — Festschrift für Arndt Raupach zum 70. Geburtstag: Steuer- und Gesellschaftsrecht zwischen Unternehmerfreiheit und Gemeinwohl, hrsg. v. P. Kirchhof, Köln 2006.

FS RFH/BFH — Festschrift 75 Jahre Reichsfinanzhof – Bundesfinanzhof, hrsg. vom Präsidenten des Bundesfinanzhofs, Bonn 1993.

FS Rose — Betriebswirtschaftliche Steuerlehre und Steuerberatung. Gerd Rose zum 65. Geburtstag, hrsg. v. N. Herzig, Wiesbaden 1991.

FS L. Schmidt — Ertragsbesteuerung. Zurechnung – Ermittlung – Gestaltung. Festschrift für Ludwig Schmidt zum 65. Geburtstag, hrsg. v. A. Raupach u. A. Uelner, München 1993.

FS K. Schmidt — Festschrift für Karsten Schmidt zum 70. Geburtstag, hrsg. v. G. Bitter/ M. Lutter/ H.-J. Priester/ W. Schön/ P. Ullmer, Köln 2009.

FS Schreiber — Kernfragen der Unternehmensbesteuerung. Symposium für Ulrich Schreiber zum 65. Geburtstag, hrsg. v. H. Kahle/ M. Overesch/ M. Ruf/ C. Spengel, Wiesbaden 2017.

FS Semler — Festschrift für Johannes Semler zum 70. Geburtstag am 28. April 1993: Unternehmen und Unternehmensführung im Recht, hrsg. v. M. Bierich/ P. Hommelhoff/ B. Kropff, Berlin 1993.

FS Sigloch	Steuern und Rechnungslegung: Festschrift zum 65. Geburtstag von Professor Dr. Jochen Sigloch, hrsg. v. T. Egner, Aachen 2009.
FS Spindler	Steuerrecht im Rechtsstaat: Festschrift für Wolfgang Spindler zum 65. Geburtstag, hrsg. v. R. Mellinghoff/ W. Schön/ H.-U. Viskorf, Köln 2011.
FS Spitaler	Gegenwartsfragen des Steuerrechts: Festschrift für Armin Spitaler, hrsg. v. G. Thoma, Köln 1958.
FS Wagner	Accounting, Taxation and Corporate Governance. Essays in honor of Franz W. Wagner on the occasion of his 65th birthday, hrsg. v. D. Kiesewetter/ R. Niemann, Berlin 2009, abgerufen unter http://www.franz-w-wagner.de/downloads/festschrift_wagner.pdf (zuletzt zugegriffen am 25.08.2022)
FS Wöhe	Besteuerung und Unternehmenspolitik: Festschrift für Günter Wöhe, hrsg. v. G. John, München 1989.
FS Wysocki	Der Wirtschaftsprüfer im Schnittpunkt nationaler und internationaler Entwicklungen. Festschrift für Klaus von Wysocki, hrsg. v. G. Gross, Düsseldorf 1985.
GS Knobbe-Keuk	Gedächtnisschrift für Brigitte Knobbe-Keuk, hrsg. v. W. Schön, Köln 1997.
HuRB	Handwörterbuch unbestimmter Rechtsbegriffe im Bilanzrecht des HGB, hrsg. v. U. Leffson/ D. Rückle/ B. Großfeld, Köln 1986.

Abgekürzte Gesetzes-/ Bilanzkommentare:

ADS	Adler/ Düring/ Schmaltz, Rechnungslegung und Prüfung der (Bd. 6: §§ 238–251 HGB), neu bearb. v. K.-H. Forster/ R. Goerdeler/J. Lanfermann/ H.-P. Müller/ G. Siepe/ K. Stolberg, 6. Aufl., Stuttgart 1998.
ADS International	Adler/ Düring/ Schmaltz, Rechnungslegung nach internationalen Standards, neu bearb. von H.-F. Gelhausen et al., Stuttgart 2002.
Baumbach/ Hopt	Handelsgesetzbuch, hrsg. v. A. Baumbach/ K. Hopt, 41. Aufl., München 2022.
Beck'scher Bilanzkommentar	Beck'scher Bilanzkommentar, hrsg. v. B. Grottel/ P. Justenhoven/ W. J. Schubert/ U. Störk, 13. Aufl., München 2022.
Beck OK HGB	Beck'scher Online-Kommentar HGB, hrsg. v. M. Haublein und R. Hoffmann-Theinert, 36. Aufl., München 2022.
Brandis/ Heuermann (Blümich)	Einkommensteuergesetz, Körperschaftsteuergesetz, Gewerbesteuergesetz, hrsg. v. B. Heuermann und P. Brandis, München 2022.
EBJS	Ebenroth/ Boujong/ Joost/ Strohn: Handelsgesetzbuch, hrsg. von D. Joost und L. Strohn, 4. Aufl., München 2020.
Haufe	Haufe HGB Bilanz-Kommentar, hrsg. v. K. Bertram/ H. Kessler/ S. Müller, 11. Aufl., Freiburg 2020.
HdJ	Handbuch des Jahresabschlusses, begr. v. K. v. Wysocki/ J. Schulze-Osterloh, hrsg. v. J. Schulze-Osterloh/ J. Hennrichs/ J. Wüstemann, Stand 81. EL (Juni 2022), Köln 2022.
HHR EStG	Herrmann/ Heuer/ Raupach, Einkommensteuer- und Körperschaftsteuergesetz, Kommentar, hrsg.

v. J. Hey/ M. Klein/ M. Wendt, Stand 312. EL (Juli 2022), Köln 2022.

HHSp — Kommentar zur Abgabenordnung und Finanzgerichtsordnung, begründet v. W. Hübschmann/ E. Hepp/ A. Spitaler, Stand 269. EL (April 2022) Köln 2022.

Münchener Kommentar — Münchener Kommentar zum Bürgerlichen Gesetzbuch, hrsg. v. F. J. Säcker/ R. Riexecker/ H. Oetker/ B. Limperg, 9. Aufl., München 2021.

Münchener Kommentar zum Bilanzrecht, hrsg. v. J. Hennrichs/ D. Kleindiek/ C. Watrin, 1. Aufl., München 2013.

Münchener Kommentar zum Handelsgesetzbuch, hrsg. v. I. Drescher/ H. Fleischer/ K. Schmidt, 5. Aufl., München 2020.

Schmidt EStG — Einkommensteuergesetz. Kommentar, hrsg. v. H. Weber-Grellet, 41. Aufl., München 2022.

Tipke/Kruse, AO/FGO — Abgabenordnung, Finanzgerichtsordnung. Kommentar, begr. v. K. Tipke/ H. Kruse hrsg. v. R. Seer/ P. Brandis/ K.-D. Drüen/ M. Loose/ M. Krumm, Stand 171. EL (Juli 2022), Köln 2022.

Tipke/ Lang Steuerrecht — Steuerrecht, begr. v. K. Tipke/ J. Lang, hrsg. v. R. Seer/ J. Hey/ H. Montag/ J. Englisch/ J. Hennrichs, 24. Aufl., Köln 2021.

Verzeichnis zitierter Schriften

Abele, Stephan: Kommentar zum Urt. des Niedersächsischen FG vom 16.9.2009 2 K 496/05, in: BB, 64. Jg. (2009), S. 2418–2420.

Ahmann, Karin-Renate: Die Bilanzrichtlinie und die steuerliche Gewinnermittlung - Eine Zwangsehe?, in: FS L. Schmidt, hrsg. v. A. Raupach/ A. Uelner, München 1993, S. 269–289.

AIR, Schmalenbach-Gesellschaft: Kategorisierung und bilanzielle Erfassung immaterieller Werte, in: DB, 54. Jg. (2001), S. 989–995.

AIR, Schmalenbach-Gesellschaft: Leitlinien zur Bilanzierung selbstgeschaffener immaterieller Vermögensgegenstände des Anlagevermögens nach dem Regierungsentwurf des BilMoG, in: DB, 61. Jg. (2008), S. 1813–1821.

AKBR, Köln: Zur Maßgeblichkeit der Handelsbilanz für die steuerliche Gewinnermittlung gem. § 5 Abs. 1 EStG i.d.F. durch das BilMoG, in: DB, 62. Jg. (2009), S. 2570–2573.

Akerlof, George A.: The Market for „Lemons“: Quality Uncertainty and the Market Mechanism, in: The Quarterly Journal of Economics, 84. Jg. (1970), S. 488–500.

Andrejewski, Kai; *Böckem, Hanne*: Praktische Fragestellungen der Implementierung des Komponentenansatzes nach IAS 16, Sachanlagen, in: KoR, 5. Jg. (2005), S. 75–81.

Anzinger, Heribert: Übergang des wirtschaftlichen Eigentums an girosammelverwahrten Aktien im System der Kapitalertragsteuer, in: RdF, 2. Jg. (2012), S. 394–403.

Anzinger, Heribert: Cum/Fake, in: RdF, 9. Jg. (2019), S. 1.

Anzinger, Heribert; *Linn, Alexander*: Praxisfragen immaterieller Wirtschaftsgüter, in: StbJb, 69. Jg. (2017/18), S. 353–380.

Anzinger, Heribert; *Schleiter, Isabelle*: Die Ausübung steuerlicher Wahlrechte nach dem BilMoG - eine Rückbesinnung auf den Maßgeblichkeitsgrundsatz, in: DStR, 48. Jg. (2010), S. 395–399.

Armbrüster, Christian: § 134 BGB, in: Münchener Kommentar zum BGB, 9. Aufl., München 2021.

M. Knoblauch, *Grundsätze ordnungsmäßiger Aktivierung in der Handelsbilanz und in der Steuerbilanz*, Rechnungswesen und Unternehmensüberwachung, https://doi.org/10.1007/978-3-658-43949-1

Arnold, Arnd: Die Zukunft des Verhältnisses von Handelsbilanz und steuerlicher Gewinnermittlung, in: StuW, 82. Jg. (2005), S. 148–157.

Ascher, Theodor: Bilanzierung fremden Eigentums, in: Handwörterbuch der Betriebswirtschaft, hrsg. v. H. Seischab, 1956, S. 1130–1134.

Babel, Mathias: Zur Aktivierungsfähigkeit von Nutzungsrechten, in: BB, 52. Jg. (1997), S. 2261–2268.

Bachmayr, Karl: Bundesfinanzhof gegen die Überbewertung in der Handelsbilanz, in: BB, 31. Jg. (1976), S. 561–569.

Back, Christian: Richtlinienkonforme Interpretation des Handelsbilanzrechts, Frankfurt am Main 1999.

Backes, Matthias: Grundsätze ordnungsmäßiger Sicherungsbilanzierung nach IFRS und HGB, Wiesbaden 2019.

Baetge, Jörg: Möglichkeiten der Objektivierung des Jahreserfolges, Düsseldorf 1970.

Baetge, Jörg: Grundsätze ordnungsmäßiger Buchführung, in: DB Beilage Nr. 26, 39. Jg. (1986), S. 1–15.

Baetge, Jörg: Zur Frage der Reichweite des Passivierungsgrundsatzes, in: FS Forster, hrsg. v. A. Moxter/ H.-P. Müller/ R. Windmöller/ K. v. Wysocki, Düsseldorf 1992, S. 27–44.

Baetge, Jörg: Herstellungskosten: Vollaufwand versus Teilaufwand, in: FS Ludewig, hrsg. v. J. Baetge et al., Düsseldorf 1996, S. 53–84.

Baetge, Jörg; *Ballwieser, Wolfgang*: Probleme einer rationalen Bilanzpolitik, in: BFuP, 30. Jg. (1978), S. 511–530.

Baetge, Jörg; Brockmeyer, Klaus: Voraussichtlich dauernde Wertminderung, in: HuRB, hrsg. v. U. Leffson/ D. Rückle/ B. Großfeld, Köln 1986, S. 377–386.

Baetge, Jörg; *Kirsch, Hans-Jürgen*; *Solmecke, Henrik*: Auswirkungen des BilMoG auf die Zwecke des handelsrechtlichen Jahresabschlusses, in: WPg, 62. Jg. (2009), S. 1211–1222.

Baetge, Jörg; *Kirsch, Hans-Jürgen*; *Thiele, Stefan*: Bilanzen, 15. Aufl., Düsseldorf 2019.

Baker, Richard; *Hayes, Rick*: Reflecting form over substance, in: Critical Perspectives on Accounting, 15. Jg. (2004), S. 767–785.

Ballwieser, Wolfgang: Sind mit der neuen Generalklausel zur Rechnungslegung auch neue Prüfungspflichten verbunden?, in: BB, 40. Jg. (1985), S. 1034–1043.

Ballwieser, Wolfgang: Ist das Maßgeblichkeitsprinzip überholt?, in: BFuP, 42. Jg. (1990), S. 477–498.

Ballwieser, Wolfgang: Das Rechnungswesen im Lichte ökonomischer Theorie, in: Betriebswirtschaftslehre und ökonomische Theorie, hrsg. v. Ordelheide, Stuttgart 1991, S. 97–124.

Ballwieser, Wolfgang: Ein neuer Ansatz zur Theorie des externen Rechnungswesens?, in: ZfbF, 47. Jg. (1995), S. 726–734.

Ballwieser, Wolfgang: Zur Frage der Rechtsform-, Konzern- und Branchenunabhängigkeit der Grundsätze ordnungsmäßiger Buchführung, in: FS Budde, hrsg. v. G. Förschle/ A. Moxter/ K. Kaiser, München 1995, S. 43–66.

Ballwieser, Wolfgang: Zum Nutzen handelsrechtlicher Rechnungslegung, in: FS Clemm, hrsg. v. W. Ballwieser/ A. Moxter/ R. Nonnenmacher, München 1996, S. 1–25.

Ballwieser, Wolfgang: Chancen und Gefahren einer Übernahme amerikanischer Rechnungslegung, in: FS Beisse, hrsg. v. W. Budde/ A. Moxter/ K. Offerhaus, Düsseldorf 1997, S. 25–43.

Ballwieser, Wolfgang: Grenzen des Vergleichs von Rechnungslegungssystemen - dargestellt anhand von HGB, US-GAAP und IAS, in: FS Kropff, hrsg. v. K.-H. Forster, Düsseldorf 1997, S. 371–391.

Ballwieser, Wolfgang: Informations-GoB - auch im Lichte von IAS und US-GAAP, in: KoR, 2. Jg. (2002), S. 115–121.

Ballwieser, Wolfgang: Bilanzrecht zwischen Wettbewerb und Regulierung. Eine ökonomische Analyse, München 2005.

Ballwieser, Wolfgang: Das BilMoG zwischen Entrümpelung und Neugestaltung des HGB, in: FS Küting, hrsg. v. C.-P. Weber, Stuttgart 2009.

Ballwieser, Wolfgang: Möglichkeiten und Grenzen der Erstellung einer Einheitsbilanz - Zur Rolle und Entwicklung des Maßgeblichkeitsprinzips, in: FS Spindler, hrsg. v. R. Mellinghoff/ W. Schön/ H.-U. Viskorf, Köln 2011, S. 577–594.

Ballwieser, Wolfgang: Steuerliche Gewinnermittlung: Plädoyer für die Maßgeblichkeit, in: FS Schreiber, hrsg. v. H. Kahle/ M. Overesch/ M. Ruf/ C. Spengel, Wiesbaden 2017, S. 103–116.

Ballwieser, Wolfgang: Fragwürdige Bilanzen - 1948, heute und in Zukunft?, in: DB, 71. Jg. (2018), S. 1–8.

Ballwieser, Wolfgang: § 246 HGB, in: Münchener Kommentar zum Handelsgesetzbuch, 5. Aufl., München 2020.

Ballwieser, Wolfgang: § 248 HGB, in: Münchener Kommentar zum Handelsgesetzbuch, 5. Aufl., München 2020.

Ballwieser, Wolfgang: § 255 HGB, in: Münchener Kommentar zum Handelsgesetzbuch, 5. Aufl., München 2020.

Bärenz, Christian: Zum Einfluss des Gemeinschaftsrechts auf das Steuerbilanzrecht, Berlin 2004.

Barske, Kurt: Redaktionskosten: Abzug oder Aktivierung?, in: DStZ, 64. Jg. (1976), S. 315–320.

Barth, Christopher: Die Zurechnung von Leasingobjekten im Jahresabschluß nach Handelsrecht, Steuerrecht und den Internationalen Accounting Standards, unter besonderer Berücksichtigung der Aktivierbarkeit eines Nutzungsrechts als immateriellen Vermögensgegenstand, Bamberg 1999.

Becker, Enno: Zur Auslegung der Steuergesetze, in: StuW, 3. Jg. (1924), 145-180.

Becker, Roberto: Die Entwicklung von Grundsätzen ordnungsmäßiger Prognosebildung auf Basis der GoB, Wiesbaden 2018.

Behnes, Stephan Georg; *Kühnel, Dieter*: Wirtschaftliches Eigentum vs. Gestaltungsmissbrauch, in: RdF, 6. Jg. (2016), S. 141–147.

Beisse, Heinrich: Gebäudeabbruch und Neubau in Handels- und Steuerbilanz, in: StuW, 55. Jg. (1978), S. 529–535.

Beisse, Heinrich: Zur Bilanzauffassung des Bundesfinanzhofs, in: JbFfStr, 29. Jg. (1978/79), S. 186–196.

Beisse, Heinrich: Handelsbilanzrecht in der Rechtsprechung des Bundesfinanzhofs. Implikationen des Maßgeblichkeitsgrundsatzes, in: BB, 35. Jg. (1980), S. 637–646.

Beisse, Heinrich: Tendenzen in der Rechtsprechung des Bundesfinanzhofs zum Bilanzrecht, in: DStR, 18. Jg. (1980), S. 243–252.

Beisse, Heinrich: Gewinnrealisierung - Ein systematischer Überblick über Rechtsgrundlagen, Grundtatbestände und grundsätzliche Streitfragen, in: Gewinnrealisierung im Steuerrecht, hrsg. v. H. Ruppe, Köln 1981, S. 13–43.

Beisse, Heinrich: Die wirtschaftliche Betrachtungsweise bei der Auslegung der Steuergesetze in der neueren deutschen Rechtsprechung, in: StuW, 58. Jg. (1981), S. 1–14.

Beisse, Heinrich: Maßgeblichkeit der Handelsbilanz für die Steuerbilanz, in: Jahrbuch für Betriebswirte, 9. Jg. (1984), S. 245–251.

Beisse, Heinrich: Zum Verhältnis von Bilanzrecht und Betriebswirtschaftslehre, in: StuW, 61. Jg. (1984), S. 1–14.

Beisse, Heinrich: Die Generalnorm des neuen Bilanzrechts, in: FS Döllerer, hrsg. v. B. Knobbe-Keuk/ F. Klein/ A. Moxter, 1988, S. 25–44.

Beisse, Heinrich: Die Generalnorm des neuen Bilanzrechts und ihre steuerrechtliche Bedeutung, in: Handelsbilanz und Steuerbilanz, hrsg. v. W. Mellwig/ A. Moxter/ D. Ordelheide, Wiesbaden 1989, S. 15–31.

Beisse, Heinrich: Grundsatzfragen der Auslegung des neuen Bilanzrechts, in: BB, 45. Jg. (1990), S. 2007–2012.

Beisse, Heinrich: Rechtsfragen der Gewinnung von GoB, in: BFuP, 42. Jg. (1990), S. 499–513.

Beisse, Heinrich: Gläubigerschutz - Grundprinzip des deutschen Bilanzrechts, in: FS Beusch, hrsg. v. H. Beisse/ M. Lutter/ H. Närger, Berlin 1993, S. 77–97.

Beisse, Heinrich: Zum neuen Bild des Bilanzrechtssystems, in: FS Moxter, hrsg. v. W. Ballwieser/ H.-J. Böcking/ J. Drukarczyk, Düsseldorf 1994, S. 3–31.

Beisse, Heinrich: Wandlungen der Rechnungsabgrenzung, in: FS Budde, hrsg. v. G. Förschle/ A. Moxter/ K. Kaiser, München 1995, S. 67–85.

Beisse, Heinrich: Zehn Jahre „True and fair view", in: FS Clemm, hrsg. v. W. Ballwieser/ A. Moxter/ R. Nonnenmacher, München 1996, S. 27–58.

Beisse, Heinrich: Wandlungen der Grundsätze ordnungsmäßiger Bilanzierung, in: GS Knobbe-Keuk, hrsg. v. W. Schön, Köln 1997, S. 385–409.

Beisse, Heinrich: „True and fair view" in der Steuerbilanz?, in: DStZ, 86. Jg. (1998), S. 310–317.

Beisse, Heinrich: Normqualität und Normstruktur von Bilanzvorschriften und Standards, in: BB, 54. Jg. (1999), S. 2180–2186.

Beisse, Heinrich: Die Krise des deutschen Bilanzrechts und die Zukunft des Maßgeblichkeitsgrundsatzes, in: Deutsches Bilanzrecht - In der Krise oder im Aufbruch?, hrsg. v. H. Beisse, Düsseldorf 2001, S. 1–31.

Beisse, Heinrich: Die paradigmatischen GoB, in: FS Müller, hrsg. v. P. Hommelhoff/ R. Zätzsch/ B. Erle, München 2001, S. 731–753.

Benecke, Birka: Internationale Rechnungslegung und Management Approach, Wiesbaden 2000.

Berger, Hanno; *Matuszweski, Jörn*: Dividendenstripping im Fokus der Finanzverwaltung, in: BB, 66. Jg. (2011), S. 3097–3104.

Berndt, Thomas: Grundsätze ordnungsmäßiger passiver Rechnungsabgrenzung, Wiesbaden 1998.

Berndt, Thomas: Wahrheits- und Fairnesskonzeptionen in der Rechnungslegung, 2005.

Bertram, Klaus: § 248 HGB, in: Haufe HGB Bilanzkommentar, 11. Aufl., Freiburg 2020, S. 192–205.

Bieg, Hartmut: Schwebende Geschäfte in Handels- und Steuerbilanz, Frankfurt am Main 1977.

Böckem, Hanne; *Jordan, Stefanie*: Agile Softwareprogrammierung nach IAS 38, in: KoR, 21. Jg. (2021), S. 336–344.

Böcking, Hans-Joachim: Bilanzrechtstheorie und Verzinslichkeit, Wiesbaden 1988.

Böcking, Hans-Joachim: Der Grundsatz umsatzbezogener Gewinnrealisierung beim Finanzierungsleasing, in: ZfbF, 41. Jg. (1989), S. 491–515.

Böcking, Hans-Joachim: Verbindlichkeitsbilanzierung - wirtschaftliche versus formalrechtliche Betrachtungsweise, Wiesbaden 1994.

Böcking, Hans-Joachim: Betriebswirtschaftslehre und wirtschaftliche Betrachtungsweise im Bilanzrecht, in: FS Beisse, hrsg. v. W. Budde/ A. Moxter/ K. Offerhaus, Düsseldorf 1997, S. 85–103.

Böcking, Hans-Joachim: Zum Verhältnis von Rechnungslegung und Kapitalmarkt, in: Rechnungslegung und Steuern international, hrsg. v. W. Ballwieser, Düsseldorf 1998, S. 17–53.

Böcking, Hans-Joachim: IFRS auch als Grundlage für die Ausschüttungs- und Steuerbemessung, in: FS Mellwig, hrsg. v. M. Werheim, Wiesbaden 2009, S. 53–86.

Böcking, Hans-Joachim et al.: § 255 HGB, in: EBJS, 4. Aufl., München 2020.

Bode, Walter: Gewinn, in: FS Kirchhof, hrsg. v. H. Kube/ R. Mellinghoff/ G. Morgenthaler/ U. Palm/ T. Puhl/ C. Seiler, Heidelberg u.a. 2013, S. 1873–1882.

Böing, Christian: Steuerlicher Gestaltungsmissbrauch in Europa, Hamburg 2006.

Bordewin, Arno: Zur Bewertung teilfertiger Erzeugnisse nach Handels- und Steuerrecht, in: BB, 30. Jg. (1975), S. 1472–1473.

Bornhaupt, Kurt Joachim von: Inwieweit können fehlgeschlagene Anschaffungs- oder Herstellungskosten bei Grundstücken und Gebäuden Werbungskosten sein?, in: FR, 63. Jg. (1981), S. 497–504.

Brandis, Peter: Sog. cum/ex-Geschäfte: Übergang des wirtschaftlichen Eigentums, in: FS Gosch, hrsg. v. J. Lüdicke/ R. Mellinghoff/ T. Rödder, München 2016, S. 37–46.

Brandis, Peter: Neue Erkenntnisse zu Fragen des wirtschaftlichen Eigentums in der Steuerbilanz, in: StbJb, 68. Jg. (2016/17), S. 299–326.

Brebeck, Frank/Herrmann, Michél: Überlegungen zur handelsbilanziellen Behandlung von Lizenzen für die Nutzung immaterieller Vermögensgegenstände, in: FS Baetge (2007), hrsg. v. H.-J. Kirsch/ S. Thiele, Düsseldorf 2007, S. 63–88.

Breidert, Ulrike: Grundsätze ordnungsmäßiger Abschreibungen auf abnutzbare Anlagegegenstände, Düsseldorf 1994.

Breidert, Ulrike: Keine Teilwertabschreibung bei so genannten Verlustprodukten?, in: BB, 56. Jg. (2001), S. 979–984.

Breidert, Ulrike; *Moxter, Adolf*: Zur Bedeutung wirtschaftlicher Betrachtungsweise in jüngeren höchstrichterlichen Bilanzrechtsentscheidungen, in: WPg, 60. Jg. (2007), S. 912–919.

Brenner, Dieter: Teilwertabschreibungen auf Finanzanlagen, in: StbJb, 43. Jg. (1991/92), S. 99–111.

Brezing, Klaus: Anmerkung zu BFH IV R 146/70, in: FR, 57. Jg. (1975), S. 483.

Brezing, Klaus: 2. Anmerkung zu BFH IV R 176/72, in: FR, 58. Jg. (1976), S. 513–514.

Briesemeister, Simone; *Joisten, Christian*; *Vossel, Stephan*: Kommentar zum Urt. des BFH vom 14.04.2011 IV R 46/09, in: FR, 93. Jg. (2011), S. 662–667.

Bruns, Jan-Willem: Leerverkäufe und missbräuchliche Gestaltungen, in: DStR, 48. Jg. (2010), S. 2061–2066.

Bruns, Jan-Willem: Gibt es eine Vervielfachung des wirtschaftlichen Eigentums bei Leerverkäufen?, in: DStZ, 99. Jg. (2011), S. 675–684.

Bruns, Jan-Willem: Streitfragen bei Leerverkäufen über den Dividendenstichtag, in: DStZ, 100. Jg. (2012), S. 333–340.

Buciek, Klaus: Zur Bilanzierung von Güterfernverkehrsgenehmigungen, in: BB, 42. Jg. (1987), S. 1979–1981.

Burkhardt, Dietrich: Grundsätze ordnungsmäßiger Bilanzierung für Fremdwährungsgeschäfte, Düsseldorf 1988.

Cahn, Andreas: Die wirtschaftliche Betrachtungsweise in: FS K. Schmidt, hrsg. v. G. Bitter/ M. Lutter/ H.-J. Priester/ W. Schön/ P. Ulmer, Köln 2009, S. 157–175.

Canaris, Claus-Wilhelm: Systemdenken und Systembegriff in der Jurisprudenz - entwickelt am Beispiel des deutschen Privatrechts, 2. Aufl., Berlin 1983.

Canaris, Claus-Wilhelm: Das Rangverhältnis der ‚klassischen' Auslegungskriterien, demonstriert an Standardproblemen aus dem Zivilrecht, in: FS Medicus, hrsg. v. V. Beuthien, Köln 1999, S. 25–61.

Carlé, Dieter: Der anschaffungsnahe Aufwand - Metamorphose im Steuerrecht, in: FS Korn, hrsg. v. D. Carlé, Bonn 2005, S. 41–62.

Christian, Dieter; *Kern, Veronika*: Aktivierung von Entwicklungskosten und Phasentrennung nach IAS 38, in: PiR, 6. Jg. (2014), S. 168–174.

Clausen, Uwe: Zur Bilanzierung von Nutzungsverhältnissen, in: JbFfStr, 27. Jg. (1976/77), S. 120–145.

Clemm, Hermann: Grenzen der zivilrechtlichen Betrachtungsweise für das Bilanzrecht - Kritische Würdigung der neueren BFH-Rechtsprechung, in: StbJb, 31. Jg. (1979/80), S. 173–194.

Clemm, Hermann: GoB in Handels- und Steuerrecht in der Diskussion - Meinungsspiegel, in: BFuP, 42. Jg. (1990), S. 546–560.

Clemm, Hermann: Wirtschaftliche versus formalrechtliche Betrachtung im Steuer- und Bilanzrecht, in: FS Klein, hrsg. v. P. Kirchhof/ K. Offerhaus/ H. Schöberle, Köln 1994, S. 715–736.

Coenenberg, Alexandra: Die bilanzielle Behandlung von Handy-Subventionen bei Mobilfunkunternehmen, Wiesbaden 2007.

Conrad, Michael: GWG- Neue Problembereiche, in: DStR, 46. Jg. (2008), S. 710–711.

Costede, Jürgen: Die Aktivierung von Wirtschaftsgütern im Einkommensteuerrecht, in: StuW, 72. Jg. (1995), S. 115–123.

Crezelius, Georg: Das Handelsbilanzrecht in der Rechtsprechung des Bundesfinanzhofs, in: ZGR, 16. Jg. (1987), S. 1–45.

Crezelius, Georg: Kommentar zu BFH v. 29.4.1987 I R 192/82, in: JZ, 43. Jg. (1988), S. 51–54.

Crezelius, Georg: Das sogenannte schwebende Geschäft in Handels-, Gesellschafts- und Steuerrecht, in: FS Döllerer, hrsg. v. B. Knobbe-Keuk/ F. Klein/ A. Moxter, 1988, S. 81–95.

Crezelius, Georg: Maßgeblichkeitsgrundsatz in Liquidation?, in: DB, 47. Jg. (1994), S. 689–691.

Crezelius, Georg: Methodisches zur Rechtsprechung des I. Senats des Bundesfinanzhofs, in: FS Gosch, hrsg. v. J. Lüdicke/ R. Mellinghoff/ T. Rödder, München 2016, S. 47–56.

Czakert, Ernst: Ansatz der CCCTB working group zur Harmonisierung der Steuerbemessungsgrundlage in Europa, in: BFuP, 60. Jg. (2008), S. 433–448.

Dahlke, Andreas/Kahle, Holger: CCCTB - die EU auf dem Weg zu einer gemeinsamen körperschaftsteuerlichen Bemessungsgrundlage?, in: FS Caesar, hrsg. v. B. Knoll, Baden-Baden 2009, S. 229–254.

Danzer, Jürgen: Die Steuerumgehung, Köln 1981.

Dawo, Sascha: Immaterielle Güter in der Rechnungslegung nach HGB, IAS/IFRS und US-GAAP, Herne 2003.

Dehmel, Inga; *Hommel, Michael*; *Kunkel, Tessa*: Conceptual Framework for Financial Reporting 2018 auf dem Prüfstand, in: BB, 73. Jg. (2018), S. 1706–1710.

Desens, Marc: Anrechnung der Kapitalertragsteuer nach Leerverkäufen über den Dividendenstichtag, in: DStR, 52. Jg. (2014), S. 2473–2477.

Desens, Marc: Schriftliche Stellungnahme zur Sachverständigenanhörung des 4. Untersuchungsausschusses der 18. Wahlperiode, Leipzig 2016.

Deubert, Michael; *Lewe, Stefan*: Zeitpunkt der Erlangung des wirtschaftlichen Eigentums beim Erwerb von GmbH-Anteilen, in: BB, 69. Jg. (2014), S. 1835–1839.

Ditz, Xaver; *Tcherveniachki, Vassil*: Zurechnung des wirtschaftlichen Eigentums im Rahmen einer Wertpapierleihe, in: DB, 69. Jg. (2016), S. 615–620.

Ditz, Xaver; *Tcherveniachki, Vassil*: Zurechnung des wirtschaftlichen Eigentums im Rahmen einer Wertpapierleihe, in: DB, 69. Jg. (2016), S. 2995–3000.

Döllerer, Georg: Entwicklungskosten in der Handelsbilanz, in: BB, 12. Jg. (1957), S. 983–986.

Döllerer, Georg: Grundsätze ordnungsmäßiger Bilanzierung, deren Entstehung und Ermittlung, in: BB, 14. Jg. (1959), S. 1217–1221.

Döllerer, Georg: Die Bedeutung des Begriffes „Wirtschaftsgut“ bei der aktiven Rechnungsabgrenzung, in: BB, 20. Jg. (1965), S. 326–329.

Döllerer, Georg: Anschaffungskosten und Herstellungskosten nach neuem Aktienrecht unter Berücksichtigung des Steuerrechts, in: BB, 21. Jg. (1966), S. 1405–1409.

Döllerer, Georg: Leasing - wirtschaftliches Eigentum oder Nutzungsrecht?, in: BB, 26. Jg. (1971), S. 535–540.

Döllerer, Georg: Zur Bilanzierung des schwebenden Vertrags, in: BB, 29. Jg. (1974), S. 1541–1548.

Döllerer, Georg: Die Rechtsprechung des Bundesfinanzhofs zum Steuerrecht der Unternehmen, in: ZGR, 4. Jg. (1975), S. 294–318.

Döllerer, Georg: Maßgeblichkeit in Gefahr, in: BB, 26. Jg. (1971), S. 1333–1335.

Döllerer, Georg: Zur Problematik der Anschaffungs- und Herstellungskosten, in: JbFfStr, 27. Jg. (1976/77), S. 196–212.

Döllerer, Georg: Die Rechtsprechung des Bundesfinanzhofs und die Wirtschaftsprüfung, in: Wirtschaftsprüfung heute: Entwicklung oder Reform? Ein Bochumer Symposium, hrsg. v. W. Busse von Colbe/ M. Lutter, Wiesbaden 1977, S. 185–193.

Döllerer, Georg: Die Grenzen des Imparitätsprinzips - Bilanzrechtliche Möglichkeiten, künftige Verluste vorwegzunehmen, in: StbJb, 29. Jg. (1977/78), S. 129–152.

Döllerer, Georg: Gedanken zur ‚Bilanz im Rechtssinne', in: JbFfStr, 30. Jg. (1979/80), S. 195–205.

Döllerer, Georg: Droht eine neue Aktivierungswelle?, in: BB, 35. Jg. (1980), S. 1333–1337.

Döllerer, Georg: Handelsbilanz ist gleich Steuerbilanz, in: Der Jahresabschluß im Widerstreit der Interessen, hrsg. v. J. Baetge, Düsseldorf 1983, S. 158–177.

Döllerer, Georg: Die Maßgeblichkeit des Zivilrechts für das Ertragsteuerrecht in der neueren Rechtsprechung des Bundesfinanzhofs, in: JbFfStr, 37. Jg. (1986/87), S. 37–54.

Döllerer, Georg: Steuerbilanz und Beutesymbol: Gedanken zu einer ungewöhnlichen Geschichte des Bilanzrechts, in: BB, 43. Jg. (1988), S. 238–241.

Döllerer, Georg: Zur Klausel „Handelsbilanz ist gleich Steuerbilanz" in Gesellschaftsverträgen von Personenhandelsgesellschaften, in: FS Kellermann, hrsg. v. R. Goerdeler/ P. Hommelhoff/ M. Lutter/ W. Odersky/ H. Wiedemann, Berlin 1991, S. 51–66.

Döllerer, Georg: Das Verhältnis des Steuerrechts zum Zivilrecht in der Rechtsprechung des Bundesfinanzhofs, in: FS RFH/BFH 75 Jahre Reichsfinanzhof - Bundesfinanzhof, hrsg. v. Präsidenten des Bundesfinanzhofs, Bonn 1993, S. 497–517.

Döllerer, Georg: Rezensionsabhandlung. Die Verknüpfung handels- und steuerrechtlicher Rechnungslegung, in: ZHR, 157. Jg. (1993), S. 349–354.

Döllerer, Georg: Handelsrechtliche Entscheidungen des Bundesfinanzhofs, in: FS Klein, hrsg. v. P. Kirchhof/ K. Offerhaus/ H. Schöberle, Köln 1994, S. 699–714.

Doralt, Werner: Der Teilwert als Anwendungsfall des Going-Concern-Prinzips, in: DStjG, 7. Tagungsbd., (1984), S. 141–153.

Drüen, Klaus-Dieter: § 39 AO, in: Tipke/Kruse, AO/FGO, Köln 2022.

Duhr, Andreas: Grundsätze ordnungsmäßiger Geschäftswertbilanzierung, Düsseldorf 2006.

Dutt, Verena K; Spengel, Christoph; *Vay, Heiko*: Dividendenstripping durch Cum/Ex- und Cum/Cum-Geschäfte - Analyse aktueller Entwicklungen, in: StuW, 95. Jg. (2018), S. 229–239.

Dziadkowski, Dieter: Betriebswirtschaftliche Überlegungen zur Anpassung des deutschen Handelsbilanzrechts und des Bilanzsteuerrechts an die Bilanzrichtlinie, in: StuW, 56. Jg. (1979), S. 228–236.

Ebber, Hans Bodo: Die Abbildung von Nutzungsrechten in Handels- und Steuerbilanz, Aachen 2011.

Ebel, Thomas: Kommentar zu BFH vom 18.8.2015 I R 88/13, in: FR, 98. Jg. (2016), S. 369–373.

Ehmcke, Torsten: § 6 EStG, in: Brandis/ Heuermann (vormals Blümich) EStG, 161. EL, München 2022.

Eibelshäuser, Manfred: Der Bundesfinanzhof und die statische Bilanzauffassung, in: ZfbF, 33. Jg. (1981), S. 56–68.

Eibelshäuser, Manfred: Immaterielle Anlagewerte in der höchstrichterlichen Finanzrechtsprechung, Wiesbaden 1983.

Eibelshäuser, Manfred: Abschreibungen und Realisationsprinzip, in: FS Beisse, hrsg. v. W. Budde/ A. Moxter/ K. Offerhaus, Düsseldorf 1997, S. 153–169.

Eibelshäuser, Manfred: Wirtschaftliche Betrachtungsweise im Steuerrecht - Herkunft und Bedeutung, in: DStR, 40. Jg. (2002), S. 1426–1432.

Ekkenga, Jens: Gibt es ‚wirtschaftliches Eigentum' im Handelsbilanzrecht?, in: ZGR, 26. Jg. (1997), S. 262–270.

Endriss, Dorothee/Endriss, Axel: Zivilrechtliches Eigentum contra steuerliche Zurechnung im Lichte des BFH-Urteils vom 21.10.2012 - IX R 51/10, in: FS Endriss, hrsg. v. U. Breier, Herne 2013, S. 181–193.

Engel-Ciric, Dejan: Bilanzierung des Sachanlagevermögens nach dem Komponentenansatz (IAS 16), in: BC, 29. Jg. (2005), S. 25–30.

Engels, Jan; *Dreesen, Heinz*: Leasingbilanzierung in der internationalen Rechnungslegung, in: KoR, 15. Jg. (2015), S. 191–200.

Englisch, Joachim: Verbot des Rechtsmissbrauchs, in: StuW, 86. Jg. (2009), S. 3–22.

Englisch, Joachim: Wirtschaftliches Eigentum beim Kauf girosammelverwahrter Aktien, in: FR, 92. Jg. (2010), S. 1023–1031.

Esser, Carl-Heinrich: Die Entwicklung des Verhältnisses Steuerrecht-Privatrecht unter besonderer Berücksichtigung der sog. ‚wirtschaftlichen Betrachtungsweise', Würzburg 1966.

Euler, Roland: Grundsätze ordnungsmäßiger Gewinnrealisierung, Düsseldorf 1989.

Euler, Roland: Zur Verlustantizipation mittels des niedrigeren beizulegenden Wertes und des Teilwertes, in: ZfbF, 43. Jg. (1991), S. 191–212.

Euler, Roland: Das System der Grundsätze ordnungsmäßiger Bilanzierung, Stuttgart 1996.

Euler, Roland: Bilanzrechtstheorie und internationale Rechnungslegung, in: FS Beisse, hrsg. v. W. Budde/ A. Moxter/ K. Offerhaus, Düsseldorf 1997, S. 171–188.

Euler, Roland: Steuerbilanzielle Konsequenzen der internationalisierten Rechnungslegung, in: StuW, 75. Jg. (1998), S. 15–24.

Euler, Roland: Paradigmenwechsel im handelsrechtlichen Einzelabschluss: Von den GoB zu den IAS?, in: BB, 57. Jg. (2002), S. 875–880.

Euler, Roland: Kommentar zum BFH-Urt. vom 19.10.2006 III R 6/05, in: BB, 62. Jg. (2007), S. 769–772.

Euler, Roland: Zur wirtschaftlichen Betrachtungsweise bei Wirtschaftsgütern des immateriellen Anlagevermögens, in: FS Ballwieser, hrsg. v. M. Dobler/ D. Hachmeister, Stuttgart 2014, S. 143–157.

Euler, Walter: Gemeiner Wert und Teilwert, in: DStjG, 7. Tagungsbd., (1984), S. 155–168.

Everding, Karl: Zum Begriff des Wirtschaftsguts und zur Rechnungsabgrenzung, in: StuW, 36. Jg. (1959), S. 170–179.

Evers, Maria Theresia; *Köstler, Melanie*; *Meier, Ina*; *Nicolay, Katharina*; *Scheffler, Wolfram*; *Spengel, Christoph*: Gemeinsame Körperschaftsteuer-Bemessungsgrundlage in der EU: Konkretisierung der Gewinnermittlungsprinzipien und Weiterentwicklungen, in: StuW, 92. Jg. (2015), S. 359–373.

Fabri, Stephan: Grundsätze ordnungsmäßiger Bilanzierung entgeltlicher Nutzungsverhältnisse, Bergisch Gladbach 1986.

Fahrholz, Bernd: Leasing in der Bilanz, Köln 1979.

Fama, Eugene: Efficient Capital Markets: A Review of Theory and Empirical Work, in: The Journal of Finance, 25. Jg. (1970), S. 383–417.

Fey, Dirk: Imparitätsprinzip und GoB-System im Bilanzrecht, Berlin 1987.

Findeisen, Klaus-Dieter: Leasing im Handelsbilanzrecht, in: Praxishandbuch Leasing, hrsg. v. Büschgen, München 1998, S. 463–513.

Fischer, Peter: Substanz und Form, in: StuW, 72. Jg. (1995), S. 87–97.

Fischer, Peter: Kommentar zu § 39 AO, in: HHSp, 269. EL (2022).

Fladung, Hans-Dieter: Das Vorsichts- und Objektivierungsprinzip im deutschen Bilanzrecht, Wiesbaden 2000.

Florstedt, Tim: Typusbegriffe im Steuerrecht, in: StuW, 84. Jg. (2007), S. 314–323.

Florstedt, Tim: Finanzkrise als Krise der Normbehauptung, in: ZBB, 25. Jg. (2013), S. 81–93.

Florstedt, Tim: Die allgemeine Missbrauchsregel in der Richtlinie über eine Gemeinsame konsolidierte Körperschaftsteuer-Bemessungsgrundlage, in: FR, 98. Jg. (2016), S. 1–10.

Florstedt, Tim: Anteilszurechnung und Alternativität, in: FR, 98. Jg. (2016), S. 641–651.

Florstedt, Tim: Kein Kampf ums Recht, in: FS Baums, hrsg. v. H. Siekmann, Tübingen 2017, S. 433–446.

Florstedt, Tim: Wirtschaftliches Eigentum und Steuerumgehung bei Aktiengeschäften um den Dividendenstichtag, in: StuW, 95. Jg. (2018), S. 216–228.

Florstedt, Tim: Reformerfolge und fortbestehender Reformbedarf beim steuermotivierten Aktienhandel um Dividendenstichtage, in: DStR, 58. Jg. (2020), S. 2399–2405.

Florstedt, Tim; *Wüstemann, Jens*; *Wüstemann, Sonja*: Wirtschaftliche Betrachtungsweise und europäische Bilanzsteuerrechtsordnung, in: StuW, 92. Jg. (2015), S. 374–385.

Förster, Guido; *Schmidtmann, Dirk*: Steuerliche Gewinnermittlung nach dem BilMoG, in: BB, 64. Jg. (2009), S. 1342–1346.

Freericks, Wolfgang: Bilanzierungsfähigkeit und Bilanzierungspflicht in Handels- und Steuerbilanz, Köln 1976.

Freidank, Carl-Christian; *Velte, Patrick*: Quo vadis Maßgeblichkeit? - Eine Analyse aus rechtshistorischer, steuersystematischer und betriebswirtschaftlicher Sicht, in: StuW, 87. Jg. (2010), S. 185–194.

Fresl, Karlo: Die Europäisierung des deutschen Bilanzrechts, Wiesbaden 2000.

Gabert-Pipersberg, Isabel: § 6 EStG, in: HHR EStG, Köln 2022.

Gack, Carina: Der Komponentenansatz nach dem IDW Rechnungslegungshinweis-Maßgeblichkeit für die Steuerbilanz?, Aachen 2016.

Gail, Winfried: Der Begriff des Wirtschaftsgutes und seine aktuelle Bedeutung im Steuerrecht, in: BB, 32. Jg. (1977), S. 135–139.

Gelhausen, Hans Friedrich: Das Realisationsprinzip im Handels- und im Steuerbilanzrecht, Frankfurt am Main 1985.

Gelhausen, Hans Friedrich; *Deubert, Michael*; *Klöcker, André*: Zweckgesellschaften nach dem BilMoG, in: DB, 63. Jg. (2010), S. 2005–2011.

Gelhausen, Hans Friedrich; *Fey, Gerd*; *Kämpfer, Georg*: Rechnungslegung und Prüfung nach dem Bilanzrechtsmodernisierungsgesetz, Düsseldorf 2009.

Glade, Anton: Die Bedeutung betriebswirtschaftlicher Erkenntnisse für steuerrechtliche Entscheidungen des Bundesfinanzhofs, in: FR, 57. Jg. (1975), S. 468–472.

Glade, Anton: Bilanzierungs- und Bewertungsprobleme bei Grundstücken und Gebäuden, in: StbJb, 28. Jg. (1976/77), S. 175–200.

Glanegger, Peter: Bewertungseinheit und einheitliches Wirtschaftsgut, in: FS L. Schmidt, hrsg. v. A. Raupach/ A. Uelner, München 1993, S. 145–160.

Groh, Manfred: Künftige Verluste in Handels- und Steuerbilanz, zugleich ein Beitrag zur Teilwertdiskussion, in: StuW, 53. Jg. (1976), S. 32–42.

Groh, Manfred: Zur Bilanztheorie des BFH, in: StbJb, 31. Jg. (1979/80), S. 121–139.

Groh, Manfred: Die wirtschaftliche Betrachtungsweise im rechtlichen Sinne, in: StuW, 66. Jg. (1989), S. 227–231.

Groh, Manfred: Vor der dynamischen Wende im Bilanzsteuerrecht?, in: BB, 44. Jg. (1989), S. 1586–1588.

Groh, Manfred: Bilanzrecht vor dem EuGH, in: DStR, 34. Jg. (1996), S. 1206–1211.

Groh, Manfred: Bauten auf fremdem Grundstück, in: BB, 51. Jg. (1996), S. 1487–1492.

Groh, Manfred: Der Kampf um das Maßgeblichkeitsprinzip, in: FS Börner, hrsg. v. H. Meffert/ N. Krawitz, Wiesbaden 1998, S. 177–196.

Grottel, Bernd/Huber, Frank: § 268 HGB, in: Beck'scher Bilanzkommentar, 13. Aufl., München 2022.

Gruber, Thomas: Der Bilanzansatz in der neueren BFH-Rechtsprechung, Stuttgart 1991.

Grundmann, Stefan: Inter-Instrumental-Interpretation, in: Rabels Zeitschrift für ausländisches und internationales Privatrecht, 75. Jg. (2011), S. 882–932.

Gschwendtner, Hubert: Mietereinbauten als Vermögensgegenstände und Wirtschaftsgüter im Sinne des Handels- und Steuerbilanzrechts, in: FS Beisse, hrsg. v. W. Budde/ A. Moxter/ K. Offerhaus, Düsseldorf 1997, S. 215–233.

Günkel, Manfred: Die Maßgeblichkeit nach der Bilanzrechtsreform (BilMoG), in: FS Herzig, hrsg. v. W. Kessler/ G. Förster/ C. Watrin, München 2010, S. 509–516.

Günter, Simone: Fortentwicklung des Handels- und Steuerbilanzrechts, Lohmar 2012.

Günther, Karl-Heinz: Anmerkungen zur Entscheidung des FG Düsseldorf vom 21.1.2016 11 K 4274/13 E, in: EStB, 28. Jg. (2016), S. 232–233.

Haaker, Andreas; *Freiberg, Jens*: Explosion der Entwicklungskosten?, in: PiR, 12. Jg. (2021), S. 40–43.

Haaker, Andreas; *Hoffmann, Wolf-Dieter*: Grundsätze haptischer Bilanzierung?, in: PiR, 1. Jg. (2009), S. 307–308.

Haarmann, Wilhelm: Bilanzierung der Wertpapierleihe, in: FS Raupach, hrsg. v. Kirchhof, Köln 2006, S. 233–246.

Haarmann, Wilhelm: Die Relevanz der Rückgewährverpflichtung eines Wertpapierdarlehens für den Übergang des wirtschaftlichen Eigentums, in: BB, 73. Jg. (2018), S. 1623–1636.

Hagemeister, Christina: Bilanzierung von Sachanlagevermögen nach dem Komponentenansatz des IAS 16, Düsseldorf 2004.

Hahne, Klaus: Zeitpunkt des Übergangs des wirtschaftlichen Eigentums bei girosammelverwahrten Aktien, in: DStR, 45. Jg. (2007), S. 1196–1198.

Hahne, Klaus; *Philipp, Moritz*: Wirtschaftliches Eigentum an leasinggegenständen im Rahmen von Sale-and-lease-back-Gestaltungen mit Andienungsrecht des Leasingebers, in: DStRK 1. Jg. (2017), S. 90.

Haisch, Martin: Jüngste Entwicklungen bei der Besteuerung von Wertpapierdarlehensgeschäften, in: DK, 14. Jg. (2016), S. 278–283.

Hanke, Anika: Herausforderungen für das Bilanzierungsobjekt ‚Künstliche Intelligenz', in: WPg, 73. Jg. (2020), S. 506–511.

Hartung, Werner: Rechnungsabgrenzungsposten und richtlinienkonforme Auslegung, in: FS Moxter, hrsg. v. W. Ballwieser/ H.-J. Böcking/ J. Drukarczyk, Düsseldorf 1994, S. 213–225.

Hastedt, Uwe-Peter: Gewinnrealisierung beim Finanzierungs-Leasing, Wiesbaden 1992.

Hauter, Erich: Der Ansatz der immateriellen Wirtschaftsgüter in der Vermögensaufstellung, in: StbJb, 32. Jg. (1980/81), S. 197–254.

Helios, Marcus; *Gieffers, Philipp*: Cum/Fake-Transaktionen durch ‚Phantom-Aktien', in: DB, 72. Jg. (2019), S. 263–269.

Helmrich, Herbert: Gesetzgeberische Grundsatzentscheidungen beim Bilanzrichtlinien-Gesetz, in: FS Döllerer, hrsg. v. B. Knobbe-Keuk/ F. Klein/ A. Moxter, 1988, S. 219–224.

Henneberger, Michael; *Flick, Peter*: Leasingverträge, in: HdJ, Abt. I/8 (2020).

Hennrichs, Joachim: Die Bedeutung der EG-Bilanzrichtlinie für das deutsche Handelsbilanzrecht, in: ZGR, 26. Jg. (1997), S. 66–88.

Hennrichs, Joachim: Der steuerrechtliche sog. Maßgeblichkeitsgrundsatz gem. § 5 EStG, in: StuW, 76. Jg. (1999), S. 138–153.

Hennrichs, Joachim: Ausbau der Konzernrechnungslegung im Lichte internationaler Entwicklungen, in: ZGR, 29. Jg. (2000), S. 627–650

Hennrichs, Joachim: Maßgeblichkeitsgrundsatz oder eigenständige Prinzipien für die Steuerbilanz?, in: DStjG, 24. Tagungsbd., (2001), S. 301–328.

Hennrichs, Joachim: Zur normativen Reichweite der IFRS, in: NZG, 8. Jg. (2005), S. 783–787.

Hennrichs, Joachim: Bilanzgestützte Kapitalerhaltung HGB-Jahresabschluß und Maßgeblichkeitsprinzip, in: StuW, 82. Jg. (2005), S. 256–264.

Hennrichs, Joachim: Prognosen im Bilanzrecht, in: AG, 51. Jg. (2006), S. 698–706.

Hennrichs, Joachim: Immaterielle Vermögensgegenstände nach dem Entwurf des Bilanzrechtsmodernisierungsgesetzes (BilMoG), in: DB, 61. Jg. (2008), S. 537–542.

Hennrichs, Joachim: Bilanzrechtsmodernisierung - erste Grundsatzfragen aus handels- und gesellschaftsrechtlicher Sicht, in: FS K. Schmidt, hrsg. v. G. Bitter/ M. Lutter/ H.-J. Priester/ W. Schön/ P. Ulmer, Köln 2009, S. 581–599.

Hennrichs, Joachim: Neufassung der Maßgeblichkeit gemäß § 5 Abs. 1 EStG nach dem BilMoG, in: Ubg, 2. Jg. (2009), S. 533–543.

Hennrichs, Joachim: Auswirkungen des BilMoG auf Bilanzpolitik, Gläubigerschutz und Ausschüttungsbemessung in Familienunternehmen, in: Zukunft des Bilanzrechts in Familienunternehmen, hrsg. v. N. Winkeljohann, Berlin 2009, S. 99–122.

Hennrichs, Joachim: Bilanzrechtsmodernisierungsgesetz und Besteuerung, in: StbJb, 61. Jg. (2009/10), S. 261–290.

Hennrichs, Joachim: GoB im Spannungsfeld von BilMoG und IFRS, in: WPg, 64. Jg. (2011), S. 861–871.

Hennrichs, Joachim: § 246 HGB, in: Münchener Kommentar zum Bilanzrecht, München 2013.

Hennrichs, Joachim: § 248 HGB, in: Münchener Kommentar zum Bilanzrecht, München 2013.

Hennrichs, Joachim: Neuere Entwicklungen im Bilanzrecht, in: NZG, 20. Jg. (2017), S. 618–621.

Hennrichs, Joachim: Einfluss der Europäisierung und Internationalisierung auf das Bilanzsteuerrecht, in: FS BFH, hrsg. v. K.-D. Drüen/ J. Hey/ R. Mellinghoff, Köln 2018, S. 1411–1431.

Hennrichs, Joachim: Rückstellungen und andere GoB zwischen IDW (HFA) und BFH, 34. Vortrags- und Diskussionsveranstaltung der Düsseldorfer Vereinigung für Steuerrecht e.V., Düsseldorf 5.12.2018, https://www.jura.hhu.de/fileadmin/redaktion/Fakultaeten/Juristische_Fakultaet/Valta/DVSt/Praesentationen/181205_GoB_zwischen_HFA_u_BFH_ext.pdf (zuletzt zugegriffen am 8.10.2022).

Hennrichs, Joachim: Kapitel 9: Steuerrechtliche Gewinnermittlung (Bilanzsteuerrecht), in: Tipke/ Lang Steuerrecht, 24. Aufl., Köln 2021.

Hennrichs, Joachim; *Pöschke, Moritz*: Die Bedeutung der IFRS für die Auslegung und Anwendung des (Konzern-)Bilanzrechts nach BilMoG, in: DK, 7. Jg. (2009), S. 532–540.

Hennrichs, Joachim/Pöschke, Moritz: Fortentwicklung der GoB vor dem Hintergrund von BilMoG und IFRS, in: Bilanzpolitik und Bilanzanalyse nach neuem Recht, hrsg. v. Fink/Schultze/Winkeljohann, Stuttgart 2010, S. 47–64.

Hennrichs, Joachim; *Schulze-Osterloh, Joachim*: Das Fortführungsprinzip gemäß § 252 Abs. 1 Nr. 2 HGB im Lichte der EU-Bilanz-Richtlinie, in: DStR, 56. Jg. (2018), S. 1731–1735.

Herold, Christian: Vermeidung des Earnings Management der Umsatzerlöse, Wiesbaden 2006.

Herzig, Norbert: Rechnungsabgrenzungsposten und die Lehre vom Mindestzeitraum, in: BB, 48. Jg. (1993), S. 465–470.

Herzig, Norbert: IAS/IFRS und steuerliche Gewinnermittlung, Düsseldorf 2004.

Herzig, Norbert: IAS/IFRS und steuerliche Gewinnermittlung, in: WPg, 58. Jg. (2005), S. 211–235.

Herzig, Norbert: Modernisierung des Bilanzrechts und Besteuerung, in: DB, 61. Jg. (2008), S. 1–10.

Herzig, Norbert; *Briesemeister, Simone*; *Joisten, Christian*: Component approach im Handels- und Steuerrecht - Anmerkungen zu IDW RH HFA 1.016, in: WPg, 63. Jg. (2010), S. 561–573.

Herzig, Norbert; *Gellrich, Kai*; *Jensen-Nissen, Lars*: IAS/IFRS und steuerliche Gewinnermittlung, in: BFuP, 56. Jg. (2004), S. 550–577.

Herzig, Norbert; *Söffing, Günter*: Bilanzierung und Abschreibung von Fernsehrechten (Teil II), in: WPg, 47. Jg. (1994), S. 656–663.

Hey, Johanna: Harmonisierung der Missbrauchsabwehr durch die Anti-Tax-Avoidance-Directive (ATAD), in: StuW, 94. Jg. (2017), S. 248–265.

Hoffmann, Wolf-Dieter: Von der phasengleichen Dividendenvereinnahmung zu den Grundsätzen ordnungsmäßiger steuerlicher Bilanzierung - Anmerkungen zum BFH-Beschluss 7.8.2000, GrS 2-99, in: DStR, 38. Jg. (2000), S. 1809–1816.

Hoffmann, Wolf-Dieter: Gibt es eine Maßgeblichkeit?, in: StuB, 17. Jg. (2015), S. 649–650.

Hoffmann, Wolf-Dieter: Anmerkungen zur BFH-Entscheidung vom 14. Juni 2016 - IX R 25/14, in: DStR, 54. Jg. (2016), S. 2269–2274.

Hoffmann, Wolf-Dieter: Anschaffungsnahe Herstellungskosten, in: StuB, 18. Jg. (2016), S. 801–802.

Hoffmann, Wolf-Dieter; *Lüdenbach, Norbert*: Abschreibungen von Sachanlagen nach dem Komponentenansatz von IAS 16, in: BB, 59. Jg. (2004), S. 375–377.

Hoffmann, Wolf-Dieter; *Lüdenbach, Norbert*; *Freiberg, Jens*: Wirtschaftliches Eigentum und Ertragsrealisation bei Sale-and-lease-back im Drei-Stufen-Modell des BFH, in: BB, 72. Jg. (2017), S. 874–878.

Holtsch, Anna: Einfluss der IFRS auf das HGB, Berlin 2019.

Hommel, Michael: Grundsätze ordnungsmäßiger Bilanzierung für Dauerschuldverhältnisse, Wiesbaden 1992.

Hommel, Michael: Internationale Bilanzrechtskonzeptionen und immaterielle Vermögensgegenstände, in: ZfbF, 49. Jg. (1997), S. 345–369.

Hommel, Michael: Bilanzierung immaterieller Anlagewerte, Stuttgart 1998.

Hommel, Michael: Anschaffungskosten, in: Handwörterbuch der Rechnungslegung und Prüfung, hrsg. v. W. Ballwieser, Stuttgart 2002, S. 77–87.

Hommel, Michael: Vermögenszurechnung und Ertragsrealisation nach HGB und IFRS, in: FS Ballwieser, hrsg. v. M. Dobler/ D. Hachmeister, Stuttgart 2014, S. 347–364.

Hommel, Michael; *Berndt, Thomas*: Voraussichtlich dauernde Wertminderung bei der Teilwertabschreibung und Abschlussstichtagsprinzip, in: FR, 82. Jg. (2000), S. 1305–1314.

Hommel, Michael; *Berndt, Thomas*: Wertaufhellung und funktionales Abschlussstichtagsprinzip, in: DStR, 38. Jg. (2000), S. 1745–1752.

Hommel, Michael; *Berndt, Thomas*: Das Realisationsprinzip - 1884 und heute, in: BB, 64. Jg. (2009), S. 2190–2194.

Hommel, Michael; *Rößler, Bettina*: Komponentenansatz des IDW RH HFA 1.016- eine GoB-konforme Konkretisierung der planmäßigen Abschreibung, in: BB, 64. Jg. (2009), S. 2526–2530.

Hommel, Michael; *Schmidt, Reinhard*; *Wüstemann, Jens*: Adolf Moxter und die Grundsätze ordnungsgemäßer Rechnungslegung, in: WPg Sonderheft, 57. Jg. (2004), S. 84–98.

Hommelhoff, Peter: Modernisiertes HGB-Bilanzrecht im Wettbewerb der Regelungssysteme, in: ZGR, 37. Jg. (2008), S. 250–274.

Huber-Krebs, Hanns Walter: Untersuchung einer Konformität zwischen Steuerrecht und Privatrecht unter besonderer Berücksichtigung des Mißbrauchstatbestandes, in: StuW, 44. Jg. (1967), S. 97–116.

Hübschmann, Walter: Die Problematik der wirtschaftlichen Betrachtungsweise, in: FS Spitaler, hrsg. v. G. Thoma, Köln 1958, S. 107–123.

Husemann, Karl-Heinz: Grundsätze ordnungsmäßiger Bilanzierung für Anlagegegenstände, 2. Aufl., Düsseldorf 1976.

Husemann, Walter: Abschreibung eines Vermögensgegenstands entsprechend der Nutzungsdauer wesentlicher Komponenten, in: WPg, 63. Jg. (2010), S. 507–513.

Husemann, Walter; *Hofer, Heinz*: Die Abschaffung der Aufwandsrückstellungen nach dem BilMoG-RegE, in: DB, 61. Jg. (2008), S. 2661–2666.

Hüttemann, Rainer: Steuerrechtsprechung und Steuerumgehung, in: DStR, 53. Jg. (2015), S. 1146–1152.

Icking, Jan: Die Rechtsnatur des Handelsbilanzrechts, Berlin 2000.

IDW, HFA: 208. Sitzung des HFA: Behandlung geringwertiger Wirtschaftsgüter, in: IDW-FN o. Jg. (2007), S. 505–506.

IDW, HFA: 248. Sitzung des HFA: Behandlung geringwertiger Wirtschaftsgüter, in: IDW Life o. Jg. (2017), S. 848.

Isele, Horst: Miet-, Pacht- und Leasingverhältnisse, in: Handbuch der Rechnungslegung, hrsg. v. K. Küting, Stuttgart 1990, S. 255–278.

Jacob, Hans-Joachim: Die Grundsätze der Rechnungslegung im Lichte neuer Entwicklungen, in: FS Müller, hrsg. v. P. Hommelhoff/ R. Zätzsch/ B. Erle, München 2001, S. 195–217.

Jacobs, Otto H.: Das Bilanzierungsproblem in der Ertragsteuerbilanz. Ein Beitrag zur steuerlichen Lehre vom Wirtschaftsgut, Stuttgart 1971.

Janke, Madeleine: Periodisierung, Objektivierung und Vorsicht bei Vermögensgegenständen und Schulden, in: StuW, 71. Jg. (1994), S. 214–231.

Jansen, Rudolf: Die Aktivierung der Anschaffungskosten der Spielererlaubnis in der Fußball-Bundesliga, in: FS Raupach, hrsg. v. Kirchhof, Köln 2006, S. 247–260.

Justenhoven, Petra/Meyer, Henning: § 246 HGB, in: Beck'scher Bilanzkommentar, 13. Aufl., München 2022.

Justenhoven, Petra/Usinger, Rainer: § 243 HGB, in: Beck'scher Bilanzkommentar, 13. Aufl., München 2022.

Jüttner, Uwe: GoB-System, Einzelbewertungsgrundsatz und Imparitätsprinzip, Frankfurt am Main 1993.

Jüttner, Uwe: Neue Sofort-Afa für digitale Wirtschaftsgüter, in: BC, 44. Jg. (2021), S. 180–188.

Kahl, Joachim: Macht und Markt: Vom Ausbau unserer Wirtschaftsordnung, Berlin 1956.

Kahle, Holger: Europarechtliche Einflüsse auf den Maßgeblichkeitsgrundsatz, in: StuW, 78. Jg. (2001), S. 126–136.

Kahle, Holger: Maßgeblichkeitsgrundsatz auf Basis der IAS?, in: WPg, 55. Jg. (2002), S. 178–188.

Kahle, Holger: Das Maßgeblichkeitsprinzip des § 5 Abs. 1 EStG, in: HdJ, Abt. VII/1 (2019, 2. Bearbeitung 2022).

Kahle, Holger/Günter, Simone: Vermögensgegenstand und Wirtschaftsgut - Veränderung der Aktivierungskriterien durch das BilMoG?, in: Steuerliche Gewinnermittlung nach dem Bilanzrechtsmodernisierungsgesetz, hrsg. v. U. Schmiel/ V. Breithecker, Berlin 2008, S. 69–101.

Kahle, Holger; *Heinstein, Ralf*: Die Bewertung von Grundstücken in der Steuerbilanz (Teil I), in: DStZ, 95. Jg. (2007), S. 93–102.

Kammann, Evert: Stichtagsprinzip und zukunftsorientierte Bilanzierung, Köln 1988.

Kämpfer, Georg: Deduktive Normengewinnung im Bilanzrecht, Frankfurt am Main 1984.

Kanzler, Hans-Joachim: Kommentar zum BFH-Urt. vom 19.10.2006 III R 6/05, in: FR, 89. Jg. (2007), S. 695–698.

Kanzler, Hans-Joachim: Kommentar zum BFH-Urt. vom 30.09.2010 IV R 28/08, in: FR, 93. Jg. (2011), S. 282–285.

Kanzler, Hans-Joachim: Kommentar zum BFH-Urt. vom 9. August 2011 VIII R 13/08, in: FR, 93. Jg. (2011), S. 1095–1097.

Kanzler, Hans-Joachim: Anmerkung zum BFH-Urt. vom 12.06.2019 X R 20/17, in: FR, 102. Jg. (2020), S. 38–46.

Kanzler, Hans-Joachim: § 55 EStG, in: HHR EStG, Köln 2022.

Käufer, Anke: Übertragung finanzieller Vermögenswerte nach HGB und IAS 39, Berlin 2009.

Kavvadias, Nico: Forschungs- und Entwicklungskosten: Abschlusspolitische Gestaltungsspielräume und Determinanten für deren Ausübung, Frankfurt am Main 2014.

Keitz, Isabel von: Immaterielle Güter in der internationalen Rechnungslegung, Düsseldorf 1997.

Keller, Tobias: Der Grundsatz wirtschaftlicher Vermögenszugehörigkeit im Bilanzrecht, Berlin 2014.

Keller, Ulrich: Insolvenzrecht, 2. Aufl., München 2020.

Kempermann, Michael: Wirtschaftliches Eigentum und Realisationszeitpunkt, in: StbJb, 60. Jg. (2008/09), S. 243–261.

Kirchhof, Paul: Steuerumgehung und Auslegungsmethoden, in: StuW, 60. Jg. (1983), S. 173–183.

Kirchhof, Paul: Verfassungsrechtliche Maßstäbe für die Auslegung von Steuergesetzen, in: FS RFH/BFH 75 Jahre Reichsfinanzhof - Bundesfinanzhof, hrsg. v. Präsidenten des Bundesfinanzhofs, Bonn 1993, S. 285–302.

Kirchhof, Paul: Ethos der Steuergerechtigkeit, in: JZ, 70. Jg. (2015), S. 105–113.

Kirsch, Hans-Jürgen; *Koelen, Peter*; *Köhling, Kathrin*: Möglichkeiten und Grenzen des management approach: eine Analyse unter besonderer Berücksichtigung des Nutzungswerts des IAS 36, in: KoR, 10. Jg. (2010), S. 200–207.

Kirsch, Hans-Jürgen; *Kurz, Lüder*: Der Ansatzzeitpunkt für selbsterstelltes immaterielles Anlagevermögen, in: JbfW, 2. Jg. (2011), S. 61–72.

Klein, Hartmut: Wirtschaftliches Eigentum bei Aktiengeschäften im Rahmen von ‚Cum/Ex-Geschäften' im Lichte der Rechtsprechung des I. Senats des BFH, in: BB, 70. Jg. (2015), S. 726–735.

Klein, Hartmut: Die vertane Chance im sog. ‚Cum/Ex-Verfahren', in: BB, 71. Jg. (2016).

Kleindiek, Detlef: Geschäftsleitertätigkeit und Geschäftsleitungskontrolle: Treuhänderische Vermögensverwaltung und Rechnungslegung, in: ZGR, 27. Jg. (1998), S. 466–489.

Kleinmanns, Florian: Kaufoption als entnahmefähiges Wirtschaftsgut, in: BB, 70. Jg. (2015), S. 622–625.

Knapp, Lotte: Was darf der Kaufmann als seine Vermögensgegenstände bilanzieren?, in: DB, 24. Jg. (1971), S. 1121–1129.

Knobbe-Keuk, Brigitte: Die Bilanzierung unentgeltlich erworbener Vermögensgegenstände in Handels- und Steuerbilanz, in: StuW, 55. Jg. (1978), S. 226–231.

Knobbe-Keuk, Brigitte: Bilanz- und Unternehmenssteuerrecht, 9. Aufl., Köln 1993.

Knobloch, Alois Paul; *Baumeister, Alexander*: Realisationszeitpunkt für den Verkäufer beim Versendungskauf: Zum Spannungsverhältnis von Gefahrenübergang und Zurechnung des wirtschaftlichen Eigentums, in: DStR, 53. Jg. (2015), S. 2403–2406.

Knobloch, Alois Paul; *Kußmaul, Heinz*: Kritische Anmerkungen zu den gesetzlichen und verwaltungsseitigen Maßnahmen der Sanktionierung von Cum-cum-Gestaltungen, in: BFuP, 71. Jg. (2019), S. 599–627.

Koch, Helmut: Zur Problematik des Teilwertes, in: ZfhF, 12. Jg. (1960), S. 319–353.

Koch, Simone: Bilanzierung von Nutzungsrechten nach GoB und IFRS, Düsseldorf 2011.

Köhlertz, Klaus: Die Bilanzierung von Leasing, München 1989.

Kolbinger, Kathleen: Das wirtschaftliche Eigentum an Aktien, Frankfurt am Main 2008.

Köster, Oliver: Niederstwerttest und Bewertungseinheiten beim Anlagevermögen im Entwurf des BilMoG, in: WPg, 60. Jg. (2007), S. 2971–2975.

Krawitz, Norbert: Aktuelle Änderungen der einkommensteuerlichen Behandlung des sog. Dividenden-Stripping, in: DStR, 32. Jg. (1994), S. 881–889.

Kreide, Raoul: Das Nicht-Aktivierungswahlrecht für selbst geschaffene immaterielle Vermögensgegenstände, in: KoR, 15. Jg. (2015), S. 148–152.

Kronner, Markus: GoB für immaterielle Anlagewerte und Tauschgeschäfte, Düsseldorf 1995.

Krumm, Marcel: § 5 EStG, in: Brandis/ Heuermann (vormals Blümich) EStG, 161. EL, München 2022.

Kubik, Nikolaj: Anmerkung zu BFH X R 7/17, in: BB, 76. Jg. (2021), S. 2738.

Kubin, Konrad: Der Aktionär als Aktienkunde, in: FS Coenenberg, hrsg. v. Möller, Stuttgart 1998, S. 525–558.

Kübler, Friedrich: Institutioneller Gläubigerschutz oder Kapitalmarkttransparenz?, in: ZHR, 159. Jg. (1995), S. 550–566.

Kübler, Friedrich: Vorsichtsprinzip versus Kapitalmarktinformation, in: FS Budde, hrsg. v. G. Förschle/ A. Moxter/ K. Kaiser, München 1995, S. 361–375.

Kuhner, Christoph: Das Spannungsverhältnis zwischen Einzelfallgerechtigkeit und Willkürfreiheit - im Recht und in der Rechtsprechung, in: BFuP, 53. Jg. (2001), S. 523–542.

Kulosa, Egmont: § 6 EStG, in: Schmidt EStG, 41. Aufl., München 2022.

Kulosa, Egmont: § 7 EStG, in: Schmidt EStG, 41. Aufl., München 2022.

Kuntschik, Nina: Steuerliche Gewinnermittlung und IAS/ IFRS am Beispiel immaterieller Vermögenswerte, Frankfurt am Main 2004.

Kupsch, Peter: Sind Zuschüsse und Abstandszahlungen immaterielle Anlagewerte (Wirtschaftsgüter)?, in: WPg, 30. Jg. (1977), S. 663–671.

Kupsch, Peter: Betriebswirtschaftliche Funktionsanalyse und ihre Bedeutung für die Ermittlung von Herstellungskosten im Jahresabschluß, in: FS Heinen, hrsg. v. W. Kirsch, Wiesbaden 1989, S. 235–259.

Kupsch, Peter: Zum Verhältnis von Einzelbewertungsprinzip und Imparitätsprinzip, in: FS Forster, hrsg. v. A. Moxter/ H.-P. Müller/ R. Windmöller/ K. v. Wysocki, Düsseldorf 1992, S. 339–357.

Kußmaul, Heinz: Nutzungsrechte an Grundstücken in Handels- und Steuerbilanz, Hamburg 1987.

Kußmaul, Heinz: Sind Nutzungsrechte Vermögensgegenstände bzw. Wirtschaftsgüter?, in: BB, 42. Jg. (1987), S. 2053–2065.

Kußmaul, Heinz: Ertragsteuerliche Bedeutung des Begriffs ‚Wirtschaftsgut', in: FS Wöhe, hrsg. v. G. John, München 1989, S. 253–276.

Kußmaul, Heinz; *Huwer, Eric*; *Kloster, Florian*: Systematische Einordnung der Cum/Ex-Transaktionen in den Kontext der jüngeren Reformbestrebungen, in: RdF, 2. Jg. (2012), S. 314–324.

Kußmaul, Heinz; *Knobloch, Alois Paul*; *Kloster, Florian*: Steuerliche Aufarbeitung von Cum/Cum-Transaktionen (im Zeitraum 1.3.2013-31.12.2015), in: StB, 61. Jg. (2018), S. 254–261.

Kußmaul, Heinz; *Meyering, Stephan*: Der Teilwert, in: StB, 50. Jg. (2007), S. 462–467.

Küting, Karlheinz: Die Bilanzierung von Güterfernverkehrskonzessionen nach der Vollendung des Gemeinsamen Marktes, in: BB, 44. Jg. (1989), S. 1302–1310.

Küting, Karlheinz; *Eichenlaub, Raphael*: Einzelbewertungsgrundsatz im HGB- und im IFRS-System, in: BB, 66. Jg. (2011), S. 1195–1200.

Küting, Karlheinz; *Hellen, Heinz-Hermann*; *Brakensiek, Sonja*: Leasing in der nationalen und internationalen Bilanzierung, in: BB, 53. Jg. (1998), S. 1465–1474.

Küting, Karlheinz; *Pfirmann, Armin*; *Ellmann, David*: Die Bilanzierung von selbsterstellten immateriellen Vermögensgegenständen nach dem RegE des BilMoG, in: KoR, 8. Jg. (2008), S. 689–967.

Lamers, Alfons: Aktivierungsfähigkeit und Aktivierungspflicht, München 1981.

Lang, Joachim: Die Bemessungsgrundlage der Einkommensteuer, Köln 1988.

Lange, Christian: 75 Jahre Teilwert, Berlin 2011.

Larenz, Karl; *Canaris, Claus-Wilhelm*: Methodenlehre der Rechtswissenschaft, 3. Aufl., Berlin 1995.

Lazarz, Katrin: Die Abbildung von Leasingverhältnissen nach den IFRS und nach der handelsrechtlichen Rechnungslegung, Wiesbaden 2021.

Leffson, Ulrich: Die Grundsätze ordnungsmäßiger Buchführung, 7. Aufl., Düsseldorf 1987.

Leisenring, James; *Linsmeier, Thomas*; *Schipper, Katherine*; *Trott, Edward*: Business-model (intent)-based accounting, in: Accounting and Business Research, 42. Jg. (2012), S. 329–344.

Leplow, Claas: Das Wertaufholungsgebot in der Handels- und Steuerbilanz, Köln 2002.

Ley, Ursula: Der Begriff ‚Wirtschaftsgut' und seine Bedeutung für die Aktivierung, 2. Aufl., Bergisch Gladbach 1987.

Ley, Ursula: Steuerrechtliche Zurechnung von Nießbrauchgegenständen, in: DStR, 22. Jg. (1984), S. 676–680.

Leykum, Klaus-Dietrich: Wirtschaftsgut und dynamische Bilanzauffassung in der Steuerbilanz, in: ZfhF, 15. Jg. (1963), S. 397–413.

Lindauer, Jürgen: Immobilien und Steuern, 3. Aufl., Wiesbaden 2020.

Lindermann, Florian: Gestaltungsgrenzen des Dividendenstrippings nach § 42 AO im Lichte des europäischen Missbrauchsverbots, in: DStR, 57. Jg. (2019), S. 1549–1588.

Lindermann, Florian: Normbehauptung im Steuerrecht durch das europäische Missbrauchsverbot, Berlin 2019.

Link, Mathias: Kommentar zum BFH-Urt. vom 12.06.2019 X R 20/17, in: BB, 75. Jg. (2020), S. 3055.

Löcke, Jürgen: Steuerliche Aktivierungsgrundsätze und Property-Rights-Theorie, in: StuW, 75. Jg. (1998), S. 124–133.

Lohr, Sebastian: Anschaffungsnaher Aufwand, Hamburg 2005, https://ediss.sub.uni-hamburg.de/volltexte/2005/2500/ (zuletzt zugegriffen am 8.10.2022).

Lorenz, Karsten: Wirtschaftliche Vermögenszugehörigkeit im Bilanzrecht, Düsseldorf 2002.

Loritz, Karl-Georg: Der Streit um Cum-Ex-Geschäfte - Teil I, in: WM, 71. Jg. (2017), S. 309–319.

Loritz, Karl-Georg: Der Streit um Cum-Ex-Geschäfte - Teil II, in: WM, 71. Jg. (2017), S. 353–361.

Lorson, Peter; *Gattung, Andreas*: Die Forderung nach einer ‚faithful representation', in: KoR, 8. Jg. (2008), S. 556–565.

Lüdenbach, Norbert: Aktivierung der Nebenkosten einer Fernsehlizenz, in: StuB, 20. Jg. (2018), S. 144.

Lüdenbach, Norbert: Wirtschaftliche Betrachtungsweise - 100 Jahre und kein bisschen weiter?, in: StuB, 21. Jg. (2019), S. 15–21.

Lüdenbach, Norbert: Abwärme eines Blockheizkraftwerks - Entnahme mit dem Teilwert Null?, in: StuB, 22. Jg. (2020), S. 600.

Lüders, Jürgen: Der Zeitpunkt der Gewinnrealisierung in Handels- und Steuerbilanzrecht, Köln 1987.

Lutz, Günter: Der Vermögensgegenstand - ein Abbild der Gewinnerwartung?, in: Neuorientierung der Rechenschaftslegung , Bericht über die Fachtagung 1994, hrsg. v. IDW, Düsseldorf 1995, S. 81–100.

Maaßen, Kurt: Der Teilwert im Steuerrecht, Köln 1968.

Maaßen, Kurt: Das Wirtschaftsgut - seine Bilanzierung im Handelsrecht und im Steuerrecht, in: StB, 23. Jg. (1972), S. 61–68.

Macintosh, Norman B.: Accounting and the Truth of Earnings Reports, in: EAR, 18. Jg. (2009), S. 141–175.

Mank, Katharina: Die Internetdomain als abschreibungsfähiges Wirtschaftsgut, in: DStR, 43. Jg. (2005), S. 1294–1296.

Martini, Ruben: Keine Kapitalertragsteuererstattung bei sog. Cum/Ex-Geschäften, in: jM, 7. Jg. (2020), S. 169–170.

Marx, Franz Jürgen: Teilhaberthese als Leitbild zur Neukonzeption der steuerrechtlichen Gewinnermittlung nach Inkrafttreten des BilMoG, in: BB, 66. Jg. (2011), S. 1003–1006.

Marx, Franz Jürgen: Aktuelle Entwicklungen in der steuerrechtlichen Gewinnermittlung, in: StuB, 14. Jg. (2012), S. 291–296.

Marx, Franz Jürgen; *Löffler, Christoph*: Die „bestimmte Zeit" als Voraussetzung für handels- und steuerrechtliche Rechnungsabgrenzungsposten, in: DB, 68. Jg. (2015), S. 2765–2769.

Mathiak, Walter: Anschaffungs- und Herstellungskosten, in: DStjG, 7. Tagungsbd. (1984), S. 97–139.

Mathiak, Walter: Rechtsprechung zum Bilanzsteuerrecht, in: StuW, 64. Jg. (1987), S. 51–59.

Mathiak, Walter: GoB in Handels- und Steuerrecht in der Diskussion - Meinungsspiegel, in: BFuP, 42. Jg. (1990), S. 546–560.

Mathiak, Walter: Rechtsprechung zum Bilanzsteuerrecht, in: DStR, 28. Jg. (1990), S. 691–696.

May, Erich: Das Wirtschaftsgut, Wiesbaden 1970.

Mayer, Stefan: Wirtschaftliches Eigentum an Kapitalgesellschaftsanteilen, Aachen 2003.

Mayer, Stefan: Wirtschaftliches Eigentum in der Steuerbilanz, in: WPg, 56. Jg. (2003), S. 925–937.

Mayer, Stefan: Übergang des wirtschaftlichen Eigentums an Kapitalgesellschaftsanteilen, in: DStR, 47. Jg. (2009), S. 674–677.

Mayr, Gunter: Gewinnrealisierung im Steuerrecht und Handelsrecht, Wien 2001.

Mayr, Gunter: Zukunftskonzepte der Einkünfteermittlung: BilMoG, Maßgeblichkeitsgrundsatz und CCCTB, in: DStjG, 34. Tagungsbd. (2011), S. 327–352.

McBarnet, Doreen; *Whelan, Christopher*: The Elusive Spirit of the Law: Formalism and the Struggle for Legal Control, in: Modern Law Review, 54. Jg. (1991), S. 848–873.

Mellerowicz, Konrad: Forschungs- und Entwicklungstätigkeit als betriebswirtschaftliches Problem, Freiburg 1958.

Mellwig, Winfried: Bilanzrechtsprechung und Betriebswirtschaftslehre, in: BB, 38. Jg. (1983), S. 1613–1620.

Mellwig, Winfried: Für ein bilanzzweckadäquates Teilwertverständnis, in: FS Moxter, hrsg. v. W. Ballwieser/ H.-J. Böcking/ J. Drukarczyk, Düsseldorf 1994, S. 1069–1088.

Mellwig, Winfried: Herstellungskosten und Realisationsprinzip, in: FS Budde, hrsg. v. G. Förschle/ A. Moxter/ K. Kaiser, München 1995, S. 397–418.

Mellwig, Winfried; *Weinstock, Marc*: Die Zurechnung von mobilen Leasingobjekten nach deutschem Handelsrecht und den Vorschriften des IASC, in: DB, 49. Jg. (1996), S. 2344–2352.

Merk, Andreas: § 246 HGB, in: Beck OK HGB, 36. Aufl., München 2022.

Merkt, Hanno: § 248 HGB, in: Baumbach/ Hopt, 41. Aufl., München 2022.

Michels, Rolf; *Ketteler-Eising, Thomas*: Die Vertragsarztzulassung als praxiswertbildender Faktor, in: DStR, 46. Jg. (2008), S. 314–320.

Mindermann, Torsten: Quo vadis Vermögensgegenstand?, in: FS Franz, hrsg. v. P. Kajüter, Stuttgart 2011, S. 169–181.

Mindermann, Torsten: Zweifelsfragen zur Verbesserung der Informationsfunktion durch § 248 Abs. 2 HGB, in: BFuP, 64. Jg. (2012), S. 533–543.

Mojadadr, Mana: Zweckgesellschaften im Konzernabschluss nach HGB und IFRS, Berlin 2013.

Moxter, Adolf: Die Grundsätze ordnungsmäßiger Bilanzierung und der Stand der Bilanztheorie, in: ZfbF, 18. Jg. (1966), S. 28–59.

Moxter, Adolf: Fundamentalgrundsätze ordnungsmäßiger Rechenschaft, in: FS Leffson, hrsg. v. J. Baetge/ A. Moxter/ D. Schneider, Düsseldorf 1976, S. 87–100.

Moxter, Adolf: Die Aktivierungsvoraussetzung ‚entgeltlicher Erwerb' im Sinne von § 5 Abs. 2 EStG, in: DB, 31. Jg. (1978), S. 1804–1809.

Moxter, Adolf: Aktivierungsgrenzen bei ‚immateriellen Anlagewerten', in: BB, 33. Jg. (1978), S. 821–825.

Moxter, Adolf: Immaterielle Anlagewerte im neuen Bilanzrecht, in: BB, 34. Jg. (1979), S. 1102–1109.

Moxter, Adolf: Die handelsrechtlichen Grundsätze ordnungsmäßiger Buchführung und das neue Bilanzrecht, in: ZGR, 9. Jg. (1980), S. 254–276.

Moxter, Adolf: Einschränkung der Rückstellungsbilanzierung durch das Haushaltsbegleitgesetz 1983?, in: BB, 37. Jg. (1982), S. 2084–2087.

Moxter, Adolf: Betriebswirtschaftliche Gewinnermittlung, Tübingen 1982.

Moxter, Adolf: Der Jahresabschluß im Widerstreit der Interessen - Ziele und Zielerreichung, in: Der Jahresabschluß im Widerstreit der Interessen, hrsg. v. J. Baetge, Düsseldorf 1983, S. 11–20.

Moxter, Adolf: Bilanzlehre: Einführung in die Bilanztheorie (Bd. 1), 3. Aufl., Wiesbaden 1984.

Moxter, Adolf: Das System der handelsrechtlichen Grundsätze ordnungsmäßiger Bilanzierung, in: FS Wysocki, hrsg. v. G. Gross, Düsseldorf 1985, S. 17–28.

Moxter, Adolf: Bilanzlehre: Einführung in das neue Bilanzrecht (Bd. 2), 3. Aufl., Wiesbaden 1986.

Moxter, Adolf: Immaterielle Vermögensgegenstände des Anlagevermögens, in: HuRB, hrsg. v. U. Leffson/ D. Rückle/ B. Großfeld, Köln 1986, S. 246–250.

Moxter, Adolf: Ulrich Leffson und die Bilanzrechtsprechung, in: WPg, 39. Jg. (1986), S. 173–177.

Moxter, Adolf: Vermögenslage gem. § 264, in: HuRB, hrsg. v. U. Leffson/ D. Rückle/ B. Großfeld, Köln 1986, S. 346–351.

Moxter, Adolf: Selbständige Bewertbarkeit als Aktivierungsvoraussetzung, in: BB, 42. Jg. (1987), S. 1846–1851.

Moxter, Adolf: Zum Sinn und Zweck des handelsrechtlichen Jahresabschlusses nach neuem Recht, in: FS Goerdeler, hrsg. v. H. Havermann, Düsseldorf 1987, S. 361–374.

Moxter, Adolf: Aktivierungspflichtige Herstellungskosten in Handels- und Steuerbilanz, in: BB, 43. Jg. (1988), S. 937–945.

Moxter, Adolf: Periodengerechte Gewinnermittlung und Bilanz im Rechtssinne, in: FS Döllerer, hrsg. v. B. Knobbe-Keuk/ F. Klein/ A. Moxter, 1988, S. 447–458.

Moxter, Adolf: Zur wirtschaftlichen Betrachtungsweise im Bilanzrecht, in: StuW, 66. Jg. (1989), S. 232–241.

Moxter, Adolf: Funktionales Teilwertverständnis, in: FS Loitlsberger, hrsg. v. D. Rückle, Wien 1991, S. 473–481.

Moxter, Adolf: Beschränkung der gesetzlichen Verlustantizipation auf die Wertverhältnisse des Abschlußstichtags?, in: FS Rose, hrsg. v. N. Herzig, Wiesbaden 1991, S. 165–174.

Moxter, Adolf: Zum Passivierungszeitpunkt von Umweltschutzrückstellungen, in: FS Forster, hrsg. v. A. Moxter/ H.-P. Müller/ R. Windmöller/ K. v. Wysocki, Düsseldorf 1992, S. 427–437.

Moxter, Adolf: Heinrich Beisse 65 Jahre, in: StVj, 4. Jg. (1992), S. 187–189.

Moxter, Adolf: Bilanzrechtliche Probleme beim Geschäfts- oder Firmenwert, in: FS Semler, hrsg. v. M. Bierich/ P. Hommelhoff/ B. Kropff, Berlin 1993, S. 853–861.

Moxter, Adolf: Entwicklung der Theorie der handels- und steuerrechtlichen Gewinnermittlung, in: ZfbF Sonderheft, 45. Jg. (1993), S. 61–84.

Moxter, Adolf: Grundsätze ordnungsmäßiger Buchführung - ein handelsrechtliches Faktum, von der Steuerrechtsprechung festgestellt, in: FS RFH/BFH 75 Jahre Reichsfinanzhof - Bundesfinanzhof, hrsg. v. Präsidenten des Bundesfinanzhofs, Bonn 1993, S. 533–544.

Moxter, Adolf: Saldierungs- und Abzinsungsprobleme bei Drohverlustrückstellungen, in: BB, 48. Jg. (1993), S. 2481–2485.

Moxter, Adolf: Zur Klärung der Teilwertkonzeption, in: FS Klein, hrsg. v. P. Kirchhof/ K. Offerhaus/ H. Schöberle, Köln 1994, S. 827–839.

Moxter, Adolf: Die Helmrich-Konzeption des deutschen Bilanzrichtlinien-Gesetzes, in: FS Helmrich, hrsg. v. K. Letzgus et al., München 1994, S. 709–719.

Moxter, Adolf: Standort Deutschland: Zur Überlegenheit des deutschen Rechnungslegungsrechts, in: FS Heigl, hrsg. v. V. Peemöller/ P. Uecker, Berlin 1995, S. 31–41.

Moxter, Adolf: Zum Umfang der Entscheidungskompetenz des Europäischen Gerichtshof im Bilanzrecht, in: BB, 50. Jg. (1995), S. 1463–1466.

Moxter, Adolf: Das „matching principle": Zur Integration eines internationalen Rechnungslegungs-Grundsatzes in das deutsche Recht, in: FS Havermann, hrsg. v. J. Lanfermann, Düsseldorf 1995, S. 487–504.

Moxter, Adolf: Entziehbarer Gewinn?, in: FS Clemm, hrsg. v. W. Ballwieser/ A. Moxter/ R. Nonnenmacher, München 1996, S. 213–241.

Moxter, Adolf: Zur phasengleichen Aktivierung von Gewinnansprüchen einer Muttergesellschaft, in: GS Knobbe-Keuk, hrsg. v. W. Schön, Köln 1997, S. 487–498.

Moxter, Adolf: Zum Verhältnis von Handelsbilanz und Steuerbilanz, in: BB, 52. Jg. (1997), S. 195–199.

Moxter, Adolf: Grundwertungen in Bilanzrechtsordnungen, in: FS Beisse, hrsg. v. W. Budde/ A. Moxter/ K. Offerhaus, Düsseldorf 1997, S. 347–361.

Moxter, Adolf: Zur bilanzrechtlichen Behandlung von Mietereinbauten nach der neueren höchstrichterlichen Rechtsprechung, in: BB, 53. Jg. (1998), S. 259–263.

Moxter, Adolf: Künftige Verluste in der Handels- und Steuerbilanz, in: DStR, 36. Jg. (1998), S. 509–515.

Moxter, Adolf: Zum Verhältnis von rechtlichen und betriebswirtschaftlichen Gewinnkonzeptionen, in: FS Gümbel, hrsg. v. H. Woratschek, Frankfurt am Main 1998, S. 217–225.

Moxter, Adolf: Missverständnisse um das Maßgeblichkeitsprinzip, in: DStZ, 88. Jg. (2000), S. 157–161.

Moxter, Adolf: Rechnungslegungsmythen, in: BB, 55. Jg. (2000), 2143-2149.

Moxter, Adolf: Phasengleiche Dividendenaktivierung: Der Große Senat des BFH im Widerstreit zu den handelsrechtlichen GoB, in: DB, 53. Jg. (2000), S. 2333–2336.

Moxter, Adolf: Maßgeblichkeitsprinzip am Ende?, in: BB, 55. Jg. (2000), Erste Seite.

Moxter, Adolf: Erosion von Georg Döllerers Bilanzrechtskonzeption beim BFH?, in: DStR, 41. Jg. (2003), S. 1586–1590.

Moxter, Adolf: Grundsätze ordnungsgemäßer Rechnungslegung, Düsseldorf 2003.

Moxter, Adolf: Unterschiede im Wertaufhellungsverständnis zwischen den handelsrechtlichen GoB und den IAS/IFRS, in: BB, 58. Jg. (2003), S. 2559–2564.

Moxter, Adolf: Über Bilanztheorien, in: FS Baetge (2007), hrsg. v. H.-J Kirsch/ S. Thiele, Düsseldorf 2007, S. 405–417.

Moxter, Adolf: Bilanzrechtsprechung, 6. Aufl., Tübingen 2007.

Moxter, Adolf: Aktivierungspflicht für selbsterstellte immaterielle Anlagewerte?, in: DB, 61. Jg. (2008), S. 1514–1517.

Moxter, Adolf: IFRS als Auslegungshilfe für handelsrechtliche GoB?, in: WPg, 62. Jg. (2009), S. 7–12.

Moxter, Adolf: Von den überkommenen betriebswirtschaftlichen Bilanztheorien zur modernen Bilanzrechtstheorie, in: FS Ballwieser, hrsg. v. M. Dobler/ D. Hachmeister, Stuttgart 2014, S. 507–519.

Moxter, Adolf; *Engel-Ciric, Dejan*: Erosion des bilanzrechtlichen Vorsichtsprinzips?, in: BB, 69. Jg. (2014), S. 489–492.

Moxter, Adolf; *Engel-Ciric, Dejan*: Grundsätze ordnungsgemäßer Bilanzierung. §§ 246-256a HGB, Düsseldorf 2019.

Moxter, Adolf/Wesner, Peter: Gewinnrealisierungsprobleme in der höchstrichterlichen Rechtsprechung, in: FS Müller, hrsg. v. P. Hommelhoff/ R Zätzsch/ B. Erle, München 2001, S. 649–662.

Mujkanovic, Robin: Geringwertige Wirtschaftsgüter nach HGB und IFRS vor dem Hintergrund der Unternehmensteuerreform 2008 und des BilMoG-E, in: StuB, 10. Jg. (2008), S. 25–29.

Mujkanovic, Robin; *Raatz, Pascal*: Der Component Approach nach IAS 16 im HGB-Abschluss?, in: KoR, 8. Jg. (2008), S. 245–250.

Müller, Jana et al.: Aktivierung immaterieller Vermögensgegenstände des Anlagevermögens, in: Bilanzierung case by case, hrsg. v. J. Wüstemann/ S. Wüstemann, Frankfurt am Main 2018, S. 47–72.

Müller, Magnus; *Günther, Johannes*: Cum/Cum, die Nächste, in: RdF, 10. Jg. (2020), S. 289–296.

Müller, Thomas; *Schade, Lutz*: Das große Missverständnis der Kapitalertragsteuererstattung, in: BB, 72. Jg. (2017), S. 1239–1249.

Müller, Welf: Zur Rangordnung der in § 252 Abs. 1 Nr. 1-6 HGB kodifizierten allgemeinen Bewertungsgrundsätze, in: FS Goerdeler, hrsg. v. H. Havermann, Düsseldorf 1987, S. 397–410.

Müller, Welf: Der Jahresabschluß im Spannungsfeld zwischen öffentlichem Recht und Gesellschaftsrecht, in: FS Moxter, hrsg. v. W. Ballwieser/ H.-J. Böcking/ J. Drukarczyk, Düsseldorf 1994, S. 75–99.

Müller, Welf: Internationale Rechnungslegungsgrundsätze als Rechtsquellen besonderer Art und ihre Auslegung, in: FS Haarmann, hrsg. v. J. Blumenberg/ G. Crezelius/ D. Gosch, Düsseldorf 2015, S. 741–761.

Müller-Dahl, Frank: Betriebswirtschaftliche Probleme der handels- und steuerrechtlichen Bilanzierungsfähigkeit, Berlin 1979.

Münzinger, Rudolf: Bilanzrechtsprechung der Zivil- und Strafgerichte, Wiesbaden 1987.

Najderek, Anne: Harmonisierung des europäischen Bilanzrechts, Wiesbaden 2009.

Naumann, Klaus-Peter; *Breker, Norbert*; *Siebler, Ute*; *Weiser, Felix*: Bewertungsprinzipien für die Rechnungslegung nach HGB, Bilanzsteuerrecht und IFRS, in: HdJ, Abt. I/7 (2013).

Naumann, Thomas K.: Fremdwährungsumrechnung in Bankbilanzen nach neuem Recht, Düsseldorf 1992.

Nickel, Manuel: Die steuerstrafrechtliche Bewertung von Cum/Ex-Geschäften, Wiesbaden 2021.

Niehues, Karl: Die bilanzielle Behandlung von Güterfernverkehrsgenehmigungen, in: BB, 42. Jg. (1987), S. 1429–1431.

Niehues, Karl: Zur Bilanzierung von Güterfernverkehrsgenehmigungen, in: BB, 43. Jg. (1988), S. 33–34.

Niemeyer, Markus: Bilanzierung und Ausweis von Optionsgeschäften nach Handelsrecht und Steuerrecht, Frankfurt am Main 1990.

Nöcker, Gregor: Steuerbilanzrecht am Ende der 2010er Jahre, in: StuB, 22. Jg. (2020), S. 249–254.

Nöcker, Gregor: Steuerbilanzrecht und der BFH, in: StuB, 23. Jg. (2021), S. 150–156.

Nonnenmacher, Rolf: Bilanzierung von Forschung und Entwicklung, in: DStR, 31. Jg. (1993), S. 1231–1235.

Oberbrinkmann, Frank: Statische und dynamische Interpretation der Handelsbilanz, Düsseldorf 1990.

Obermeier, Arnold: Thesen zum anschaffungsnahen Aufwand, in: DStR, 28. Jg. (1990), S. 409–411.

Oestreicher, Andreas: Grundsätze ordnungsmäßiger Bilanzierung von Zinsterminkontrakten, Düsseldorf 1992.

OFD, Koblenz: Verfügung vom 12.12.2005 S 2134a A - St 31 4, in: DStR, 44. Jg. (2006), S. 610.

OFD, Münster: Verfügung vom 11.02.2009 S 2172 - 152 - St 12 - 33, in: DStR, 47. Jg. (2009), S. 798–800.

Olbrich, Thomas: Die Abgrenzung bilanzieller Bewertungseinheiten als Wirtschaftsgüter des Sachanlagevermögens, in: FS Ludewig, hrsg. v. J. Baetge et al., Düsseldorf 1996, S. 753–780.

Oldenburger, Iris: Die Bilanzierung von Pensionsgeschäften nach HGB, US-GAAP und IAS: Die Wirtschaftliche Betrachtungsweise als Konvergenzkriterium, Wiesbaden 2000.

Ollinger, Carina: Latente Steuern im handelsrechtlichen Einzelabschluss, Berlin 2015.

Ordelheide, Dieter: Kaufmännischer Periodengewinn als ökonomischer Gewinn, in: FS Busse von Colbe, hrsg. v. M. Domsch, Wiesbaden 1988, S. 275–302.

Ordelheide, Dieter: Kapital und Gewinn- Kaufmännische Konvention als kapitaltheoretische Konzeption?, in: Zeitaspekte in betriebswirtschaftlicher Theorie und Praxis, hrsg. v. H. Hax, Stuttgart 1989, S. 21–41.

Ordelheide, Dieter: Zu den Anschaffungsnebenkosten nach Handels- und Steuerrecht, in: FS Felix, hrsg. v. D. Carlé, Köln 1989, S. 223–237.

Ordelheide, Dieter: True and fair view. A European and a German perspective, in: EAR, 2. Jg. (1993), S. 81–90.

Ortmann-Babel, Martina; *Bolik, Andreas*: Lösungen für Praxisprobleme mit dem Sammelposten für geringwertige Wirtschaftsgüter, in: BB, 63. Jg. (2008), S. 1217–1221.

Oser, Peter; *Kliem, Bernd*: Handelsrechtliche Bilanzierung von Implementierungskosten beim Cloud Computing, in: WPg, 75. Jg. (2022), S. 505–513.

Park, Carina: Kommentar zum BFH-Urt. vom 12.03.2020 IV R 9/17, in: BB, 75. Jg. (2020), S. 1841.

Pellens, Bernhard/Fülbier, Rolf Uwe: Ansätze zur Erfassung immaterieller Werte in der kapitalmarktorientierten Rechnungslegung, in: Zur Rechnungslegung nach International Accounting Standards (IAS), hrsg. v. J. Baetge, Düsseldorf 2000, S. 35–77.

Petersen, Karl; *Zwirner, Christian*; *Busch, Julia*: Forschung und Entwicklung in der Rechnungslegungspraxis, in: PiR, 2. Jg. (2010), S. 7–13.

Pezzer, Heinz-Jürgen: Bilanzierungsprinzipien als sachgerechte Maßstäbe der Besteuerung, in: DStjG, 14. Tagungsbd., (1991), S. 3–28.

Pezzer, Heinz-Jürgen: Die Instandsetzung und Modernisierung von Gebäuden nach der jüngsten Rechtsprechung des BFH, in: DB, 49. Jg. (1996), S. 849–856.

Pfeiffer, Thomas: Begriffsbestimmung und Bilanzierungsfähigkeit des immateriellen Wirtschaftsgutes, in: StuW, 61. Jg. (1984), S. 326–339.

Pferdehirt, Henrik: Die Leasingbilanzierung nach IFRS, Wiesbaden 2007.

Pflaum, Ulrich: Zur steuerstraf- und ordnungswidrigkeitsrechtlichen Relevanz von ‚Cum-/Ex'-Geschäften, in: StBp, 55. Jg. (2015), S. 185–196.

Philipps, Holger: Rechnungslegung nach BilMoG, Wiesbaden 2010.

Philipps, Holger: Rechnungslegungspraxis der KMU nach BilMoG - Empirische Befunde im ersten Jahresabschluss nach neuem Bilanzrecht, in: BBK, 3. Jg. (2011), S. 307–316.

Plaumann, Sabine: Auslegungshierarchie des HGB, Wiesbaden 2013.

Podewils, Felix: Doppelte Steuererstattung durch „Dividenden-Stripping", in: AG, 55. Jg. (2010), S. 391–397.

Podewils, Felix: Roma locuta, causa finita?, in: FR, 96. Jg. (2014), S. 1064–1069.

Pöschke, Moritz: Bilanzsteuerliche Behandlung von Sale-and-Lease-Back-Gestaltungen, in: DB, 70. Jg. (2017), S. 625–630.

Pöschke, Moritz: Wahlrechte und „Ermessensspielräume" im Bilanzrecht und die Business Judgement Rule, in: ZGR, 47. Jg. (2018), S. 647–687.

Prinz, Ulrich: Entwicklungsperspektiven im Bilanzsteuerrecht, in: DB, 69. Jg. (2016), S. 9–15.

Prinz, Ulrich: Aktuelle Fälle des Bilanzsteuerrechts, in: StbJb, 69. Jg. (2017/18), S. 381–414.

Prinz, Ulrich: Entwicklungen und aktuelle Tendenzen bei der Maßgeblichkeit, in: StuB, 21. Jg. (2019), S. 1–8.

Prinz, Ulrich: Rechnungsabgrenzungsposten und Wesentlichkeit, in: StuB, 22. Jg. (2020), S. 619–621.

Prinz, Ulrich; *Keller, Bernd*: Neue Grundsatzentscheidung des BFH zu sale-and-lease-back-Geschäften, in: StuB, 19. Jg. (2017), S. 211–217.

Rade, Katja; *Kropp, Matthias*: Jahrgangsbezogener Sammelposten und Poolabschreibung des § 6 Abs. 2a EStG - endgültiger Abschied von der Einheitsbilanz?, in: WPg, 61. Jg. (2008), S. 13–22.

Rade, Katja; *Stobbe, Thomas*: Auswirkungen des Bilanzrechtsmodernisierungsgesetzes auf die Bilanzierung von Fußballspielerwerten in der Handelsbilanz, in: DStR, 47. Jg. (2009), S. 1109–1116.

Ranker, Daniel: Immobilienbewertung nach HGB und IFRS, Berlin 2009.

Rau, Stepan: Kapitaleinkünfte bei Leerverkäufen über den Dividendenstichtag, in: DStZ, 100. Jg. (2012), S. 241–245.

Rau, Stepan: Leerverkäufe über den Dividendenstichtag nach dem BFH Urt. vom 16.4.2014, in: FR, 96. Jg. (2014), S. 1012–1019.

Rau, Stepan; *Sahl, Ottmar*: Nachbetrachtungen auf ein denkwürdiges Urt. und Ausblick auf weitere Entwicklungen, in: BB, 55. Jg. (2000), S. 1112–1116.

Raupach, Arndt: Das Steuerrecht als unerwünschte Rechtsquelle der Handelsbilanz, in: FS Moxter, hrsg. v. W. Ballwieser/ H.-J. Böcking/ J. Drukarczyk, Düsseldorf 1994, S. 101–124.

Rehm, Hermann: Die Bilanzen der Aktiengesellschaften und Gesellschaften m.b.H., 2. Aufl., München 1914.

Reiland, Michael: Derecognition, Düsseldorf 2006.

Reuleaux, Susanne: Immaterielle Wirtschaftsgüter, Wiesbaden 1987.

Richter, Heiner et al.: § 5 EstG, in: HHR EStG, Köln 2022.

Rief-Drewes, Fabian: Der Teilwert, Berlin 2004.

Ringling, Wilfried: Aktivierung und Passivierung in der Steuerbilanz, Frankfurt am Main 1978.

Roland, Helmut: Der Begriff des Vermögensgegenstandes im Sinne der handels- und aktienrechtlichen Rechnungslegungsvorschriften, Göttingen 1980.

Roland, Helmut: Der Begriff ‚Wirtschaftsgut' künftig auch im Handelsrecht?, in: DB, 34. Jg. (1981), S. 173–177.

Roser, Frank: Verbindlichkeitsrückstellungen dem Grunde und der Höhe nach, in: WPg, 68. Jg. (2015), S. 693–705.

Roß, Norbert: Gemeinsamkeiten und Unterschiede handels- und steuerrechtlicher Aktivierungskonzeptionen, in: Rechnungslegung und Prüfung, hrsg. v. Münsteraner Gesprächskreis Rechnungslegung und Prüfung e.V., Düsseldorf 1996, S. 232–253.

Rößler, Bettina: Abgrenzung und Bewertung von Vermögensgegenständen, Wiesbaden 2012.

Rückle, Dieter: Bewertungseinheiten in Handels- und Steuerbilanz, in: FS Sigloch, hrsg. v. T. Egner, Aachen 2009, S. 715–744.

Schanz, Deborah/Schanz, Sebastian: Zur Unmaßgeblichkeit der Maßgeblichkeit - Divergieren oder konvergieren Handels- und Steuerbilanz? in: FS Wagner, hrsg. v. D. Kiesewetter/ R. Niemann, Berlin 2009, S. L1–L31.

Schanz, Georg: Der Einkommensbegriff und die Einkommensteuergesetze, in: FA, 13. Jg. (1896), S. 1–87.

Scharenberg, Sigrun: Die Bilanzierung von wirtschaftlichem Eigentum in der IFRS-Rechnungslegung, Wiesbaden 2009.

Scheffler, Wolfram: Europäisierung des Bilanzsteuerrechts, in: StuB, 6. Jg. (2004), S. 776–781.

Scheffler, Wolfram: Neuinterpretation des Maßgeblichkeitsprinzips, in: StuB, 12. Jg. (2010), S. 295–301.

Scheffler, Wolfram: Steuerliche Gewinnermittlung als Two-Book-System, in: FS Schreiber, hrsg. v. H. Kahle/ M. Overesch/ M. Ruf/ C. Spengel, Wiesbaden 2017, S. 117–134.

Schiefelbein, Anna Katharina: Transitorische Rechnungsabgrenzung nach Handels-/ Steuerbilanz und IAS/IFRS, Münster 2016.

Schießl, Harald: Neues zu den anschaffungsnahen Herstellungskosten i.S. des § 6 Abs. 1 Nr. 1a EStG, in: StuB, 18. Jg. (2016), S. 719–731.

Schildbach, Thomas: Maßgeblichkeit - Rechtslage und Perspektiven, in: BB, 44. Jg. (1989), S. 1443–1453.

Schildbach, Thomas: Niedriger Zeitwert versus Teilwert und das Verhältnis von Handels- und Steuerbilanz, in: StbJb, 42. Jg. (1990/91), S. 31–50.

Schindele, Wilhelm: Einzelfragen im Bereich der steuerlich aktivierungspflichtigen Herstellungskosten, in: StBp, 3. Jg. (1963), S. 162–164.

Schlotter, Carsten: § 253 HGB, in: Münchener Kommentar zum Bilanzrecht, München 2013.

Schmalenbach, Eugen: Dynamische Bilanz, Köln 1962.

Schmid, Hubert: Wirtschaftliches Eigentum an börsennotierten Aktien bei Wertpapierleihgeschäften, in: DStR, 53. Jg. (2015), S. 801–806.

Schmidt, Eberhard: Vergebliche Planungskosten nur selten sofort abzugsfähig?, in: DB, 37. Jg. (1984), S. 1960–1961.

Schneider, Dieter: Sieben Thesen zum Verhältnis von Handels- und Steuerbilanz, in: DB, 23. Jg. (1970), 1697-1705.

Schneider, Dieter: Aktienrechtlicher Gewinn und ausschüttungsfähiger Betrag, in: WPg, 24. Jg. (1971), S. 607–617.

Schneider, Dieter: Gewinnermittlung und steuerliche Gerechtigkeit, in: ZfbF, 23. Jg. (1971), S. 352–394.

Schneider, Dieter: Kapitalmarkteffizienz durch Jahresabschlußreform?, Göttingen 1981.

Schneider, Dieter: Kritische Anmerkungen zur Bilanzauffassung des Bundesfinanzhofs, in: StbJb, 33. Jg. (1981/82), S. 176–194.

Schneider, Dieter: Rechtsfindung durch Deduktion von Grundsätzen ordnungsmäßiger Buchführung aus gesetzlichen Jahresabschlußzwecken?, in: StuW, 60. Jg. (1983), S. 141–160.

Schneider, Dieter: Vermögensgegenstände und Schulden, in: HuRB, hrsg. v. U. Leffson/ D. Rückle/ B. Großfeld, Köln 1986, S. 335–343.

Schneider, Dieter: Betriebswirtschaftslehre, Band 2, 2. Aufl., München 1997.

Schneider, Dieter: Ein Jahrhundert Unmaßgeblichkeit des Maßgeblichkeitsgrundsatzes, in: FS Krawitz, hrsg. v. H. Baumhoff/ R. Dücker/ S. Köhler, Wiesbaden 2010, S. 705–721.

Schneider, Dieter: Die Evolution zum ausschüttbaren Periodengewinn als bedingte spontane Ordnung, in: FS Ballwieser, hrsg. v. M. Dobler/ D. Hachmeister, Stuttgart 2014, S. 745–760.

Schober, Christoph: Grundsätze ordnungsmäßiger Eigenkapitalbilanzierung nach GoB und IFRS, Wiesbaden 2020.

Schön, Wolfgang: Die Steuerbilanz zwischen Handelsrecht und Grundgesetz, in: StuW, 72. Jg. (1995), S. 366–377.

Schön, Wolfgang: Legalität, Gestaltungsfreiheit und Belastungsgleichheit als Grundlagen des Steuerrechts, in: DStjG, 33. Tagungsbd. (2010), S. 29–63.

Schön, Wolfgang: Cum-/Ex-Geschäfte - materiell-rechtliche und verfahrensrechtliche Fragen, in: RdF, 5. Jg. (2015), S. 115–131.

Schön, Wolfgang: Rechtsmissbrauch im europäischen (Steuer-)Recht, in: EuZW, 31. Jg. (2020), S. 685–689.

Schreiber, Ulrich; Alfred Storck: Mietereinbauten und Mieterumbauten in Ertragsteuerbilanz und Vermögensaufstellung, in: BB, 32. Jg. (1977), S. 1391–1395.

Schreiber, Ulrich: Hat das Maßgeblichkeitsprinzip noch eine Zukunft?, in: FS Beisse, hrsg. v. W. Budde/ A. Moxter/ K. Offerhaus, Düsseldorf 1997, S. 491–509.

Schreiber, Ulrich: Rechnungslegung im Einzelabschluß nach internationalen Grundsätzen, in: FS Fischer, hrsg. v. H.-J. Kleineidam, Berlin 1999, S. 879–912.

Schreiber, Ulrich: Gewinnermittlung und Besteuerung der Einkommen, in: StuW, 79. Jg. (2002), S. 105–115.

Schreiber, Ulrich: Das Steuerrecht der Unternehmen aus ökonomischer Sicht: Neutralität der Besteuerung und Steuerwettbewerb, in: Eigenständigkeit des Steuerrechts, hrsg. v. M. Droege/ C. Seiler, Tübingen 2019, S. 213–243.

Schreiber, Ulrich: Besteuerung der Unternehmen, 5. Aufl., Wiesbaden 2021.

Schroth, Ulrich: Hermeneutik, Norminterpretation und richterliche Normanwendung, in: Einführung der Rechtsphilosophie und Rechtstheorie der Gegenwart, hrsg. v. A. Kaufmann/ W. Hassemer/ U. Neumann, 2011, S. 270–297.

Schubert, Wolfgang/Andrejewski, Kai: § 253 HGB, in: Beck'scher Bilanzkommentar, 13. Aufl., München 2022.

Schubert, Wolfgang/Huber, Frank: § 247 HGB, in: Beck'scher Bilanzkommentar, 13. Aufl., München 2022.

Schubert, Wolfgang/Huber, Frank: § 266 HGB, in: Beck'scher Bilanzkommentar, 13. Aufl., München 2022.

Schubert, Wolfgang/Hutzler, Alexander: § 255 HGB, in: Beck'scher Bilanzkommentar, 13. Aufl., München 2022.

Schubert, Wolfgang/Waubke, Patrick: § 250 HGB, in: Beck'scher Bilanzkommentar, 13. Aufl., München 2022.

Schubert, Wolfgang/Waubke, Patrick: § 266 HGB, in: Beck'scher Bilanzkommentar, 13. Aufl., München 2022.

Schulte, Muriel: Systemdenken im deutschen und französischen Handelsrecht. Ein systemtheoretischer Beitrag zur internationalen Rechnungslegung, Rechnungswesen und Unternehmensüberwachung, Wiesbaden 2010.

Schulze-Osterloh, Joachim: Die Rechnungslegung der Innengesellschaft, in: WPg, 27. Jg. (1974), S. 393–401.

Schulze-Osterloh, Joachim: Die Maßgeblichkeit der Handelsbilanz für die Steuerbilanz, ihre Umkehrung und das Bilanzrichtlinien-Gesetz, in: FR, 68. Jg. (1986), S. 545–554.

Schulze-Osterloh, Joachim: Herstellungskosten in der Handels- und Steuerbilanz, in: StuW, 66. Jg. (1989), S. 242–249.

Schulze-Osterloh, Joachim: Die Steuerbilanz als Tatbestandsmerkmal im Einkommen- und Körperschaftsteuergesetz, in: DStjG, 14. Tagungsbd., (1991), S. 123–138.

Schulze-Osterloh, Joachim: Handelsbilanz und steuerrechtliche Gewinnermittlung, in: StuW, 68. Jg. (1991), S. 284–296.

Schulze-Osterloh, Joachim: Handels- und Steuerbilanz, in: ZGR, 29. Jg. (2000), S. 594–603.

Schulze-Osterloh, Joachim: Phasengleiche Aktivierung von Dividendenansprüchen, in: ZGR, 30. Jg. (2001), S. 497–513.

Schulze-Osterloh, Joachim: Sale-and-lease-back-Geschäfte, in: ZIP 26. Jg. (2005), S. 1617–1620.

Schulze-Osterloh, Joachim: IFRS und HGB-Reform, in: FS Deloitte, hrsg. v. W. Ballwieser, München 2008, S. 413–427.

Schulze-Osterloh, Joachim: Rechnungsabgrenzung bei Handy-Subventionen, in: BB, 68. Jg. (2013), S. 2097–2099.

Schulze-Osterloh, Joachim: Rechtsgrundlagen des Jahres- und des Konzernabschlusses (Abt. I/1), in: HdJ, Abt. I/1 (2016).

Schwenke, Michael: Cum/Ex-Geschäfte: Übergang des wirtschaftlichen Eigentums beim Handel mit Aktien, in: jM, 2. Jg. (2015), S. 83–86.

Seebacher, Kathrin Sarah: Leasingbilanzierung nach IFRS und ihre Implikationen für schwebende Verträge, Wiesbaden 2014.

Seeliger, Gerhard: Der Begriff des wirtschaftlichen Eigentums im Steuerrecht, Stuttgart 1962.

Seeliger, Gerhard: Das wirtschaftliche Eigentum im Steuerrecht als Reflex eines Ausschließungsrechts, in: StuW, 40. Jg. (1963), S. 17–24.

Seeliger, Gerhard: Wirtschaftliches Eigentum und steuerliche Zurechnung, in: DStR, 1. Jg. (1963), S. 645–648.

Seer, Roman; *Krumm, Marcel*: Die Kriminalisierung der Cum-/Ex-Dividende-Geschäfte als Herausforderung für den Rechtsstaat, in: DStR, 51. Jg. (2013), S. 1757–1764.

Seidel, Björn; *Grieger, Stephanie*; *Muske, Roland*: Bilanzierung von Entwicklungskosten nach dem BilMoG, in: BB, 64. Jg. (2009), S. 1286–1290.

Seiler, Hans-Werner: Zur Durchsetzung der Einmalbesteuerung deutscher Körperschaftsgewinne, Frankfurt am Main 2000.

Sessar, Christopher: Grundsätze ordnungsmäßiger Gewinnrealisierung im deutschen Bilanzrecht, Düsseldorf 2007.

Siegel, Theodor: Wahlrecht, in: HuRB, hrsg. v. U. Leffson/ D. Rückle/ B. Großfeld, Köln 1986, S. 417–427.

Siegel, Theodor: Mangelnde Ernsthaftigkeit des Gläubigerschutzes als offene Flanke der deutschen Rechnungslegungsvorschriften, in: FS Baetge, hrsg. v. T. Fischer/ R. Hömberg, Düsseldorf 1997, S. 117–149.

Sieker, Susanne: Umgehungsgeschäfte, Tübingen 2001.

Siepe, Günter: Darf ein ertragsteuerlicher Teilwertansatz den handelsrechtlich gebotenen Wertansatz überschreiten?, in: FS Forster, hrsg. v. A. Moxter/ H.-P. Müller/ R. Windmöller/ K. v. Wysocki, Düsseldorf 1992, S. 607–624.

Simon, Herman Veit: Die Bilanzen der Aktiengesellschaften, 4. Aufl., Berlin 1910.

Söffing, Günter: Überlegungen zum sog. Redaktionskostenurteil, in: DStZ, 64. Jg. (1976), S. 155–158.

Söffing, Günter: Die Unvereinbarkeit des Redaktionskostenurteils mit dem Bauplanungsurteil, in: FR, 59. Jg. (1977), S. 34–36.

Söffing, Günter: Herstellungskosten nach dem Vorentwurf einer EG-Gewinnermittlungsrichtlinie, in: DB, 43. Jg. (1990), S. 1293–1296.

Söffing, Günter: Sinn und Widersinn der wirtschaftlichen Betrachtungsweise, in: StVj, 4. Jg. (1992), S. 51–62.

Söffing, Günter: Für und Wider den Maßgeblichkeitsgrundsatz, in: FS Budde, hrsg. v. G. Förschle/ A. Moxter/ K. Kaiser, München 1995, S. 637–673.

Söffing, Günter: Der anschaffungsnahe Aufwand - Plädoyer für eine Streichung von § 6 Abs. 1 Nr. 1a EStG, in: DB, 57. Jg. (2004), S. 946–948.

Sontis, Johannes M.: Strukturelle Betrachtungen zum Eigentumsbegriff, in: FS Larenz, hrsg. v. P. Gotthard, München 1973, S. 981–1002.

Spengel, Christoph: IFRS als Ausgangspunkt der steuerlichen Gewinnermittlung in der Europäischen Union, in: DB, 59. Jg. (2006), S. 681–687.

Spengel, Christoph: Bilanzrechtsmodernisierung - Zukunft der Steuerbilanz, in: FR, 91. Jahrgang (2009), S. 101–103.

Spengel, Christoph: Sachverständigengutachten nach § 28 PUAG für den 4. Untersuchungsausschuss der 18. Wahlperiode, Mannheim 2016.

Spengel, Christoph: Unzulässige Verrechnungspraxis deutscher Banken bei Cum/Ex-Geschäften, in: FR, 105. Jg. (2017), S. 545–604.

Spengel, Christoph: Steuerrechtliche Behandlung von Cum/Cum-Geschäften, in: DB, 73. Jg. (2020), S. 1919–1927.

Spengel, Christoph; *Eisgruber, Thomas*: Die nicht vorhandene Gesetzeslücke bei Cum/Ex-Geschäften, in: DStR, 53. Jg. (2015), S. 785–801.

Spengel, Christoph; *Stutzenberger, Kathrin*: Wiederauflage des GKB-Richtlinienentwurfs - Steuerbelastungswirkungen und Folgenabschätzung, in: StuW, 96. Jg. (2019), S. 267–279.

Spieler, Josef: Aktivierungsfähigkeit von selbsterstellter Software, Frankfurt am Main 1987.

Spilker, Bettina: Rechtsstaatliche Grenzen für die steuerliche und steuerstrafrechtliche Würdigung von Cum/Cum- und Cum/Ex-Transaktionen, in: FR, 99. Jg. (2017), S. 138–150.

Spittler, Hans-Joachim: Leasing für die Praxis, 6. Aufl., Köln 2002.

Stapf, Anton: Immaterielle Anlagewerte und aktive Rechnungsabgrenzungsposten, Würzburg 1968.

Stapperfend, Thomas: Die steuer- und bilanzrechtliche Behandlung von Software, Köln 1991.

Staschewski, Annette: Kommentar zum BFH-Urt. vom 9. August 2011 VIII R 13/08, in: FR, 93. Jg. (2011), S. 1097–1098.

Staschewski, Annette: Vertragsarztzulassung und Besteuerung: Steuerfolgen der ‚Übertragung' bei Einzelpraxen und Medizinischen Versorgungszentren, Hamburg 2011.

Stendel, Eberhard: 1. Anmerkung zu BFH IV R 176/72, in: FR, 58. Jg. (1976), S. 512–513.

Stengel, Gerhard: Die persönliche Zurechnung von Wirtschaftsgütern im Einkommensteuerrecht, Berlin 1990.

Stibi, Bernd; *Fuchs, Markus*: Zur Umsetzung der HGB-Modernisierung durch das BilMoG: Konzeption des HGB - Auslegung und Interpretation der Grundsätze ordnungsmäßiger Buchführung unter dem Einfluss der IFRS?, in: DB Beilage Nr. 5, 62. Jg. (2009), S. 9–15.

Stobbe, Thomas: Ist der Maßgeblichkeitsgrundsatz bei der Zurechnung des wirtschaftlichen Eigentums anwendbar?, in: BB, 45. Jg. (1990), S. 518–525.

Stobbe, Thomas: Die Verknüpfung handels- und steuerrechtlicher Rechnungslegung. Maßgeblichkeitsausprägungen de lege lata et ferenda, Berlin 1991.

Stobbe, Thomas: § 6 EStG, in: HHR EStG, Köln 2022.

Stoll, Gerold: Leasing, 2. Aufl., Köln 1977.

Strobl, Elisabeth: Plädoyer für das handelsrechtliche Vorsichtsprinzip in der Steuerbilanz, in: StbJb, 46. Jg. (1994/95), S. 77–96.

Tacke, Helmut: Leasing, 2. Aufl., Stuttgart 1993.

Tanzer, Michael: Die Maßgeblichkeit der Handelsbilanz für die Bewertung in der Steuerbilanz, in: DStjG, 7. Tagungsbd., (1984), S. 55–96.

Teichmann, Arndt: Die Gesetzesumgehung, Göttingen 1962.

Tesche, Thomas; *Küting, Peter*: IFRS 16: Paradigmenwechsel in der Leasing(nehmer)bilanzierung, in: DStR, 54. Jg. (2016), S. 620–628.

Theile, Carsten: Immaterielle Vermögensgegenstände nach RegE BilMoG, in: WPg, 61. Jg. (2008), S. 1064–1069.

Thiel, Jochen: Bilanzrecht, 5. Aufl., Heidelberg 2005.

Tiedchen, Susanne: Der Vermögensgegenstand im Handelsbilanzrecht, Köln 1991.

Tiedchen, Susanne: § 253 HGB, in: Münchener Kommentar zum Bilanzrecht, München 2013.

Tipke, Klaus: Auslegung unbestimmter Rechtsbegriffe, in: Handwörterbuch unbestimmte Rechtsbegriffe im Bilanzrecht, hrsg. v. U. Leffson, Köln 1986, S. 1–11.

Tolls, Günter: Vermögensgegenstand oder Wirtschaftsgut als Rechtsbegriffe im künftigen Handelsrechtunter besonderer Berücksichtigung der Entwürfe im Bilanzrichtlinie-Gesetz, Augsburg 1987.

Tonner, Norbert: Leasing im Steuerrecht, 6. Aufl., Heidelberg 2014.

Treuberg, Hubert von; *Scharpf, Paul*: Pensionsgeschäfte und deren Behandlung im Jahresabschluß von Kapitalgesellschaften nach § 340b HGB, in: DB, 44. Jg. (1991), S. 1233–1238.

Turwitt, Matthias: Asset-backed Finanzierungen und handelsbilanzielle Zuordnung, Wiesbaden 1999.

Uelner, Adalbert: Aktuelle Fragen des Ertragsteuerrechts, in: StbJb, 28. Jg. (1976/77), S. 131–174.

Unfried, Alexander: Steuerrecht und Dividenden-Stripping, Berlin 1998

Unfried, Alexander: Besteuerung des Dividenden-Stripping nach der neueren Rechtsprechung des BFH, in: DStR, 38. Jg. (2000), S. 993–999.

Urbahns, Rüdiger: Zusammengesetzte Wirtschaftsgüter, in: StuB, 11. Jg. (2009), S. 869–875.

Urbas, Helmut: Die wirtschaftliche Betrachtungsweise im Steuerrecht, Frankfurt am Main 1987.

Velte, Patrick: Auswirkungen des BilMog-RefE auf die Informations- und Zahlungsbemessungsfunktion des handelsrechtlichen Jahresabschlusses, in: KoR, 8. Jg. (2008), S. 61–73.

Voß, Oliver: Unternehmensteuerreform 2008: Neuregelungen der Abschreibung für geringwertige Wirtschaftsgüter, in: FR, 89. Jg. (2007), S. 1149–1156.

Wagenhofer, Alfred: Zusammenwirken von Controlling und Rechnungslegung nach IFRS, in: Controlling und IFRS-Rechnungslegung, hrsg. v. A. Wagenhofer, Berlin 2006, S. 1–20.

Wagner, Franz: Neutralität und Gleichmäßigkeit als ökonomische und rechtliche Kriterien steuerlicher Normkritik, in: StuW, 69. Jg. (1992), S. 2–13.

Wagner, Franz: Aufgabe der Maßgeblichkeit bei einer Internationalisierung der Rechnungslegung?, in: DB, 51. Jg. (1998), S. 2073–2077.

Wagner, Franz: Welche Kriterien sollten die Neuordnung der steuerlichen Gewinnermittlung bestimmen?, in: BB, 57. Jg. (2002), S. 1885–1892.

Wagner, Johann; *Staats, Wendelin*: Die Behandlung geringwertiger Wirtschaftsgüter im Handels-, Steuer- und Investitionszulagenrecht nach dem Unternehmensteuerreformgesetz 2008, in: DB, 60. Jg. (2007), S. 2395–2398.

Wallis, Hugo von: Die wirtschaftliche Betrachtungsweise im Steuerrecht, in: FS Bühler, hrsg. v. A. Spitaler, Köln 1954, S. 249–278.

Walz, Rainer: Wirtschaftsgüter versus wirtschaftliches Eigentum. Rechtsvergleichende Überlegungen zur Gegenstandswelt von Zivilrecht und Steuerrecht, in: FS Fischer, hrsg. v. H.-J. Kleineidam, Berlin 1999, S. 463–483.

Wassermeyer, Franz: Neues zum Zeitpunkt der Gewinnrealisierung, in: StbkongR 24. Jg. (1986), S. 69–85.

Wassermeyer, Franz: Auswirkungen der neueren Entscheidungen des Großen Senats zum Bilanzsteuerrecht, in: DB, 54. Jg. (2001), S. 1053–1057.

Weber-Grellet, Heinrich: Adolf Moxter und die Bilanzrechtsprechung, in: BB, 49. Jg. (1994), S. 30–33.

Weber-Grellet, Heinrich: Handelsrechtliche Bewertungswahlrechte in der Steuerbilanz - Reichweite des steuerrechtlichen Bewertungsvorbehalts, in: StbJb, 46. Jg. (1994/95), S. 97–130.

Weber-Grellet, Heinrich: Europäisiertes Steuerrecht?, in: StuW, 72. Jg. (1995), S. 336–351.

Weber-Grellet, Heinrich: Bilanzrecht im Lichte, Bilanzsteuerrecht im Schatten des EuGH, in: BB, 51. Jg. (1996), S. 2089–2092.

Weber-Grellet, Heinrich: Realisationsprinzip und Rückstellungen unter Berücksichtigung der neueren Rechtsprechung, in: DStR, 34. Jg. (1996), S. 896–908.

Weber-Grellet, Heinrich: Steuerbilanzrecht, Juristische Kurzlehrbücher für Studium und Praxis, München 1996.

Weber-Grellet, Heinrich: Der Typus des Typus, in: FS Beisse, hrsg. v. W. Budde/ A. Moxter/ K. Offerhaus, Düsseldorf 1997, S. 551–569.

Weber-Grellet, Heinrich: Maßgeblichkeitsgrundsatz in Gefahr?, in: DB, 50. Jg. (1997), S. 385–391.

Weber-Grellet, Heinrich: BB-Rechtsprechungsreport zu 2011, in: BB, 67. Jg. (2012), S. 43–49.

Weber-Grellet, Heinrich: Rechnungsabgrenzung bei Handy-Subventionen, in: FR, 95. Jg. (2013), S. 851–854.

Weber-Grellet, Heinrich: Rechtsprechungsreport zu 2014, in: BB, 70. Jg. (2015), S. 43–50.

Weber-Grellet, Heinrich: Rechtsprechungsreport zu 2015, in: BB, 71. Jg. (2016), S. 43–50.

Weber-Grellet, Heinrich: Fortschreitende Emanzipation des Steuerrechts, in: StuW, 93. Jg. (2016), S. 226–239.

Weber-Grellet, Heinrich: Bauten auf fremdem Grund und Boden, in: BB, 71. Jg. (2016), S. 2220–2225.

Weber-Grellet, Heinrich: Rechtsprechungsreport zu 2016, in: BB, 72. Jg. (2017), S. 43–50.

Weber-Grellet, Heinrich: Adolf Moxter, das Bilanzsteuerrecht und der Bundesfinanzhof, in: BB, 74. Jg. (2019), S. 2411–2415.

Weber-Grellet, Heinrich: Rechtsprechungsreport zu 2018, in: BB, 74. Jg. (2019), S. 43–50.

Weber-Grellet, Heinrich: Anmerkungen zum BFH-Urt. vom 20.11.2019 XI R 46/16, in: FR, 102. Jg. (2020), S. 310–315.

Weber-Grellet, Heinrich: Rechtsprechungsreport zu 2019, in: BB, 75. Jg. (2020), S. 43–50.

Weber-Grellet, Heinrich: § 5 EStG, in: Schmidt EStG, 41. Aufl., München 2022.

Weindel, Marc: Grundsätze ordnungsmäßiger Verlustabschreibungen, Wiesbaden 2008.

Weinstock, Marc: Die Bilanzierung von Leasingverträgen nach IASC, Frankfurt am Main 2000.

Weiss, Martin: Neuere Entwicklungen bei der Übertragung stiller Reserven nach § 6b EStG, in: BB, 76. Jg. (2021).

Weiss, Martin: Kommentar zum Urt., in: BB, 72. Jg. (2017), S. 2419.

Wells, Bret: Economic Substance Doctrine, in: Florida Tax Review, 10. Jg. (2010), S. 411–457.

Wencki, Simone: Die Aktivierung von Entwicklungskosten im handelsrechtlichen Jahresabschluss, Bamberg 2016.

Wendt, Michael: Anschaffungsnahe Herstellungskosten - Erste Erfahrungen mit § 6 Abs. 1 Nr. 1a EStG, in: FS Spindler, hrsg. v. R. Mellinghoff/ W. Schön/ H.-U. Viskorf, Köln 2011, S. 879–895.

Wendt, Michael: Wirtschaftliches Eigentum an Leasinggegenständen im Rahmen von Sale-and-lease-back Gestaltungen, in: FR, 99. Jg. (2017), S. 527–531.

Wendt, Michael: Einlage im Privatvermögen entstandener Wirtschaftsgüter, in: FR, 102. Jg. (2020), S. 593–598.

Wengerofsky, Timmy: Neuregelung bei den geringwertigen Wirtschaftsgütern, in: StuB, 19. Jg. (2017), S. 369–374.

Wengerofsky, Timmy: Geringwertige Wirtschaftsgüter de lege ferenda - Erfordernis für eine umfassende Neuausrichtung, in: DStR, 53. Jg. (2015), S 2744–2749.

Werheim, Michael; *Fross, Ingo*: Erosion handelsrechtlicher GoB durch das Bilanzrechtsmodernisierungsgesetz, in: ZfB, 80. Jg. (2010), S. 71–109.

Werndl, Josef: Wirtschaftliches Eigentum, Köln 1983.

Westermann, Benjamin: Zivilrechtliche Folgen steuerlicher Rechtsirrtümer bei Cum-/Ex-Geschäften, Berlin 2018.

Wichmann, Gerd: Der Vermögensgegenstand als Bilanzierungsobjekt nach dem HGB, in: DB, 41. Jg. (1988), S. 192–194.

Wichmann, Gerd: Der Anfang vom Ende der Atomisierung eines Gebäudes?, in: DStR, 57. Jg. (2019), S. 92–94.

Wildner, Stephan: Nutzungsrechte in Handels- und Steuerbilanz, Aachen 2004.

Willeke, Clemens: Komponentenweise planmäßige Abschreibung von Sachanlagen in der Handelsbilanz, in: StuB, 11. Jg. (2009), S. 679–680.

Woerner, Lothar: Die Gewinnrealisierung bei schwebenden Geschäften, in: BB, 43. Jg. (1988), S. 769–777.

Wohlgemuth, Michael: Zeitraum der Herstellung, in: HuRB, hrsg. v. U. Leffson/ D. Rückle/ B. Großfeld, Köln 1986, S. 470–480.

Wohlgemuth, Michael; *Radde, Jens*: Herstellungskosten in der Handels- und Steuerbilanz, in: HdJ Abt. I/5 (2020).

Wolf, Sandra: Bilanzierung von Zuschüssen nach HGB und IFRS, Wiesbaden 2010.

Wölk, Armin: Die Generalnorm für den Einzelabschluß von Kapitalgesellschaften, Frankfurt am Main 1992.

Wriedt, Peter; *Fischer, Michael*: Zur Bilanzierung von Filmvermögen, in: DB, 46. Jg. (1993), S. 1683–1687.

Wübbelsmann, Stephan: Gedanken zur Diversifikation der Abschreibung einer Domain, in: DStR, 43. Jg. (2005), S. 1659–1664.

Wüstemann, Jens: Funktionale Interpretation des Imparitätsprinzips, in: ZfbF, 47. Jg. (1995), S. 1029–1043.

Wüstemann, Jens: Generally Accepted Accounting Principles. Zur Bedeutung und Systembildung der Rechnungslegungsregeln der USA, Berlin 1999.

Wüstemann, Jens: Anmerkungen zum BFH-Urt. I R 50/95 vom 20.12.2000, in: BB, 56. Jg. (2001), S. 875–877.

Wüstemann, Jens: Institutionenökonomik und internationale Rechnungslegungsordnungen, Tübingen 2002.

Wüstemann, Jens; *Backes, Matthias*; *Schober, Christoph*: Grundsätze wirtschaftlicher Vermögenszurechnung bei Leasinggeschäften im Lichte der neueren Rechtsprechung, in: BB, 72. Jg. (2017), S. 1963–1967.

Wüstemann, Jens; *Koch, Christopher*: Zinseffekte und Kostensteigerungen in der Rückstellungsbewertung nach BilMoG, in: BB, 65. Jg. (2010), S. 1075–1078.

Wüstemann, Jens; *Wüstemann, Sonja*: Betriebswirtschaftliche Bilanzrechtsforschung und Grundsätze ordnungsmäßiger Gewinnrealisierung für Werkverträge, in: ZfB, 79. Jg. (2009), S. 31–58.

Wüstemann, Jens/Wüstemann, Sonja: Das System der Grundsätze ordnungsmäßiger Buchführung nach dem Bilanzrechtsmodernisierungsgesetz, in: FS Krawitz, hrsg. v. H. Baumhoff/ R. Dücker/ S. Köhler, Wiesbaden 2010, S. 751–780.

Wüstemann, Jens; *Wüstemann, Sonja*: Why Consistency of Accounting Standards Matters: A Contribution to the Rules-Versus-Principles Debate in Financial Reporting, in: Abacus, 46. Jg. (2010), S. 1–27.

Wüstemann, Jens; *Wüstemann, Sonja*: Substance and Form. An interdisciplinary inquiry, Working Paper, Universität Mannheim/ Goethe-Universität Frankfurt am Main 2011.

Wüstemann, Jens; *Wüstemann, Sonja*: Maßgeblichkeit der handelsbilanziellen wirtschaftlichen Zurechnung für die Steuerbilanz, in: BB, 67. Jg. (2012), S. 3127–3128.

Wüstemann, Jens/Wüstemann, Sonja: Rechnungslegungsgrundsätze, in: Bilanzierung case by case, hrsg. v. J. Wüstemann/ S. Wüstemann, Frankfurt am Main 2018, S. 19–45.

Wüstemann, Jens; *Wüstemann, Sonja*; *Müller, Jana*: Gewinnrealisierung, in: HdJ, Abt. IV/1 (2019).

Wysocki, Klaus von: Zur Ermittlung der Untergrenze der Herstellungskosten von Vorräten aus betriebswirtschaftlicher Sicht, in: FS Beusch, hrsg. v. H. Beisse/ M. Lutter/ H. Närger, Berlin 1993, S. 929–948.

Zitzlaff, Franz: Zur Entstehung des Teilwertbegriffs, in: StuW, 20. Jg. (1941), S. 193–196.

Verzeichnis zitierter Verlautbarungen von Fachnormsetzern

IDW PS 201: Rechnungslegungs- und Prüfungsgrundsätze für die Abschlussprüfung, verabschiedet vom HFA am 28.06.2000, Stand 5.03.2015.

IDW PS 201 n.F.: Rechnungslegungs- und Prüfungsgrundsätze für die Abschlussprüfung, verabschiedet vom HFA am 23.04.2021, Stand 23.04.2021

IDW RS IFA 1: Abgrenzung von Erhaltungsaufwand und Herstellungskosten bei Gebäuden in der Handelsbilanz, verabschiedet vom IFA am 25.11.2013, Stand 25.11.2013.

IDW RH HFA 1.016: Handelsrechtliche Zulässigkeit einer komponentenweisen planmäßigen Abschreibung von Sachanlagen, verabschiedet vom HFA am 29.05.2009, Stand 29.05.2009.

IDW RS HFA 31 n.F.: Aktivierung von Herstellungskosten, verabschiedet vom HFA am 23.06.2010, Stand 18.12.2017.

M. Knoblauch, *Grundsätze ordnungsmäßiger Aktivierung in der Handelsbilanz und in der Steuerbilanz*, Rechnungswesen und Unternehmensüberwachung,
https://doi.org/10.1007/978-3-658-43949-1

Verzeichnis zitierter Rechtsprechung

Urt. des *BFH*, 14. April 2022 – IV R 32/19, in: DStR, 60. Jg. (2022), S. 1647–1654.

Urt. des *BFH*, 2. Februar 2022 – I R 22/20, in: BStBl. II 2022, S. 324–337.

Urt. des *BFH*, 12. März 2020 – IV R 9/17, in: BStBl. II 2021, S. 226–232.

Urt. des *BFH*, 3. September 2019 – IX R 2/19, in: BStBl. II 2020, S. 191–194.

Urt. des *BFH*, 9. Juli 2019 – X R 7/17, in: BStBl. II 2020, S. 635–639.

Urt. des *BFH*, 12. Juni 2019 – X R 20/17, in: BStBl. II 2020, S. 3–11.

Urt. des *BFH*, 22. Mai 2019 – XI R 44/17, in: BStBl. II 2020, S. 44–48

Urt. des *BFH*, 11. April 2019 – IV R 3/17, in: BFH/NV 2019, S. 1076–1078.

Urt. des *BFH*, 13. Dezember 2018 – III R 22/17, in: BStBl. II 2021, S. 101–103.

Urt. des *BFH*, 6. September 2018 – IV R 26/16, in: BB, 74. Jg. (2019), S. 43.

Urt. des *BFH*, 26. April 2018 – III R 5/16, in: BStBl. II 2018, S. 536–539.

Urt. des *BFH*, 21. Dezember 2017 – IV R 56/16, in: BB, 74. Jg. (2019), S. 43.

Urt. des *BFH*, 6. Dezember 2017 – VI R 65/15, in: BStBl. II 2018, S. 353–355.

Urt. des *BFH*, 8. März 2017 – IX R 5/16, in: BStBl. II 2017, S. 930–934.

Urt. des *BFH*, 21. Februar 2017 – VIII R 56/14, in: BStBl. II 2017, S. 694–698.

Urt. des *BFH*, 21. Februar 2017 – VIII R 7/14, in: BStBl. II 2017, S. 689–694.

Urt. des *BFH*, 21. Februar 2017 – VIII R 24/16, in: BFH/NV 2017, S. 899.

Urt. des *BFH*, 13. Oktober 2016 – IV R 33/13, in: BStBl. III 2018, S. 81–86.

Urt. des *BFH*, 14. Juni 2016 – IX R 15/15, in: BStBl. II 2016, S. 996–999.

Urt. des *BFH*, 14. Juni 2016 – IX R 25/14, in: BStBl. II 2016, S. 992–996.

Urt. des *BFH*, 14. Juni 2016 – IX R 22/15, in: BStBl. II 2016, S. 999–1003.

Urt. des *BFH*, 2. Juni 2016 – IV R 23/13, in: BB, 72. Jg. (2017), S. 43.

Urt. des *BFH*, 6. April 2016 – X R 29/14, in: BFH/NV 2016, S. 1541–1543.

Urt. des *BFH*, 10. März 2016 – IV R 41/13, in: BStBl. II 2016, S. 984–989.

Urt. des *BFH*, 9. März 2016 – X R 46/14, in: BStBl. II 2016, S. 976–984.

Urt. des *BFH*, 16. Dezember 2015 – IV R 18/12, in: BStBl. II 2016, S. 346–351.

Urt. des *BFH*, 2. Dezember 2015 – I R 83/13, in: BStBl. II 2016, S. 831–835.

Urt. des *BFH*, 18. August 2015 – I R 88/13, in: BStBl. II 2016, S. 961–964.

M. Knoblauch, *Grundsätze ordnungsmäßiger Aktivierung in der Handelsbilanz und in der Steuerbilanz*, Rechnungswesen und Unternehmensüberwachung,
https://doi.org/10.1007/978-3-658-43949-1

Urt. des *BFH*, 26. November 2014 – X R 20/12, in: BStBl. II 2015, S. 325–329.

Urt. des *BFH*, 16. April 2014 – I R 2/12, in: BB, 69. Jg. (2014), S. 2720–2726.

Urt. des *BFH*, 15. Mai 2013 – I R 77/08, in: BStBl. II 2013, S. 730–732.

Beschluss des *BFH*, 31. Januar 2013 – GrS 1/10, in: BStBl. II 2013, S. 317–324.

Urt. des *BFH*, 29. November 2012 – IV R 47/09, in: BStBl. II 2013, S. 324–328.

Urt. des *BFH*, 21. August 2012 – VIII R 32/09, in: BStBl. II 2013, S. 16–19.

Urt. des *BFH*, 1. August 2012 – IX R 6/11, in: AG, 58. Jg. (2013), S. 33–35.

Urt. des *BFH*, 25. Juli 2012 – I R 101/10, in: BStBl. II 2012, S. 165–169.

Urt. des *BFH*, 14. März 2012 – IV R 6/09, in: BFH/NV 2012, S. 1122–1125.

Urt. des *BFH*, 1. Februar 2012 – I R 57/10, in: BStBl. II 2012, S. 407–411.

Urt. des *BFH*, 24. Januar 2012 – IX R 69/10, in: BFH/NV 2012, S. 1099–1101.

Urt. des *BFH*, 22. Dezember 2011 – III R 37/09, in: BStBl. II 2013, S. 182–186.

Urt. des *BFH*, 14. Dezember 2011 – I R 108/10, in: BStBl. II 2012, S. 238–243.

Urt. des *BFH*, 20. Oktober 2011 – IV R 35/08, in: BFH/NV 2012, S. 377–379.

Urt. des *BFH*, 5. Oktober 2011 – IX R 57/10, in: BStBl. II 2012, S. 318–321.

Urt. des *BFH*, 8. September 2011 – IV R 5/09, in: BStBl. II 2012, S. 122–127.

Urt. des *BFH*, 9. August 2011 – VIII R 13/08, in: BStBl. II 2011, S. 875–878.

Urt. des *BFH*, 30. Juni 2011 – VI R 37/09, in: BStBl. II 2011, S. 923–925.

Urt. des *BFH*, 25. Mai 2011 – IX R 23/10, in: BStBl. II 2012, S. 3–5.

Urt. des *BFH*, 14. April 2011 – IV R 8/10, in: BStBl. II 2011, S. 709–715.

Urt. des *BFH*, 14. April 2011 – IV R 46/09, in: BStBl. II 2011, S. 696–701.

Urt. des *BFH*, 26. Januar 2011 – IX R 7/09, in: BStBl. II 2011, S. 540–543.

Urt. des *BFH*, 7. Dezember 2010 – IX R 40/09, in: BStBl. II 2011, S. 427–429.

Urt. des *BFH*, 30. September 2010 – IV R 28/08, in: BStBl. II 2011, S. 406–409.

Urt. des *BFH*, 9. September 2010 – IV R 2/10, in: BStBl. II 2011, S. 171–176.

Urt. des *BFH*, 20. Juli 2010 – IX R 4/10, in: BStBl. II 2011, S. 35–37.

Urt. des *BFH*, 20.7.2010 – IX R 38/09, in: BFH/NV 2011, S. 41–43.

Urt. des *BFH*, 10. Juni 2010 – IV R 32/08, in: BStBl. II 2012, S. 551–553.

Urt. des *BFH*, 16. Dezember 2009 – I R 97/07, in: BStBl. II 2010, S. 808–812.

Urt. des *BFH*, 25. August 2009 – IX R 60/07, in: BStBl. II 2009, S. 999–1000.

Urt. des *BFH*, 25. August 2009 – IX R 20/08, in: BStBl. II 2010, S. 125–127.

Urt. des *BFH*, 25. Juni 2009 – IV R 3/07, in: BB, 65. Jg. (2010), S. 356–359.

Urt. des *BFH*, 9. Oktober 2008 – IX R 73/06, in: BStBl. II 2009, S. 140–141.

Urt. des *BFH*, 5. Juni 2008 – IV R 67/05, in: BStBl. II 2008, S. 960–965.

Urt. des *BFH*, 29. Mai 2008 – IX R 77/06, in: BStBl. II 2008, S. 789–790.

Urt. des *BFH*, 24. Januar 2008 – IV R 45/05, in: BStBl. II 2009, S. 449–453.

Urt. des *BFH*, 19. Dezember 2007 – IX 50/07, in: BFH/NV 2008, S. 1111–1113.

Beschluss des *BFH*, 20. November 2007 – I R 85/05, in: BStBl. II 2013, S. 287–289.

Urt. des *BFH*, 22. August 2007 – X R 2/04, in: BStBl. II 2008, S. 109–113.

Beschluss des *BFH*, 5. März 2007 – IX B 186/06, in: BeckRS 2007.

Urt. des *BFH*, 7. Februar 2007 – I R 15/06, in: BStBl. II 2008, S. 340–344.

Beschluss des *BFH*, 4. Dezember 2006 – GrS 1/05, in: BStBl. II 2007, S. 508–516.

Urt. des *BFH*, 24. Oktober 2006 – I R 2/06 BStBl. II 2007, S. 469–472.

Urt. des *BFH*, 19. Oktober 2006 – III R 6/05, in: BStBl. II 2007, S. 301–304.

Beschluss des *BFH*, 3. November 2005 – IX B 110/05, in: BFH/NV 2006, S. 295.

Urt. des *BFH*, 27. Oktober 2005 – IX R 76/03, in: BStBl. II 2006, S. 359–361.

Urt. des *BFH*, 22. September 2005 – IX R 26/04, in: BStBl. II 2006, S. 169–171.

Urt. des *BFH*, 7. September 2005 – VIII R 1/03, in: DStR, 43. Jg. (2005), S. 1975–1982.

Urt. des *BFH*, 24. Juni 2004 – III R 50/01, in: BStBl. II 2005, S. 80–82.

Urt. des *BFH*, 24. Juni 2004 – III R 42/02, in: BFH/NV 2005, S. 164–166.

Urt. des *BFH*, 18. Mai 2004 – IX R 57/01, in: BStBl. II 2004, S. 872–874.

Urt. des *BFH*, 19. Februar 2004 – VI R 135/01, in: BStBl. II 2004, S 958-962.

Urt. des *BFH*, 17. Februar 2004 – VIII R 26/01, in: BStBl. II 2004, S. 651–654.

Urt. des *BFH*, 23. September 2003 – IX R 65/02, in: BStBl. II 2005, S. 159–160.

Urt. des *BFH*, 20. März 2003 – IV R 27/01, in: BStBl. II 2003, S. 878–881.

Urt. des *BFH*, 12. Dezember 2002 – III R 33/01, in: BStBl. II 2003, S. 322–327.

Urt. des *BFH*, 5. September 2002 – III R 8/99, in: BStBl. II 2002, S. 877–878.

Urt. des *BFH*, 20. August 2002 – IX R 98/00, in: BStBl. II, S. 604–606.

Urt. des *BFH*, 14. Mai 2002 – VIII R 39/98, in: BStBl. II 2002, S. 741–746.

Urt. des *BFH*, 18. Dezember 2001 – VIII R 5/00, in: BFH/NV 2002, S. 640–643.

Urt. des *BFH*, 12. September 2001 – IX R 39/97, in: BStBl. II 2003, S. 569–574.

Urt. des *BFH*, 12. September 2001 – IX R 39/97, in: BStBl. II 2003, S. 569–574.

Urt. des *BFH*, 12. September 2001 – IX R 52/00, in: BStBl. II 2003, S. 574–577.

Urt. des *BFH*, 9. August 2001 – III R 30/00, in: BStBl. II 2001, S. 842–844.

Urt. des *BFH*, 18. Juli 2001 – X R 15/01, in: BStBl. II 2001, S. 278–281.

Urt. des *BFH*, 8. November 2000 – I R 10/98, in: BStBl. II 2001, S. 349–354.

Urt. des *BFH*, 7. September 2000 – III R 71/97, in: BStBl. II 2001, S. 41–43.

Beschluss des *BFH*, 7. August 2000 – GrS 2/99, in: BStBl. II 2000, S. 633–638.

Urt. des *BFH*, 25. Mai 2000 – III R 20/97, in: BStBl. II 2001, S. 365–367.

Urt. des *BFH*, 15. Dezember 1999 – I R 29/97 BStBl. II 2000, S. 527–533.

Urt. des *BFH*, 27. Juli 1999 – VIII R 36/98, in: BStBl. II 1999, S. 769–771.

Urt. des *BFH*, 16. Dezember 1998 – X R 153/95, in: BFH/NV 1999, S. 782–784.

Urt. des *BFH*, 26. November 1998 – IV R 52/96, in: BStBl. II 1999, S. 547–551.

Urt. des *BFH*, 21. Juli 1998 – III R 110/95, in: BStBl. II 1998, S. 789–792.

Urt. des *BFH*, 17. Februar 1998 – VIII R 28/95, in: BStBl. II 1998, S. 505–509.

Urt. des *BFH*, 4. September 1997 – IV R 88/96, in: BStBl. II 1998, S. 657–658.

Urt. des *BFH*, 3. Juli 1997 – IV R 49/96, in: BStBl. II 1998, S. 244–247.

Beschluss des *BFH*, 23. Juni 1997 – GrS 2/93, in: BStBl. II 1997, S. 735–739.

Urt. des *BFH*, 19. Juni 1997 – IV R 16/95, in: BStBl. II 1997, S. 808–811.

Urt. des *BFH*, 15. Oktober 1996 – VIII R 44/94, in: BStBl. II 1997, S. 533–535.

Urt. des *BFH*, 26. März 1996 – IX R 51/92, in: BStBl. II 1996, S. 443–444.

Urt. des *BFH*, 25. Januar 1996 – IV R 114/94, in: BStBl. II 1997, S. 382–384.

Urt. des *BFH*, 9. Mai 1995 – IX R 69/92, in: BStBl. II 1996, S. 630–632.

Urt. des *BFH*, 9. Mai 1995 – IX R 116/92, in: BStBl. II 1996, S. 632–637.

Urt. des *BFH*, 30. März 1994 – I R 52/93, in: BStBl. II 1994, S. 903–907.

Urt. des *BFH*, 24. Februar 1994 – IV R 33/93 BStBl. II 1994, S. 590–591.

Urt. des *BFH*, 3. August 1993 – VIII R 37/92, in: BStBl. II 1994, S. 444–449.

Urt. des *BFH*, 28. Juli 1993 – I R 88/92, in: BStBl. II 1994, S. 164–167.

Urt. des *BFH*, 10. März 1993 – I R 116/91, in: BFH/NV 1993, S. 595–597.

Urt. des *BFH*, 26. August 1992 – I R 24/91, in: BStBl. II 1992, S. 977–981.

Urt. des *BFH*, 31. März 1992 – IX R 175/87, in: BStBl. II 1992, S. 808–809.

Urt. des *BFH*, 31. März 1992 – IX R 164/87, in: BStBl. II 1992, S. 805–808.

Urt. des *BFH*, 4. Dezember 1991 – I R 148/90, in: BStBl. II 1992, S. 383–385.

Urt. des *BFH*, 7. November 1991 – IV R 43/90, in: BStBl. II 1992, S. 398–401.

Urt. des *BFH*, 12. September 1991 – III R 233/90, in: BStBl. II 1992, S. 182–185.

Urt. des *BFH*, 4. Juni 1991 – X R 136/87, in: DStR 29. Jg. (1991), S. 1621–1622.

Urt. des *BFH*, 13. März 1991 – X R 81/89, in: BFH/NV 1991, S. 585.

Urt. des *BFH*, 27. Februar 1991 – XI R 14/87, in: BStBl. II 1991, S. 628–630.

Urt. des *BFH*, 11. Januar 1991 – III R 60/89, in: BStBl. II 1992, S. 5–9.

Urt. des *BFH*, 18. Dezember 1990 – VIII R 290/82, in: BStBl. II 1991, S. 391–395.

Urt. des *BFH*, 28. September 1990 – III R 178/86, in: BStBl. II 1991, S. 187–189.

Beschluss des *BFH*, 4. Juli 1990 – GrS 1/89, in: BStBl. II 1990, S. 830–837.

Urt. des *BFH*, 10. Mai 1990 – IV R 41/89, in: BFH/NV 1991, S. 585–586.

Urt. des *BFH*, 28. März 1990 – II R 30/89, in: BStBl. II 1990, S. 569–570.

Urt. des *BFH*, 2. März 1990 – III R 70/87, in: BStBl. II 1990, S. 733–736.

Beschluss des *BFH*, 16. Februar 1990 – III B 90/88, in: BStBl. II 1990, S. 794–795.

Urt. des *BFH*, 2. Februar 1990 – III R 126/85, in: BStBl. II 1990, S. 593–595.

Urt. des *BFH*, 24. Januar 1990 – I R 157/85, I R 145/86, in: BStBl. II 1990, S. 639–643.

Urt. des *BFH*, 26. Oktober 1989 – IV R 83/88, in: BStBl. II 1990, S. 290–292.

Urt. des *BFH*, 13. September 1989 – II R 1/87, in: BStBl. II 1990, S. 47–49.

Urt. des *BFH*, 10. August 1989 – X R 176-177/87, in: BStBl. II 1990, S. 15–17.

Urt. des *BFH*, 1. Juni 1989 – IV R 64/88, in: BStBl. II 1989, S. 830–831.

Urt. des *BFH*, 26. April 1989 – I R 147/84, in: BStBl. II 1991, S. 213–216.

Urt. des *BFH*, 22. März 1989 – II R 15/86, in: BStBl. II 1989, S. 644–646.

Urt. des *BFH*, 17. März 1989 – III R 58/87, in: BStBl. II 1990, S. 6–8.

Urt. des *BFH*, 8. März 1989 – X R 9/86, in: BStBl. II 1989, S. 714–718.

Urt. des *BFH*, 1. Februar 1989 – VIII R 361/83, in: BFH/NV 1989, S. 778–779.

Urt. des *BFH*, 18. Januar 1989 – X R 10/87, in: BStBl. II 1989, S. 549–551.

Urt. des *BFH*, 30. November 1988 – I R 114/84, in: BStBl. II 1990, S. 117–119.

Urt. des *BFH*, 22. November 1988 – VIII R 62/85, in: BStBl. II 1989, S. 359–363.

Urt. des *BFH*, 3. August 1988 – I R 157/84, in: BStBl. II 1989, S. 21–24.

Urt. des *BFH*, 20. Mai 1988 – III R 31/84, in: BStBl. II 1988, S. 961–962.

Urt. des *BFH*, 25. März 1988 – III R 96/85, in: BStBl. II 1988, S. 655–658.

Urt. des *BFH*, 10. März 1988 – IV R 226/85, in: BStBl. II 1988, S. 832–836.

Urt. des *BFH*, 16. Dezember 1987 – X R 12/82, in: BStBl. II 1988, S. 539–541.

Beschluss des *BFH*, 26. Oktober 1987 – GrS 2/86, in: BStBl. II 1988, S. 348–358.

Urt. des *BFH*, 9. Juli 1986 – I R 218/82, in: BStBl. II 1987, S. 14–16.

Urt. des *BFH*, 27. Februar 1986, in: BStBl. II 1986, S. 552–554.

Beschluss des *BFH*, 11. Dezember 1985 – I B 49/85, in: BFH/NV 1985/86, S. 595–596.

Urt. des *BFH*, 14. November 1985 – IV R 170/83, in: BStBl. II 1986, S. 60–62.

Urt. des *BFH*, 9. Juli 1985 – IX R 49/83, in: BStBl. II 1985, S. 722–726.

Urt. des *BFH*, 13. Dezember 1984 – VIII R 273/81, in: BStBl. II 1985, S. 394–395.

Urt. des *BFH*, 13. September 1984 – IV R 101/82, in: BStBl. II 1985, S. 49–51.

Urt. des *BFH*, 30. Mai 1984 – I R 146/81, in: BStBl. II 1984, S. 825–828.

Urt. des *BFH*, 25. Mai 1984 – III R 30/79, in: BStBl. II 1984, S. 616–617.

Urt. des *BFH*, 25. Mai 1984 – III R 103/81, in: BStBl. II 1984, S. 617–620.

Urt. des *BFH*, 23. Mai 1984 – I R 266/81, in: BStBl. II 1984, S. 723–726.

Urt. des *BFH*, 2. Mai 1984 – VIII R 276/81, in: BStBl. II 1984, S. 820–823.

Urt. des *BFH*, 29. November 1983 – VIII R 96/81, in: BStBl. II 1984, S. 303–306.

Urt. des *BFH*, 29. November 1983 – VIII R 160/82, in: BStBl. II 1984, S. 306–307.

Urt. des *BFH*, 13. Oktober 1983 – IV R 160/78, in: BStBl. II 1984, S. 101–105.

Urt. des *BFH*, 24. März 1983 – IV R 138/80, in: BStBl. II 1984, S. 233–236.

Urt. des *BFH*, 12. Januar 1983 – I R 70/79, in: BStBl. II 1983, S. 223–224.

Beschluss des *BFH*, 29. November 1982 – GrS 1/81, in: BStBl. II 1983, S. 272–278.

Urt. des *BFH*, 29. Juli 1982 – IV R 49/78, in: BStBl. II 1982, S. 650–652.

Urt. des *BFH*, 27. Juli 1982 – VIII R 176/80, in: BStBl. II 1983, S. 6–7.

Urt. des *BFH*, 11, März 1982 – IV R 46/79, in: BStBl. II 1982, S. 542–545.

Urt. des *BFH*, 15. Oktober 1981 – IV R 85/81, in: BStBl. II 1982, S. 63–64.

Urt. des *BFH*, 23. Juli 1981 – IV R 156/76, in: BStBl. II 1981, S. 672–675.

Urt. des *BFH*, 1. April 1981 – I R 27/79, in: BStBl. II 1981, S. 660–663.

Urt. des *BFH*, 22. April 1980 – VIII R 149/75, in: BStBl. II 1980, S. 441–447.

Urt. des *BFH*, 2. April 1980 – I R 75/76, in: BStBl. II 1980, S. 702–705.

Urt. des *BFH*, 28. Mai 1979 – I R 1/76, in: BStBl. II 1979, S. 734–738.

Urt. des *BFH*, 14. März 1979 – I R 37/75, in: BStBl. II, 1979, S. 470–473.

Urt. des *BFH*, 25. Januar 1979 – IV R 21/75, in: BStBl. II 1979, S. 369–372.

Urt. des *BFH*, 6. Dezember 1978 – I R 35/78, in: BStBl. II 1979, S. 262–263.

Urt. des *BFH*, 23. November 1978 – IV R 20/75, in: BStBl. II 1979, S. 143–145.

Urt. des *BFH*, 31. Oktober 1978 – VIII R 182/75, in: BStBl. II 1979, S. 399–401.

Urt. des *BFH*, 23. Juni 1978 – III R 22/76, in: BStBl. II 1978, S. 521–523.

Beschluss des *BFH*, 12. Juni 1978 – GrS 1/77, in: BStBl. II, S. 620–626.

Urt. des *BFH*, 3. März 1978 – III R 30/76, in: BStBl. III 1978, S. 412–413.

Urt. des *BFH*, 21. Februar 1978 – VIII R 148/73, in: BStBl. II 1978, S. 345–346.

Urt. des *BFH*, 9. Februar 1978 – IV R 201/74, in: BStBl. II 1978, S. 370–372.

Urt. des *BFH*, 19. Januar 1978 – IV R 153/72, in: BStBl. II 1978, S. 262–265.

Urt. des *BFH*, 13. Oktober 1976 – I R 79/74, in: BStBl. II 1977, S. 540–543.

Urt. des *BFH*, 29. März 1976 – III R 171/72, in: BStBl. II 1976, S. 409–410.

Urt. des *BFH*, 11. März 1976 – IV R 176/72, in: BStBl. II 1976, S. 614–617.

Urt. des *BFH*, 4. März 1976 – IV R 78/72, in: BStBl. II 1977, S. 380–382.

Urt. des *BFH*, 18. Juni 1975 – I R 24/73, in: BStBl. II 1975, S. 809–811.

Urt. des *BFH*, 6. März 1975 – IV R 146/70, in: BStBl. II 1975, S. 574–576.

Urt. des *BFH*, 26. Februar 1975 – I R 72/73, in: BStBl. II 1976, S. 13–16.

Urt. des *BFH*, 26. Februar 1975 – I R 72/73, in: BStBl. II 1976, S. 13–16.

Urt. des *BFH*, 26. Februar 1975 – I R 32/73, in: BStBl. II 1975, S. 443–446.

Urt. des *BFH*, 27. November 1974 – I R 123/73, in: BStBl. II 1975, S. 294–295.

Urt. des *BFH*, 30. Mai 1974 – III R 75/73, in: BStBl. II 1974, S. 654–656.

Urt. des *BFH*, 29. November 1973 – IV R 181/71, in: BStBl. II 1974, S. 202–205.

Beschluss des *BFH*, 26. November 1973 – GrS 5/71, in: BStBl. II 1974, S. 132–137.

Urt. des *BFH*, 13. November 1973 – VIII R 157/70, in: BStBl. II 1974, S. 161–163.

Urt. des *BFH*, 28. März 1973 – I R 115/71, in: BStBl. II 1973, S. 678–679.

Urt. des *BFH*, 18. Juli 1972 – VIII R 16/68, in: BStBl. II 1972, S. 884–886.

Urt. des *BFH*, 8. Juni 1972 – R 88/68, in: BStBl. II 1972, S. 853–855.

Urt. des *BFH*, 9. Februar 1972 – I R 205/66, in: BStBl. II 1972, S. 455–485.

Urt. des *BFH*, 14. Oktober 1971 – I R 52/71, in: BStBl. II 1972, S. 34–35.

Urt. des *BFH*, 19. August 1971 – V R 18/71, in: BStBl. II 1972, S. 75–76.

Urt. des *BFH*, 30. April 1971 – III R 9/70, in: BStBl. II 1971, S. 669–670.

Urt. des *BFH*, 21. Januar 1971 – IV R 51/69, in: BStBl. II 1971, S. 304–306.

Urt. des *BFH*, 18. November 1970 – I 133/64, in: BStBl. II 1971, S. 133–136.

Urt. des *BFH*, 18. November 1970 – I 133/65, in: BStBl. II 1971, S. 133–137.

Urt. des *BFH*, 5. August 1970 – I R 180/66, in: BStBl. II 1970, S. 804–806.

Beschluss des *BFH*, 2. März 1970 – GrS 1/69, in: BStBl. II 1970, S. 382–383.

Urt. des *BFH*, 13. Februar 1970 – III 156/65, in: BStBl. II 1970, S. 369–373.

Urt. des *BFH*, 26. Januar 1970 – IV R 144/66, in: BStBl. II 1970, S. 264–274.

Beschluss des *BFH*, 3. Februar 1969 – GrS 2/68, in: BStBl. II 1969, S. 291–294.

Urt. des *BFH*, 6. November 1968 – I 64/65, in: BStBl. II 1969, S. 35–36.

Beschluss des *BFH*, 16. Juli 1968 – GrS 7/67, in: BStBl. II 1969, S. 108–112.

Urt. des *BFH*, 26. April 1968 – III 6/65 1968, in: BStBl. II 1968, S. 770–771.

Urt. des *BFH*, 14. Dezember 1967 – IV 240/63, in: BStBl. II 1968, S. 277–278.

Urt. des *BFH*, 31. Juli 1967 – I 219/63, in: BStBl. II 1968, S. 22–24.

Urt. des *BFH*, 12. Juli 1967 – I 204/64, in: BStBl. III 1967, S. 781–782.

Urt. des *BFH*, 31. Mai 1967 – I 208/63, in: BStBl. III, S. 607–609.

Beschluss des *BFH*, 22. August 1966 – GrS 2/66, in: BStBl. III 1966, S. 672–675.

Urt. des *BFH*, 29. April 1965 – IV 403/62 U, in: BStBl. III 1965, S. 414–416.

Urt. des *BFH*, 5. März 1965 – III 259/61 S, in: BStBl. III 1965, S. 276–278.

Urt. des *BFH*, 3. August 1964 – VI 114/63 U, in: BStBl. III 1964, S. 556–557.

Urt. des *BFH*, 27. Mai 1964 – IV 352/62 U, in: BStBl. III 1964, S. 478–480.

Urt. des *BFH*, 17. April 1964 – VI 112/63 U, in: BStBl. III 1964, S. 383–384.

Urt. des *BFH*, 13. März 1964 – IV 236/63 S, in: BStBl. III 1964, S. 426–429.

Urt. des *BFH*, 16. Mai 1963 – IV 379/60 U, in: BStBl. III 1963, S. 400–401.

Urt. des *BFH*, 3. November 1961 – VI 196/60 U, in: BStBl. III 1962, S. 123.

Urt. des *BFH*, 17. Dezember 1959 – IV 201/56 S, in: BStBl. III, 1960, S. 68–72.

Urt. des *BFH*, 26. August 1958 – I 80/57 U, in: BStBl. III 1958, S. 420–423.

Urt. des *BFH*, 8. Februar 1957 – VI 132/55 U, in: BStBl. III 1957, S. 133–134.

Urt. des *BFH*, 25. Oktober 1955 – I 176/54 U, in: BStBl. III 1955, S. 388–389.

Urt. des *BFH*, 28. Januar 1954 – IV 255/53 U, in: BStBl. III 1954, S. 109–111.

Urt. des *BFH*, I R 32/00 – I R 32/00, in: BStBl. II 2002, S. 349–351.

Urt. des *RFH*, 9. Dezember 1943 – IV 21/43, in: RStBl. 1944, S. 163–164.

Urt. des *RFH*, 26. September 1939 – I 422/38, in: RStBl. 1940, S. 34–35.

Urt. des *RFH*, 1. März 1939 – VI 125/39, in: RStBl. 1939, S. 251–257.

Urt. des *RFH*, 23. Mai 1933 – VI A 222/33, in: RStBl. 1933, S. 1006–1008.

Urt. des *RFH*, 14. März 1933 – VI A 136/33, in: RStBl. 1933, S. 634–635.

Urt. des *RFH*, 21. Oktober 1931 – VI A 2002/29, in: RStBl. 1932, S. 305–308.

Urt. des *BGH*, 1. Dezember 1999 – I ZR 49/97, in: GRUR 2000, S. 709–715.

Urt. des *BGH*, 6. November 1995 – II ZR 164/94, in: ZIP 1996, S. 70–73.

Beschluss des *BGH*, 21. Juli 1994 – II ZR 82/93, in: DB, 47. Jg. (1994), S. 1868–1869.

Urt. des *BGH*, 14. Oktober 1986 – VI ZR 10/86, in: GRUR 1987, S. 128–129.

Beschluss des *BVerfG*, 31. Mai 2011 – 1 BvR 857/07, in: BVerfGE 129, S. 1–37.

Beschluss des *BVerfG*, 7. Juli 2010 – 2 BvR 748/05, 753/05, 1738/05, in: BVerfGE 127, S. 61–87.

Beschluss des *BVerfG*, 12. Mai 2009 – 2 BvL 1/00, in: BStBl. II 2009, S. 685–692.

Beschluss des *BVerfG*, 27. Dezember 1991 – 2 BvR 72/90, in: BStBl. II 1992, S. 212–216.

Beschluss des *BVerfG*, 14. Januar 1969 – 1 BvR 136/62, in: BStBl. II 1969, S. 389–392.

Beschluss des *BVerfG*, 14. April 1959 – 1 BvL 23/57, in: BVerfGE 9, S. 237–250.

Urt. des *EuGH*, 26. Februar 2019 – C-116/16 und C-117/16, in: BeckRS 2019, S. 2173.

Urt. des *EuGH*, 5. Juli 2007 – C-321/05, in: EuZW, 18. Jg. (2007), S. 641–643.

Urt. des *EuGH*, 12. September 2006 – C-194/04, in: EuZW, 17. Jg. (2006), S. 633–638.

Urt. des *EuGH*, 21. Februar 2006 – C-255/02, in: DB, 59. Jg. (2006), S. 541.

Urt. des *EuGH*, 7. Januar 2003 – C-306/99, in: BStBl. II 2004, S. 144–155.

Urt. des *EuGH*, 17. Juli 1997 – C-28/95, in: DB, 50. Jg. (1997), S. 1851–1855.

Urt. des *EuGH*, 29. Mai 1997 – C-63/96, in: BStBl. II 1997, S. 841–844.

Urt. des *EuGH*, 27. Juni 1996 – C-234/94, in: BB, 49. Jg. (1996), S. 1492.

Urt. des *FG Baden-Württemberg*, 3. Mai 2017 – 4 K 173/14, in: BB, 72. Jg. (2017), S. 2416–2418.

Urt. des *FG Baden-Württemberg*, 12. März 1985 – I 221/82, in: EFG 1985, S. 471–472.

Urt. des *FG Düsseldorf*, 9. Juni 1988 – 15/2 K 89/84 F, in: BB, 43. Jg. (1988), S. 2219.

Urt. des *FG Hamburg*, 23. November 2003 – III 1/01, in: BB, 59. Jg. (2004), S. 1220.

Urt. des *FG Hessen*, 28. Januar 2020 – 4 K 890/17, in: NZG, 23. Jg. (2020), S. 1079–1080.

Urt. des *FG Hessen*, 10. März 2017 – 4 K 977/14, in: WM, 71. Jg. (2017), S. 854–865.

Urt. des *FG Hessen*, 10. Februar 2016 – 4 K 1684/14, in: WM, 71. Jg. (2017), S. 829–836.

Urt. des *FG Kassel*, 8. Oktober 2012 – 4 V 1661/11, in: BB, 67. Jg. (2012), S. 3184–3188.

Urt. des *FG Köln*, 20. März 2018 – 8 K 1160/15, in: BB, 73. Jg. (2018), S. 1893–1896.

Urt. des *FG München*, 4. Februar 2021 – 10 K 3085/19, in: BeckRS 2021.

Urt. des *FG Münster*, 18. Februar 2015 – 11 K 2856/13 F, in: BB, 70. Jg. (2015), S. 1135.

Urt. des *FG Schleswig-Holstein*, 26. Juni 2019 – 5 K 189/18, in: BeckRS 2019.

Urt. des *Niedersächsischen Finanzgerichts*, 28. September 2004 – 13 K 412/01, in: EFG 2005, S. 420.

Verzeichnis zitierter amtlicher Drucksachen und ähnlicher Materialien

BT-Drucksache 15/1562:

Drucksache des Deutschen Bundestages 15/1562 vom 23.09.2003: Entwurf eines Zweiten Gesetzes zur Änderung steuerlicher Vorschriften (Steueränderungsgesetz 2003 – StÄndG 2003), S. 1–60.

BT-Drucksache 16/2712:

Drucksache des Deutschen Bundestages 16/2712 vom 25.09.2006: Entwurf eines Jahressteuergesetzes 2007 (JStG 2007), S. 1–90.

BT-Drucksache 16/5491:

Drucksache des Deutschen Bundestages 16/5491 vom 24.05.2007: Bericht des Finanzausschusses, S. 1–33.

BT-Drucksache 344/08:

Drucksache des Deutschen Bundestages 344/08 vom 23.05.2008: Entwurf eines Gesetzes zur Modernisierung des Bilanzrechts (Bilanzrechtsmodernisierungsgesetz – BilMoG), S. 1–252.

BT-Drucksache 16/10067:

Drucksache des Deutschen Bundestages 16/10067 vom 30.07.2008: Entwurf eines Gesetzes zur Modernisierung des Bilanzrechts (Bilanzrechtsmodernisierungsgesetz – BilMoG), S. 1–124.

BT-Drucksache 16/12407:

Drucksache des Deutschen Bundestages 16/12407 vom 24.03.2009: Beschlussempfehlung und Bericht des Rechtsausschusses (6. Ausschuss) zu dem Gesetzentwurf der Bundesregierung – Drucksache 16/10067 – Entwurf eines Gesetzes zur Modernisierung des Bilanzrechts (Bilanzrechtsmodernisierungsgesetz – BilMoG), S. 1–102.

BT-Drucksache 17/13638:

Drucksache des Deutschen Bundestages 17/13638 vom 27.05.2013: Antwort der Bundesregierung auf eine Kleine Anfrage, S. 1–20.

Schreiben des BMF vom 24. Juni 2015 – IV C 1 – S 2252/13/10005,

in: DStR, 53. Jg. (2015), S. 1624–1627.

Schreiben des BMF vom 12. März 2010 – IV C 6 - S 2133/09/10001,

in: BStBl. I 2010, S. 239–242.

M. Knoblauch, *Grundsätze ordnungsmäßiger Aktivierung in der Handelsbilanz und in der Steuerbilanz*, Rechnungswesen und Unternehmensüberwachung,
https://doi.org/10.1007/978-3-658-43949-1

Schreiben des BMF vom 22. Dezember 1975 – IV B 2 - S 2170 - 161/75, in: DB, 29. Jg. (1976), S. 172–173.

Verzeichnis zitierter Gesetze und ähnlicher Materialien

Abgabenordnung (AO) i. d. F. der Bekanntgabe vom 1.10.2002 (BGBl. I S. 3866), zuletzt geändert durch Gesetz vom 12.07.2022 (BGBl. I S. 1142).

Bürgerliches Gesetzbuch (BGB) i. d. F. der Bekanntgabe vom 2.01.2002 (BGBl. I S. 42, 2909; 2003 I S. 738), zuletzt geändert durch Gesetz vom 15.07.2022. (BGBl. I S. 1146).

Einkommensteuergesetz (EStG) i. d. F. der Bekanntgabe vom 8.10.2009 (BGBl. I S. 3366, 3862), zuletzt geändert durch Gesetz vom 19.06.2022 (BGBl. I S. 911).

Gesetz zur Modernisierung des Bilanzrechts (Bilanzrechtsmodernisierungsgesetz – BilMoG) i.d.F. der Bekanntmachung vom 25.05.2009 (BGBl. I S. 1102).

Grundgesetz für die Bundesrepublik Deutschland (GG) i.d.F. der Bekanntgabe vom 23.05.1949 (BGBl. III, Gliederungsnummer. 100-1), zuletzt geändert durch Gesetz vom 28.06.2022 (BGBl. I S. 968).

Handelsgesetzbuch (HGB) i.d.F. der Bekanntmachung vom 10.05.1897 (RGBl. S. 219), zuletzt geändert durch Gesetz vom 15.07.2022 (BGBl. I S. 1146).

Landesmediengesetz Baden-Württemberg (LMedienG) i.d.F. der Bekanntmachung vom 19.07.1999 (Gbl. 273), zuletzt geändert durch Gesetz vom 26.05.2020 (GBl. 306)

Gesetz zur Wahrung der Einheitlichkeit der Rechtsprechung der obersten Gerichtshöfe des Bundes (RsprEinhG) i.d.F. der Bekanntmachung vom 25.06.1968 (BGBl. I S. 661), zuletzt geändert durch Gesetz vom 31.8.2015 (BGBl. I S. 1474)

IAS 16: Sachanlagen. In: Verordnung (EG) Nr. 1126/2008 der Kommission vom 03.11.2008, ABl. EU L 320, S. 1, zuletzt geändert durch Verordnung (EU) 2021/2036 der Kommission vom 19.11.2021, ABl. EU L 416, S. 3.

M. Knoblauch, *Grundsätze ordnungsmäßiger Aktivierung in der Handelsbilanz und in der Steuerbilanz*, Rechnungswesen und Unternehmensüberwachung,
https://doi.org/10.1007/978-3-658-43949-1

IAS 38: Immaterielle Vermögenswerte. In: Verordnung (EG) Nr. 1126/2008 der Kommission vom 3.11.2008, ABl. EU L 320, S. 1, 29.11.2008, zuletzt geändert durch Verordnung (EU) 2021/2036 der Kommission vom 19.11.2021, ABl. EU L 416, S. 3.

IFRS 9: Finanzinstrumente. In: Verordnung (EG) Nr. 2016/2067 der Kommission vom 22.11.2016, Abl. EU L 323, S. 1, zuletzt geändert durch Verordnung (EU) 2021/2036 der Kommission vom 19.11.2021, ABl. EU L 416, S. 3.

Sachregister

M. Knoblauch, *Grundsätze ordnungsmäßiger Aktivierung in der Handelsbilanz und in der Steuerbilanz*, Rechnungswesen und Unternehmensüberwachung,
https://doi.org/10.1007/978-3-658-43949-1

Printed by Printforce, the Netherlands